中国社会科学院创新工程学术出版资助项目
中国哲学社会科学学科发展报告·当代中国学术史系列

国际经济法学的新发展

NEW DEVELOPMENT OF INTERNATIONAL ECONOMIC LAW

黄东黎 主编

中国社会科学出版社

图书在版编目(CIP)数据

国际经济法学的新发展/黄东黎主编.—北京:中国社会科学出版社,2014.5

(中国法学新发展系列丛书)

ISBN 978-7-5161-4609-5

Ⅰ.①国… Ⅱ.①黄… Ⅲ.①国际经济法学-研究 Ⅳ.①D996

中国版本图书馆CIP数据核字(2014)第171618号

出 版 人 赵剑英
责任编辑 任 明
责任校对 李 莉
责任印制 李 建

出 版 中国社会科学出版社
社 址 北京鼓楼西大街甲158号(邮编100720)
网 址 http://www.csspw.cn
中文域名:中国社科网 010-64070619
发 行 部 010-84083685
门 市 部 010-84029450
经 销 新华书店及其他书店

印刷装订 北京市兴怀印刷厂
版 次 2014年5月第1版
印 次 2014年5月第1次印刷

开 本 710×1000 1/16
印 张 27
插 页 2
字 数 453千字
定 价 72.00元

《中国哲学社会科学学科发展报告》

编辑委员会

总　序

当今世界正处于前所未有的激烈的变动之中，我国正处于中国特色社会主义发展的重要战略机遇期，正处于全面建设小康社会的关键期和改革开放的攻坚期。这一切为哲学社会科学的大繁荣大发展提供了难得的机遇。哲学社会科学发展目前面对三大有利条件：一是中国特色社会主义建设的伟大实践，为哲学社会科学界提供了大有作为的广阔舞台，为哲学社会科学研究提供了源源不断的资源、素材。二是党和国家的高度重视和大力支持，为哲学社会科学的繁荣发展提供了有力保证。三是“百花齐放、百家争鸣”方针的贯彻实施，为哲学社会科学界的思想创造和理论创新营造了良好环境。

国家“十二五”发展规划纲要明确提出：“大力推进哲学社会科学创新体系建设，实施哲学社会科学创新工程，繁荣发展哲学社会科学。”中国社会科学院响应这一号召，启动哲学社会科学创新工程。哲学社会科学创新工程，旨在努力实现以马克思主义为指导，以学术观点与理论创新、学科体系创新、科研组织与管理创新、科研方法与手段创新、用人制度创新为主要内容的哲学社会科学体系创新。实施创新工程的目的是构建哲学社会科学创新体系，不断加强哲学社会科学研究，多出经得起实践检验的精品成果，多出政治方向正确、学术导向明确、科研成果突出的高层次人才，为人民服务，为繁荣发展社会主义先进文明服务，为中国特色社会主义服务。

实施创新工程的一项重要内容是遵循哲学社会科学学科发展规律，完善学科建设机制，优化学科结构，形成具有中国特色、结构合理、优势突出、适应国家需要的学科布局。作为创新工程精品成果的展示平台，哲学社会科学各学科发展报告的撰写，对于准确把握学科前沿发展状况、积极推进学科建设和创新来说，是一项兼具基础性和长远性的重要工作。

中华人民共和国成立以来，伴随中国社会主义革命、建设和改革发展的历史，中国特色哲学社会科学体系也处在形成和发展之中。特别是改革开放以来，随着我国经济社会的发展，哲学社会科学各学科的研究不断拓展与深化，成就显著、举世瞩目。为了促进中国特色、中国风格、中国气派的哲学社会科学观念、方法和体系的进一步发展，推动我国哲学社会科学优秀成果和优秀人才走向世界，更主动地参与国际学术对话，扩大中国哲学社会科学话语权，增强中华文化的软实力，我们亟待梳理当代中国哲学社会科学各学科学术思想的发展轨迹，不断总结各学科积累的优秀成果，包括重大学术观点的提出及影响、重要学术流派的形成与演变、重要学术著作与文献的撰著与出版、重要学术代表人物的涌现与成长等。为此，中国社会科学出版社组织编撰“中国哲学社会科学学科发展报告”大型连续出版丛书，既是学术界和出版界的盛事，也是哲学社会科学创新工程的重要组成部分。

“中国哲学社会科学学科发展报告”分为三个子系列：“当代中国学术史”、“学科前沿研究报告”和“学科年度综述”。“当代中国学术史”涉及哲学、历史学、考古学、文学、宗教学、社会学、法学、教育学、民族学、经济学、政治学、国际关系学、语言学等不同的学科和研究领域，内容丰富，能够比较全面地反映当代中国哲学社会科学领域的研究状况。“学科前沿研究报告”按一级学科分类，每三年发布，“学科年度综述”每年度发布，并都编撰成书陆续出版。“学科前沿研究报告”内容包括学科发展的总体状况，三年来国内外学科前沿动态、最新理论观点与方法、重大理论创新与热点问题，国内外学科前沿的主要代表人物和代表作；“学科年度综述”内容包括本年度国内外学科发展最新动态、重要理论观点与方法、热点问题，代表性学者及代表作。每部学科发展报告都应当是反映当代重要学科学术思想发展、演变脉络的高水平、高质量的研究性成果；都应当是作者长期以来对学科跟踪研究的辛勤结晶；都应当反映学科最新发展动态，准确把握学科前沿，引领学科发展方向。我们相信，该出版工程的实施必将对我国哲学社会科学诸学科的建设与发展起到重要的促进作用，该系列丛书也将成为哲学社会科学学术研究领域重要的史料文献和教学材料，为我国哲学社会科学研究、教学事业以及人才培养作出重要贡献。

王伟光

中国法学新发展系列丛书

编　委　会

《中国法学新发展系列》序

历史给了中国机会，而我们在场。历史正在给中国法治进步和法学繁荣以机会，而我们正好也在场。回首历史，恐怕没有哪个时代会像当今这样，给予法学研究者这样多的可以有所作为也必须有所作为的机会与责任。社会发展需要法治进步，法治进步需要法学繁荣。我们真的看到，在社会发展和法治进步的期望与现实的交织作用下，在以改革、发展、创新为时代价值的理论生成机制中，中国法学的理论建树与学科建设均呈现出前所未有的成就，其具体表现是那样的明显，以至于任何法学研究者均可随意列举一二。因此，在中国法学的理论形成与学科发展的场域中，我们有足够的与我们学术努力和事业贡献相关的过程及结果事例作为在场证明。

但是，我们作为法学研究者，是否对我们的理论创造过程以及这一过程的结果，特别是这一过程中的自己，有着十分清醒与充分准确的认识，这恐怕不是单靠态度端正或者经验丰富就能简洁回答的问题。在当前的学术习惯中，对法学研究成果的认识与评价缺乏总体性和系统性，往往满足于某项单一指标的概括标识和简要评述。对于法学研究成果，通常依赖著述发表载体、他引次数、获奖等级等指标进行衡量；对于法学研究过程，通常要在教科书的理论沿革叙述、项目申报书的研究现状描述中获得了解；对于法学研究主体，通常要靠荣誉称号、学术职务甚至行政职务予以评价。（当然，这种学术习惯并不为法学专业所专有，其他学科亦然。）这些指标都是有用的，作为一定范围或一定用途的评价依据也是有效的。但是，这些指标也都是有局限的，都是在有目标限定、范围限定和方法限定的体系中发挥着有限的评价功能。由于这些指标及其所在评价体系的分散运作，其运作的结果不足以使我们在更宏大的视野中掌握中国法学的理论成就和学科发展的整体状况，更不足以作为我们在更深入的层次上把握法学研究与学科建设规律性的分析依据。然而，这种对法学理论与学科现状的整体掌握，对法学研究与学科规律性的深入把握，都是十分重要的，因为这是法学研究者得以自主而有效地进行学术研究的重要前提。因其对法学理论与学科现状的整体掌握和对法学研究与学科建设规律性的深入把握，法学研究者才能在法学的理论形成与学科发展的过程中，明晰其理论生长点的坐标、学术努力的方向和能动创造的维度，从而作出有效的学术贡献，而不是兴之所至地投入理论形成机制中，被法学繁荣的学术洪流裹挟前行。为有效的法学研究助力，就是我们撰写“中国法学的学科新发展系列丛书”的初衷。

在规划和撰写本系列丛书时，我们对“学术研究的有效性”予以特别的关注和深入的思考。什么是“有效的”学术研究，“有效的”学术研究有何意义，如何实现“有效的”学术研究，如此，等等，是始终萦绕本系列丛书整个撰写过程的思维精灵。探求学术研究的有效性，不是我们意图为当今的学术活动及其成果产出设置标准，实在是为了本系列丛书选粹内容而设置依据，即究竟什么才是理论与学科“新发展”的判断依据。

首先，有效的法学研究是产生创新性成果的研究，而不是只有重复性效果的研究。学术研究的生命在于创新，法学研究的过程及其成果要能使法学理论得以丰富，使法治实践得以深入，确能实现在既有学术成果基础上的新发展。但由于读者、编辑甚而作者的阅读范围有限或者学术记忆耗损，许多只能算作更新而非创新的法学著述仍能持续获得展示机会，甚而旧作的迅速遗忘与新作的迅速更新交替并行。法学作为一门应用性很强的学科，观点或主张的反复阐释固然能加深世人印象并有助于激发政策回应，但低水平重复研究只能浪费学术资源并耗减学术创新能力，进而会降低法学研究者群体的学术品格。通过与最新的法学研究既有成果进行再交流与再利用，有助于识别与判定法学理论创新的生长点，从而提高法学知识再生产的创新效能。

其次，有效的法学研究是有真实意义的研究，而不是只有新奇效应的研究。法学应是经世致用之学，法学研究应当追求研究成果的实效性，其选题确为实际中所存在而为研究者所发掘，其内容确能丰富法学理论以健全人们的法治理念、法治思维与法治能力，其对策建议确有引起政策回应、制度改善的可能或者至少具有激发思考的价值。当然，法学研究不断取得发展的另外一个结果就是选题愈加困难，法学研究者必须不断提高寻找选题的学术敏感性和判断力以应对这种局面，而不是在选题的闭门虚设与故作新奇上下功夫。谁也不希望在法学研究领域也出现“标题党”与“大头军”，无论是著述标题亮丽而内涵无着的“标题党”，还是题目宏大而内容单薄的“大头军”，都不可能成为理论创新的指望。力求真实选题与充实内容的质朴努力，才是推进有效的法学研究的主要力量。

再次，有效的法学研究是有逻辑力量的研究，而不是只有论断效用的研究。法学研究的创新并不止步于一个新理论观点的提出或者一个新制度措施的提倡，而是要通过严格的论据、严谨的论证构成严密的论点支撑体系，由此满足理论创新的逻辑自洽要素。法学创新的判断标准实质上不在于观点新不新，也不在于制度建议是不是先人一步提出，而是在于新观点、新建议是否有充分的逻辑支撑和清晰的阐发论述。因为缺乏论证的新观点只能归属于学术武断，而学术武断只能引起注意却不能激发共鸣。法学研究者常常以其学术观点或制度建议被立法采纳作为其学术创新及其价值的证明，其实在理论观点或制度建议与立法采纳之间，很难确立以特定学者为连接点的联系，即使能够建立这种联系，导致立法采纳的缘由也并不在于观点或建议的新颖性，而在于观点或建议的论证充分与表述清晰。

最后，有效的法学研究是有利他效应的研究，而不是只有自我彰显效能的研究。在法学研究的运作机制中，学术成果固然是学者个人学术创造力的结晶，其学术影响力是作品的学术质量与作者的学术声誉的综合评判，但学术成果的正向价值是其学术影响力的本质构成要素。法学研究成果必须有益于法治进步、社会发展和人民福祉，也就是具有超越彰显个人能力与成就的利他效应。如果法学研究成果的形成目的只是在于作者的自我满足，或者其表达效果只有作者自己能够心领神会，其作用结果无益于甚至有损于法治进步、社会发展和人民福祉，那就绝不能视为有效的法学研究。所以，坚守学术成果的正向价值，提高具有正向价值的学术成果的可接受性，是实现法学研究有效性的根本要件。

本系列丛书最为主要的撰写目的，就是通过对一定时期我国法学研究成果的梳理与选粹，在整体上重构我国法学研究既有成果的表述体系，从中析出确属“新发展”的内容成分并再行彰显，以有助于对中国法学研究现状的整体掌握与重点检索，从而促使当今的法学研究能够实现如上所述的有效性。在此主要目的之外，还有一些期望通过本系列丛书达到的目的。诸如其一，有助于提高法学专业学生的学习效率与研读效果。本系列丛书将法学二级或三级学科在近期的知识积累和学术发展予以综合、梳理和评价，从而构成一般法学教科书之外并超越一般法学教科书的知识文本体系。通过阅读本系列丛书，可以更为系统准确地掌握中国法学某一领域的知识体系、学术重点、研究动态、理论沿革、实践效果以及重要学者。其二，有助于强化法学研究人员的学术素质养成。一个学者能够完成法学某个二级学科或三级学科新发展的撰写，就一定会成为这个法学二级学科或三级学科的真正专家。因为他或她要近乎被强迫地对该学科领域学术著述进行普遍阅读，由此才能谈得上对该学科领域新发展的基本把握；要深下功夫对该学科领域的各种学术事件和各家理论观点进行比较分析，由此才能做出是否确属法学新发展的准确判断。通过对法学某个二级学科或三级学科新发展的撰写，可以提高作者对法学研究成果的学术判断力和法学科研规律的认识能力。其三，有助于加强科研人才队伍建设。本系列丛书的主要作者或主编均为中国社会科学院法学研究所和国际法研究所的科研人员，通过本系列丛书的撰写，不仅使法学所和国际法所科研人员的个人科研能力获得大幅度提升，也使得法学所和国际法所的科研人员学科布局获得质量上的均衡，从而使法学所和国际法所的整体科研能力获得大幅度提高。说来有些自利，这也是法学所和国际法所何以举两所之力打造本系列丛书的重要原因之一。

本系列丛书以法学某个二级或三级学科作为单本书的撰写范围，基本上以《××学的新发展》作为书名，如《法理学的新发展》、《保险法学的新发展》等。如果不便称为"××学的新发展"，便以《××研究的新发展》作为书名，如《商法基础理论研究的新发展》。本系列丛书的规划初衷是尽可能地涵括所有的法学二级学科或三级学科，但由于法学所和国际法所现有科研人员的学科布局并不完整，尤其是从事不同法学二级或三级学科研究的科研人员的素质能力并不均衡，即使联合外单位的一二学界同道助力，最终也未能实现本系列丛书涵括范围的完整性。这种规划上的遗憾再次提醒我们，加强科研队伍建设，既要重视科研人员个体科研能力的提高，也要重视一个机构整体科研能力的提高。我们希望，如果五年或十年之后再行撰写中国法学新发展系列丛书时，其所涵括的法学二级或三级学科将会更多更周延。

本系列丛书对各个法学二级或三级学科研究成果的汇集范围，限于2000—2012年已发表的专业著述。既然阐释学科新发展，总得有一个适当的标定期间范围。期间太短，则不足以看清楚学科新发展的内容、要点、意义与轨迹；期间太长，则不便称为学科的“新发展”。本系列丛书选粹材料的发表期间截至2012年，这是本系列丛书的撰写规划年份，也是能够从容汇集材料并析出其中“新发展”要素的最近年份；本系列丛书选粹材料的发表期间起始为2000年，倒不是因为2000年在法学研究的学术历史中有什么特别意义，只是因为前至2000年能够确立一个易于阐释学科新发展的适当期间。当然，人们通常认为2000年是新世纪的起点，以2000年为起始年份，多少有些借助万象更新好兆头的意思。

本系列丛书中每本书的具体内容由其作者自行把握，在丛书规划上只是简略地做出一些要求。其一，每本书要从“史、评、论”三方面阐释一个法学二级或三级学科的新发展。所谓“史”，是指要清晰地描述一个学科的发展脉络与重要节点，其中有意义的学术事件的起始缘由与延续过程，重点理论或实践问题研究的阶段性结果，以及各种理论观点的主要内容与论证体系，特别是各种观点之间的起承转合、因应兴替。所谓“评”，是指对一个学科的学术事件和各家观点予以评述，分析其在学术价值上的轻重，在理论创新上的得失，在实践应用上的可否。所谓“论”，是指作者要对撰写所及的该学科重要理论或实践问题阐释自己的看法，提出自己的观点并加以简明论证。“史、评、论”三者的有机结合，可以使本系列丛书摆脱“综述大全”的单调，提升其作为学术史研究的理论价值。这里特别需要说明的是，因本书撰写目的与方法上的限定，“论必有据”中“据”的比重较大，肯定在重复率检测上会获得一个较高的数值。对属于学术史研究的著述而言，大量而准确地引用学界既有论述是符合学术规范的必要且重要之举。可见，重复率检测也是很有局限性的原创性判定方法，本系列丛书的重复率较高并不能降低其原创性。其二，每本书要做一个本学科的关键词索引，方便读者对本书的检索使用。现在的大多数学术著作欠缺关键词索引，不方便读者尤其是认真研究的读者对学术著作的使用。本系列丛书把关键词索引作为每本书的必要构成，意在完备学术规范，提高本系列丛书在学术活动中的利用价值。其三，每本书在其书后要附上参考资料目录。由于2000—2012年的法学著述洋洋洒洒、蔚为大观，在确定参考资料目录上只得有数量限制，一般是每本书所列参考资料中的学术论文限100篇，学术专著限100本，只能少列而不能多列。这种撰写要求的结果，难免有对该学科学术成果进行重要性评价的色彩。但因作者的阅读范围及学术判断力难以周全，若有“挂百漏万”之处，万望本系列丛书的读者海涵。

中国社会科学院正在深入推进的哲学社会科学创新工程，是哲学社会科学研究机制的重大改革。其中一项重要的机制性功能，就是要不断提高科研人员和科研机构的科研效能、科研效率与科研效果。深入系统地掌握具体学科的发展过程与当前状况，不仅是技术层面的学术能力建设，更是理念层面的学术能力建设。因为对既有科研过程和学术成果的审视与省察，可以强化科研人员的学术自省精神和学者社会责任，从而提高理论创新的动力与能力。中国社会科学出版社以其专业敏锐的学术判断力，倾力打造学科新发展系列图书，不仅是“中国法学新发展系列丛书”的创意者，更是本系列丛书的规划者、资助者和督导者。正因法学所、国际法所与中国社会科学出版社之间的良性互动，本系列丛书才得以撰写完成并出版面世。可见，科研机构与出版机构之间的良性互动与真诚合作，确是学术创新机制的重要构成。

陈　甦

2013 年 7 月 1 日于北京

目　　录

第三篇 国际贸易法

第四篇　国际投资法

第五篇 国际反垄断法

第六篇　国际税法

导　论

随着1944年布雷顿森林体系的诞生，国际贸易的蓬勃发展，特别是世界进入经济全球化，适应国际贸易的实务需要和各国的利益追求，国际经济法学成为法学界炙手可热的新学科，并得到了创造性的发展。一方面，国际经济法调整的对象得以扩展，涵盖了国际商事交易法、国际贸易法、国际投资法、国际金融法、国际反垄断法，以及国际税法等领域，有了各次级学科的划分；另一方面，随着全球化的升级，调整国际经济关系的法律规则，包括双边协定、多变协定和区域性协定，出现趋同化发展的趋势，部分领域开始致力于全球性统一规范的制定。而这些，也正在国际经济法各学科得到体现。

自改革开放以后，随着市场的对外开放，尤其是2001年加入世界贸易组织，中国迅速融入世界经济体系，世界贸易总额不断增长，成为一个新兴的贸易大国和第三世界国家经济发展的典型代表。此间，国内的国际经济法学界从复苏走向活跃，研究国际经济法的学者以中国在世界经济中的实际问题为研究导向，全面研究国际经济法领域涉及的各种问题。进入21世纪以来的第一个10年，则是中国国际经济法各学科经历较大发展的时期。2001年加入世界贸易组织后，中国的国际经济法研究日趋繁荣，各学科出现了数量、质量双重升级，呈现出传承性、现实性和创新性三大飞跃的全新发展。

在研究成果数量上，国内学者出版的国际经济法著作汗牛充栋，仅专业教材就达70余种，相关研究论文更是数以千计；各种讨论前沿问题的会议频繁召开，新视角、新思路和新发展不断涌现。在学术质量上，国内关于国际经济法的研究已达到国际水平，诸多著作被国际社会所重视，各科学者均有成为各大国际组织的专家、顾问。国际经济法社会，开始聆听中国的声音。

国际经济法学传承性、现实性和创新性的重大飞跃，体现在国际和国内两个方面。中国的国际经济法研究一直紧随世界学术研究之传承，取其精华，去其糟粕。与此同时，正如其他法学学科的经历那样，中国的国际经济法学在老一代学者开创的基础上有了新的传承，涌现出大量优秀的中、青年研究学者。学者们将各自的研究锁定国际实务与中国国情，以现实需要作为学术驱动力，同时着重研究中国最大贸易伙伴美、日、欧三方的相关法律体系。各学科研究打破窠臼，推陈出新，摒弃学科界限，出现百家争鸣；破除内外陈见，做到兼收并蓄。此外，各领域研究涉及经济学、政治学、社会学等的相关内容，充分体现了国际经济法学的综合学科特征。

本书以国际经济法学各次级学科为纲，综述我国国际经济法学界自2000年至2012年间的学术新发展，包括国际经济法总论、国际商事交易法、国际贸易法、国际投资法、国际反垄断法，以及国际税法6个部分的研究内容。

第一篇为国际经济法总论。进入21世纪的第一个10年，国际经济法总论部分的研究一方面是对国外既有经济学和法学理论的引进和介绍，另一方面也不乏国人之“中式”务实态度和崭新视角。值得注意的理论研究新发展主要集中在3个部分：国际经济法的部门划分问题、国际经济的新秩序问题，以及寻求国际经济法学科独立的理论学说。关于国际经济法部门的划分，学者的研究尤其集中在对从传统上从属于国际经济法的国际商法的独立性研究上。在新秩序研究方面，学者们在总结建立国际经济新秩序成果的同时，集中讨论了该进程中发展中国家所面临的困境，并对中国在全球化背景下应以何种角色应对不断变化的世界格局，进行了深入的探索，其中不乏理论创新之处。此外，不少学者尝试以新视角，对国际经济法进行研究，以一种独特的方式大胆尝试，寻求国际经济法学科独立的理论学说。从总论的研究成果可以看出，这部分研究横跨经济学、法学、政治学、社会学、心理学、伦理学等，具有很强的综合性。而各领域学者各抒己见，使国际经济法总论方面的研究发展，呈现出多视角、更新快、参与性强的态势。

第二篇为国际商事交易法。作为国际经济法中历史最悠久的部门，国际商事交易法的产生，伴随着国际贸易活动的出现和发展，对国际经济交往的影响意义深远。随着现代海运和国际贸易的繁荣，国际商事交易法及国际规则进入新公约、新规则制定，与旧规则、旧习惯整合的“换血”时期。在经过多次重大改革之后，21 世纪前 10 年的国际商事交易制度逐步呈现统一化趋势。这个变化，从我国商事交易法规的调整可见一斑。国际商事交易法研究方面，我国学者主要集中在 4 个重要领域：国际货物买卖法、国际货物运输法、国际货物运输保险法和国际贸易支付法。基于中国国情，学者们斟其利弊，通过翔实的论证，对新世纪国际条约、对国际商事交易涉事各方利益所进行的调整，发表自己的意见和看法，其成果丰硕。与总论相比，该领域的学术研究现实性更强，可谓“从实务中来，到实务中去”，以中国面临之机遇和挑战为出发点，又落实到国内商事交易规则和国家政策之归宿。

第三篇为国际贸易法。在 21 世纪国际经济法学领域的新发展中，国际贸易法的学术新发展成为重中之重，是大多数学者在学术事业上的“必争之地”。尤其是中国入世以来，对该领域的研究热度不减，长盛不衰，几乎占据了国际经济法研究的半壁河山。该领域的研究主要围绕调整世界经济关系的《关税与贸易总协定》及其继承者世界贸易组织规则展开。其中，有关世界贸易组织法的学术研究，主要涉及世界贸易组织组织法、争端解决机制、货物贸易规则、贸易救济规则、服务贸易规则，以及与贸易有关的知识产权规则等。而中国以及发展中国家在该体系中的地位和立场，以及其利弊权衡的研究，则成为该领域学者展现其学术洞见和智慧的重要平台，涌现出诸多新的思考和观点。例如，“去意识形态化，法律解决贸易摩擦”①、“WTO 是模范国际法”②、“世界贸易组织的职责不是保护和促进人权，这一职责由其他国际组织承担。成员也不得以保护人权违反世界贸易组织义务。发展贸易和促进人权，是人类两项并行不悖的崇高事业，其最终目标是一致的。在促进这两项事业的过程中，让上帝的归上帝，恺撒的归恺撒”③、“贸易摩擦有可能成为中国因现实而非理想的

---

① 黄东黎：《WTO 规则运用中的法治》，人民出版社 2005 年版，前言。

② 杨国华：http://article.chinalawinfo.com/Article_Detail.asp?ArticleID=70648。

③ 此为韩立余的观点，见黄东黎《国际法研究》，中国人民公安大学出版社 2009 年版，第 3 页。

需要而走向法治的一个路径”①、“在条约解释的问题上，美国似乎与国际社会的主流保持距离，希望人们改用美国的方法。但愿，这种希望只是希望而已”②、“我国在 WTO 中尚处于比较特殊的地位……最迟到 2016 年之前，我国将一直不能取得完全的 WTO 成员地位，从而一直处于‘过渡期’内”③、“最好在宪法或宪法性法律中全面和概括的规定国际条约在我国的使用问题”④、“在 WTO 制度下，几乎发展中国家成员享有的每一项权利都有一定的条件”⑤、“尽快和日本谈判中国市场经济待遇问题，积极做好在 WTO 的争端解决机构中的起诉准备，加速培养通晓对日贸易应对日本反补贴调查的法律人士等，都是非常必要的”⑥ 等。同时，在国际贸易法领域，学者的研究还涉及世界贸易组织对《关税与贸易总协定》的扬弃，以及对该组织以贸易自由化为目标，兼顾成员方利益，并逐步将人权、环保等内容纳入的多元化价值解读。此外，研究内容包含了对世界贸易组织经典案例的解读，如美国龟虾案、韩国牛肉案、欧共体石棉案、日本酒类税收案等。与国际商事交易法相似，世界贸易法实务性强，其学术研究直接涉及国际贸易争端的解决以及国内法治建设。很多情况下，实务的发展决定了学术的发展；学术理论的创新又往往帮助实务进步。在这个领域，理论与实务频繁互动，学者与实务工作者经常互换角色，为学科的发展提供了新的视角、新的经验，成为该学科的一大特色。纵观国际经济法学界的新发展，世界贸易法领域“发展”之“新”呈现日益繁荣、多样的趋势。

第四篇是国际投资法。在 20 世纪前 10 年，国际投资法学科的研究主要集中在国际投资与待遇标准、国际直接投资形式、国际投资中的政治风险、与投资有关的环境问题等重要问题上。经济全球化和贸易自由化的不

① 黄东黎：《WTO 规则运用中的法治》，人民出版社 2005 年版，前言。

② 此为张乃根的观点，见黄东黎《国际法研究》，中国人民公安大学出版社 2009 年版，第 3 页。

③ 车丕照：《国际经济法》，中国法制出版社 2008 年版，第 170 页。

④ 此为赵建文的观点，见黄东黎《国际法研究》，中国人民公安大学出版社 2009 年版，第 2 页。

⑤ 王贵国：《世界贸易组织法》，法律出版社 2003 年版，第 423 页。

⑥ 此为何力的观点，见黄东黎《国际法研究》，中国人民公安大学出版社 2009 年版，第 5 页。

断推进，使国际投资领域出现了投资额逐年攀升、跨国公司参与加强、投资领域扩宽等重要变化，而国际投资法也随之发展。在这个过程中，国际组织如世界贸易组织、世界银行、国际货币基金组织等发挥了重要作用，跨国公司对国际投资领域的影响也日益重大。在国际投资的一些领域，出现了发达国家和发展中国家"南北对立"的局面。这些国家步步为营，各自谨慎设计国内、国际规则，参与国际仲裁，并同时相互依赖，在博弈中讨价还价直到达成妥协。基于此，国内学者的研究多以实际问题为方向，探讨中国在国际投资领域的发展问题。

第五篇是国际反垄断法。传统上，反垄断法属于一个国家的国内法，其控制对象主要是国内的经济活动。近年来，尤其是21世纪前10年，国际贸易的飞速发展模糊了国内经济活动和国际经济活动的界限，反垄断法走出国界，成为国际经济法律体系的一部分。对此，国际社会进行了不懈的努力，并略有小成，达成不少相关双边和多边协定。在这个领域，学者们的研究涉及国际反垄断法的主要内容和前沿问题，包括限制竞争协议、滥用市场支配地位、企业合并控制，以及反垄断法的域外适用和国际合作等。同时，美国和欧盟作为世界上反垄断立法最早、完善的国家（或地区），又是实力强大的经济体，其国内法以及国际利益取向，对国际反垄断法的发展起到了重要的作用，成为学术研究的焦点。

第六篇是国际税法。国际税法作为一个相对独立的法律部门或法律体系而言，是在第二次世界大战后的国际政治经济形势发生巨大变化的形势下发展起来的。目前，国际税法尚未达成全球性国际条约，双边税收协定仍为调整各国之间涉外税收关系的主要途径。这个领域，20世纪前10年中国学者的研究主要集中在国际税法领域最重要，也是最基础的问题：国际税收协定、国际税收法律关系、国际税收主权、转移定价，以及资本弱化。随着国际形势的日新月异，国际税法面临着电子商务、避税港等新的挑战，成为该领域学者们研究的新的方向。所有的这些研究，都体现出国际税法强烈的时代特征，展现了国际税法的实务导向。

国际经济法的另一个学术领域——国际金融法，其全球性更强、体系更为脆弱，多边规则体系尚不完善、监管难度更高。同时，相比其他国际经济法学科，国际金融法学科专业性强，学术成果较为匮乏，然而，21世纪的前10年，随着具有相关经济、金融学科背景学者的加入，该领域的研究有了许多创新和突破，出现了很多内容涉及国际金融法最重要的几项制度，如国际货币制度、国际融资法、国际证券法和国际金融监管法的研究成果等。由于本系列丛书辟出专章对国际金融法的新发展进行综述，因此，本书没有包括这部分的内容。

以上各学科的研究表明，进入21世纪以来，作为一个新兴学科，中国国际经济法学取得了突飞猛进的发展，获得了一系列非常有价值的学术成果。这些研究成果，不仅针对经济全球化形势下中国所面临的“新问题”，也是学者们对中国入世后迎接机遇、应对挑战所贡献的“新成就”，是中国法治在21世纪第一个10年所取得的“新发展”。

第一篇

国际经济法总论

新千年后的第一个10年，是中国国际经济法获得较大发展的一个时期。无论是2001年中国加入世界贸易组织（WTO）等历史性事件，还是国内学者们汗牛充栋的相关著作，都显示了国际经济法这个领域广泛、与时俱进、实践性的学科在中国的蓬勃生机。10年间，国际经济法方面出版的教材多达70余种，相关研究论文数以千计，讨论前沿问题的会议频繁召开，新视角、新思路和新发展不断涌现。

其中，国际经济法总论部分值得注意的理论研究新发展主要集中在3个方面。其一，国际经济法的部门划分问题。其中，尤以传统上从属于国际经济法的国际商法之独立性研究最为集中。其二，在经济全球化背景下，国际经济新秩序的建立受到了学者们的广泛关注。总结建立国际经济新秩序成果的同时，学者们似乎更关心该进程中发展中国家所面临的困境，并对中国在全球化背景下应以何种角色应对不断变化着的世界格局进行了深入探索，其中不乏创新之处。最后，不少学者尝试以新的视角，对国际经济法进行研究。

第 一 章

国际经济法与国际商法的独立性

自20世纪80年代以来，国内对国际经济法与相邻法律部门之间关系的探讨从未停止。无论是国际经济法与国际公法、国际私法的关系，还是国际经济法的跨国经济法属性，一直以来都受到学者们的关注。此外，国际经济法与国际商法的关系问题，是新近的一个讨论热点。即传统意义上属于国际经济法一部分的国际商法，是否应当从国际经济法部门中脱离出来成为一个独立的法律部门或学科。对此，学界观点不尽相同，讨论的焦点集中于国际经济法内涵和外延的界定。

第一节　国际经济法的界定

对国际经济法内涵及外延的界定，目前国内学界尚无统一的观点。在国际经济法与国际商法间关系的问题上，焦点在于国际经济法是否应当包含属于私法性质的国际商法。

目前，国内主流教材及相关文献的观点认为，国际经济法应当是一种“大国际经济法”，又称广义国际经济法。国际经济法的调整对象，不仅限于国家之间、国际组织之间、国家与国际组织之间的经济交往关系，还包括自然人、法人或其他组织等私人主体之间在跨国经济往来中形成的各种经济关系。广义的国际经济法既包括相关国际法，也包括相关国内法；既包括相关公法，也包括相关私法；既包括国际性的商法，也包括国内民商法、涉外经济法等多种法律规范，从而构成一门综合而又独立的法律部门，相应地，国际经济法学也构成独立的边缘性法律学科。这样的国际经济法也被称为“国际经济的法”。从这个定义可以看出，“大国际经济法”

观点认为，国际经济法不仅具有公法性质，同时也包括了私法性质的国际商事交易法律。因此，国际商法包含于国际经济法之中，不构成独立的法律部门或法律学科。

对此，国内学界不乏异议。不少学者认为，对国际经济法的定义应采用“小国际经济法”说，认为国际经济法应限定在狭义范围之内。即仅限于调整国家之间、国际组织之间、国家与国际组织之间关于经济管制类法律的公法性法律规范。私法性质的国际商法应当独立于国际经济法，成为独立的法律部门。最早提出这一观点的学者为对外经贸大学的沈达明及冯大同，随后得到其他学者不断的补充与发展。

有学者①认为，从法律部门的划分标准来看，“大国际经济法”说对国际经济法作为独立的法律部门和法学学科的划分不够科学、规范。一个法律部门的划分，在考虑该法律部门调整对象的同时，还应考虑其调整方法，包括其特有的实体规则、救济方法和救济程序。

对于国际经济法范围的定义，在借鉴美国、欧洲、日本学者观点的基础上，有学者②提出，美国的相当一部分学者认为，国际经济法属于公法性质；欧陆、英国和日本的许多学者则秉承大陆法系的传统，认为国际经济法是调整经济管制关系的国际法。

第二节 狭义的国际经济法

对于“大国际经济法”说和“小国际经济法”说两派的观点，笔者赞同后者，即国际经济法是调整国家之间、国际组织之间、国家与国际组织之间的经济管制关系的国际法和国内法的综合，属于公法性质的法律规范。结合各学者的理论，笔者认为，在狭义上理解国际经济法，将其认定为公法范畴的理由，主要有如下几个方面：

第一，我国的法律体系主要是吸收和借鉴了大陆法系国家对法律部门划分的观念和方法。大陆法系十分重视公法和私法的划分，强调法律部门划分的逻辑性、系统性。在国际经济法与国际商法的部门划分上，大陆法系国家更倾向于将国际经济法界定为属于公法范畴的经济管制类

---

① 姜世波：《国际商法学科的独立性刍议》，《山东大学学报》2004 年第 4 期。

② 左海聪：《国际经济法基本问题论纲》，《法学评论》2009 年第 1 期。

法律规范，将国际商法界定为私法范畴、调整平等私人主体之间的私法性法律规范，从而符合国际法上公法与私法的划分标准。依我国对大陆法系的继承传统，在国际经济法和国际商法的部门划分问题上，也应当采纳大陆法系国家对国际经济法和国际商法的区分标准，使其成为两个独立的法律部门或学科。相比之下，“大国际经济法”说则更多地借鉴了英美法系国家的特点。英美法系国家在传统上并不注重法律部门的划分和界定，而是遵循实用主义的理念，重视实际中遇到的问题，或通过判例来决定应当采用何种法律。这样一来，国际经济法的范围就可能包含与国际经济交往有关的所有法律规则，使国际经济法的范围趋于泛化和模糊。[①] 从法律体系的继承和法律部门划分的传统来说，我国较为适应大陆法系对国际经济法和国际商法的划分标准，即以公法和私法性质将二者加以区分。有鉴于此，我国应当采用国际经济法和国际商法是相互独立的法律部门的观点。

第二，法律部门的划分标准，除了考察该法律部门的调整对象以外，还应当考察相关法律部门特有的实体规则、救济方法和救济程序等方面的内容。“大国际经济法”说下的国际经济法调整对象虽然是独立的，但是在实体规则、救济方法和救济程序等方面，则较为笼统地涵盖或吸纳了其他法律部门的相关内容，缺乏独立性和明显特征。[②] 相反，如果将国际经济法与国际商法界定为分属于公法性质和私法性质的不同法律部门，两者在实体规则、救济方法和救济程序上的区分则较为清晰明确。首先，国际经济法的实体规则建立在非歧视原则、国际经济法交往一体化、自由化的价值取向之上；而作为私人商事交往规范的国际商法则建立在诚实信用、意思自治等价值基础之上，注重个体之间的效率和公平。其次，从救济方法和救济程序来说，国际经济法的救济方式主要由国家承担和进行，通过争端解决程序解决争议；而国际商法则通过承担民事责任来进行救济，手段包括国际民商事诉讼、国际商事仲裁等。[③]

---

① 刘萍、屈广清：《国际商法与国际经济法关系的法理学思考》，《政法论丛》2005 年第 4 期。

② 姜世波：《国际商法学科的独立性刍议》，《山东大学学报》2004 年第 4 期。

③ 左海聪：《国际商法是独立的法律部门——兼谈国际商法学是独立的法学部门》，《法商研究》2005 年第 2 期。

第三，国际经济法产生的基础与国内经济法具有相似性。两者的性质是相似或相近的，都属于公法范畴。国内经济法的产生，是由于个体和微观经济活动的效率和利益与社会总体的宏观经济利益发生了不可调和的矛盾，衍生出靠市场自身的调节功能无法解决的矛盾和冲突。一味强调市场的调节机制，会使对个体利益的无限追求更加损害社会的整体利益，因而需要国家出面进行干涉，对国内经济活动制定一系列的管制规则。在全球经济一体化和自由市场理念倡导下的国际经济交往格局中，同样需要健全的国际经济调节机制，来应对实际中可能出现的各种矛盾和冲突，从而产生了国际经济法。总之，国际经济法与国内经济法的定位应是相似的。

第四，从国内法律教学的现实情况考虑，将国际经济法和国际商法划分为不同的法律学科，则更为科学和合理。随着理论和实践的不断深入，无论是国际经济法还是国际商法，都产生了大量丰富的、各成体系和结构的法律规范内容。如果将两者合并为一门法律学科，要在一本教材内，或在一个学期内，按时、按量、按质完成体系如此庞杂的法律学科教育，无论对教材的编写者，还是对承担实际教学工作的教师及接受知识的学生来说，都是一项非常大的挑战。因此，本着合理安排学时、保证教学质量并考虑学生合理的课业负担的目的，将国际经济法和国际商法划分为两个不同的法律学科并分别进行课程设置，更符合教学的需要。①

总之，无论是从大陆法系的传统思路、法律部门划分的标准出发，还是参照相似法律部门的划分标准，将国际经济法的概念限制在狭义的范围内，采用“小国际经济法”说，似乎更符合我国对法律部门划分的一贯标准和传统，也更有利于对国际经济法进行细致和深入的研究。

第三节　国际商法的内涵及与国际经济法的区别

对国际经济法的内涵和外延做出界定之后，尽管国内学界对国际商法的内涵及外延并没有形成统一的标准，但主流观点认为，国际商法是调整私人法律关系的私法性法律规范。从实在法和统一法的角度出发，

---

① 王军、高建学：《关于国际经济法与国际商法的学科设置的思考》，《山西大学学报》（哲学社会科学版）2004 年 7 月第 4 期。

有学者[①]将国际商法定义为调整国际商事关系的实体规范和争端解决程序规范的总称。也有学者[②]认为，国际商法是调整国际商事交易和国际商事组织的各种法律规范的总称。其法律渊源包括国际条约、国际商事惯例及相关的国内法。由此可见，尽管存在不同意见，但国内大多数学者都认同国际商法主要属于私法范畴，认为其调整对象主要是私人主体之间的国际经济交往关系。

实际上，若将国际经济法视为调整国家之间、国际组织之间、国家与国际组织之间经济交往关系的公法性法律规范，将国际商法定义为调整私人主体之间跨国经济关系的私法性规范，就会发现两者存在着许多不同之处。结合国内各学者的观点，笔者对两者的区别进行了总结。

首先，两者产生的历史轨迹不同。国际经济法是在“二战”后产生并逐步发展起来的。“二战”后，布雷顿森林体系建立的国际货币基金组织、世界银行集团和关税与贸易总协定（GATT）是国际经济法产生的标志。随着经济全球化的发展、国际间经济交往的加深，20 世纪 70 年代之后，国际经济法进入飞速发展期，并日趋成熟。1994 年乌拉圭回合谈判建立的 WTO，标志着国际经济法迈入了一个崭新的时代。国际商法的产生历史则要比国际经济法早得多。事实上，调整商人跨国交易的法律在古罗马时期就已经出现。中世纪欧洲形成的“商人习惯法”是国际商法的萌芽状态，是不经国家或国际组织制定而广泛适用于各国商人之间的商事交易规则。17 世纪以后，主权国家逐渐将这些商人习惯法纳入国内法，成为国家制定的成文法律。20 世纪以后，统一的商事惯例和商事交易实体法逐渐增多。“二战”后，特别是 20 世纪 60 年代以后，国际组织开始制定和编纂国际商法和国际商事惯例，新的国际商事惯例和国际商事条约大量涌现。[③]

其次，两者的调整对象不同。国际经济法调整的是公法性关系，即国家之间、国际组织之间、国家与国际组织之间的经济交往关系，以及主权

---

① 左海聪：《国际商法是独立的法律部门——兼谈国际商法学是独立的法学部门》，《法商研究》2005 年第 2 期。

② 韦经建、王小林：《论国际经济法与国际商法的学科分立》，《吉林大学社会科学学报》2005 年 11 月。

③ 王军、高建学：《关于国际经济法与国际商法的学科设置的思考》，《山西大学学报》（哲学社会科学版）2004 年 7 月第 4 期。

国家对私人经济交往的管制。而国际商法调整的国际商事关系与经济管理关系不同。在大陆法系，这种平等主体之间的经济交往关系应属于民商事关系。国际商法调整的正是这种私人主体之间跨国经济往来产生的民商事关系，以及私人主体与商事组织的各种私法性关系。可见，国际经济法和国际商法的调整对象具有根本上的不同，这足以将两者认定为两个不同的法律部门。①

再次，两者的法律性质不同。国际经济法中最有代表性的是 WTO 的相关法律。无论是“大国际经济法”说，还是“小国际经济法”说，都承认 WTO 法律体系属于公法性质的法律。其一揽子协定与政府规制经济活动、管理国际经济活动的国际条约有关。这些协定的强制性特征非常明显，毋庸置疑应属于公法性的法律规范。而国际商法包含的国际商事公约和国际商事惯例，虽然包含部分国际公法或国际私法的内容，但从整体上看，主要是调整国际间私人主体之间的跨国经济往来的法律规则，主要为私法性法律规范。②

由此可见，国际商法独立于国际经济法，成为一个独立的法学部门或法律学科，是经济全球化和国际经济交往不断加深背景下的大势所趋，也是许多学者预言的一种发展进路。然而，在看到两者的区别的同时，笔者也认为，不应该忽视两者的交叉和融合。特别是在公法和私法的界限不断模糊和靠近的现实情况下，国际经济法和国际商法不可避免地要进行相互借鉴、吸收和影响。有学者③就敏锐地察觉到了国际经济法的“私法化”趋势和国际商法的“公法化”趋势。即在国际经济交往日趋复杂的情况下，一方面，国家之间的经济交往常常不仅涉及政府之间的实务；另一方面，不同国家的私人间交易也很难再是纯粹的商人之间的事情。国际经济法的“公”和国际商法的“私”，两个因素不断交织，相互渗透、融合，出现了超越公私法界限的局面。

---

① 左海聪：《国际商法是独立的法律部门——兼谈国际商法学是独立的法学部门》，《法商研究》2005 年第 2 期。

② 王军、高建学：《关于国际经济法与国际商法的学科设置的思考》，《山西大学学报》（哲学社会科学版）2004 年 7 月第 4 期。

③ 韦经建、王小林：《论国际经济法与国际商法的学科分立》，《吉林大学社会科学学报》2005 年 11 月。

第二章

国际经济新秩序的现状与中国的角色定位

20 世纪 50 至 80 年代，亚非拉大量殖民地国家普遍获得独立。随后这些国家要求改变“二战”结束以来发达国家主导的国际经济旧秩序的呼声越来越高。这一时期关于建立国际经济新秩序的研究成果颇为丰厚。20 世纪 80 年代中期以后，发展中国家建立国际经济新秩序的努力在强度和广度上都有所回落。进入 21 世纪，以美、日、欧为主导的世界经济秩序和体系仍然持续。然而，次债危机、金融危机等一系列事件，让人们重新关注国际经济新秩序的建立问题。

第一节　国际经济新秩序的现状

在 21 世纪的头 10 年，国内许多学者密切关注建立国际经济新秩序的问题，以期帮助中国寻求在其中的角色定位，从而获得更好的发展。在肯定发展中国家在建立国际经济新秩序过程中所作的贡献及获得的成果的同时，普遍的观点认为，国际经济新秩序的建立尚存在许多亟待关注和解决的问题。

有学者①认为，国际经济秩序的建立需要依靠国际经济法律的良好实施。而现行的国际经济秩序作为历史发展的结果，只体现了阶段性的发展特征，尚未能够解决深层次的矛盾，如金融危机、国际贫富差距增大、环境状况不断恶化等。同时，现行的国际经济秩序缺乏足够的统一性和明确

---

① 杨松：《和谐世界与国际经济新秩序》，《中国社会科学院院报》2007 年 1 月。

性。各国权利义务的创设尚缺乏统一的标准。

也有学者[①]将发展中国家进行国际经济新秩序的努力分为两个层次。第一个层次，为“变位性权力行为”。其目的在于改变国际经济秩序的制度和结构本身。通过这种方法获得的国际经济秩序的改变是一种质变，即一种革命性的结构变革。第二个层次，为“联系性权力行为”。这种方法，不在于对国际经济秩序进行根本性的变革，而是期望在现存的结构和体系内获得自身利益的最大化。其对国际经济秩序的改变是一种量变。在时间上，20世纪50年代至80年代，发展中国家建立国际经济新秩序主要采取的是第一种方法，试图改变发达国家建立的“市场导向分配模式”，建立“权威导向分配模式”。这是一种以分配正义为价值理念的资源分配模式，通过政治权威进行全球性资源调配。而在20世纪80年代中期以后，发展中国家采用的模式逐渐转变为后一种。发达国家主导的“市场导向分配模式”得以巩固和加强。

可见，20世纪80年代中期之后，相较之前所取得的成果，发展中国家建立国际经济新秩序的努力有逐渐放缓的趋势。有学者[②]将这一现象称为建立国际经济新秩序努力的“潮落”。结合各家观点，对造成这种现象的原因及现行国际经济秩序存在的问题，可进行如下的总结：

首先，发展中国家对建立国际经济新秩序所作的努力，缺乏一套强有力的理论支撑体系。尽管从20世纪50年代至80年代，发展中国家在这方面成果斐然，但在发展中国家集团内部，并未形成一套统一的行动指南，未能为发展中国家建立国际经济新秩序的努力提供可指导实践的知识体系。曾在发展中国家中引起较大反响的“依附论”，虽有一定的说服力，但尚停留在提供一种批判的思路上，并未提出实践中如何进行改变，或提出具备实际操作性的方法或对策。反观发达国家，“二战”后西方发达国家通过提出自由主义理念，建立了一套相对完备的知识体系作为其核心理念和理论后盾。这无疑对建立发达国家所需要的国际经济秩序，起到了很大的作用。[③]

---

① 徐崇利：《建立国际经济新秩序斗争的潮落与中国的立场》，《国际经济法学刊》2008年第15卷第2期。

② 同上。

③ 同上。

其次，现存的国际经济秩序在建立之初，就形成了西方发达国家占主导地位的权力结构。这种结构模式在随后的运行及实践中，显示出了对发达国家的统合作用，而对发展中国家则显示出不断分化的效果。在这种趋势下，发展中国家试图改变这种固有的权力结构就相当得困难。

对发展中国家的分化，可以从两个角度进行分析。第一，形式上，战后发达国家建立起了一个以美国为中心，包括战败国德国和日本的多边性质联盟。这种经过设计和安排的政治组织，在一定时期内具有极强的稳固性。发展中国家试图打破这种强权联盟将面临很大的阻力。同时，面对发展中国家联合起来挑战国际经济秩序的状况，现行国际经济体制也为发达国家采用多种形式的策略来分化发展中国家提供了基础。发达国家通过在多边经济体制之外，设计出多种多样的双边、复边及区域性条约，运用除多边条约以外的各种形式，对发展中国家进行各个击破，以达到瓦解发展中国家集团力量、分化发展中国家的目的。第二，从性质上看，由于晚近发展中国家采用了不同的经济发展策略，其经济发展模式及速度都出现了分化和差距。各个发展中国家从现行国际经济秩序中获得的利益和好处也各不相同。因此，发展中国家集团出现了层次分化，由战后初期基于统一的利益需求而形成的联合，转变为尽管有统一诉求，但在各发展中国家之间也产生了冲突和矛盾。因此，晚近发展中国家再进行集体行动的难度大大增加。它们对现行国际经济秩序的态度，也因为对经济全球化依存度的不同而出现了差别。发展中国家集团的这种内部分化，使众多发展中国家对改变国际经济秩序拥有了不同层次的需求，很难再进行统一的行动。①

再次，现行国际经济秩序中，南北国家之间在经济上的相互依赖程度并不对称。总的来说，发展中国家对发达国家经济的依赖程度，要高于发达国家对发展中国家的经济依赖程度。这种局面，使得发展中国家在建立国际经济新秩序中，运用权力的空间和平台大大缩小。相反，这种经济依赖性的不对称，可能使发达国家在谈判国际经济交往事项时拥有更多的权力砝码。受制于对发达国家的经济依赖，发展中国家更可能倾向于做出一定的让步。②

---

① 徐崇利：《建立国际经济新秩序斗争的潮落与中国的立场》，《国际经济法学刊》2008 年第 15 卷第 2 期。

② 同上。

最后，冷战局面的结束，也使得以美国为首的西方国家，不再担心发展中国家将倒向另一个可与美国实力相制衡的东方势力。在面对发展中国家建立国际经济新秩序的要求面前，西方发达国家拒绝和打压的政治顾虑得到消除。同时，战后国际经济组织的建立普遍对发展中国家的利益进行了考虑，因此，国际经济组织中的权力结构往往与国际现实力量对比存在非相合性。这种非相合性，使得发达国家可以在发展中国家发出挑战时，将矛盾转移到国际经济组织中去，避免自身陷入矛盾的中心。①

第二节　中国的角色定位

在现行的国际经济秩序下，在发展中国家建立国际经济新秩序的努力日趋衰落的今天，在经济危机后建立国际经济新秩序的契机之下，中国应在国际舞台上扮演何种角色，才能在保证自身发展与利益的同时兼顾国际责任？对此，学界说法不一，理论各异。

有学者②认为，应改革国际经济旧秩序赖以建立的法律框架，即《国际货币基金协定》、《国际复兴开发银行协定》和《关税与贸易总协定》，并从改革这些协议建立的国际组织着手，破除国际经济旧秩序。与此同时，发展中国家应当加强南南合作，主动出击，积极参与全球化及其中的规则制定。在区域经济合作方面，发展中国家也应当发挥主导作用，提高自身的谈判地位和发言权。

也有观点③认为，在积极参与国际新规则制定的同时，发展中国家必须切实注重自身经济体制的改革，不断完善市场经济体制，减少国家对经济的干预。同时，发展中国家还要充分利用现有的争端解决机制（如WTO争端解决机制）来保护自身的权益。在尽可能地尽快落实和修订现有条款之外，还应当在行政、技术性事项方面，向WTO秘书处争取更多的帮助和技术援助。在国内也应尽快培养WTO的法律专家和人才。

---

① 徐崇利：《建立国际经济新秩序斗争的潮落与中国的立场》，《国际经济法学刊》2008年第15卷第2期。

② 罗刚、褚俊英：《略论构建国际经济新秩序的原则及路径》，《云南大学学报法学版》2006年11月。

③ 李伯军：《WTO框架与推进国际经济新秩序》，《理论探索》2006年第1期。

此外，也有学者①关注以和谐理念建立国际经济新秩序。即在国际经济秩序的建立过程中呼吁民主化，体现多国利益，鼓励和支持对话、协商与谈判。另一方面，在国际经济秩序中强调以人为本，即重视人与国家、世界的关系，在此基础上也要重视人与自然的关系。

近年来，随着中国成为世界经济总量第二大国，特别是入世之后，国际社会对中国在国际社会中应当扮演何种角色，给予了相当多的关注，先后出现了"中国威胁论"和"中国责任论"等论断。有观点认为，这是发达国家出于自身利益的考虑，试图通过给中国"贴标签"，迫使中国承担超出其能力和义务的责任。对于中国的角色定位，总结各位学者的观点如下：

对于"中国威胁论"，学者们认为，应该清醒地认识到，作为现行自由主义国际经济体制中的一员，中国实际上是从中获益最多的国家之一。中国加入世界贸易组织之后，每年的贸易增长量均在30%以上。中国已经从最早的"体系外的革命者"，成为"体系内的改革者"，现在进一步转变为更为温和的"体系内的改良者"，这进一步体现在中国作为既存国际经济体制的"维护者"和"建设者"的角色上。② 一方面，中国始终抱持"和平崛起"的信念。中国的发展不会对现有的国际经济秩序造成威胁。其加入世界贸易组织尽管客观上加强了发展中国家的谈判力量，但并不是要成为世界贸易组织中的"麻烦制造者"。事实上，中国加入世界贸易组织以来的"优等生"形象，已经使"中国威胁论"不攻自破。另一方面，在南北对立的问题上，中国对现存自由经济体制的获益程度和利用程度，与大多数发展中国家并不一致，因而很难作为统一的发展中国家的代表，也不会接受某些发展中国家较为激进的改革现有国际经济体制的要求。中国应当利用其对既存国际经济体制的温和立场及自身优势，成为现行国际经济体制中南北国家的"桥梁"和"纽带"，努力促使矛盾的化解，寻求共同发展道路。③

---

① 杨松：《和谐世界与国际经济新秩序》，《中国社会科学院院报》2007年1月。

② 徐崇利：《建立国际经济新秩序斗争的潮落与中国的立场》，《国际经济法学刊》2008年第15卷第2期。

③ 同上。

对于“中国责任论”，西方国家普遍倾向于用总量来衡量中国的经济发展水平。但这一衡量标准对中国来说并不公平。合理的计算标准应当考虑人均经济发展水平，该标准清楚地表明中国仍是一个发展中国家。但作为一个发展较快的发展中国家，中国在某些关乎其他发展中国家利益或全球共同利益的问题上，出于道义，可以承担某些高于一般发展中国家的责任。对此，有学者①认为，应从三个方面来看待中国的责任承担问题。首先，如果仅涉及西方发达国家有关的国际经济法律事务，中国毫无疑问应当坚定自己的立场，立足于自身的实力，拒绝发达国家的过分要求。其次，如果仅涉及中国与其他发展中国家之间的国际经济法律关系，出于道义的考虑，中国应当在力所能及的范围内给予其他发展中国家帮助和支持，体现中国在现存国际经济秩序中不仅注重利益维度，也注重价值的维度。最后，在涉及发展中国家和发达国家共同经济利益和法律关系的国际公共产品的相关方面，中国虽不会过分慷慨，但也会以负责任的大国的身份承担某些特殊的更大责任，展现大国风范。

① 徐崇利：《现行国际经济秩序的重构于中国的责任》，《国际经济法学刊》2010 年第 17 卷第 2 期。

第三章

国际经济法的宪政理论

一直以来，宪政是西方发达国家所推崇的政治学思想。其核心内涵，大体上包括限制最高权力（即国内政府的权力）、保护公民的权利，以及相应的程序性保障。如对政府权力的划分和制衡、以宪法为统领的法治及司法审查制度、民主决策程序等。在国际经济法层面，特别是国际贸易法领域，经济自由化和建立稳定、公正的国际经济秩序，一直是各国所追求的目标。然而，伴随着国家主权对内、对外的扩张所带来的一系列问题，如单边主义行动依然存在、WTO 谈判过程的民主程序受到质疑、国内私人主体的权利难以通过国际多边体制得到维护等，一些国际经济法学者试图在国际经济法层面寻找一种宪政体系，以更好地维护经济自由化和保护私人主体的权利，如人权体系。晚近，伴随着国外相关国际经济法宪政主义著作的翻译和引进，国内许多国际经济法学者也开始加入国际经济法宪政主义的讨论，并提出各自的观点。

第一节　国际经济法层面与国内法层面的“宪政”概念

国内学者讨论的焦点，首先集中在国际经济法层面的相关问题是否能够直接借用国内法意义上的宪政概念来进行讨论和比较。在国内法层面上讨论宪政主义的，存在一个更高层面的权力主体，即国家政府。而国际经济法层面并不存在一个超国家的世界政府性机构。因此，对在国际法层面能否使用在国内政治学或国内法层面上的宪政主义这一概念，国内学者的观念并不一致。

国外有学者将建立国际组织的章程性法律文件称为“国际宪法”。

对此，有学者[1]转述了王铁崖的观点。王铁崖认为，“这种观点显然是错误的。国际组织所依据的法律文件只是国家之间订立条约的一种。国际组织的原则、规则，只能是从这些法律引申出来的国际法原则、规则。它们绝不能是超越国家之上的法律”。如果要在国际法层面使用这一概念，只能指“有关国际组织的带有根本性的法律原则和规章制度的总称，而在本质上却与国家宪法毫无相同之处”。[2] 据此，该学者认为，国际法语境中的“宪政”问题，首先应该是有关国际组织章程的实施问题。因此，研究国际经济法层面的宪政问题时，其方法论不宜直接套用国内的宪政理论和实践。同时，主权国家是国际组织的主要构成主体，国际组织也是独立的国际法主体，在研究该问题时，应主要关注主权国家和国际组织。[3]

也有学者认为[4]，宪政主义产生之初并不局限于一国范围之内。在其萌芽的欧洲中世纪时期，宪政主义最早是用来调整各个封建诸侯国与帝国皇帝之间关系的。这些欧洲历史上广泛存在的诸侯国，在很大程度上也构成现代国家的概念。最早具有宪政性特征的英国《大宪章》，就是地方贵族为限制中央权力而与英王签订的宪章性法律文件。其目的，就是限制君主的中央权力，形成中央与地方自然地域的权力分配。因此，“宪政制度在其产生初期并不是仅仅适用于某一主权国家内部的。恰恰相反，它主要是通过对某一包含着若干独立政治实体之较大社团的组织形式，及其纵横两个方向的权力分配，来确保民众的基本权利和自由——尽管‘民众’一词的涵盖范围和其权利与自由的内涵、种类，均是随着时代而发展变化的”。[5]“直至各个新兴独立国家纷纷制定其国内宪法的今天，宪政制度也并没有局限在某一主权国家内部。较之中央集权国家，由‘准国家’或国家层面和高出其上的权力层面共同形成的较大社团，倒是更典型地体现

---

① 蔡从燕：《国际法语境中的宪政问题研究：WTO宪政之意蕴》，《法商研究》2006年第2期。

② 邓正来：《王铁崖文选》，中国政法大学出版社2003年版，第9—10页。

③ 蔡从燕：《国际法语境中的宪政问题研究：WTO宪政之意蕴》，《法商研究》2006年第2期。

④ 孙璐：《WTO规则：国际经济领域的世界性宪法——WTO法律性质初探》，《法制与社会发展》2002年第6期。

⑤ 同上。

了宪政制度适用的本意。”①

另一种折中的观点则认为，宪政系统可分为两个层次。在实体结构上，宪政包括宪法、民主、法治和人权。在形式结构上表现为宪政规范、宪政体制和宪政文化。其中，宪政文化的核心观念包括自由、平等、民主的宪政理想和宪政精神，是宪政主义的核心价值。在国内法和国际法层面，两者共有的不是宪法结构，而是核心的宪法性价值，如保护个人权利、维护自由市场经济秩序。国际宪政在应然法上有其重大的意义。国际宪政更多包含着学者对世界秩序的思考，倡导将普遍、平等、分权与制衡、人权等宪政价值应用于国际层面，从而建立一种民主、法治和人权的国际经济秩序。②

笔者认为，目前，尽管在国际经济法实践中并未出现明确以宪法或宪法性法律文件命名的法律文件或相关制度体系，“宪政”一词的概念也更多地用于指导国内层面的政治和法律实践，但在国际经济法领域倡导尊重宪法价值理念是十分必要的。宪法不仅指一种实践性的制度或规则体系，也包含了一种宪法性的价值体系，如平等、自由、民主、保护个人权利、限制政府权力等。这种精神内核，无论在国内法层面还是国际法层面都应该加以尊重。在国际经济法的实践中，尽管并未以宪法或宪法性法律为文件命名，但实际上确实存在体现宪法精神的一系列法律性文件。从这个意义上说，国际经济法实践中能否出现制度上、规则上真正的宪法性法律文件有待商榷，但在国际经济法中注入宪法性精神和价值却是必要的、可行的。

第二节　国际经济法宪政化理论

有关国际经济法宪政化的讨论，多以国际贸易法研究领域最为重要的国际经济组织——世界贸易组织（WTO）的规则为讨论对象展开。诸多国际经济法宪政主义学者将其研究重点，指向 WTO 这个最有可能实现国际经济法宪政进路的国际组织。对针对 WTO 进行的宪政主义研究，国内

① 孙璐：《WTO 规则：国际经济领域的世界性宪法——WTO 法律性质初探》，《法制与社会发展》2002 年第 6 期。

② 王玉婷：《WTO 宪政理论研究》，法律出版社 2010 年版。

相关学者进行了归纳和梳理，提炼了目前最有影响的三种关于 WTO 宪政问题的理论学说。

首先是“制度建构”学说。该理论旨在用宪法和宪法性术语来完善 WTO 及其相关制度，实现 WTO 制度的宪法化。该理论倡导的“宪政”，指的是“宪法性制度的构建。即在特定体制的框架内，通过各种规则或法律规范，设置一整套复杂的约束机制”。“制度”在这里是一个意义宽泛的概念。它“既包括组织结构，也包括法律实体方面的内容”，指“关于 WTO 的一系列条约安排、争端解决的过程、行为者和国际组织以及其他一些非正式的特征”。使用“制度”一词来讨论 WTO 的宪政问题，是由于绝大多数学者都认为，WTO 已经形成了一整套的新法律体系规则。这种法律体系构成了一种“制度”。WTO 制度的宪法化，“希望加强 WTO 制度的‘正当性’和‘合法性’，利用宪法原则去审视 WTO 作为一个国际组织，其机构活动的范围和在 WTO 内形成的规则是否具有正当性”。该学说最重要的出发点和目的，在于“解决 WTO 事件中产生的国际法律问题”，“旨在通过对 WTO 制度的宪法化来增强 WTO 的正当性，解决 WTO 规则制定过程中的民主性欠缺这一实践问题”。①

该理论面临的挑战，主要来自传统法学界对“宪法”、“合法性”和“正当性”概念的定义。用于定义以上概念的相关法律概念和法学推理，是否能够适用于“制度”的“宪法化”，是尚未解决的理论问题。

其次是“规范承诺”说。该理论认为，“宪政”，“应当是对个人授予权利或资格的一种规范式的预先承诺”。该学说认为，首先应该在“国际层面加强宪政”，“不可能现实地寄期望于‘超国家的’技巧和国际的官僚机构，而只能寄期望于自由的 GATT 国际规则在各国国内宪法体系之中的更为有效的融合”。“在一定条件下，各国政府借以为国家间经济交易提供一种稳定框架的国际承诺结构，能够增强其各自内部财产权利的宪法保护。”其次，通过直接约束政府权力间接保护个人权利。“通过把自由国际经济规则有效地转化为国内法，从而限制政府约束私人权利的贸易管制权力，并通过国内法院予以司法保障，防止国内政治权力对私人权利的侵蚀。这种转化可以通过国内立法的方式，也可以直接赋予公民直接援引

① 王玉婷：《WTO 宪政理论研究》，法律出版社 2010 年版。

国际经济法律规则并通过司法诉讼的方式予以解决。”具体而言，该学说认为，“宪政与制度性安排没有必然联系，它所做的是希望提升出一整套规范性价值，并设计为一系列的规则，保护个人的应有权利，使之不会因政府的越权和人民的短视而受到侵害”。该理论认为，“宪法体制承认并保护不可剥夺的人权、市场自由和其他基本权利，而这些都是有限政府的权力也不能加以减损的，WTO 比很多国内宪法在这方面做得要好，因为 WTO 保障自由、非歧视和法治原则远远超过大多数国家宪法，这些国内宪法只赋予国内公民有限的经济自由”。①

对于该理论，学术界褒贬不一。持赞成观点的学者认为②，该学说“由于极具自然法的价值追求，针对各国因国内和国际政治而对国际法律秩序，特别是国际经济法律秩序产生的‘损耗’提出严厉的批评和谴责而广受关注，在理论上影响了其后诸多学者”。该观点使“国际经济法成为了一门真正的科学和真正的理论。这种古典自由主义国际经济法宪政理论，意味着国际经济法学术正在走出理论的贫困”。③ 另一方面，该理论也面临许多批评，如被认为太过激进。有学者④评论称，其追求的“WTO 宪政及后期的国际宪政，都不过是建立在所谓‘经济自由’和‘个人权利’基础上的乌托邦”。⑤

最后是“司法宪法化”学说。该理论的核心观点认为，WTO 制度宪法化的根本驱动力，是其“司法造法”的趋势。它较多地借鉴了英美法系宪政观念中的司法审查对宪政主义的重要意义。该理论认为，“WTO 上诉机构利用其权能在争端解决中确立宪法性规范和结构，从而成为宪法构建的动力”。WTO 宪法性规范和结构是由上诉机构通过 4 种不同的程序产生的。其一是“宪法原理的合并”。即“WTO 案例法借用并合并了其他宪法领域的宪法规则、原则和原理，导致国际贸易法与宪法更加相似”。这方面的典型例证，是 WTO 涉及相称性和管辖权方面的案例。其二是“形成体系的宪法”。即“WTO 案例法构成了一类新的法律体系。上诉机

① 王玉婷：《WTO 宪政理论研究》，法律出版社 2010 年版。

② 王彦志：《国际经济法的宪政进路》，《当代法学》2004 年第 4 期。

③ 同上。

④ 王玉婷：《WTO 宪政理论研究》，法律出版社 2010 年版。

⑤ 同上。

构采取了纠问式的事实认定方法，发展了一类在性质上属于纠问式的法律体系”。其三是“主题事项的并入”。“WTO 案例法涉及传统上属于国内宪法权限范围的事项，如公共健康等。”其四是“宪法价值的合并”。“WTO 案例法不仅发展了宪法规则，且本身与宪法原则相结合。WTO 争端解决报告对使用规则及其合法理由的陈述在措辞上是谨慎的，结合了宪法推理的背景。”此外，“宪法化的含义，不仅是确立了一项能够做出有约束力的法律决定的制度，而且所确立的司法性争端解决机制，通过司法解释发展出了一种宪法体系。这类司法解释所体现的宪法性原理，使 WTO 法在更大程度上与宪法体系相似。在此意义上，可认为 WTO 法理，使 WTO 法处于逐渐宪法化的过程中”。①

持该观点的代表人物凯斯后期亲自讨论了该观点的不足之处，认为“即便 WTO 的‘司法造法’现象是 WTO 宪政可能实现的最有力的证据，但之前的论证并未充分考虑除此之外宪法化过程中所需要的其他同等重要的要素，如正当性与宪法化的关系，且大大低估了政治在宪法化进程中的作用。仅凭‘司法造法’，并不足以构成 WTO 宪政一定能够实现的全部理由”。②

正如有学者提出，“国际经济法的宪政进路是一个极具法律理论品格和法律哲学魅力”③ 的学术讨论，不同的理论观点虽产生激烈的碰撞，但该领域的很多问题仍尚待解决。

① 王玉婷：《WTO 宪政理论研究》，法律出版社 2010 年版。

② 同上。

③ 王彦志：《国际经济法的宪政进路》，《当代法学》2004 年第 4 期。

第二篇

国际商事交易法

作为国际经济法中历史最悠久的部门，国际商事交易法伴随着国际贸易活动的产生而出现。历经千年的发展，商事交易法对国际经济活动的影响广泛而深远。随着现代海运及国际贸易的繁荣，国际社会开始致力于国际商事交易领域新公约、新规则的制定，以及这些新规则与旧规则、旧习惯的整合，致使国际商事交易制度出现了许多重大变革，并呈现出统一化的趋势。

21世纪以降，世界政治格局愈加复杂。随着经济全球化的深入发展，世界市场日趋统一。在这期间，尤其是2001年加入世界贸易组织以后，我国国际经济法的调整范围和内容迅猛扩展，国际商事交易法也随之不断得以完善。

有观点认为，“现代国际商事交易法的调整范围以传统的国际货物买卖为核心，同时包括与货物买卖密切相关的国际货物运输、保险以及支付等国际商事交易行为”。① 从我国学界观点出发，在历史沿革的基础上，本篇主要介绍现代国际商事交易法4个重要领域的学术新发展：国际货物买卖法、国际货物运输法、国际货物运输保险法和国际贸易支付法。

① 黄东黎主编：《国际经济法》，社会科学文献出版社2006年版，第83页。

第一章

国际货物买卖法

国际货物买卖规则诞生于200年前的英国。两个世纪以来，货物买卖规则逐步完善，形成了一整套国际货物贸易规范。其中，国际贸易术语，无疑是其最重要的内容之一。它明确了买卖双方风险、责任承担、费用等含义。同时，国际买卖合同是国际货物买卖的基础。《联合国国际货物销售合同公约》是迄今全球范围内调整货物贸易合同最重要的国际公约之一，它调整合同的成立及买卖双方的权利义务关系。本章还介绍了与国际货物买卖活动相关的风险转移制度。在国际货物买卖中，风险转移制度研究一直是一个十分重要的基础理论问题。它决定了在发生货物毁损灭失时，损失由谁承担的问题，直接关系国际贸易双方的根本利益。此外，1994年，《国际商事合同通则》在很大程度上弥补了《公约》的不足，对于建立统一的国际商事交易法律秩序意义重大。国际统一私法协会于2004年4月通过的《国际商事合同通则（2004年修订本）》，成为又一国际贸易统一法成果。

第一节　国际贸易术语

一 《国际贸易术语2010解释通则》修订

1936年国际商会正式制定了《国际贸易术语解释通则》（“Incoterms”）。随着国际贸易发展的需要，该通则先后经过了7次修改。最近的一次修改形成了《国际贸易术语2010解释通则》（“Incoterms2010”），“给国际贸易界以及保险、运输、报关报检、国际结算等相关行业，带来了新的规则与要求”[①]。Incoterms2010 在原 Incoterms2000 的基础上，进行了较大的修改。不仅贸易术语的种类、适用范围、分类方式有所变化，修改还适时补充了连环贸易（String sales）、电子商务等内容，并取消了原《通则》中“船舷”的概念。在国际贸易实践中，由于贸易双方可根据需求自行选择不同的贸易术语和不同版本的解释通则，Incoterms2010 到底有多大的进步，又将在贸易领域发挥多大的功效，对此，国内学界进行了讨论。

二 《国际贸易术语 2010 解释通则》修订背景

19 世纪初，长期的贸易实践催生了一系列调整国际货物买卖的贸易术语。但是，不同的国家对贸易术语的理解和运用并不统一，造成了适用上的混乱和纠纷，给国际贸易实务带来了极大的不便。为此，1921 年国际商会（1CC）首次着手编纂贸易术语，并于 1923 年规定了 FOB、FAS、FOT 或 FOR、Free Delivered、CIF 和 C&F6 个贸易术语。1936 年，ICC 正式制定《国际贸易术语解释通则》。此后，根据国际贸易发展的需要，ICC 又分别于 1953 年、1967 年、1976 年、1980 年、1990 年和 2000 年，6 次对其进行修订。Incoterms2010 为其第 7 次修订，于 2011 年 1 月 1 日正式实施。

国内学者对修订后的 Incoterms2010 在内容的变化与应用中应注意的事项方面，看法并不统一。

有学者[②]认为，2010 解释通则的实质性修改，主要涉及贸易术语数量和分类调整、贸易术语项下买卖双方具体义务改动、码头处理费用分配、“船舷”概念取消、连环贸易模式下义务的补充，以及贸易术语适用范围扩大六个方面。

也有学者[③]指出，2010 解释通则的变化包括属性变化、结构变化和内容变化三个主要方面。属性变化方面，国际商会对 Incoterms 进行商标注册，使其受商标权保护；明确对 Incoterms 的著作权保护；声明未经授权

---

① 邓旭：《〈2010 国际贸易术语解释通则〉的主要变化和发展》，《国际经贸探索》2011 年第 12 期。

② 朱念：《〈2010 国际贸易术语解释通则〉与 2000 版的比较分析》，《对外经贸实务》2011 年第 5 期。

③ 邓旭：《〈2010 国际贸易术语解释通则〉的主要变化和发展》，《国际经贸探索》2011 年第 12 期。

不得进行互联网传播等。内容变化方面则提出了“清关安全信息要求”。结构变化则主要涉及增加适用指南（Guidance Note）和补充有关String-Sales（连环贸易）模式两个方面。

还有学者①指出，2010解释通则增加了“路货交易”规范，扩大了通则适用范围，扩大了承运人的范畴。但其关于“承运人”的界定，也可能增加贸易商识别“承运人”的难度，进而引发相关争议或纠纷。

对于2010国际贸易解释通则的新变化，虽然学者的认定各不相同，但没有根本上的分歧。总结各类观点可以看出，Incoterms2010的新变化可以体现在既有修订和新增完善两大部分。

既有修订的变化主要体现在五个方面，包括：贸易术语种类数量上的变化；贸易术语分类上的变化；贸易术语使用范围上的变化；取消了“船舷”的概念；对贸易术语项下买卖双方具体义务的规定进行了调整。

第一，贸易术语种类数量上的变化。Incoterms2010将贸易术语由13种减为11种，取消了原DAF（边境交货）、DES（目的港船上交货）、DEQ（目的港码头交货）和DDU（未完税交货）4种贸易术语；新增DAT（在指定目的地或目的港的集散站交货）与DAP（在指定目的地交货）两个术语。DAT与DAP均可以适用于任何运输方式和多种运输方式，不仅可以使进出口商更加明晰风险和费用，还有助于船舶管理公司确认买卖双方支付费用时的角色，避免出现码头处理费（THC-Terminal Handling Charge）纠纷。但也有学者②认为，新增的DAT与DAP差异并不明显，仅体现在指定目的地卸货费用的分担不同。D组术语在实际业务中使用较少，DAT贸易术语下目的地（Terminal）又可以是任意一个地方（DAP里为指定交货地点）。因此，仅因为卸货费用不同而设置DAT实属不必，而完全可以将有关装卸费用的分担以更具体的形式写入合同条款。此外，该学者还指出，D组术语的费用、风险、责任最大，业务环节最多，贸易情况最为复杂，交货时间难以掌控。

综上，Incoterms2010对贸易术语的精简，不仅适应了当前国际贸易

---

① 姚新超、沈钧、左宗文：《国际贸易术语惯例的新发展及其应用策略》，《国际商务》2011年第11期。

② 朱念：《〈2010国际贸易术语解释通则〉与2000版的比较分析》，《对外经贸实务》2011年第5期。

中多式联运等运输方式的需要，并且对原先的复杂规定进行了简化与精确定义，便于使用者理解与选择合适的贸易术语。

第二，贸易术语分类上的变化。Incoterms2010 将原先按字母缩写划分的 E、F、C、D4 类，修改为按照运输方式划分的两大类，分别为适用各种运输，以及适用海运与内河运输的贸易术语。① 新版本的分类方法看似没有旧版本的排列容易记忆和把握，但这种分组方式强化了适用水运与适用任何运输方式的贸易术语的区分，在选择适用的过程中，可以让不同的客户针对不同的物品确定不同的运输方式，有效解决因不同运输方式的选择而引起的歧义，更好地指导买卖双方的交易行为。

第三，贸易术语使用范围上的变化。Incoterms2010 首次明确表示，贸易术语不仅可以适用于国际销售合同，亦可适用于国内销售合同。这个规定打破了传统的界限，扩大了贸易术语的适用范围，充分考虑了国际区域一体化与自由港的发展趋势，体现了国际商事惯例的广泛性和兼容性。但通则中涉及的清关手续在国内如何准确进行把握，还有待于实践的修正。

第四，取消了“船舷”的概念。Incoterms2010 取消了传统 FOB、CFR 和 CIF 术语中，以装运港过“船舷”为风险划分点的作法，强调在这些贸易术语下，以货物在装运港口被装上船时为界限，不再设立明确的风险临界点。

有学者②指出，Incoterms2010 在 FOB、CFR 和 CIF 术语中取消“船舷”概念的作法，与《联合国国际货物销售合同公约》（CISG）的作法保持了一致，有利于商人简便地确定交付货物与风险转移之间的关系。

第五，对贸易术语项下买卖双方具体义务的规定进行了调整，特别是对第 1 项一般义务和第 10 项信息协助与相关费用的改动，使义务分类更为清晰、准确，并更直观地表达了 Incoterms2010 对安全清关信息、交付单据和信息协助的关注。

Incoterms2010 新增完善的内容主要体现在四个方面，包括：在每个

---

① 第一类为 CIP、CPT、DAP、DAT、DDP、EXW、FCA。第二类为 FAS、FOB、CFR、CIF。

② 邓旭：《〈2010 国际贸易术语解释通则〉的主要变化和发展》，《国际经贸探索》2011 年第 12 期。

贸易术语之前的解释部分，都设置了“操作指南”；对于连环贸易（String sales）模式做出了补充规定；国际商会将Incoterms注册为商标，并提出了商标使用要求；赋予了电子通信方式完全等同的功效。

第一，Incoterms2010在每个贸易术语之前的解释部分，都设置了“操作指南”（Guidance Note）。该指南对各个贸易术语的基本要点进行概括和解释，但又独立于各个术语之外。其设立，为贸易术语使用者在具体货物交易中，如何准确和高效地选择和使用贸易术语，提供了指引。

第二，Incoterms2010对于连环贸易（String sales）模式做出了补充规定，细分了连环贸易模式下卖方的交付义务。同时，在FAS、FOB、CFR和CIF等术语中，加入了货物在运输期间被多次买卖（连环贸易）情况下责任义务的划分。

第三，国际商会将Incoterms注册为商标，并提出了商标使用要求。国际商会强调Incoterms受到商标权和著作权的保护，并正式声明未经其授权的互联网传播行为均为非法。

第四，Incoterms2010赋予了电子通信方式完全等同的功效。只要各方当事人达成合意，电子文件即可取代纸张文件。有学者①对通则2010提升电子信息重要性的做法给予肯定，认为这符合电子通信在进出口通关以及其他领域的广泛运用趋势，有利于国际贸易多形式、多领域的发展。

对于Incoterms2010在适用中可能面临的问题与买卖双方应注意的事项，学界观点各异。大多数学者认为：首先，新旧解释通则不存在效力上的替代问题。因为Incoterms属于国际惯例，对当事人不产生必然的强制性约束力，买卖双方应在合同和信用证选择适用时，就其使用的incoterms版本予以明确，避免责任纠纷。其次，2010解释通则取消了原FOB、CIF和CFR中“船舷”的概念，但并未完全解决风险划分的临界点问题，因为在装运港作业时的意外风险仍可能发生。新版本意图将具体问题留待当事人自行解决。这就需要双方在订立合同时考虑并就该问题进行约定。

总之，国内多数学者认为，《2010国际贸易术语解释通则》的修订，充分考虑到近10年贸易领域出现的新变化，结合了当前免税贸易区的不断增加，电子沟通在商务中的不断增多，以及货物运输方式不断改进，运

---

① 邓旭：《〈2010国际贸易术语解释通则〉的主要变化和发展》，《国际经贸探索》2011年第12期。

输中的安全愈加受到重视等新问题、新情况。相较于2000解释通则，其内容更清晰简洁，更具有指导性和可操作性，更符合当前贸易实务的需要。

但同时也有学者指出，虽然Incoterms2010较之原先的Incoterms2000有了多方面的改进，但其目前在实践操作中的效果仍难以判断，在国际贸易中的影响力尚不乐观。

总结国内学界认为Incoterms2010目前影响力有限的原因，大概包括四个方面：第一，Incoterms只是贸易往来中的沟通工具，是在实践基础上国际商会的总结。贸易双方可根据需求自行选择不同的贸易术语和不同版本的解释通则。新版本虽已执行，但在Incoterms2000已经深入人心的情况下，部分人可能会选择继续使用Incoterms2000。第二，此次Incoterms2010修订的主要内容是D组贸易术语，对现在广泛使用的贸易术语影响不大。第三，Incoterms作为技术层面的成果，只是给相关当事方针对具体合同条款更好的约定，却没有影响主要的贸易因素，对贸易本身没什么影响。第四，DAT和DAP两个新术语虽然有助于船舶管理公司弄清码头处理费（Terminal Handling Charles）的责任方，但选用取决于贸易双方的达成意愿，并没有强制性。所以，在买卖双方实力悬殊的情况下，即使DAT和DAF明确了买卖双方对THC的责任，在实际操作中却未必能解决THC的问题。

三 国际贸易术语选用

国际贸易术语是在长期的国际贸易实践中产生的。它简化了交易磋商的内容和交易手段，缩短了谈判时间，促进了交易的尽快达成，明确了交易双方的权利与义务，有利于纠纷的解决。同时，贸易术语作为一种国际贸易惯例，一经当事人选用，即对双方当事人产生法律约束力。在国际贸易中使用贸易术语，给买卖双方带来了极大的便利。但是，贸易术语的选择往往关系着买卖双方实际利益的实现。因其选择的不同，风险、损失、费用和险别之间就会有所差别。现行的Incoterms2010共有贸易术语11个，按照运输方式的不同分为两组。各个术语对于买卖双方的权利义务、运输安排、风险承担、保险条款等都有着不同的规定。这就要求合同双方根据具体情况与实际利益考量选择合适的贸易术语，以促成交易。

学界普遍认为，选择贸易术语需要综合考量运输因素和保险条款。运输方式、运输条件、运费水平和运价变动情况，以及转运港条件，都会对实际交易中的贸易术语选择造成影响。同时也有学者[①]具体提出，贸易术语的恰当选择是防范贸易风险的一个重要手段。首先，要弄清贸易双方会有什么风险，进而选择恰当的贸易术语以避免风险。其次，出口商要尽可能了解相关经济政策，避免选择自己承担政策变动风险过大的术语。再者，需要准确预测商品价格及降低成本。最后也是最重要的，是尽量选择收汇风险小的贸易术语。

此外，在选择贸易术语时，还需要综合考虑商品特性、交易数量、市场竞争力以及支付方式、价格构成、报关因素等。

不难看出，虽然学者们对于贸易术语选择考虑的角度各不相同，但本质上并无绝对分歧。大多数学者认为，贸易术语的选用主要应当综合考虑运输选择、风险防范以及价款三个因素，以避免不必要的资源浪费，提高交易效率。

第二节 《联合国国际货物销售合同公约》

1980年，《联合国国际货物销售合同公约》（以下简称《公约》）“顺应时代的发展潮流与趋势而生”[②]，成为迄今全球范围内调整货物贸易合同最重要的国际公约之一。1986年12月11日，我国政府批准加入该公约，并根据《公约》第95条和第96条，对第1条第1款（b）项以及第11条及相关规定内容做出保留。加入WTO以后，我国在国际贸易领域的地位日益提升。随着我国经济实力的不断发展以及新《合同法》的颁布实施，就是否应当撤销对《公约》第1条第1款（b）项以及第11条及相关规定内容的保留，学界存在不同的观点。

关于《联合国国际货物销售合同公约》的保留。在1980年维也纳外交会议上，联合国国际贸易法委员会主持通过了《联合国国际货物销售合同公约》（以下简称《公约》），成为世界上调整货物贸易合同最重要的国际公约之一。1986年12月11日，我国政府批准加入该公约，并根据

① 陈晓梅：《贸易术语选择的恰当性与贸易风险防范》，《对外经贸实务》2009年第5期。

② 王海英：《国际经济法案例教程》，北京大学出版社2005年版，第67页。

《公约》第95条和第96条，对第1条第1款（b）项以及第11条及相关规定内容做出了保留。

一 对《公约》第1条第1款（b）项的保留

《公约》第1条第1款规定："本公约适用于营业地位于不同国家的当事人之间所订立的货物销售合同：（a）如果这些国家是缔约国；或（b）如果国际私法规则导致适用某一缔约国的法律。"① 我国对该条款（b）项做出了保留声明，不同意扩大《公约》的适用范围，认为《公约》仅可以适用于营业地位于不同缔约国的当事人之间的国际货物买卖合同。理论界习惯将此项保留称为"国际私法规则保留"。截至2011年12月，在《公约》78个缔约国中，有7个国家对此项规定提出保留，分别为中国、美国、圣文森特和格林纳丁斯、捷克、斯洛伐克、新加坡、亚美尼亚。②

原商务部条法司司长张玉卿曾就中国对《公约》第1条第1款（b）项的保留做出解释："对第1款第2项做出保留的国家，其本意是不扩大《公约》的适用范围，从而使本国的有关法律有机会得以适用。"③

加入WTO以后，我国国际贸易在10年间得到巨大发展。就我国是否应当撤销对《公约》第1条第1款（b）项的保留，学界的主流观点认为其应当撤销，但理由论证各有不同。

有学者④认为，其一，我国之所以对该项提出保留，是为了避免国内

---

① 杜涛：《论我国撤销对〈联合国国际货物销售合同公约〉第1条第1款第2项之保留的必要性》，《国际经济法学刊》2008年第15卷第1期。

② 德国不属于《公约》第95条保留国，但该国在批准《公约》时声明，对于已经声明不适用《公约》第1条第1款（b）项的任何国家，德国也不适用第1条第1款（b）项。加拿大政府在加入时声明，根据《公约》第95条，就不列颠哥伦比亚省而言，不受公约第1款第1条（b）项约束。但在1992年7月31日的声明中，加拿大政府撤销了上述声明。参见联合国国际贸易法委员会网页 http://www.uncitral.org/uncitral/zh/uncitral_texts/sale_goods/1980CISG_status.html. 2012年4月25日。

③ 张玉卿：《国际货物买卖统一法：联合国国际货物销售合同公约释义》，中国对外经贸出版社1998年版，第15页。

④ 杜涛：《论我国撤销对〈联合国国际货物销售合同公约〉第1条第1款第2项之保留的必要性》，《国际经济法学刊》2008年第15卷第1期。

的《涉外经济合同法》等专门性法律被《公约》完全排除适用。1999 年新《合同法》实施后，《涉外经济合同法》已被废止。我国做出该项保留的最主要立法目的已经不存在。其二，司法实践中，我国一些法院已经开始适用（b）项条款调整相关涉外合同，且并未对我国的国家利益以及当事人利益造成损害。[①] 其三，对该项的保留会减少我国法律适用的机会，促使当事人选择适用他国国内法及管辖法院。再者，我国的保留使当事人选择适用《公约》的意愿难以实现。即使当事人在合同中明确选择适用，也不一定会得到中国法院的承认。[②] 最后，该项保留使我国境内仲裁根据国际私法规则适用《公约》受到很大的限制。

也有学者认为[③]，我国尚不应当撤销保留，以服务于简明适用法律的目的。这个观点的缺点显而易见，它增加了《公约》适用的不确定性，导致法律确定的复杂化。

笔者认为，随着合同法律制度的完善，国内经济与国际贸易的进一步发展，我国的法律制度也应当适应国际新形势的变化。撤销对《公约》第 1 条第 1 款（b）项的保留，符合我国当前的经济发展形势。

二　对《公约》第 11 条及相关规定内容做出的保留

《公约》第 11 条规定，销售合同无须以书面订立或书面证明，在形式方面也不受任何其他条件的限制。销售合同可以用包括人证在内的任何方法证明。同时，《公约》第 13 条还进一步解释，为本公约的目的，“书面”包括电报和电传。对于此项，我国提出了保留，认为口头形式和其他形式的合同不符合我国对国际贸易的要求。理论界习惯将此项保留称之为“合同形式保留”。

---

① 例如，“泰平商事株式会社与江苏舜天国际集团服装进出口南通公司购销合同纠纷案”，参见最高人民法院“中国涉外商事审判网”，http：//www.ccmt.org，cn/ss/news/show.php？cid＝334。

② 在处理中国与《公约》非缔约国的当事人之间的国际货物买卖合同时，我国立法机关已经排除了当事人自由选择适用《公约》的权力。李双元、欧永福：《中国国际私法通论》，法律出版社 2007 年版。

③ 陈治东、吴佳华：《论〈联合国国际货物销售合同公约〉在我国的适用问题——兼评〈中华人民共和国民法通则〉第 142 条》，《法学》2004 年第 10 期。

在新《合同法》生效之前，国内调整合同的法律规范主要包括，1985 年《中华人民共和国涉外经济合同法》、1982 年《中华人民共和国经济合同法》和 1987 年《中华人民共和国技术合同法》。考虑到当时我国的经济发展状况，国际货物买卖合同在涉外经济往来中的重要性、复杂性等多方面因素，《涉外经济合同法》在立法时明确规定涉外合同应当采用书面形式。为确保与国内立法的一致性，我国在批准加入《公约》时，根据第 96 条的规定，对《公约》第 11 条以及相关内容做出保留声明。1999 年新《合同法》生效，《涉外经济合同法》、《经济合同法》和《技术合同法》同时废止。这使得这项保留的必要性出现疑问。新《合同法》规定，合同可以采用口头形式和其他形式，但是，我国并未撤销对《公约》合同形式的保留，由此引发学界的激烈讨论。

有学者①认为，新《合同法》的颁布，使我国关于合同形式的声明保留自行失效。依据《合同法》第 10 条的规定，任何国际货物买卖合同，不必一定要求书面形式，可以采用口头或者其他形式。

第一，由于《涉外经济合同法》等已经失效，国内目前尚无现行法律、法规规定，国际货物合同必须采用书面形式。对《公约》第 11 条的保留已经失去了存在的基础及依据。第二，撤销保留符合现代合同法的发展趋势，即“以不要式为主，要式为例外”②，满足了国际商事交易迅捷的要求。第三，即使撤销了保留，当事人仍可依据《公约》与《合同法》的相关规定，选择采用书面形式订立合同。这已充分尊重了当事人选择合同形式的自主意愿。第四，维持此项保留，学术界将继续争论此问题，给当事人和裁判机构造成混乱。③

当然，有学者④也同时指出，《合同法》的颁行，并不必然导致国际货物买卖合同可以采用任何形式。我国对公约的保留，仍然有效。

还有学者⑤指出，虽然新《合同法》与该项保留存在不一致，但在法

---

① 陈安：《国际经济法》，北京大学出版社 2001 年版。

② 左海聪：《国际贸易法》，法律出版社 2004 年版。

③ 陆爽：《国际商法》，重庆大学出版社 2002 年版。

④ 曹建明、陈治东：《国际经济法专论（第一卷）》，北京：法律出版社 2002 年版。

⑤ 邵景春：《并行不悖的两套买卖法——我国合同法与〈联合国国际货物销售合同公约〉比较研究》，《国际贸易》2000 年第 8 期。

律适用上并不存在冲突和矛盾。而且，国际货物销售合同涉及的法律关系复杂，考虑国家的监管需要，要求订立书面合同，对双方当事人的权利义务内容以及纠纷的解决有明确规定，对保证交易安全，顺利解决纠纷有很重要的作用。

也有学者①明确表示，不必撤销对《公约》第 11 条的保留。由于国际货物买卖合同当事人的营业地在不同国家，买卖法律关系比较复杂，买卖标的额也较大，且书面形式合同和口头形式合同的作用存在差别，因而，要求这样的合同采用书面形式，有益于保障当事人的合法权益。

不难看出，虽然不少学者持否定意见，但国内主流观点仍认为，我国政府应当撤销该保留。

第三节　风险转移

在国际货物买卖中，风险转移制度研究一直是一个十分重要的基础理论问题，同时也是一个尚未达成统一共识、容易产生分歧的领域。它决定了在发生货物毁损灭失时，损失由谁承担的问题，直接关系国际贸易双方的根本利益。

正如著名法学家施米托夫所言："从查士丁尼到拉贝尔，风险转移一直是买卖合同中一个有争议的问题，学者们把它视为自己的特殊领域，其论著无论优劣，都在影响着立法与实践。"②

对于这个问题，各国法律和国际条约十分重视，均做出了具体规定，但内容不尽相同。1980 年《联合国国际货物销售合同公约》制定专章对该问题进行规范。在吸收《公约》和国外先进合同法律制度的基础上，我国《合同法》对此也做出了较为详尽的规定。但当前学界对于国际货物买卖风险转移规则并没有一致的意见。

对于如何确定风险转移的时间，代表性理论有三种。"这三种理论有

① 张荣芳：《经济全球化与国际贸易法专题研究》，中国检察出版社 2008 年版，第 48 页。

② ［英］施米托夫：《国际贸易法文选》，赵秀文选译，中国大百科全书出版社 1993 年版，第 321 页。

一个共同点——将风险转移与合同交易中的某一特定时间联系在一起。”[①]第一种理论认为，风险于合同订立时转移。这是出现于《法学阶梯》[②] 中的第一个风险转移理论。该原则对15世纪的欧洲大陆产生了深远的影响。现代瑞士仍采用该理论，但其联邦法院对该规则适用做出了限制性解释。第二种理论认为，风险随所有权转移。这一理论亦起源于罗马，在20世纪后期为英国、法国所认同。第三种理论认为，风险随交货转移。该理论由《德国民法典》首次提出，如今为世界多数国家所认同，被《希腊民法典》、《美国统一商法典》、《联合国国际货物销售合同公约》等普遍采用。

虽然风险随所有权转移理论受到越来越多的青睐，但学界对此尚未达成一致。主流观点认为，根据《公约》的相关规定，货物特定化是风险转移的前提条件，同时《公约》摒弃了风险随所有权转移规则，以交货转移为主。相比风险于合同订立时转移，对卖方利益保护不足，显失公平的情况，以及风险随所有权转移将风险转移建立在难以把握的所有权转移之上，难以界定的情况；交货转移更容易划清风险责任界限，有利于迅速解决争议，保护交易安全。

笔者认为，相较于其他两种传统理论，风险随交付转移理论有其优势所在而成为当今世界多数国家所采用的风险理论。该理论更符合现代国际贸易和金融商业的发展趋势，也能够更加清晰、快速地确定风险责任，解决纠纷，提高交易速度。然而，随着运输、交易方式的多样化，风险随交付转移理论亦有一定弊端。独立承运人的介入、电子单据的发展等，都对该理论提出了新的发展要求。

第四节 《国际商事合同通则》

1994年，《国际商事合同通则》的诞生，被国内许多学者认为是“国际统一合同法领域继1980年《联合国国际货物销售合同公约》以来的又

---

① 张荣芳：《经济全球化与国际贸易法专题研究》，中国检察出版社2008年版，第62页。

② 《法学阶梯》，又名《查士丁尼法学总论》，是古罗马帝国皇帝查士丁尼钦定的法学教程。

一重要成果”①，其在很大程度上弥补了《公约》的不足，对于建立统一的国际商事交易法律秩序意义重大。随着国际商事实践的不断发展，以及现代高科技手段在国际贸易中的广泛应用，国际统一私法协会着手对《通则》进行修订。经过多次会议讨论，协会于2004年4月通过《国际商事合同通则（2004年修订本）》，在更大范围内对国际商事合同进行了规范，成为国际贸易统一法的又一成果。除了对原《通则》中的几个实体性条款做了修改之外，《通则2004》还在原文7章120个条文的基础上，增加了5个方面的内容，包括代理权限，第三人权利，抵消、权力转让、义务转移和合同转让，以及时效期间，将文本扩充至10章185个条文，使之不再局限于严格意义上的合同法。

关于《国际商事合同通则2004》的修订，自20世纪70年代起，国际统一私法学会开始着手研究国际商事合同通则，并组织代表大陆法系、英美法系和社会主义法系的三位法学家——法国的大卫（Rene David）、英国的施米托夫（Clive Schmitthoff）和罗马尼亚的波波斯库（Tudor Popescu）——成立指导小组②。历经近20年的努力，1994年，《国际商事合同通则》草案得以通过，在世界范围内引起极大反响，不论在学术领域，商业贸易领域，还是法院和仲裁庭都引起了广泛和持久的关注。当然，也有学者③指出，《国际商事合同通则》在世界范围内的影响很不均衡，对欧美国家的影响更大。我国学术界对其研究并不很多。

1994年公布以后的10年实践中，《通则》获得了较高的评价，被称为是“自《国际贸易术语解释通则》以来国际贸易法领域最重要的业绩”，是“对商人习惯法最具权威且最有价值的记述”④。此后，随着国际贸易全球化和国际商事活动的日益繁荣，国际统一私法协会开始对1994年《通则》进行修订，并第一次邀请了联合国国际贸易

① 肖永平、王承志：《国际商事合同立法的新发展——〈国际商事合同通则〉与〈联合国国际货物销售合同公约〉特点之比较》，《法学论坛》2000年第4期。

② 张玉卿：《一部现代、统一之合同法——评介〈国际商事合同通则2004〉》，《北京仲裁》2005年第4期。

③ 左海聪：《试析〈国际统一私法协会国际商事合同通则〉的性质和功能》，《现代法学》2005年第5期。

④ 洪山：《〈国际商事交易合同通则〉值得研究》，《对外经贸实务》2005年第7期。

法委员会和国际商会仲裁院等相关国际组织和机构作为观察员参与修订。2004 年 4 月，在各界的共同努力下，国际统一私法协会通过《国际商事合同通则（2004 年修订本）》，在更大的范围内对国际商事合同进行了规范。

一 《通则》的修订

由于原 1994 年《通则》在实践中广被接受，取得了一定的权威性，2004 年国际商会对《通则》的修订并没有大的变动，只是为适应新的商事活动发展情况，对原《通则》的几个实体性条款做出修改，在原《通则》7 章 120 个条文的基础上将其扩充至 10 章 185 个条文。

2004 年《通则》修订的重要内容有，第一，增加了关于代理人权限的内容，即主要规定了在代理权未予披露的情形下，合同仅约束代理人和第三人；在代理人签订的合同使该代理人与被代理人之间产生利益冲突时，后者有权宣告合同无效。第二，增加了关于第三方权利的内容，规定当事人授予第三方权利时，默示意思表示也应当得到认可；当事人有权授予第三方权利，并且可以对此种权利规定任何条件或限制，扩大了当事人的权限。第三，增加了抵消的内容。第 8 章规定了适用抵消的条件，并规定抵消权利一旦通知对方当事人立刻生效。第四，增加了关于权利的转让、债务的转移和合同的转让内容。该章节的修订，是 2004 年《通则》的重大突破，是其在国际范围内，就制定一套有关权利转让、债务转移和合同转让的普遍规则做出的最先尝试。第五，增加了时效期间的内容。2004 年《通则》规定了双重时效体系，并赋予当事人通过协议对时效期间进行调整的可能性。

二 《通则》的性质

自 1994 年《通则》公布以来，学者对于《通则》性质的界定争议不断，主要观点包括：第一，《通则》是国际商事惯例；第二，《通则》是一般法律原则；第三，《通则》是国际法律重述；第四，《通则》是国际合同示范法。

《通则》具有国际合同示范法的性质，除了可以为国内和国际立法提供范本外，还可作为国际法的非正式渊源，为国际商事合同所适用，供国际立法机关单方面采纳、仲裁庭选择适用、当事人选择接受。有学者[①]指出，从统一法分类角度宽泛地看，《通则》既可以被称为示范法、统一规则，也可被称为国际惯例。

还有学者[②]认为，《通则》不是国际条约，亦非国际贸易惯例，不过是以国际重述的形式详尽阐述合同法的普遍原则，是一些从事私法国际统一的国际组织，试图在世界范围内或特定地区范围内，以类似于国内立法的形式，通过制定供有关国家一致采用，属于不具有国际条约约束力的“另一类统一法”[③]。即《通则》属于不具有当然拘束力的“软法性质”文件，对其接受和认可将在很大程度上依赖于其本身的权威性。

也有观点[④]认为，只有从多角度考察《通则》的功能和特质，才可能得出对《通则》性质全面和客观的认识。《通则》是特殊的合同法国际重述。它可以作为国际商事合同适用法，部分内容可以视为国际商事惯例成文编纂的、法典化的国际商事合同法重述。

笔者认同最后一种观点。《通则》旨在为国际商事合同制定一般规则，针对国际商业社会中就商事合同使用出现的各种利益问题，提出法律上的解决途径[⑤]。其制定并没有采取公约的方式，不具有当然约束力，也不完全以一种示范法、指南的方式出现，作为国际商事合同范本使用，仅是其功能之一。另外，《通则》在形式上虽然类似美国合同法重述，但又有着自身独特的功能与特点，可以作为国际商事合同的准据法，并与国际商事惯例有着密切的关联性[⑥]。

---

① 洪山：《〈国际商事交易合同通则〉值得研究》，《对外经贸实务》2005 年第 7 期。

② 郑远民、李俊平：《国际商事法律统一化的新发展——〈国际商事合同通则〉2004 修订版述评》，《时代法学》2005 年第 6 期。

③ 李双元：《国际私法学》，法律出版社 2010 年版，第 107 页。

④ 左海聪：《试析〈国际统一私法协会国际商事合同通则〉的性质和功能》，《现代法学》2005 年第 5 期。

⑤ 《国际统一私法协会·国际商事合同通则》，商务部条约法律司编译，法律出版社 2004 年版，第 3—13 页。

⑥ 左海聪：《试析〈国际统一私法协会国际商事合同通则〉的性质和功能》，《现代法学》2005 年第 5 期。

三 《通则》的评价

对于2004年《通则》，学界普遍给予较高的评价，认为其在1994年《通则》的基础上，根据当代国际贸易领域发生的新变化适时进行调整，顺应了国际商事活动繁荣发展的趋势，是国际贸易统一法领域又一重要成果。

有学者①指出，我国立法机关借鉴国外立法经验和国际商事合同的统一规则，于1999年制定了《合同法》，直接引入了国际商事合同统一规范中的一些概念与基本制度，实现了合同法与国际规范的接轨。2004年《通则》的修订对于我国修改和完善《合同法》具有重要的参考价值。同时，实务中，我国从事对外贸易的经营者在与国外客户签订国际商事合同时，可以其为蓝本起草合同。此外，国内各界应及时组织研究2004年《通则》的新内容，通过完善相关立法，对《通则》在国际商事合同领域的适用做出更为合理、系统的规定。

也有学者②认为，虽然在内容上丰富了1994年《通则》，2004年《通则》的新章节和新条款，其范围和性质却有一些不一致的地方。2004年《通则》的主要意图，是将条文应用于合同领域。然而，为了适应国际商事实务的不断发展，2004年的修改扩大了《通则》的适用范围。同时，2004《通则》中的部分新增内容与其软法的性质有所冲突。此外，虽然随着时间的推移和商品经济的发展，《通则》尚需进一步完善和补充，但就目前而言，《通则》的法律原则较为全面，在今后一段时期内仍将适用。鉴于《通则》已得到国际社会的广泛接受，它必将对各国的商事立法产生积极的影响，从而促使各国国内合同法律制度，随着社会需要的发展和国际交往的日益发达，逐步相互吸收、相互渗透，最终趋于接近，甚至一致。具体而言，国内法律的制定和运作越来越多地涵纳国际社会的普遍实践与国际惯例，并积极参与国际法律统一的活动。③

---

① 宋利军：《全球化背景下合同法国际统一的最新发展——简评〈国际商事合同通则〉2004》，《云南大学学报》（法学版）2005年第2期。

② 郑远民、李俊平：《国际商事法律统一化的新发展——〈国际商事合同通则〉2004修订版述评》，《时代法学》2005年第6期。

③ 李双元：《再谈法律的趋同化问题》，《国际法与比较法论丛（第四辑）》，中国方正出版社2004年版，第631页。

第二章

国际货物运输法

海上运输是一种历史悠久的国际货物运输方式，也是目前世界范围内最重要的国际贸易货物运输方式。国际上关于海上货物运输的公约，主要有《海牙规则》、《维斯比规则》和《汉堡规则》三大公约。2008年12月，《联合国全程或部分海上国际货物运输合同公约》（《鹿特丹规则》）诞生。它旨于顺应国际商贸发展，统一当下分散、落后的国际货物运输法。随着国际海上航运业的日益发展，无单放货的现象在实践中大量产生，由其引发的纠纷也日渐增多。这不仅严重破坏了提单的信用机制，还影响了海上贸易与运输业的发展。同时，倒签提单是将提单日期提前，使之与实际签发日期不一致的行为，其法律性质，学界一直存在不同的观点。随着电子计算机技术和电子通信技术在国际贸易领域的快速发展应用，电子提单应运而生，它突破了传统提单在货物贸易中存在的局限性。此外，在海上货物贸易中，航运时间一直是买方和承运人关注的一个焦点。国际公约以及国内法也逐步开始对货物的迟延交付做出相关规定。

第一节 《联合国全程或部分海上国际货物运输合同公约》

2008年12月11日，联合国大会第63届会议第67次全体会议审议通过了联合国国际贸易法委员会（UNCITRAL）提交的《联合国全程或部分海上国际货物运输合同公约》（简称为《鹿特丹规则》）。该公约旨在顺应国际商贸发展，统一当下分散、落后的国际货物运输法。在此之前，国际海上运输领域一直处于《海牙规则》、《维斯比规则》、《汉堡规则》三公约同时在世界范围内生效的局面。法律的不统一，给国际货物贸易活动带来了许多问题。作为第四个国际海运公约，《鹿特丹规则》有其独特的创新优势。该公约扩大了适用范围，采用了“双国际运输标准”，修改了承运人责任，调整了对“无单放货”和“记名提单”的规定。国内外学者对《鹿特丹规则》给予高度重视。作为世界范围内的海运贸易大国，我国政府对是否批准加入《鹿特丹规则》未发表官方意见。学者们的看法也不甚相同。

（一）《鹿特丹规则》制定背景

20 世纪具有影响力的国际海上货物运输公约主要有，1924 年《统一提单若干法律规定的国际公约》（《海牙规则》）、1968 年《修改统一提单若干法律规定的国际公约议定书》（《维斯比规则》），以及 1978 年《联合国海上货物运输公约》（《汉堡规则》）。其中，《海牙规则》的制定，使得当时海上货物运输中有关提单的法律得以统一，缓解了承运人和货方的矛盾，促进了当时国际贸易和航运的发展。随着海上航运业的发展，《维斯比规则》对《海牙规则》中明显不合理或不明确的条款做出局部修订和补充，并采用了双轨制。“1993 年《汉堡规则》生效。它重新调整了承运人的责任，对承运人赔偿实行完全过失责任原则。虽然《汉堡规则》代表了国际社会重新平衡船、货双方利益的立法趋势，但到 2009 年初，该公约仅有 34 个缔约国”①，不仅没有统一国际海运立法，反而造成了三个生效公约同时在世界范围内存在的局面。这种法律的不统一，造成了“国际间货物自由流动的障碍，直接增加了国际贸易的交易成本”。②

为在国际海上货物运输领域构筑一个统一规则，2000 年联合国国际贸易法委员会（UNCITRAL）和 CMI 联合召开有关运输法公约制定的讨论会，明确了制定统一国际海上货物运输立法的意图。经过近 8 年的准备，2008 年 12 月 11 日，联合国大会第 63 届会议第 67 次全体会议审议通过了 UNCITRAL 提交的《联合国全程或部分海上国际货物运输合同公约》，即《鹿特丹规则》。

---

① 郭萍、张文广：《〈鹿特丹规则〉述评》，《环球法律评论》2009 年第 3 期。

② 张荣芳：《经济全球化与国际贸易法专题研究》，中国检查出版社 2008 年版。

部分学者认为，如果《鹿特丹规则》获得主要航运国家的认可，将成为调整国际货物运输的国际立法，结束“海牙时代”，开启“鹿特丹时代”。[①] 它内容本身的相对科学性和合理性，以及多个贸易和航运大国对其所采取的积极态度，都预示着“鹿特丹时代”到来的不可避免[②]。

也有学者[③]评价《鹿特丹规则》是经历10多年智慧与心血的结果，是一套极具综合性的法律规则，是一个平衡船方与货方利益的新成果，为法律统一提供了一个值得珍惜的机会。

也有学者[④]对于《鹿特丹规则》的评估较低甚至比较悲观，认为它极有可能同《汉堡规则》一样，因未能被普遍接受而沦为第四个国际海运公约。即使通过，也不会取代现存的三个公约，充其量只能起到“示范法”的作用。至于海上运输法的统一，在目前还只是一种趋势、一种愿望、一个理想、一个路漫漫而望不到尽头的过程。

同时，国内亦有学者[⑤]对《鹿特丹规则》的实际效用采取中庸的态度，认为在更长的时间范围内，“鹿特丹时代”的到来有一定可能，但就目前而言，这种趋势并不明朗，有待于进一步观察。

我国对是否批准加入《鹿特丹规则》未发表官方意见。现阶段，公约在我国仍处于研究探讨阶段。业内相关组织和行业协会很少有明确意见。学界虽然讨论颇多，但观点各不相同，有支持，有明确反对，还有许多学者认为应当谨慎对待，保持观望态度。

有学者[⑥]评价《鹿特丹规则》是一个具有时代特征的先进的国际公约，对促进国际贸易和国际航运具有积极意义，对中国建设贸易强国和航运强国也大有益处，建议中国政府批准加入公约。

---

① 司玉琢：《〈鹿特丹规则〉的评价与展望》，《中国海商法年刊》2009年第Z1期。

② 莫世健：《中国在“鹿特丹时代”国际海运秩序构建中角色的理性思考》，《中国海商法年刊》2011年第1期。

③ 李海：《〈鹿特丹规则〉：一个值得珍惜的统一法律的机会》，《中国海商法年刊》2010年第1期。

④ 朱曾杰：《初评〈鹿特丹规则〉》，《中国海商法年刊》2009年第Z1期。

⑤ 何志鹏：《〈鹿特丹规则〉的中国立场》，《中国海商法年刊》2011年第2期。

⑥ 司玉琢：《〈鹿特丹规则〉的评价与展望》，《中国海商法年刊》2009年第Z1期。

同样，有学者[①]提出，由于拥有贸易大国和航运大国的双重利益身份，中国应对《鹿特丹规则》采取积极研究和推动的态度，争取建立中国在“鹿特丹时代”国际海运秩序构建中的主导地位，以确保最大利益。

但也有学者[②]认为，对公约应当采取谨慎态度，保留参与的可能性。虽然积极响应可能符合中国政府和部分学者的期待，但似乎并不符合国际社会格局中，中国发展的客观现实和近期趋势。中国并不是一个海运强国，船舶海运技术与管理也并不算太先进，在国际社会的话语权与国际产品定价的决定权不足，有必要进一步考虑积极加入《鹿特丹规则》是否足以改良中国在国际社会所处的不利位置。

（二）《鹿特丹规则》的新变化

相较于现存的三大公约，《鹿特丹规则》具有较多的创新。国内对该规则争论的焦点，主要集中在规则可能带来的负面效应，以及我国政府应当采取的立场与态度上。针对规则就原三大公约主要内容上的修改，学者们的观点并没有本质上的区别。新规则的主要变化如下：

第一，《鹿特丹规则》扩大了适用范围，采用了“双国际运输标准”。根据相关规定，即使承运人接收、交付货物的地点在内陆，即采用了非海运方式，公约依然适用。这是公约改变以往单纯的“海运”制度，首次确立“海运+其他”的法律制度，涵盖了陆上运输、内河水上运输以及航空运输。这种安排在一定程度上填补了还未生效的国际货物多式联运公约的空白[③]，将适用范围扩展到“门到门”，顺应了国际贸易实践的发展。为了避免与现行一些单式运输公约的冲突，《鹿特丹规则》同时规定，其关于承运人对货物灭失、损坏赔偿责任的规定，不影响已经生效的关于其他运输方式的国际公约的规定。

有学者[④]指出，公约对一众单式运输公约的适用仅做了非常有限的让步。鉴于现行航空、公路、铁路运输公约大都规定了较为宽泛的适用范

---

① 莫世健：《中国在“鹿特丹时代”国际海运秩序构建中角色的理性思考》，《中国海商法年刊》2011年第1期。

② 何志鹏：《〈鹿特丹规则〉的中国立场》，《中国海商法年刊》2011年第2期。

③ 郭萍、张文广：《〈鹿特丹规则〉述评》，《环球法律评论》2009年第3期。

④ 张湘兰、向力：《国际货物运输法的新发展——〈联合国全程或者部分海上国际货物运输合同公约〉评介》，《国际经济法学刊》2009年第16卷第4期。

围，这势必导致运输公约之间的冲突，导致公约制定之初所追求的，为多式联运中承、托双方提供一个有约束力的统一体制的目标在很大程度上落空。

第二，修改了承运人责任。《鹿特丹规则》第4—6章对承运人的权利、义务、责任进行了规定。公约对运输主体进行了新的细化与分类，引入了“履约方”与“海运履约方”的概念，并对之加以界定。此外，规则扩展了承运人的责任期间，为自承运人或履约方为运输而接收货物时开始，至货物交付给收货人时结束（第12条）。其次，规则提高了承运人的责任限额，规定承运人对货物灭失、毁坏的赔偿责任，为每单位875特别提款权，或毛重每公斤3特别提款权。这个规定，较之于《汉堡规则》的相关规定大约提高了将近5%①。再次，规则延长了承运人适航义务的履行期间，顺应了航运实践的发展，明确规定承运人提供的集装箱应适于且能安全接受、运输和报关货物，并在整个海上航程中保持该状态，同时将其管理货物的义务扩展至9个环节。但是，该规则并没有像《海牙规则》那样，明确管货义务与免责事项之间的关系②。规则还取消了承运人的航海过失免责，采用了完全过错推定模式，较之《汉堡规则》有较大的改变。

有学者认为，《鹿特丹规则》加重承运人义务将造成船、货双方利益失衡。此种一次性过分加重承运人义务和责任的规定，将损害各国商船利益③。

也有部分学者提出，适当加重承运人的责任，总体上有助于减少运输中货损的发生，减少有关纠纷及处理费用，最终对船、货双方都有利。因而，适当加重承运人的责任应当是利大于弊。但该规则更强调承运人应依照运输合同履行义务，而相应弱化了承运人根据运输单证所承担的义务。这一变化不利于对相关贸易方的保护，对中国外贸利益方的负面影响不容忽视④。

---

① 郭萍、张文广：《〈鹿特丹规则〉述评》，《环球法律评论》2009年第3期。

② 同上。

③ 朱曾杰：《初评〈鹿特丹规则〉》，《中国海商法年刊》2009年第Z1期。

④ 王欣：《简评〈鹿特丹规则〉对中国外贸的影响》，《中国海商法年刊》2010年第3期。

第三，规则规定了托运人的责任义务。《海牙规则》、《维斯比规则》几乎未涉及托运人义务。《汉堡规则》虽有涉及，但显得过于零散。《鹿特丹规则》首次在第 7 章，以专章形式对托运人的责任义务进行了全面的规定①。公约规定了托运人交付运输，提供信息、指示和单证的义务，并规定托运人及时向承运人提供拟定合同事项，以及签发运输单证或提供电子运输记录所需的准确信息，同时就危险货物运输做出特别规定，要求托运人在发货人将货物交付之前，将货物危险性质或特性及时通知承运人。责任基础上，公约对托运人采用过错责任原则。

虽然有部分学者认为，《鹿特丹规则》对于此部分的规定，在实质内容上并没有多少的发展。但也有学者②提出，相对于既有海运公约，对托运人的责任义务进行规定本身，就是在立法技术上的一种进步。

同时，有学者③指出，《鹿特丹规则》对托运人义务的规定，特别是对 FIOST 条款的协定义务与责任，以及“单证人”要取得托运人同意才有权取得运输单证的规定，未必能为大多数货方国家所接受，可能带来使其不能被国际社会普遍接受而沦为第四个国际海运公约的结果。

第四，规则允许批量合同享有合同自由权。《鹿特丹规则》首次对批量合同进行了规定，赋予批量合同更多的合同自由权。它规定在承运人和托运人之间，公约所适用的批量合同可以约定增加或减少规则所规定的权利、义务和赔偿责任。这就意味着在《鹿特丹规则》下，批量合同作为海上货物运输合同的一种特例，可以不适用该规则下关于承运人的强制性规定④，也同时意味着规则增加了各类批量合同游离于规制之外的可能性。在国际社会上，美国主张这种较为自由的调整方式，认为这样有利于国际班轮运输的法律统一，促进贸易发展。但同时 UNCTAD 对此持反对意见，认为对于批量合同的定义外延不清晰，可能会出现承运人滥用

---

① 张湘兰、向力：《国际货物运输法的新发展——〈联合国全程或者部分海上国际货物运输合同公约〉评介》，《国际经济法学刊》2009 年第 16 卷第 4 期。

② 同上。

③ 朱曾杰：《初评〈鹿特丹规则〉》，《中国海商法年刊》2009 年第 21 期。

④ 邹盈颖：《中国法视角下对〈鹿特丹规则〉评估的认识》，《法学》2010 年第 11 期。

“契约自由”的情形。①

第五，规则调整了对“无单放货”和“记名提单”的规定。关于“无单放货”，现有的三大公约均未明确规定，而各国多是依据本国的国内法规定。因此，其在世界范围内的作法不尽相同。《鹿特丹规则》赋予承运人可以在某些情况下享有合法的无单放货权利。

部分学者认为，尽管无单放货在一定范围内可以解决问题，本意值得称赞，但总体上不符合现有的海商法精神，有可能损害提单作为货物控制权凭证的作用，从而动摇单证贸易的基础。同时，若不能合理分散风险，承运人可以不承担赔偿责任风险，从而可能为贸易欺诈提供便利。无单放货机制既复杂又不确定，一旦有不符、不守程序或脱节，就将影响其实施②，且其具体制度的设计缺乏可操作性，反而增加了世界各国接受公约的难度③。

另一方面，“《鹿特丹规则》对于海运提单的规定，在一定程度上容易使实践者陷入迷茫”④。有些学者⑤指出，公约对于记名提单货物交付的规定有利于谋求国际统一，但对已明确规定记名提单无须凭单交付货物的有些国家，则有可能影响单证“必须交单提货”规定的法律效力。即运输单证上的条款是否可以违背法律强制性的规定。还有学者考虑到，就各国迥异的国内法，《鹿特丹规则》有关海运单和记名提单的规定，要求航运与贸易界对各国不同的法律规定比较熟悉，给业界的非法律人士带来了很多困难，在现实中仍有不确定性⑥。虽然，其对于“凭单放货”义务进行了较大的变革，但相关制度设计并未实现便利交易的目的，同时也削弱了交易的安全性⑦。

第六，规则增加了“电子运输合同”的相关规定。为适应信息技术

---

① 司玉琢：《〈鹿特丹规则〉的评价与展望》，《中国海商法年刊》2009年第Z1期。

② 朱曾杰：《初评〈鹿特丹规则〉》，《中国海商法年刊》2009年第Z1期。

③ 姚新超：《简评〈鹿特丹规则〉》，《对外经贸实务》2009年第12期。

④ 何志鹏：《〈鹿特丹规则〉的中国立场》，《中国海商法年刊》2011年第2期。

⑤ 朱曾杰：《初评〈鹿特丹规则〉》，《中国海商法年刊》2009年第Z1期。

⑥ 李小年：《〈鹿特丹规则〉对不可流通运输单证的法律协调》，《中国海商法年刊》2010年第1期。

⑦ 姚莹：《〈鹿特丹规则〉对承运人“凭单放货”义务重大变革之反思——交易便利与交易安全的对弈》，《当代法学》2009年第6期。

和电子商务的高速发展，公约对“电子通信”和“电子运输记录”进行了界定，并以专章进行规定，填补了国际公约在这方面的法律空白，为国际航运业电子商务的发展确立了基本行为规则①。

但也有学者②指出，公约对于电子运输单证的分类依旧沿袭了传统纸质单证的分类模式，区分为“可转让电子运输记录”和“不可转让电子运输记录”。这种作法是落后的，将会造成与公约权力转让规则的冲突，实为一大缺憾。

《鹿特丹规则》是迄今为止条文内容最多，调整运输范围最广，吸收、引进新规则较多的国际货物运输合同公约。除了上述6个主要变化之外，还有学者对其关于引进货物控制权和权力转让规则、规定2年的新诉讼时效、允许合同当事人协议延长诉讼时效等变化进行研究。

关于《鹿特丹规则》对我国的影响，学界观点各异。同样，在我国是否应当批准通过该公约的问题上也有着热烈的讨论。有学者③指出，公约对世界和对中国的影响是不同的。宏观而言，其对直接世界海运和国际贸易的影响相对有限，但对中国海运及贸易业的影响可能很大。只有全面评估该规则对中国的利弊得失，才可考虑中国对该规则所应采取的态度。

第二节　无单放货

随着国际海上航运业的日益发展，无单放货的现象在实践中大量产生，由其引发的纠纷也日渐增多。这不仅严重破坏了提单的信用机制，还影响了海上贸易与运输业的发展。长期以来，我国理论界和司法界对无单放货问题的研究争论不止。记名提单下的无单放货问题，由于其特殊的不可转让性更是争议的焦点。2008 的《鹿特丹规则》对凭单放货的规定做出重大调整，引起了世界范围的讨论。我国司法领域，对于理论争议颇多的无单放货纠纷责任的界定，在最近的 10 年中，也出现了从“违约说”向“违约和竞合说”转变的趋势。2009 年 3 月，最高人民法院正式颁布

① 张湘兰、向力：《国际货物运输法的新发展——〈联合国全程或者部分海上国际货物运输合同公约〉评介》，《国际经济法学刊》2009 年第 16 卷第 4 期。

② 同上。

③ 张永坚：《如何评价〈鹿特丹规则〉》，《中国海商法年刊》2010 年第 1 期。

《最高人民法院关于审理无正本提单交付货物案件适用法律若干问题的规定》，对无单放货问题做出结论，确定了正本提单持有的选择权，解决了目前国内司法审判不统一的局面。

（一）提单制度

海上运输是一种历史悠久的国际货物运输方式，也是目前世界范围内最重要的国际贸易货物运输方式。随着国际航运业的发展，提单作为海上货物运输的主要载体发挥着越来越重要的作用。“提单制度也被公认为海上货物运输法律制度的核心与基石。”①

目前，管制提单的国际公约主要有：《1924年统一提单若干法律规定的国际公约》（《海牙规则》）、《修正1924年统一提单若干法律规定的国际公约的1968年议定书》（《维斯比规则》）和《1978年联合国海上货物运输公约》（《汉堡规则》）。我国1993年7月1日施行的《中华人民共和国海商法》借鉴了《汉堡规则》的相关定义。该法第71条规定：提单，是指用以证明海上货物运输合同和货物已经由承运人接收或者装船，以及承运人保证据以交付货物的单证。提单中载明的向记名人交付货物，或者按照指示人的指示交付货物，或者向提单持有人交付货物的条款，构成承运人据以交付货物的保证。② 然而，随着国际海上航运业的发展，实践中出现大量无单放货现象。针对无单放货行为引发的纠纷日渐增多，严重破坏了提单的信用机制，影响了海上贸易与运输业的发展。

（二）无单放货的概念及成因

无单放货，即无正本提单放货，有别于承运人将其承运的货物交付给非货物所有人或非有权提取货物的人的错误放货行为。引起无单放货行为的原因很多。其中，正本提单的迟延是最主要的原因。海上货物运输往往时间较长。提单的传统优势即在于其具有可转让性，方便商人转卖其在途货物。然而，“近年来，国际航运业不断发展，船舶安全性能和航行速度都有了很大的提高，同时，集装箱运输的出现以及港口装卸设备的不断改进都使得海上运输时间大为缩短。而且，信用证等国际支付方式的出现，也使货物转卖越发容易。但是，提单的流转速度主要取决于银行的处理时间。其环节多、时间长，导致提单的流转进程经常性跟不上船舶运输的脚

---

① 何丽新：《无单放货法律问题研究》，法律出版社2006年版，第1页。

② 栗丽：《国际货物运输与保险》，中国人民大学出版社2011年版，第106页。

步，致使实务中，无单放货的现象大量出现。可见，现代航海技术的发展已使传统的凭单交货制度在实务中遭遇阻力”。①

（三）无单放货的法律属性

作为最常见的提单纠纷，无单放货的法律属性应如何定性，也逐渐成为学界讨论的焦点和各海事法院审理工作的难点。长期以来，我国理论界和司法界对此亦争论不止。我国对于无单放货法律属性的认识有着一个发展的过程。“在我国海商法颁布之前，提单多被视为是一种物权凭证。无单放货行为也多被界定为侵权，认为承运人侵害了正本提单合法持有人所享有的提单项下的物权。海商法颁布后，无单放货行为的界定从侵权向违约过渡，但没有完全排除提单是物权凭证。”②

有学者③认为，承运人将其承运的货物交给了没有正本提单的第三人，其主观上有过错，且其行为客观上造成了对正本提单持有人所享有的，该提单项下的物权的侵害，符合一般侵权行为的构成要件。

亦有学者④认为，承运人并没有侵占或损害持有提单卖方托运人的货物，只是不符合卖方托运人凭正本提单放货的授权范围规定，而将货物交付于无正本提单的收货人。其无单放货的行为虽属不当，但仅造成货物买卖交易不能正常如期结汇，以及权利人不能如期收回期得利益的后果。因此，承运人无单放货行为损害的，是卖方托运人实现债权的权利，而不能构成对物权的侵犯。其无单放货行为只构成违约，而不能构成对提单持有人物权的侵害。

还有学者⑤指出，提单持有人凭正本提单向承运人主张交付提单项下的货物，是基于法律所赋予的，其与承运人之间的债权关系。因而，承运人无单放货，违反的是该债权性质的法律关系所产生的权利义务关系，当然应当认定为违约。

---

① 何丽新：《无单放货法律问题研究》，法律出版社2006年版，第38页。

② 同上。

③ 司玉琢、汪杰、祝默泉、沈晓平：《关于无单放货的理论与实践——兼论提单的物权性问题》，《中国海商法年刊》2000年。

④ 徐孝先：《论无正本提单提放货的责任属性及权利救济——兼评〈最高人民法院关于审理无正本提单交付货物案件适用法律若干问题的规定〉》，《中国海商法年刊》2010年第3期。

⑤ 何丽新：《无单放货法律问题研究》，法律出版社2006年版，第69页。

不难看出，学界对于无单放货法律性质的争论主要集中于承运人作为无单放货的行为主体时，实施无单放货行为的法律定性和该行为是违约还是侵权的认定。① 当然，这两种主流观点以外，还存在着其他观点。

（四）记名提单的无单放货

根据提单的抬头不同，可以将提单分为记名提单、不记名提单和指示提单。虽然部分学者的观点陈述并不完全相同，但学界及司法界对不记名提单和指示提单的无单放货问题无根本分歧。而记名提单下的无单放货问题，由于其特殊的不可转让性一直是争议的焦点。同时，它也是在实践中无单放货纠纷最常见的类型之一。

记名提单，是指在提单收货人栏目中，已具体明确填写收货人名称的提单。实务中，承运人根据记名提单，在目的港，只能将其运输货物交付于提单上所指定的收货人。我国海商法第 79 条规定，记名提单不得转让。正是这一特性，引起了学界对其不可转让性对物权凭证影响的争论。

有学者②认为，在记名提单正面已标注“不可转让”且收货人已明确的情况下，记名提单与海运单没有区别，不过是海运单的别名而已。它不是物权凭证，无须凭单放货。

还有学者③指出，记名提单即使要凭单放货，也只能说明记名提单具有提货凭证的功能，并不能表明其是物权凭证。如果记名提单无须凭单放货，那么，它连提货凭证都不是，更不是物权凭证。

亦有学者④认为，对记名提单是否为物权凭证的争论，对于研究记名提单的无单放货问题不会有实质性的影响。因为追究承运人无单放货违约责任已成为共识。无论记名提单是否属于物权凭证，都不影响其在运输合同关系下的性质。它仍是运输合同证明、货物收据以及承运人据以交付货物的保证。是否赋予记名提单的物权凭证功能，是法律对于交易效率和交易风险的价值选择。⑤

---

① 何丽新：《无单放货法律问题研究》，法律出版社 2006 年版，第 67 页。

② 初北平：《再论记名提单下的无单放货》，《中国海商法年刊》2003 年，第 83—92 页。

③ 司玉琢、初北平：《论无单放货引起提单物权性的争论》，《中国海商法年刊》2005 年。

④ 何丽新：《无单放货法律问题研究》，法律出版社 2006 年版，第 155 页。

⑤ 饶中享：《海事应用法学研究》，湖北人民出版社 2004 年版，第 298 页。

记名提单下的无单放货，是指承运人虽然未收回正本提单，但将货物交付于记名收货人。对于不可转让的记名提单，我国要求提供凭单放货。承运人是否应当承担无单放货的责任，学界存在较大争议。

有学者①认为，记名提单仍是提单的一种，仍具有提单的属性和功能。凭单放货仍是国际公认的基本原则。同时，我国海商法并未将记名提单区别于其他可转让提单。不能以不可转让性抹杀记名提单的其他提单功能，或推定当事人同意放弃提单的其他重要特性，如凭单放货。记名收货人也只有向承运出示提单，才能证明与承运人之间存在运输合同关系，才能有权享有提单项下的权利。② 对记名提单权利的保护，就是通过凭单放货加以执行的。

此外，一国法律规定记名提单应凭单放货，是出于交易效率与交易安全上的价值权衡。③ 对记名提单允许承运人无须凭单放货，则在一定程度上有利于交易便捷，却增加了交易的安全隐患。

也有学者④认为，目前，我国海事法院已就“记名提单能否无单放货”争议达成共识：无论其物权凭证性质如何、与可转让性的关系如何，在适用中国海商法审理的案件中，记名提单应当凭单放货。承运人交付货物的同时应当收回正本提单。

也有学者⑤提出相反观点，认为可转让提单的流通性，是导致承运人要求凭单放货的主要原因，并非是源于提单本身或法律的规定。记名提单具有不可转让性。在承运人签发的情况下，提单中的收货人是明确的。其义务也是非常清楚的，即妥善运输货物，并将其交给指定的收货人。另外，对于记名提单下无单放货所造成的托运人结汇延期等问题，其本质原因，是卖方不能采取有保障的贸易支付方式，或是对贸易伙伴的轻信，而并非承运人无单放货的过错。

---

① 何丽新：《无单放货法律问题研究》，法律出版社 2006 年版，第 159—160 页。

② 李守芹：《海运提单焦点问题透视》，《海商法研究》2001 年第 4 期。

③ 饶中享：《海事应用法学研究》，湖北人民出版社 2004 年版，第 298 页。

④ 姚新超：《记名提单下无单放货的责任及防范措施》，《对外经贸实务》2007 年第 9 期。

⑤ 初北平：《再论记名提单下的无单放货》，《中国海商法年刊》2003 年。

还有学者[①]指出，承运人在目的港向谁交付货物，是源于托运人的指令。在签发记名提单的情况下，在交货时托运人的交付指令就已经明确了收货人。承运人按照托运人的指令交货，只需查明提货人身份即可。至于记名收货人是否持有提单，并不能证明或推翻托运人已经下达给承运人的交货指令。因此，要求承运人在签发记名提单时也要凭单交货，没有理论依据。[②]

（五）我国司法领域对无单放货的规定

在我国司法领域，对于理论争议颇多的无单放货纠纷责任的界定，存在几种不同的观点。而且随着时间的推移和司法审判实践的深入，这一问题上的观点内容也不断发生变化。

2001 年全国海事法院院长审判工作座谈会上，与会人员一致认为，“一般情况下，合法持有正本提单的人向承运人主张无单放货损失赔偿的，应定性为违约纠纷”。[③]

2004 年，最高人民法院在《涉外商事海事审判实务问题解答（一）》第 133 条称：“根据提单的性质，无单放货纠纷既可能产生违约的民事责任，也可能产生侵权的民事责任。在实践审判中应当掌握：一般情况下，在海上货物运输中合法的提单持有人向承运人请求无单放货损害赔偿的，视为违约；提单持有人向无单提货人主张权利的，以侵权论。”[④]

2005 年最高人民法院《第二次全国涉外商事海事审判工作会议纪要》第 101 条，也强调了承运人的违约责任与无正本提单提货人的侵权责任。

2009 年 3 月，最高人民法院正式颁布《最高人民法院关于审理无正本提单交付货物案件适用法律若干问题的规定》（简称《无单放货规定》），在一定程度上止息了当前国内学界对于该现象的争论。但也有不少学者对此提出反对意见。

《无单放货规定》第 3 条，将无单放货承运人应承担的民事责任定性

---

① 司玉琢、蒋跃川：《关于无单放货的立法尝试——评〈UNCITRAL 运输法草案〉有关无单放货的规定》，《中国海商法年刊》2003 年。

② 司玉琢：《海商法专论》，中国人民大学出版社 2007 年版，第 280—281 页。

③ 万鄂湘主编，中华人民共和国最高人民法院民事审判第四庭编：《2001 年 7 月 20 日“全国海事法院院长座谈会纪要”》，《中国涉外商事海事审判指导与研究》（2001 年第 1 卷），人民法院出版社 2001 年版，第 29 页。

④ 何丽新：《无单放货法律问题研究》，法律出版社 2006 年版，第 76 页。

为违约与侵权责任的竞合，并允许当事人择因诉讼。又在第 11 条规定了无单放货承运人与无正本提单提货的提货人承担连带责任。[①]

有学者[②]提出，《无单放货规定》表面上看似合理，却与纠纷事实所形成的法律关系，与确定解决该纠纷的法律规范背离太远。《规定》将承运人无单放货的行为认定为违约与侵权竞合，无事实依据；认定提货人与承运人承担连带责任，无法律依据。该学者认为，承运人应对无单放货向卖方托运人承担违约的民事责任，并赔偿货物到岸价的实际损失。而提货人应当承担不当得利的民事责任，向卖方托运人返还不当得利。

无论如何，最高人民法院通过 2009 年的司法解释，确定了正本提单持有的选择权，解决了目前国内司法审判不统一的局面。有学者[③]指出，从趋势上看，中国法院关于无单放货行为的认定，逐渐从“违约说”转化为“违约和竞合说”；从法院强行认定为违约，转变为法院尊重正本提单持有人的自我选择。

（六）《鹿特丹规则》对无单放货的规定

2008 年，联合国大会通过了国际贸易法委员会提交的《联合国全程或部分海上国际货物运输合同公约》，即《鹿特丹规则》。公约对提单进行了新的规定，区分了可转让运输单证和不可转让运输单证。根据公约第 48 条的规定，在不可转让运输单证下，承运人只需要求收货人出示适当的身份证明而不必要求其出示正本提单。对于可转让运输单证，公约坚持了凭单交货的基本原则，但也相应放宽了适用的例外情形。

规则对凭单放货的规定做出重大变革。起草者认为，航运实践中，无单放货普遍存在。继续严格维护提单的“提货凭单”功能已有些不合时宜，因此，并未将凭单交货作为承运人的强制性义务。[④]

---

① 徐孝先：《论无正本提单提放货的责任属性及权利救济——兼评〈最高人民法院关于审理无正本提单交付货物案件适用法律若干问题的规定〉》，《中国海商法年刊》2010 年第 3 期。

② 同上。

③ 王伟：《无正本提单交付货物的法律与实践——国际海上货物运输法若干问题的比较研究》，法律出版社 2010 年版，第 56 页。

④ 何丽新：《无单放货法律问题研究》，法律出版社 2006 年版，第 32—33 页。

有学者①认为，这一改革总结了各国立法和司法的实践经验，参考了《1990 年国际海事委员会海运单统一规则》的相关规定，反映了国际航运实践的客观要求。

还有学者②指出，规则所反映的是国际海上货物运输立法趋势，不可转让单证将不具有提货凭证的功能。当签发不可转让的运输提单时，承运人无须凭单放货。

亦有学者③提出反对观点，认为规则弱化了提单的提货功能，特别是在提单迟延的情况下，承运人可以听从控制方或托运人的指示放货，导致即使持有提单，也无法有效控制提单项下货物，降低了提单的可信赖性。

还有学者④指出，提单的信用机制在国际贸易中的重要性不言而喻。而普遍存在的无单放货现象使提单制度面临挑战。但是，强化提单的信用价值，坚持凭单放货仍是不可逆转的趋势。记名提单下承运人应凭单放货是我国司法实践部门所达成的共识。它有利于司法审判的稳定和连续，也平衡了承运人和记名收货人的双方利益，是巩固提单信用机制的保障，有利于国际贸易的健康发展，符合记名提单的国际发展趋势。

第三节　倒签提单

倒签提单，指承运人在货物装船完毕后，应托运人的要求，签发提单日期早于实际装船日期提单的行为。与倒签提单相似的预借提单，是承运人在货物装船前，或尚未装船完毕时，应托运人的要求，签发已装船提单的行为。

上述二者，都是将提单日期提前，使之与实际签发日期不一致的欺诈行为。其区别仅在于倒签提单发生在装船完毕后，而预借提单发生在装船前或尚未装船完毕时。二者在法律属性与法律后果上存在相似性。因此，

---

① 司玉琢、蒋跃川：《关于无单放货的立法尝试——评〈UNCITRAL 运输法草案〉有关无单放货的规定》，《中国海商法年刊》2003 年。

② 初北平：《再论记名提单下的无单放货》，《中国海商法年刊》2003 年，第 91 页。

③ 朱作贤、王晓凌、李东：《对提单“提货凭证”功能重大变革反思——评〈UNCITRAL 运输法草案〉的相关规定》，《中国海商法年刊》2005 年。

④ 何丽新：《无单放货法律问题研究》，法律出版社 2006 年版，第 34—165 页。

学者通常将二者一起进行讨论。

关于倒签提单的法律性质，学界一直存在不同的观点，主要是“违约说”、“侵权说”、“违约与侵权竞合说”、“缔约过失说”四种。

（一）“违约说”

有学者①认为，倒签提单的行为实际上涉及两个合同关系：货物买卖合同关系和海上运输合同关系。卖方没有按合同约定的时间将货物装上船，违反了与卖方之间的货物买卖合同。承运人没有履行运输合同成立后其应有的履约义务，违反了海上运输合同。因此，倒签提单属于违约行为。

还有学者②认为，托运人与收货人是国际货物买卖合同的当事人。卖方没有履行合同约定的装运时间，而请求承运人篡改提单日期。但买方依据虚假信息继续履行合同，丧失了原应享有的拒付与解除合同的权利。收货人可就此追究卖方（托运人）的违约责任。但由于倒签提单实质上属于篡改提单的行为，是托运人和承运人串通对收货人实施的欺诈。根据我国《合同法》第 52 条的规定，因欺诈而订立的合同无效或可撤销。因此，收货人与承运人之间的提单合同关系并不存在。收货人不能追究承运人的违约责任。

（二）“侵权说”

有学者③认为，承运人在签发提单之前和当时，与收货人之间不存在海上货物运输合同。承运人倒签提单的行为不构成违约。提单不是承运人与收货人之间的海上货物运输合同本身。承运人签发提单的行为不构成缔约行为。因此，承运人倒签提单不构成缔约过失行为。承运人倒签提单或预借提单违反了如实签发提单的国际海上货物运输习惯法义务，损害了收货人的经济利益，使收货人因托运人的违法行为而遭受的损失范围扩大。承运人在主观上对这一损害存在间接故意，因此承运人的行为构成侵权行为。

---

① 赖尚斌：《倒签提单若干法律问题研究》，《海商法研究（总第 11 辑）》，法律出版社 2004 年版，第 263—265 页。

② 吴海珍：《倒签提单及收货人的权益保护》，《对外经贸实务》2004 年第 6 期。

③ 左海聪、范笑迎：《论承运人倒签提单或预借提单的法律性质》，《法学杂志》2011 年第 8 期。

还有学者[①]认为，倒签提单的行为符合侵权的构成要件，具有违法性、损害事实、主观故意以及因果关系，是托运人与承运人的共同侵权行为。

（三）“违约与侵权竞合说”

也有学者[②]认为，倒签提单具有双重法律特性，其行为过程是由违约与侵权行为的结合而形成，侵犯了两种法律关系，引起了两种民事法律后果，因此是违约和侵权的竞合。侵权是其主要特征。

（四）“缔约过失说”

有学者[③]认为，收货人受让提单后，提单就成为承运人与收货人之间的海上货物运输合同。承运人签发提单是与收货人订立合同的行为。承运人倒签提单或预借提单违反了合同缔约过程中的诚实守信义务，从而导致提单无效。

但也有学者[④]提出反对观点，认为无论是就托运人和承运人而言，还是就承运人与收货人而言，提单都绝不是海上货物运输合同，而只是该合同的证明。不同的是：对前者而言，提单是合同的初步证明；对后者而言，提单是合同的最终证明。并且，虽然承运人对提单的篡改行为是重大的，但是未及提单实质。就提单本身而言，其对价并未完全丧失。[⑤]所以，倒签提单的行为并不会导致提单无效。

第四节　电子提单

随着现代国际航运业不断发展，传统的提单模式显示出种种局限。如高昂的成本、缓慢的周转速度、高失误率等。与此同时，贸易实务中，无

---

① 吴海珍：《倒签提单及收货人的权益保护》，《对外经贸实务》2004 年第 6 期。

② 张丽英：《国际贸易法专题研究》，法律出版社 2004 年版，第 102 页。

③ 张湘兰、邓瑞平、姚天冲：《海商法论》，武汉大学出版社 2001 年版，第 98 页。

④ 左海聪、范笑迎：《论承运人倒签提单或预借提单的法律性质》，《法学杂志》2011 年第 8 期。

⑤ 赖尚斌：《倒签提单若干法律问题研究》，《海商法研究（总第 11 辑）》，法律出版社 2004 年版，第 278 页，转引自左海聪、范笑迎《论承运人倒签提单或预借提单的法律性质》，《法学杂志》2011 年第 8 期。

单放货、倒签提单、预借提单、仿冒提单等现象大量出现。为了克服传统提单本身的缺陷，国际社会开始着手寻求新的运输凭证方式。

随着电子计算机技术和电子通信技术在国际贸易领域的快速发展应用，电子提单应运而生，它是指通过电子数据交换系统传递的，按一定规则组合而成的有关海上货物运输合同的数据。① 电子提单不再是传统纸质单据，它的流转通过电子数据交换实现，继而突破了传统提单在货物贸易中存在的局限性。

1990 年，国际海事委员会通过《电子提单规则》，首次对电子提单进行较为全面的规定。但是，该规则迄今尚未生效。1996 年 12 月，联合国大会通过联合国国际贸易法委员会起草的《电子商务示范法》，为电子商务的有关法律问题提供了指南。该法案的目的，是在电子交易和纸面交易之间建立一种等同关系。2001 年，联合国国际贸易法委员会通过《电子签名示范法》，旨在降低使用电子签字这类现代技术可能产生的法效力不确定性。②

我国学界对于 EDI 的研究工作起步较晚。1999 年，《中华人民共和国合同法》对数据电文的法律效力、利用数据电文签订合同的相关问题做出规定。2004 年，全国人大常委会通过《中华人民共和国电子签名法》，以规范电子签名行为，确定电子签名的法律效力。2005 年，信息产业部发布《电子认证服务管理办法》，标志着我国通信与信息化立法进入一个新的阶段。③

（一）传统提单的缺陷与电子提单的优势

传统的提单，是指用于证明海上货物运输合同和货物已经由承运人接收或者装船，以及承运人保证据以交付货物的书面单证。④ 随着现代国际贸易运输技术的不断发展，传统提单本身的缺陷越来越明显。海上货物运输往往时间较长。提单的传统优势即在于其具有可转让性，方便商人转卖其在途货物。然而，近年来，国际航运业不断发展，船舶安全性能和航行

---

① 张丽英：《国际贸易法专题研究》，法律出版社 2004 年版，第 135 页。

② 许军珂：《国际贸易法专题研究——WTO 框架下国际贸易法的新发展》，中国法制出版社 2007 年版，第 123—136 页。

③ 同上书，第 126 页。

④ 栗丽：《国际货物运输与保险》，中国人民大学出版社 2011 年版，第 115 页。

速度都有了很大的提高。与此同时，集装箱运输的出现以及港口装卸设备的不断改进，使得海上运输时间大为缩短。此外，信用证等国际支付方式的出现，也使货物转卖越发容易。但是，提单的流转速度主要取决于银行的处理时间。其环节多、时间长，导致提单的流转进程经常跟不上船舶运输的步伐。而且在贸易实务中，伪造提单、倒签和预借提单、以保函换取清洁提单、无单放货等提单欺诈行为，也频繁出现。

有学者①指出，电子提单利用 EDI 系统，根据特定密码使用计算机网络进行的，具有许多传统提单无法比拟的优点：其一，降低文件处理成本，提高工作效率，实现国际接轨，提高企业竞争力。其二，缩短单证处理和流转时间，有利于货物运输及时完成，也可避免传统提单可能出现的船到而提单未到，以致收货人难以顺利提货的情形。第三，基于特定密码的电子提单的转让，可以在很大程度上防止传统提单中经常出现的伪造提单等单据欺诈。

对于上述观点，也有学者②提出质疑，认为单子提单并非完美无缺，在实际运用中也会产生诸多问题，虽然其能够从根本上消除货物比提单先到目的港的现象，但是电子提单本身不能消灭承运人错误交付货物的行为。另外，电子提单虽然可以解决纸面提单的欺诈问题，但其本身也可能存在欺诈，从而引发如电子密码是否安全、交易数据是否可能被人为更改而不留痕迹等顾虑。就《电子提单规则》中仅凭承运人发送信息和密码的模式而言，承运人本身的诚信就颇值得考量。

（二）电子提单发展面临的问题

虽然，电子提单较传统提单有诸多优势，但是，贸易实务中，电子提单的推广，并没有如人们所预期的那般顺利。

1. 电子提单的书面形式要求

传统提单均采用纸质形式。提单的转让也是通过手写背书来实现。而电子提单主要表现为电子信息，无法满足传统法律的要求。有学者③提

① 栗丽：《国际货物运输与保险》，中国人民大学出版社 2011 年版，第 111—115 页。

② 王伟：《无正本提单交付货物的法律与实践——国际海上货物运输法若干问题的比较研究》，法律出版社 2010 年版，第 307 页。

③ 许军珂：《国际贸易法专题研究——WTO 框架下国际贸易法的新发展》，中国法制出版社 2007 年版，第 139 页。

出，《电子商务示范法》中所采用的“功能等同物”（functional equivalent）颇值效仿。即只要能实现书面功能的形式，都可以视为“书面形式”。这是对概念的扩大化解释。

2. 电子提单的签字要求

签名作为传统提单交易一个非常重要的环节，其目的是证明文件的真实性。[①] 国际贸易法委员会与国际商会经过多年的研究，建议各国立法采取措施取消对亲笔签名的强制性规定，以适应电子提单的特点。我国2004年的《电子签名法》就采取了这样的作法。

3. 电子提单的流通转让问题

有学者[②]指出，提单正是因其物权凭证的属性及其可转让性奠定了在国际贸易中的地位，而电子提单取代传统纸质提单的最大障碍便是可转让性问题。根据各国法律，以及物权变动公示原则的要求，货物所有权转移必须通过背书和物权凭证的交付来进行。由于电子提单的无纸化形式使其无法进行现实的背书和交付，如何建立人们对电子提单转让内容真实性的信任，成为电子提单所必须解决的问题。而通过立法设置“公示”手续，使其转让满足公示的要求，是有效的解决途径之一。

4. 电子提单的密码安全性问题

根据《电子提单规则》，密码是电子提单转让的关键。而对密码的安全性问题人们一直心存顾虑。其实在密码技术的保障下，电子提单利用现代化信息技术手段，在各交易方之间流转，大大提高了安全性，且通过控制、监视系统，很大程度上防止了利用提单进行欺诈的行为。随着密码技术的不断进步，电子提单流转的安全性应该会远远高于传统提单。

（三）完善我国电子提单机制的立法建议

我国《海商法》第71条规定，“提单是只用以证明海上货物运输合同和货物已经由承运人接收或者装船，以及承运人保证据以交付货物的单证”。该条款并没有明确是否适用于电子提单。

海运提单货物权利的转移，是通过提单持有人的背书实现的，而电子

---

① 向在胜、王远翔：《提单电子化法律问题研究》，《时代法学》2005年第1期。

② 王伟：《无正本提单交付货物的法律与实践——国际海上货物运输法若干问题的比较研究》，法律出版社2010年版，第305页。

提单则主要是利用 EDI 系统，其作为信息技术发展的产物，将会是海运单证流转的一种发展趋势。随着电子提单在国际贸易实务中适用范围的不断扩大，我国《海商法》也应做出相应的修改，以保障电子提单的发展应用。主要包括赋予电子提单以合法地位；借鉴国际成熟的立法经验，逐步建立我国的电子提单规则；加强国际协调，有序构建调整电子提单的国际多边法律机制等。

第五节　迟延交付

在海上货物贸易中，航运时间一直是买方和承运人关注的一个焦点。货物的在途时间往往影响运输风险的大小、货物到岸的市场价格等。随着现代航运技术的发展，船舶的航次时间不再无法预计，而可以较为精确计算。国际公约以及国内法也逐步开始对货物的迟延交付做出相关规定，以保证买方因海上承运人迟延交付货物所造成的损失得到及时的救济。

（一）迟延交付概念及相关国际公约和我国法律规定

海上货物运输中，迟延交付是指，承运人未在合同明确约定的时间和卸货港交付货物，或者合同没有明确约定交付时间时，承运人未能在合理时间内在约定的卸货港交付货物。①

在已生效调整海上货物运输的公约中，1924 年的《海牙规则》和 1968 年的《维斯比规则》并没有关于迟延交付的明确规定。由于实践中货方常常遇到迟延交付的问题，很多国家在其国内法明文规定了迟延交付责任。1978 年的《汉堡规则》明确规定迟延交付的概念，以及承运人对由此导致的货物灭失或损坏及其他损失应负的赔偿责任、赔偿限额等问题。

《汉堡规则》第 5 条第 2 款规定："如果货物未能在明确约定的时间内，或虽无此项规定，但未能在考虑到实际情况对一个勤勉的承运人所能合理要求的时间内，在海上运输合同所规定的卸货港交付，即为迟延交付。"不难看出，《汉堡规则》对于迟延交付规定了两种情况：一种是明确约定货物交付时间的；一种是没有明确约定，但根据合理时间要求可以确定货物交付时间的。

---

① 胡正良：《论〈海商法〉修改的必要性》，《当代法学》2003 年第 12 期。

有学者①指出，《汉堡规则》并不是第一个规定迟延交付的国际公约。其原型来自《国际公路货物运输合同公约》第19条规定。此外，《联合国国际货物多式联运公约》第16条、《布达佩斯内河货物运输合同公约》第5条也做了类似的规定。

1992年，我国《海商法》借鉴《汉堡规则》的相关内容，对迟延交付进行了规定。其中，第50条第1款规定："货物未能在明确约定的时间内，在约定的卸货港交付的，为迟延交付。"但与《汉堡规则》不同，我国海商法在界定迟延交付时，只规定了明确约定交付时间这一种前提条件。换言之，如果海上货物运输合同没有约定货物交付时间，即使在运输合同的履行过程中，承运人有违约行为造成货物迟延到达卸货港，仍不能按照迟延交付处理，货方也无法追究承运人的迟延交付责任。

我国《合同法》第290条规定："运输合同中的承运人应当在约定期间或者合理期间内将货物运抵约定的地点。"该规定与《汉堡规则》基本一致，规定了约定时间和合理时间两种情况。

综上，我国《海商法》对于迟延交付的规定与《汉堡规则》以及我国《合同法》的有关规定并不完全相同。正是由于这样的差异，学界对于迟延交付的规定产生了不同的理解。在运输合同中未明确约定货物交付时间的情况下，合理时间能否作为认定迟延交付的标准；如何正确理解关于承运人迟延交付免责的规定；对承运人赔偿责任限额的规定是否合理等。② 这一系列的问题引起了海商法学界广泛的争论。同时，司法实践中，当事人和法院在援引和适用法律的相关规定时也遇到了障碍，产生了很大的分歧。

（二）我国《海商法》的规定缺陷

自1992年我国《海商法》出台以来，第50条成为学界与司法界争议最多的条款之一。可以肯定的是，如果没有明确约定交付时间，承运人未在合理时间内交付，不能构成《海商法》中规定的"迟延交付"。然而，当出现未明确约定交付时间，承运人又未在合理时间内交付货物的情

---

① 张文广：《我国〈海商法〉承运人迟延交付确定标准之不足》，《中国海商法年刊》2008年。

② 赵红：《关于完善海商法迟延交付制度的思考》，《人民司法》2002年第2期。

况时，该如何定性？我国《海商法》所规定的迟延交付是否只包含一种情况？对此，学者们的观点各不相同。

首先，我国《海商法》所规定的"迟延交付"，是否仅包含"明确约定交付时间"这一种情况？

有学者①提出，承运人有义务在与托运人明确约定的时间内，在约定的卸货港交付货物。但是，如果承运人与托运人没有明确约定货物交付的时间，即使承运人未能在合理时间内交付货物，也不构成迟延交付，不承担因货物未能在合理时间内交付，使托运人或者收货人遭受的除货物灭失或者损坏以外的其他经济损失，不论造成承运人未能在合理时间内交付货物的原因是什么。这种观点是目前学界的主流观点。

也有学者②认为，我国《海商法》起草过程中，起草者考虑到当时《汉堡规则》还没有生效，且预测其即使生效，也不可能在短时间内得到航运发达国家的广泛采纳。此外，"合理时间"在实施中不易确定，可操作性不强。且推断但凡货物及时运到，利害关系货方都会主动与船方约定交付货物的时间。这种推断具有合理性③。因此，从起草者的立法本意看，我国《海商法》第50条规定的"迟延交付"，只限于明确约定交付时间的情况。

还有学者④指出，《海商法》对双方当事人未明确约定货物交付时间情况下的迟延交付，语焉未详，但并不等于其未作规定，而是立法者对此种情况，做出了消极、否定的价值判断。

但不少学者⑤提出反对意见，认为我国《海商法》第50条第1款的规定并不是给"迟延交付"下的定义，而只是对"迟延交付"的部分外延做出陈述。从思维形式上分析，迟延交付还可以包括其他情况。所以，《海商法》中的迟延交付，不仅包括未在明确约定的时间内的交付，也包括未在合理时间内的交付。

---

① 司玉琢：《海商法》，法律出版社2003年版，第109页。

② 胡正良：《论〈海商法〉修改的必要性》，《当代法学》2003年第12期。

③ 同上。

④ 王文军、高蕾、李邈：《迟延交付问题的方法论检讨——〈海商法〉第50条的解释论》，《中国海商法年刊》2004年。

⑤ 徐欣：《论迟延交付的概念》，《世界海运》2002年第5期。

也有学者①指出，我国《海商法》虽然没有明确使用“合理速遣”这个词语，但是管货义务中的各项要求被认为已经包括了这方面的要求。第 50 条是从违约形态的角度规定了迟延交付的一种情况。而第 48 条是从承运人管货义务的角度，去陈述承运人应该在合理时间内交付货物的义务。

还有学者②提出，根据体系解释，《海商法》第 47、48、49 条规定了承运人适航、妥善谨慎地运输货物，以及不进行不合理绕行三项义务。从义务与责任的关系来看，违反上述三项义务必须承担责任。因此，承运人违反上述义务而不能在合理的时间内交付货物的，均构成迟延交付，应承担相应赔偿责任。

其次，如果托运人与承运人未明确约定交付时间，承运人又未在合理时间内交付货物，该如何处理？

传统观点认为，由于我国《海商法》第 50 条第 1 款明确规定，迟延交付仅适用在合同双方明确约定交付时间的情况，因此，当合同当事人没有在海上货物运输合同中对货物交付时间予以明确约定时，如果承运人未尽到使船舶适航、合理速遣和不得进行不合理绕航等法定义务，而导致货物不能在合理时间内交付的，将不构成迟延交付。此种情况下，对货方因此而遭受的损失，不能按照《海商法》关于迟延交付的规定予以赔偿。

也有学者③认为，《海商法》第 50 条第 1 款并非是对迟延交付所下的定义，而只是规定了迟延交付的一种情况。由于这一条款只对明确约定了交付时间而发生迟延交付的情况进行规定，对没有约定交付时间的情况没有规定，承运人在这种情况下是否负责，需要根据《海商法》其他条款，或《合同法》等其他法律确定。

也有学者④指出，从逻辑学角度看，“货物未能在明确约定时间，在约定的卸货港交货”是迟延交付的充分条件，却不是必要条件。既然

---

① 尹东年、郭瑜：《海上货物运输法》，人民法院出版社 2000 年版。

② 许俊强：《迟延交付新解》，《人民司法》2000 年第 3 期。

③ 尹东年、郭瑜：《海上货物运输法》，人民法院出版社 2000 年版，第 124 页。

④ 张文广：《我国〈海商法〉承运人迟延交付确定标准之不足》，《中国海商法年刊》2008 年。

《海商法》第50条不是迟延交付的定义条款，那么，作为对《海商法》第50条的补充与完善，《合同法》第290条所确立“合理时间”的标准应该适用。

还有学者[①]提出，根据逻辑推理可以得出：《海商法》中的迟延交付，不仅包括未在明确约定的时间内交付，也包括未在合理时间内交付。而《海商法》第50条第2、3款对承运人的迟延交付责任做出了规定。既然未在明确约定的时间内交付，以及未在合理时间内交付，都是《海商法》中的迟延交付，则承运人的责任都适用《海商法》。即享有《海商法》中规定的免责和责任限制。

再次，关于赔偿责任的界定是否合理?

《汉堡规则》对于承运人迟延交付行为的赔偿责任，与迟延交付造成的货物灭失或损害的赔偿责任，适用了不同的责任限额。对于迟延行为本身引起的经济损失，适用较低的赔偿责任限额（相当于迟延交付应支付运费的2.5倍，但不得超过运输合同规定的应付运费的总额）；对于迟延过程中所造成的货物灭失或损害，则适用较高的赔偿限额（每件或每个其他货运为835个特别提款权，或毛重每千克为2.5个特别提款权，二者以较高者为准）。

不同于《汉堡规则》，我国《海商法》规定了因迟延交付而造成的经济损失，其赔偿限额为迟延交付货物的运费数额；在货物灭失或损坏与经济损失同时发生的情况下，承运人的赔偿责任以货物灭失或损坏的赔偿限额为准。同时，我国《合同法》第113条亦对相关经济损失的赔偿责任限额做出规定，将损失赔偿范围及责任限额限定在相当于因违约所造成的损失，包括合同履行后可以获得的利益，但不得超过违反合同一方订立合同时预见到或者应当预见到的因违反合同可能造成的损失。

传统理论认为，由于我国海商法第50条并没有规定未明确约定交货时间的情形，由此造成在合理时间内不交付造成的经济损失不能享受责任限制。

还有学者[②]指出，在我国司法实践中，海事法院受理的迟延交付案件

---

① 徐欣：《论迟延交付的概念》，《世界海运》2002年第5期。

② 赵红：《关于完善海商法迟延交付制度的思考》，《人民司法》2002年第2期。

不多。这一方面是由于海商法对迟延交付的严格定义，另一方面则是因为海商法对迟延交付经济损失的赔偿限额太低，不足以保护货主的合法利益。很多遭受了迟延交付巨大损失的货主，在向法院起诉之前或之后，得知获赔的数额只相当于迟延交付货物的运费数额，便不再去为这一小部分补偿而耗费精力，于是选择不起诉或者撤诉。

不难看出，立法者的原意，是为了减轻承运人的责任而规定“明确约定交付时间”作为迟延交付的唯一前提标准。但由于立法不完善，未引入“合理时间”标准，导致在司法实践中往往出现两种极端的结果：一是由于运输合同中未明确约定交付时间，不符合海商法中迟延交付的定义条款，不构成海商法意义上的迟延交付，货主以迟延交付为案由的起诉被驳回，由此而遭受的损失得不到赔偿；二是案件被确定为其他案由，适用《民法通则》或《合同法》的有关规定予以处理，使承运人不能享受《海商法》中关于承运人免责及责任限制的权利，而承担更重的赔偿责任①。

最后，“合理时间”标准是否具有可行性？

学界一直有观点认为“合理时间”标准含义模糊，具有不确定性，从而不具有可行性，不利于司法操作。有学者②指出，合理时间是个事实问题，要从客观和主观两方面加以判断。客观上，一条船所载货物是否发生延迟交付，可以将该船履行合同的时间，与其他同类船舶、装载同类货物、在同一季节履行同样航次所需的时间加以对比，但参照的不应是技术最先进、装备最精良的船舶，而应是一定时期、一定条件下的某类船舶的通常状态。主观方面，要看运输合同中承运人对时间重要性的认识，并要视其为避免迟延交付而尽到的努力如何。总之，可以将合理时间概括为：一个谨慎的承运人在没有免责过失以外的其他故意或过失的情况下，根据合同的要求和当时的实际情况，克尽职责地进行运输所需要的时间。

也有学者③指出，随着航海技术日趋先进，船舶的航行已达熟练、准

---

① 赵红：《关于完善海商法迟延交付制度的思考》，《人民司法》2002 年第 2 期。

② 同上。

③ 黄青男、黄湘宁：《对确定迟延交付的时间标准的立法思考》，《中国海商法年刊》2002 年。

确的水平。同时，货物的处理设备及船对岸通信设备也取得了巨大的技术进步。承运船舶在整个航次中合理速遣、及时履约并非想象中那样困难。日趋先进的科学技术使承运人在合理时间内交付货物变得现实可行。另外，如仅仅为避免“勤勉”和“合理要求”的不确定性，而将“合理时间”不作为界定迟延交付的标准，这完全没有必要。立法过程中，不可避免地会出现一定的法律条文具有不确定性的情况。但是，司法实践中的大量案例以及相关司法解释，会使其确定的标准逐渐清晰起来，与此相关的争议也会日趋平息。

综上所述，在国际商业交易中，货物是否能及时运达交付往往决定着货物贸易的成功与否，以及商业利润能否按期实现。规定承运人迟延交付的损害赔偿责任，不仅是国际航运发展的需要，也是维护国际贸易秩序的要求。在竞争越来越激烈的国际航运市场，我国《海商法》对于迟延交付的相关规定，显然存在着较大的弊端，不利于国际竞争。

另外，在长期的贸易实践中可以看到，承运人具有合理速遣义务。这种义务不以承运人和托运人明确约定交付时间为前提。即使双方没有针对交付时间进行具体约定，承运人也同样有义务在能力范围之内以最合理的时间将货物交付。如果承运人未尽到适当注意，以致在装载货物、离开装运港、履行航次或交付货物时发生不合理延误，并因此给货方造成损失，就要对迟延交付负责。

有学者①提出，应当重新构想和完善迟延交付的法律定义，对《海商法》做出相应修改，将“合理时间”与“明确约定的货物交付时间”一同作为确定迟延交付的标准。这也是当前国际的普遍观点和通行作法。这不仅有利于我国海商法关于迟延交付的规定与国际公约和各国法律接轨，促进国际海事法律的统一，而且有助于与合同法的有关规定有机协调，使迟延交付的定义趋于完整和合理。

---

① 赵红：《关于完善海商法迟延交付制度的思考》，《人民司法》2002 年第 2 期。

第三章

国际货物运输保险法

海上货物运输保险的历史可以追溯到1523年的意大利。随着19世纪海外殖民时代的到来，国际货物贸易量剧增，同时促进了有关法律的发展。作为海上保险法最重要的原则之一，保险利益原则限制了赔偿程度、保护了标的安全。“仓至仓”条款，是海运货物保险责任起讫的基本原则。它规定了保险人承担责任的起讫时间和地点，目前，面临着理论与现实的博弈。共同海损制度的基础思想，是为共同利益做出的牺牲，应由共同补偿。作为一项古老的海上制度，它经历了辉煌的历史进程，至今仍发挥着不可忽视的作用。

第一节 保险利益原则

保险利益原则，又称为可保利益原则，是海上保险法的基本原则之一。有学者①指出，可保利益原则的引入，首先，是出于将赌博等投机性合同与保险合同相区分的立法需要。其次，是为了防范被保险人故意作为或不作为造成或扩大保险标的危险以获取保险赔偿金的道德风险的客观要求。1906年，英国《海上保险法》首次明确以书面形式，对保险利益原则进行了具体规定。我国《保险法》第12条规定：“投保人对保险标的应当具有保险利益。投保人对保险标的不具有保险利益的，保险合同无效。”我国《海商法》并未对保险利益直接做出规定。我国保险法要求，

---

① 谷浩：《全球化背景下的国际海上保险立法：变革、协调和特点》，法律出版社2011年版，第87页。

投保人在投保时必须对保险标的具有保险利益，但由于海上保险的特殊性，该规定显然无法直接使用。因此，对于海上运输保险中保险利益原则的适用，学界一直存在争议。

（一）保险利益原则的发展背景

在英美法系，保险利益原则的产生可以追溯至18世纪初期。当时的法律并不要求被保险人证明其与保险标的之间存在合法利益关系。其间，在英国出现了投保人以毫无利益关系的远洋船舶与货物安危为标的的投保现象。一旦船舶或货物在航运过程中出现灭失或损毁，投保人便可以获得高额的赔偿，致使在海上运输保险领域内出现了大量投机性行为。

在其《1745年海商法》中，英国首次规定：没有可保利益的，或除保险单以外没有其他可保利益证明，或通过赌博方式订立的海上保险合同无效。[①]《1774年人寿保险法》也做出了同样的规定，要求被保险人对保险标的必须具有可保利益。1906年，英国《海上保险法》首次明确以书面形式对保险利益原则进行了具体规定。其第5条规定：保险利益是指一个人与航海有利害关系，特别是当他与该航海或处在危险中的表现标的物有普通法或衡平法上的利害关系，如该标的物安全或准时抵达，他即能从中获益；如保险标的灭失或被损害，或被滞留或引起有关责任，他的利益将受到损害。[②] 随后，该原则被各国保险法普遍采用。

在大陆法系国家，保险利益原则先后经历了一般性保险利益学说、技术性保险利益学说和经济性保险利益学说三个阶段。目前，经济性保险利益学说处于主导地位。[③] 根据经济性保险利益学说，具有经济上的价值，即具有保险利益。

但有学者[④]提出，“经济可保利益”这种称谓，以及所谓“经济性”的属性或特征的存在完全是画蛇添足，混淆了“法律上的经济利害关系”

---

① 胡军：《保险利益原则在我国海上保险制度中的适用》，《求索》2009年第4期。

② 许军珂：《国际贸易法专题研究——WTO框架下国际贸易法的新发展》，中国法制出版社2007年版，第69页。

③ 王萍：《保险利益研究》，机械工业出版社2004年版，第6—38页。

④ 殷悦：《海上保险可保利益原则探析》，《中国水运》（学术版）2007年第1期。

和“可以确定的经济利益”之间的关系。可保利益界定规范以及可保利益原则的设置，并不是要解决利益固有的经济属性问题，而是要解决何种利益应纳入法律保护范围的问题。“法律上的经济利害关系”，其着眼点并非在于“经济”，而在于“法律上的”，即该种利益须被法律所承认。另外，由于缺少相关法律依据，而使当事人在订立合同时往往因约定不明而产生举证困难等问题，使法律救济流于形式。

（二）我国对保险利益原则的相关规定

我国《保险法》（2002 年修正）第 12 条规定：“投保人对保险标的应当具有保险利益。投保人对保险标的不具有保险利益的，保险合同无效。保险利益是指投保人对保险标的具有法律上承认的利益。”我国《海商法》未对保险利益直接做出规定。但有学者①认为，《海商法》第 216 条对于海上保险合同的定义，显然涵盖了保险利益的含义。同时，《保险法》（2002 年修正）第 153 条规定：“海上保险适用海商法的有关规定；海商法未规定的，适用本法的有关规定。”由此，学者普遍认为，保险利益原则对海上保险合同也同样起指导性作用②。

根据我国《保险法》（2002 年修正）以及英国《1906 年海上保险法》的相关规定，有学者③提出，所谓保险利益，就是一种为法律所承认，与保险标的具有密切联系的经济利害关系。换言之，如果保险标的不发生保险事故，投保人可因保险标的安然无恙而保持或获得经济利益。反之，如果保险标的发生保险事故，投保人会因保险标的的灭失或损坏，而遭受经济损失。

对于我国《保险法》（2002 年修正）的相关规定，多数学者认为其概念过于笼统、抽象。还有学者④认为该规定已然过时，有必要予以修改。并且由于《保险法》（2002 年修正）将保险利益享有人的范围定为投保人，过于概括宽泛，实践操作中，容易在财产保险当事人之间引发争

---

① 姚莹：《关于修改〈中华人民共和国海商法〉的一点思考——论海上保险中的保险利益原则》，《当代法学》2007 年第 6 期。

② 周成杰：《对海上保险中保险利益问题的研究》，《复旦学报》（社会科学版）2003 年第 5 期。

③ 姚莹：《关于修改〈中华人民共和国海商法〉的一点思考——论海上保险中的保险利益原则》，《当代法学》2007 年第 6 期。

④ 汪鹏南：《对我国海上保险法的思考和展望》，《中国海商法年刊》2003 年。

议，在一定程度上限制了财产保险的发展。根据实践中存在的问题，《保险法》（2009 年修订）第十二条规定，"人身保险的投保人在保险合同订立时，对被保险人应当具有保险利益。财产保险的被保险人在保险事故发生时，对保险标的应当具有保险利益"。该条第六款规定，"保险利益是指投保人或者被保险人对保险标的具有的法律上承认的利益"。

从此定义不难看出，要构成保险利益，必须满足三个条件。第一，保险利益必须为法律所认可，具有合法性。第二，保险利益必须具有确定性。保险利益包括现有利益、期得利益和责任利益，都必须是可以确定的、客观存在的、能够实现的利益。第三，保险利益必须是可以计算的。保险最终要落实到被保险人在经济利益上的损失赔偿。这就要求保险利益具有金钱价值，并可用货币进行计算。与此同时，还有学者①提出，保险利益必须具有公益性，必须是为维护社会良好秩序所追求的利益。

（三）保险利益的存在时间

保险利益的存在时间，也是保险利益的时间效力问题。保险利益应当在何时存在？投保人何时具有保险利益才具有评价保险合同有效与否的效力？这些一直是学界热议的问题。

我国《保险法》在 2009 年修订前，其第 12 条的规定："投保人对保险标的应当具有保险利益。投保人对保险标的不具有保险利益的，保险合同无效。"可见，我国当时的保险法要求投保人在投保时，必须对保险标的具有保险利益。但对海上保险而言，这一规定显然无法适用。我国主流学术观点采纳英美法一般理论，认为在发生保险事故导致保险标的受损，或产生对第三方的责任时，被保险人对保险标的具有可保利益即可，不要求在投保时具有可保利益。②

有学者对此③提出自己的见解，诸如，认为海上保险中的保险利益可以分为预期保险利益和既得保险利益。预期保险利益是人们基于合理、谨慎的推测，估计自己在可预见的未来将对保险标的拥有的法律上承认的利

---

① 傅廷中：《保险利益原则及其在海上保险中的应用》，《世界海运》2004 年第 3 期。

② 司玉琢：《海商法》，法律出版社 2003 年版，第 369 页。

③ 周成杰：《对海上保险中保险利益问题的研究》，《复旦学报》（社会科学版）2003 年第 5 期。

益。既得保险利益是法律所承认的现有利益。它的产生基于现实、法律的规定而非预期。在海上保险合同订立时，被保险人至少要对保险标的具有预期保险利益，否则其订立保险合同的行为应被视为无效。我国《保险法》在2009年修订后，修改了原第12条的规定，认为“财产保险的被保险人在保险事故发生时，对保险标的应当具有保险利益”，具备此种情形，就不影响保险合同的效力。可以说，学界的研究成果被立法逐渐采纳。

（四）完善我国《海商法》的建议

海上保险利益是海上保险法一个核心的概念和原则，具有防止赌博、预防道德风险的发生、限制损害赔偿程度的功能。但是，我国《海商法》对保险利益原则并未做出规定。《保险法》对于保险利益原则的规定，显然无法适用于海上保险的情况。

有学者①指出，虽然我国《保险法》主要借鉴英国立法观点而对保险利益的定义做出规定，但其规定过于原则、笼统、宽泛，并且没有关于保险利益构成因素的规定。而《海商法》作为调整国际海运货物保险合同关系的特别法，对此未做任何规定，其立法上的缺陷显而易见。英美法系对保险利益制度的规定较为成熟周全，我国应当参照英美法修订《海商法》的相关内容②。首先，应当明确定义海上保险的保险利益。国际海运货物保险的保险利益，是指被保险人对保险标的具有法律上承认的经济利益。被保险人因为保险标的安全无恙或准时到达目的地而获益，或因保险标的灭失、损坏或被扣押而蒙受损失或产生责任。其次，应当明确规定保险利益原则的效力。被保险人（或投保人）投保时不必具有保险利益。但当保险标的发生保险事故时，被保险人必须具有保险利益。最后，应明确规定把货物风险转移作为保险利益转移的标准。

第二节 “仓至仓”条款

海洋运输的货物及船舶在长途运输过程中，难免遭受各种超出贸易当

---

① 姚莹：《关于修改〈中华人民共和国海商法〉的一点思考——论海上保险中的保险利益原则》，《当代法学》2007年第6期。

② 胡军：《保险利益原则在我国海上保险制度中的适用》，《求索》2009年第4期。

事人预想的风险，从而可能导致货物和船舶毁损、灭失，给贸易当事人造成额外的经济损失。为了转嫁国际贸易货物在运输过程中的风险损失，国际贸易运输中的相关利益方就需要办理货物运输保险。通过对海上运输货物投保运输险，将可能发生的损失变为固定费用，在货物遭受承保范围内的损失时，可以从有关保险公司及时得到经济补偿。

保险的责任起讫，又称为保险期间或保险期限（duration of insurance）。它也是保险人承担责任的起讫时限。在海运货物保险中，保险责任起讫，除了指保险责任什么时间开始与终止，还指其在什么情况下开始与终止。

"仓至仓"条款（warehouse to warehouse，W/W）是海运货物保险责任起讫的基本原则。它规定了保险人承担责任的起讫时间和地点。也就是保险人对保险货物的责任，自被保险货物远离保险单载明的起运地发货人仓库或储存处所开始运输时生效，包括正常运输过程中的海上、陆上、内河和驳船运输在内，直到该项货物运抵保险单载明的目的地收货人的最后仓库，或存储处所，或被保险人用作分配、分派或非正常运输的其他储存处所为止。①

虽然，在世界范围内，"仓至仓"条款已被普遍采用，但其仍是学界公认的易于引发纠纷的复杂条款之一。在贸易实践中，贸易当事人往往会误以为，只要采用了此条款，只要是从发货人仓库到收货人仓库过程中发生的保险事故损失，保险公司都会予以赔偿。结果导致大量客户买了保险却得不到赔偿，利益得不到预期保障，保险人陷入不合理索赔困扰的现象。

（一）"仓至仓"条款责任的开始与终止

目前，国际海运保险实务中广为使用的，是英国伦敦保险协会1982年实施的"协会货物保险条款"（Institute Cargo Clause，简称ICC）。该条款规定："保险责任开始于所保货物运离保险单所载起运地的仓库或储存处所开始运输时，在正常运输过程中继续有效，直至下列情况时终止：（1）至载明的目的地的收货人仓库或其他最后仓库或储存处所；（2）至非载明目的地或中途的任何其他仓库或储存处所，并被用作下列用途之

① 栗丽：《国际货物运输与保险》，中国人民大学出版社2011年版，第319页。

一：正常运输以外的储存；分配或分派货物；（3）至保险货物在最后卸货港全部卸离海轮后满60天。上述3种情况以先发生者为准。”①

1981年我国修订的《中国人民保险公司海洋运输货物保险条款》（China Insurance Clause，简称CIC）规定：“本保险负‘仓至仓’责任，自被保险货物运离保险单所载明的起运地仓库或储存处所开始运输时生效，包括正常运输过程中的海上、陆上、内河和驳船运输在内，直至该项货物到达保险单所载明目的地收货人的最后仓库或储存处所，或被保险人用作分配、分派或非正常运输的其他储存处所为止。如未抵达上述仓库或储存处所，则以被保险货物在最后卸载港全部卸离海轮后满60天为止。如在上述60天内被保险货物需转运到非保险单所载明的目的地时，则以该项货物开始转运时终止。”

由定义不难看出，我国对于“仓至仓”条款的规定与英国的规定略有不同，但基本含义并无差别。它规定“仓至仓”条款下保险期间从发货人“仓”开始运输时起算，运送至收货人“仓”时终止。但实践中，“仓至仓”条款的适用并非如此简单。最显著的，是由于货物贸易当事人选用的国际贸易术语不同，而导致同样投含有“仓至仓”条款的货运保险实际被保险期间不同。

关于责任的开始时间，有研究者②指出，我国“仓至仓”条款的规定包含两层意思。第一，责任开始仓库为保单列明起运地仓库，而不仅仅是发货人仓库。如果发货人仓库没有在保单中列明，不视为责任开始仓库。第二，责任从货物运离仓库时开始，并且运离仓库的直接目的是开始运输。

还有学者③认为，该条款意味着货物未离开仓库或储存处所时，保险责任并不开始。货物已经离开仓库或储存处所但若并未开始运送，保险责任也不开始。由此，在起运地装车过程中的货物损失、已装车的货物又随车退回到仓库中过夜期间遭受的损失，以及运离起运地仓库或储存处所前

---

① 栗丽：《国际货物运输与保险》，中国人民大学出版社2011年版，第344页至345页。

② 朱秀根：《仓至仓条款实务浅探》，《上海保险》2007年第9期。

③ 曾立新：《谈谈对海运货物保险“仓至仓”条款的正确理解》，《国际贸易问题》2002年第12期。

往打包车间途中，或打包过程中货物遭受的损失，均不是保险人的承保责任。

由此可见，虽然学者们的说法略有差异，但对于“仓至仓”条款下保险责任开始的时间趋于一致。即保险责任“起”的时点，应该是被保险货物运离保单所载明的起运地发货人仓库之时，或者说货物离开起运地发货人仓库开始运输之时。在货物开始运输前，或货物不是以开始运输为直接目的运离仓库，保险人都无须承担责任。

关于责任的终止时间，有学者①认为，根据我国“仓至仓”条款的规定，保险责任终止的时间有三种情况。第一，只要货物在载明的目的地被交付到收货人的仓库或被交付到载明目的地的其他最后仓库或储存处所，保险责任就终止。但其中，正常作业中的短暂停留地点，不构成保险责任的终止。第二，当在载明目的地或之前货物交付到任何其他仓库或储存处所，而该仓库或储存处所由被保险人用作“通常运输过程以外的储存”或“分配、分派”，保险责任亦就此终止。并且此时，责任终止的时间应以货运人用作该目的为准，而不是以是否实际发生了非正常储存或分配、分派为准，即保险责任的终止可以有追溯力。第三，被保险货物在最后卸货港全部卸离海轮满 60 天，保险责任终止。

也有研究者②认为，由于实践判断一个场所是否“被保险人用作分配、分派的储存处所”，以及确定该时间节点非常困难，因此，只有当对货物进行分配、分派这种事实发生时，保险责任才终止。一方面，该种作法更合乎情理，易为被保险人所接受；另一方面，根据实际发生分配、分派时间来判断责任的终止，时间节点易于判断，有利于避免或减少保险纠纷。而如果强调根据被保险人的意图来判断责任的终止，则主观性强，难以确定。

另外，许多学者③提出，虽然我国《海洋运输货物保险条款》并未明确规定，但“仓至仓”条款下部分提货、分派、转运、进仓等，只导致

---

①　曾立新：《谈谈对海运货物保险“仓至仓”条款的正确理解》，《国际贸易问题》2002 年第 12 期。

②　朱秀根：《仓至仓条款实务浅探》，《上海保险》2007 年第 9 期。

③　杨树明、王晓宁：《浅析仓至仓条款的隐性陷阱》，《云南大学学报》（法学版）2009 年第 2 期；曾立新：《谈谈对海运货物保险“仓至仓”条款的正确理解》，《国际贸易问题》2002 年第 12 期。

该部分保险责任终止，而其余被保险货物的保险责任并不终止。保险责任应随每一批货物的终止事实发生而陆续终止。

（二）“仓至仓”条款与保险利益

我国《保险法》第12条规定：“财产保险的被保险人在保险事故发生时，对保险标的应当具有保险利益。”“保险利益是指投保人或者被保险人对保险标的具有的法律上承认的利益”。可见，一般而言，保险公司要求被保险人在投保时必须具有保险利益。但由于海上货物贸易的特殊性，对于海上保险而言，通常不要求投保人在投保时具有保险利益。但是，当发生保险事故导致保险标的受损或产生对第三方的责任时，被保险人对保险标的必须具有可保利益，否则就不能获得保险赔偿。

也有学者①认为，保险利益客观存在。国际货物海上运输环境下，风险转移会影响被保险人的保险利益，但并不当然决定保险利益。海上保险合同单只强调保险利益存在于出险时，有保险人一方为了吸引投保牟取利润而人为割裂保险利益之嫌。投保的时候可以放宽，理赔的时候却严格限制。如此宽进严出的操作方式过于忽视保险客户的利益，已经不符合当今物流快速发展时代的保险需求。

但不可否认的是，在海上货物运输中，风险的转移与保险利益的转移密切相关。国际贸易中，贸易当事人均通过贸易术语来划分买卖双方的责任和义务、决定货物风险转移的界线。贸易货物从卖方仓库到买方仓库之间，由谁来办理货物运输保险，谁享有可保利益，以及谁具有向保险公司索赔的权利，都取决于买卖双方所采用的贸易术语。因此，在不同的贸易术语下，并不是只要货损发生在“仓至仓”条款所涵盖的运输途中，保险人就要负责赔偿。此时的关键，在于损失发生时，被保险人是否对货物具有可保利益。也就是要看谁承担货物风险。

在FOB条件下，一般由买方办理保险，并与保险公司签订保险合同，继而持有保险单，但买方在投保时对保险标的并不具有保险利益。虽然货物在装运港被装上船前卖方拥有货物的所有权，具有保险利益，但此阶段，卖方不是保险单的合法持有人。倘若在货物离开发货人仓库向装运港运送这一时间段内发生保险事故，根据保险公司理赔的原则和前提条件，

---

① 杨树明、王晓宁：《浅析仓至仓条款的隐性陷阱》，《云南大学学报》（法学版）2009年第2期。

买卖双方均无法获得赔偿。FOB 条件下买方投保的“仓至仓”条款实质上就成了“船至仓”条款。

CFR 条件下，一般由卖方负责安排运输并承担货物在装运港装船前的风险。此时，由买方办理保险。因此，就会遇到与 FOB 条件下同样的问题：从货物离开发货人仓库向装运港运送这一时间段内，虽然保险期限适用“仓至仓”条款，但保险公司并不承担责任。因为，此期间段内，虽然买方是保险单的被保险人，却不具有保险利益。卖方作为货物的所有人，具有保险利益，但不是保险单合法持有人。

综上，在 FOB 与 CFR 货运合同下，保险人实质上负责赔偿的，只是“船到仓”期间。对于发货人仓库到装运港交付这个区段的保险是一个空白，如果出现承包范围内的损失，买方或卖方都无权进行索赔。① 因此，有学者②指出，如采用 FOB 或 CFR 术语，卖方一定要自行投保“船前险”以规避可能发生的风险。

与 FOB、CFR 贸易术语相比，在 CIF 条件下，“仓至仓条款”才算是真正意义的“仓”至“仓”条款。CIF 条件下，由卖方负责安排运输和投保保险并承担货物在装运港被装上船前的风险。在货物离开发货人仓库向装运港运送直至交付的过程中，保险利益仍属于卖方，且此时卖方为保险单被保险人，因此，如果被保险货物在此期间内发生承保责任范围内的损失，卖方有权向保险公司索赔。货物在装运港交付后，卖方交单结汇，通过背书的方式将保险单与提单一并转让给买方。换言之，从起运港发货人仓库开始，一直到目的港收货人仓库为止，整个过程中，如果发生保险责任范围内的风险，被保险人都能从保险公司处获得赔偿。

第三节　共同海损

共同海损制度，是一个历史悠久的海上特有的法律制度。它是指在同一海上航程中，当船舶、货物和其他财产遭遇共同危险时，为了共同安

---

① 许军珂：《国际贸易法专题研究——WTO 框架下国际贸易法的新发展》，中国法制出版社 2007 年版，第 81 页。

② 曾立新：《谈谈对海运货物保险“仓至仓”条款的正确理解》，《国际贸易问题》2002 年第 12 期。

全，有意而合理地采取措施所直接造成的特殊牺牲、支付的特殊费用，由各受益方按比例分摊的法律制度。① 其基础思想是：为大家共同利益做出的牺牲，应由大家共同来补偿。共同海损起初作为航海习惯被广泛应用，其作为法律制度最早出现于古希腊的《罗得海法》。

（一）共同海损制度的实践问题

目前，世界范围内调整共同海损纠纷最为典型的规则是《约克—安特卫普规则》。我国的共同海损制度主要参照1974年《约克—安特卫普规则》相关规定制定，体现在《1975年北京规则》和《海商法》之中。根据相关规定，共同海损的构成必须满足四个要件：第一，船舶、货物和其他财产必须遭受真实的共同危险；第二，采取的措施必须是有益而合理的，支出的费用必须是额外的物质损失和产生的费用；第三，做出的牺牲和支付的费用必须是特殊的；第四，采取的措施必须有效果。②

随着国际海运业的不断发展，共同海损制度自身的弊端逐渐显现。实践中，共同海损制度面临的问题主要体现在三个方面：第一，理算时间长，工作效率低下。理算师需要花费大量的时间处理各利害关系方的各种资料。此外，我国共同海损制度本身的不完善导致理算工作效率低下。第二，船舶保险与共同海损制度不协调。船舶所有人所支付的共同海损费用，往往需要花费很长时间才能从船舶保险人处取得部分补偿。第三，国内法律法规规定不一致。除了依据《约克—安特卫普规则》外，我国目前处理共同海损案件主要依据《1975年北京规则》和《海商法》，但这两部法律在有些规定上存在冲突，给某些实际问题的解决带来了诸多的不便。

同时，学界也存在另一种观点认为，“先分摊，后追偿”的规则容易造成司法资源的浪费。根据该原则，货方只有先分摊损失，待确定承运人无免责过失的情况后，才可以反过来向承运人追偿。这样就增加了追偿程序与时间，不如直接拒绝分摊或直接要求过失方赔偿来得简便。

同时在贸易实务中，由于种种原因，共同海损案件的处理、理算、分摊、收取以及退款的分配等，常会出现延误。这就导致了共同海损额外风险较大。同时，如果延误较多，还会带来汇率波动的风险，从而使存入保险金的当事方难以保护自己免受此种风险等。

① 司玉琢：《海商法》，法律出版社2007年版，第303页。

② 同上书，第305—307页。

（二）共同海损制度的发展趋势

《约克—安特卫普规则》自 19 世纪末问世以来，一直是国际上普遍认同的，关于共同海损进行理算的经典规则之一。其修订的内容，往往对各国共同海损制度的发展产生重要影响。在经历多次修订之后，第 38 届温哥华会议上，国际海事委员会又通过了 2004 年《约克—安特卫普规则》。此规则将避难港费用、临时修理费等 6 项内容划除共同海损范围，从而将共同海损的范围缩小。力图抑制 100 多年来共同海损范围不断扩张的趋势，使共同海损案件成本降低、程序便捷。

另一方面，2008 年 12 月，联合国大会通过的《全程或部分海上国际货物运输合同公约》（简称《鹿特丹规则》），也对共同海损制度的发展产生了不小的影响。此次《鹿特丹规则》明确取消了航海过失免责，确立了承运人完全过失责任制的发展趋势。航海过失免责的取消，冲击了共同海损制度存在的基础，使共同海损调整范围缩小。甚至有学者①认为，如果有一天《鹿特丹规则》被全面采用，船东的航行、管船的过错、疏忽的免责被废除，则共同海损理算恐怕也就会被摆进博物馆了。

我国的共同海损制度主要依据 1974 年的《约克—安特卫普规则》，规定于《1975 年北京规则》和《海商法》中。随着我国海运业的发展与国际规则和公约的修订，共同海损制度中的某些规定已显示出其弊端，亟须改革与完善。

---

① 杨良宜：《海上货物保险》，法律出版社 2011 年版，第 247 页。

第四章

国际贸易支付法

国际贸易支付在国际贸易中具有极为重要的地位和作用，也是买卖双方经济利益的重要体现。国际支付方式多样，涉及的法律问题十分复杂，不仅涉及国际公约、惯例与国内法的冲突，还涉及现代科技的运用。跟单信用证是国际贸易最常使用的支付方式。随着全球经济的进一步发展，经历过5次修订而形成的UCP500已不能适应现实的需要。在国际商会的不断努力下，2007年正式生效的UCP600对原UCP500进行了较大的修订。此外，自19世纪末信用证制度建立以来，结算方式的变革促使国际贸易快速发展。与此同时，信用证欺诈案件也频频发生，给国际贸易秩序带来负面影响。作为贸易大国，我国因法治、外贸体制还不够健全，而成为信用证欺诈的受害大国。

第一节 《跟单信用证统一惯例600》的修订

跟单信用证是国际贸易最常使用的支付方式。该方式在原有商业信用的基础上加入银行信用，确保了收汇安全，提高了贸易便利性，从而被世界多数国家的银行和商人采用，被誉为“国际商业的生命线”。在我国进出口业务中，信用证支付方式占80%以上①。从1933年诞生至今，作为国际上公认的最广泛应用的非官方条例，《跟单信用证统一惯例》（UCP）对企业、银行、司法、船运以及保险等多个领域的实际操作产生了深远影

① 许军珂：《国际贸易法专题研究——WTO框架下国际贸易法的新发展》，中国法制出版社2007年版。

响。然而，随着全球经济的进一步的发展，经历过 5 次修订而形成的 UCP500，也越来越不适应“现在经济的发展需求和实际业务的操作情况，高比例、高频率发生的信用证拒付现象，日益危及信用证在国际结算中的地位”①。在国际商会的不断努力下，2007 年正式生效的 UCP600 对原 UCP500 进行了较大的修订，包括大幅调整和增删相应条款，在结构上有了较大的变化；改变了银行的单据审核标准和“合理时间”（reasonable time）审单期限；扩大了银行决定拒绝兑付或议付时的选择权等。学者们普遍认为，UCP600 在许多方面弥补了 UCP500 的不足，使条款更为明确与清晰，更便于操作，对交单人的法律保护也更为完善。

一 《跟单信用证统一惯例》（UCP600）的修订

最初的《跟单信用证统一惯例》（UCP），是国际商会 1933 年第 82 号出版物的《商业跟单信用证统一惯例与实务》。在随后 70 多年间，该规则先后经过 5 次修改：1951 年（UCP151）、1962 年（UCP222）、1974 年（UCP290）、1983 年（UCP400）、1994 年（UCP500）以及 2006（UCP600）。现行生效的，为 2007 年 7 月 1 日正式施行的《跟单信用证统一惯例》，即 UCP600。目前，UCP600 已经被至少 180 个国家或银行采用，且世界上大多数金融机构 95% 以上的信用证适用该规则。UCP 也由此被誉为“最为成功和被最广泛接受的国际银行和商业统一惯例”②。

不过，UCP 只是一种国际惯例，而不是具有法律约束力的成文法。UCP600 第 1 条明确指出，UCP 是“适用于信用证的规则（rules）”，而各国基本上都将其视为国际银行统一惯例予以尊重和适用。同时，就各国的国内立法而言，除美国等少数国家有相关成文法的规定外，大多国家并没有制定专门的法律对信用证进行规范。我国亦只有最高人民法院 2005 年发布的《关于审理信用证纠纷案件若干问题的规定》对相关信用证纠纷进行调整。

自 1933 年问世以来，国际商会大约每 10 年就会组织一次 UCP 的修

---

① 孙晓琴、张南雪：《国际贸易中信用证惯例的新发张——UCP600 与出口企业》，《国际经贸探索》2007 年第 4 期；王善论：《不合理的不符点费》，《国际商报》2004 年。

② 谷浩：《〈跟单信用证统一惯例〉（UCP600）述评》，《中国海商法年刊》2007 年第 1 期。

订。其目的包括适应不断变化的贸易、运输和金融活动的发展要求，以及修正现存规则的不足，避免适用和解释上的分歧。

二 《跟单信用证统一惯例》（UCP600）的新发展

现行的UCP600，从2003年正式由国际商会授权ICC银行委员会启动相关修订工作，到2006年10月在国际商会的年会上通过最终文本，历时3年有余。业内就其对信用证在国际贸易领域发展的推进给予了高度评价。但是，对于UCP600的修订原因与具体变化，学者观点却不尽相同。

有学者认为①，关于UCP600的修订，主要有以下几个原因：UCP500的一些用词含义模糊；其对正本单据认定的规定不明确；对延期付款信用证下的贸易融资保护不力；大量拒单现象的出现；国际商会意图更新相关文件在UCP中的反映等。

就修订的内容而言，学者普遍认同存在以下七个部分的变化。第一，UCP600对原UCP500的49个条款进行了大幅调整和增删，将其变更为现在的39条，结构上有了较大的变化，删减了原“风帆动力”条款、“可撤销信用证”和“运输单据之额外费用”列举条款等，对原文本中长期没有实际意义的条款进行了删减。第二，UCP600改变了银行的单据审核标准，不再使用“合理谨慎”（reasonable）这一模糊措辞，而要求“指定银行、保兑行（如果有的话）和开证行必须仅以单据为基础，审核单据是否表面构成符合”。新规定为银行提供了更为明确的参考标准，有利于减少实务中的纠纷，便于信用证的推广与应用。第三，UCP600改变了原银行“合理时间”（reasonable time）的审单期限，明确了制定银行、保兑行或开证行的审单时限是“最多不超过自收到单据翌日起5个银行工作日”。它进一步简化了判断依据，减少了纠纷的产生，同时也要求银行加快审单进程，使信用证在国际结算市场上更具竞争力。第四，UCP扩大了银行决定拒绝兑付或议付时的选择权，赋予银行更多的选择，可以有效缩短银行处理不符点单据的周期。第五，放宽了对申请人和受益人地址的要求，可能会增加欺诈的风险，但也无疑会大量减少由地址不一致而引起的拒单，对银行和进口商都有利。第六，增加了第二受益人必须向转让

---

① 谷浩：《〈跟单信用证统一惯例〉（UCP600）述评》，《中国海商法年刊》2007年第1期。

行交单的要求，以避免第二受益人绕开第一受益人直接交单给开证行，从而使第一受益人遭受损害情况的发生。第七，UCP600也对开证申请人和受益人的地址进行了规定，新增了遗失单据的风险内容，取消了原UCP500对货运代理签发运输单据的专门规定。

另有学者①指出，UCP600增加了对信用证、通知行、保兑行等关键词的新的定义，并重新定义“正本”单据，有效提高了文本的清晰度，便于使用者理解，但同时也为将来法庭争议埋下了隐患。其次，规定了延期信用证的贴现，增加了对单据的处理方式，但在具体表达上存在问题。再次，增加了通知行义务，但其对于通知行收到的信用证与其发出的通知不一致的情况下，是否需要承担责任尚不明确。同时，也没有关于通知行违反信用证修改中的告知义务从而产生不利后果的相关规定。

还有学者②提出，UCP600依然奉行了“表面一致”的原则，但与UCP500相比，又有所发展和细化。其创设了“相符交单”，“单内一致”的概念，并进一步提出认定标准“不必完全相同，但必须不相矛盾”，体现了对单据互相补救的否定性态度。

综上，学者普遍认可UCP600的修订，但对UCP600存在的不足也提出了各自的观点：规则标准较为主观；没有准确的处理“议付”与“贴现”；转让条款烦琐；未规定eUCP相关内容等。

同时，也有学者提到，UCP600所确立的“单据必须看似满足其功能”的审单标准的认定依据不明确。一项信用证涉及的单据数量多、种类多，对各类单据“满足其功能”的标准各国规定也不同。UCP600未对“单据必须看似满足其功能”的认定依据做出规定，这在实践中可能会引发很多纠纷③。另外，不符点收费为不合理收费，但UCP600没有就相关问题进行规范④。

---

① 许军珂：《国际贸易法专题研究——WTO框架下国际贸易法的新发展》，中国法制出版社2007年版。

② 房东：《试析UCP600对信用证审单标准的新发展》，《国际贸易法论丛（第3卷）》2008年。

③ 张荣芳：《经济全球化与国际贸易法专题研究》，中国检察出版社2008年版。

④ 孙晓琴、张南雪：《国际贸易中信用证惯例的新发张——UCP600与出口企业》，《国际经贸探索》2007年第4期；王善论：《不合理的不符点费》，《国际商报》2004年。

学者亦认识到①，国际商会的原意，是使 UCP 更加清晰，减少解释的空间。但其许多修改在措辞上并不周延，没有达到预期目标。UCP600 仍存在着诸多问题和缺陷。这些都还需要在以后进一步修订过程中加以完善。国际商会新的解释在所难免。

还有学者认为②，在《跟单信用证项下银行间偿付的统一规则》（URR525）、新修订的《关于审核跟单信用证项下单据的国际银行标准实务》（ISBP）以及《国际商会跟单票据争议专家解决规则》（DOCTEX）的辅助下，UCP600 将有效重塑信用证作为主要国际结算工具的“信用”，使其在 21 世纪焕发出新的生命力。

第二节　信用证欺诈

跟单信用证，是国际贸易最常使用的支付方式。自 19 世纪末信用证制度建立以来，结算方式的变革促使国际贸易得到快速发展。但与此同时，信用证欺诈案件也频频发生，不仅动摇了信用证的优势支付地位，也给国际贸易秩序带来了巨大的负面影响。我国作为贸易大国，由于法制、外贸体制还不够健全，且缺乏外经贸法律及实务人才，而成为信用证欺诈的受害大国③。正视信用证欺诈的法律问题，研究相关对策对其进行有效的预防和控制，已成为我国当前贸易领域的重要任务之一。

一　信用证欺诈的成因

对于信用证欺诈，各国法律并没有形成统一的规则。而各国法院广泛适用的审判依据 UCP500，并未对信用证欺诈问题做出相关规定。各国只能通过国内立法对相关问题进行规范。目前，我国法律对信用证欺诈问题没有专门的规定。学者对信用证欺诈的界定也有着不同的观点。

有学者④提出，信用证欺诈，是指利用信用证制度的独立抽象性原则

---

① 孙晓琴、张南雪：《国际贸易中信用证惯例的新发张——UCP600 与出口企业》，《国际经贸探索》2007 年第 4 期。

② 谷浩：《〈跟单信用证统一惯例〉（UCP600）述评》，《中国海商法年刊》2007 年第 1 期。

③ 毛毅坚：《信用证欺诈及其司法救济》，《中国海商法年刊》2006 年。

④ 同上。

和单证严格相符原则，提供表面记载与信用证要求相符，但实际上不能代表真实货物的单据，骗取货款支付，或开立虚假信用证或“软条款”信用证，企图压价或骗取货物、质保金、履约金、佣金的商业欺诈行为。

对于近年来信用证欺诈案件多发的原因，学者的观点较为统一。有学者①认为，欺诈者选中信用证这一环节活动，一个根本的原因，就在于他们发现这个环节在国际贸易诸环节中最为薄弱。而薄弱的原因，又在于作为跟单信用证机制基本原理之一的“单证表面相符”原则为欺诈留下了可乘之机。

更具体而言，有学者②指出，国际贸易领域中的信用证欺诈呈愈演愈烈态势，究其原因可以包括四个方面：第一，信用证机制本身的特性使欺诈者有机可乘。欺诈者进行信用证欺诈的手法和方式虽然多样，但都具有一个共性，就是都利用了信用证机制的“表面真实原则”和“独立抽象原则”。第二，各国司法对信用证的理解不同，使欺诈者可以规避法律的制裁。各国法律对信用证的态度不一，信用证的法律适用较一般合同的法律适用复杂，其稳定性及可预见性都比一般合同的法律适用困难得多。第三，信用证欺诈具有其他诈骗活动无法比拟的优势：低成本、低风险、高利润。第四，国际贸易人员业务素质不高也是导致欺诈泛滥的原因之一。当然，各国单证格式的不一致，当事人不熟悉国际惯例等，也是信用证欺诈产生的主要原因。

有学者补充认为，国际贸易中，中间商的大量存在和可转让信用证的大量使用，增加了交易环节，从而增加了欺诈的可能性。此外，国际社会法律制裁不力，也使不法者容易逃脱罪责③。

二 信用证欺诈的形式及例外原则

（一）信用证欺诈的形式

信用证独立性和单证一致基本原则为信用证交易的正常、迅速运行创造了条件，但也为信用证欺诈留下可乘之机。实践中，从不同的角度可将

---

① 郭瑜：《论信用证欺诈及其处理》，《法学》2000 年第 10 期。

② 毛毅坚：《信用证欺诈及其司法救济》，《中国海商法年刊》2006 年。

③ 肖海霞：《浅析信用证欺诈的原因及其防范措施》，《对外经贸实务》2008 年第 1 期。

信用证欺诈分为不同的种类。

有学者[①]认为，从受害者的角度可以分为三种：第一种，对买方的欺诈，主要包括：伪造单据的欺诈、使用预借提单或倒签提单的欺诈、交货不符的欺诈；第二种，对卖方的欺诈，主要包括使用伪造、变造或作废的信用证和利用“软条款”信用证对卖方的欺诈两个方面；第三种，对银行的欺诈，主要表现为由买方开出虚假的信用证，卖方凭此往出口地银行要求打包放款，待货款骗到手后便一走了之，使银行蒙受巨大损失。

有学者[②]按欺诈方式不同，将信用证欺诈分为三类：第一类，伪造单据，即为根本不存在的货物捏造一整套单据进行结汇；第二类，变造单据，即对已取得的单据进行篡改，使其表面符合信用证的要求；第三类，针对货物但表现在单据上的欺诈，如偷货，单据完好，但已经不能代表货物。

有学者[③]按欺诈手段不同，将常见的信用证欺诈行为分为五类：第一类，使用伪造、变造的信用证或附随的单据、文件；第二类，使用作废的信用证；第三类，骗取信用证；第四类，利用软条款进行欺诈；第五类，以保函换取倒签提单、预借提单及清洁提单。

（二）信用证欺诈的例外原则

为了应对贸易实践中的欺诈问题，各国相继在法律中确立了信用证欺诈例外原则，试图以此遏制信用证独立原则和单证一致规定所带来的欺诈行为。美国法院在其 1941 年的 Szteijn 诉 J. Henry Schroder Banking Corp 案中，首次确立了信用证欺诈例外原则。即“欺诈使一切无效”，作为对信用证制度的灵活补充，并在随后制定的《统一商法典》中明文确认了该原则。随着信用证制度在国际贸易领域内快速发展，目前，各国的司法实践已基本接受了欺诈例外的理念。

英国在 1975 年的典型判例 Discount Records Ltd. 诉 Barclays Banks 中，肯定了欺诈可以使银行免于承担信用证下的付款义务原则。在法国，学说和法院判决都倾向于承认银行有以欺诈为由拒付信用证的权利。德国法院

---

① 毛毅坚：《信用证欺诈及其司法救济》，《中国海商法年刊》2006 年。

② 郭瑜：《论信用证欺诈及其处理》，《法学》2000 年第 10 期。

③ 蒋卫城、陈慧：《信用证欺诈救济与我国立法实践》，《对外经贸实务》2004 年第 7 期。

往往会根据德国民法典第 242 条“债务人应按照善意的要求履行义务，并考虑一般习惯”的规定，以违反交易中的善意原则为依据，判决欺诈的卖方无权要求信用证下的支付。①

由此可见，对信用证中的单据欺诈，各国法律已经基本达成共识：欺诈是银行拒付的合法理由。“欺诈例外”已经与“单证表面相符”一起，成为信用证业务中的基本原则。

对于什么是“信用证欺诈例外原则”，学界也并未有一个标准的定义。总结国内多位学者的定义，欺诈例外应是对独立抽象性原则的一种限制或修正，即在出现受益人欺诈的情况下，该一般性原则不再适用。② 而该原则的适用，事实上是将信用证交易与基础合同交易联系起来处理纠纷。③ 简言之，就是在基础交易存在实质性欺诈的情况下，可以构成信用证关系与基础交易相独立的例外。银行若在付款之前得知信用证交易存在欺诈事由，就可以有权选择不予兑付以保全自身利益；法院在处理信用证纠纷时，也需全面考虑信用证与基础合同等其他法律关系。

实践中，独立原则与欺诈例外原则相互补充，相辅相成，共同维护着信用证制度的高效、安全运行。④ 然而，虽然信用证欺诈例外原则对信用证独立抽象性原则的适用有积极意义，但该原则在适用过程中也显露出外部性。该原则的滥用会侵蚀信用证独立抽象原则，动摇信用证交易的基石，损害国际贸易的便捷性。当前实践中，一方面对该原则要继续适用，但需调整并限制信用证欺诈例外原则的空间；另一方面更要积极寻求更佳的替代措施，以补其不足。但由于信用证欺诈例外原则本质上是对信用证独立性原则的挑战。为了稳固信用证制度的基石，在实践中亦不能滥用，而需要明确界定该原则适用的主体范围及相关条件。

作为贸易大国，我国所面临的信用证欺诈危机十分突出。据相关统计，2006 年之前，我国外贸出口未收账款超过 100 亿美元。其中，属恶意欺诈的拖欠款高达 60%。我国每年因信用证欺诈造成银行垫款达数 10

---

① 郭瑜：《论信用证欺诈及其处理》，《法学》2000 年第 10 期。

② 肖伟：《跟单信用证欺诈例外原则新论》，《厦门大学法律评论》2001 年第 1 期。

③ 白慧林：《信用证欺诈例外原则研究——从加拿大一起案例看我国司法实践中应注意的问题》，《法学论坛》2004 年第 4 期。

④ 同上。

亿美元，每年因信用证欺诈被骗货、款无法估计。① 但到目前为止，我国并没有关于信用证欺诈问题的专门立法。司法实践中，除了适用国际商会的《跟单信用证统一惯例》外，一般适用《合同法》、《民法通则》中的一些规定，最高人民法院的司法解释，以及人民银行的有关规定。

学者普遍认为，我国在信用证制度方面的实践起步晚，基础经验不足，信用证欺诈相关立法滞后，缺乏明确的法律法规，导致各级法院对信用证例外原则的适用理解各异，自由裁量差异较大，问题颇多。2005 年 12 月发布的《最高人民法院关于审理信用证纠纷案件若干问题的规定》（简称《规定》），是我国司法机关第一次就信用证欺诈问题做出的专门规定。该《规定》对于信用证纠纷案件的适用范围、信用证制度基本原则、信用证欺诈等相关问题进行了规定。其中，《规定》第 5 条和第 7 条，明确了信用证的独立性原则；第 8 条规定了信用证欺诈的认定范围；第 9 条体现了信用证的欺诈例外原则；第 10 到第 14 条规定了信用证欺诈原则的具体适用情况。

对于该原则在实践中的应用，也有学者②指出，由于我国立法上的缺陷，法院在运用欺诈例外原则保全信用证项下货款时也暴露出司法干预过宽、止付信用证条件过于随意等弊端。

---

① 毛毅坚：《信用证欺诈及其司法救济》，《中国海商法年刊》2006 年。

② 白慧林：《信用证欺诈例外原则研究——从加拿大一起案例看我国司法实践中应注意的问题》，《法学论坛》2004 年第 4 期。

第三篇

国际贸易法

“二战”以后，世界经济百废待兴。1944年布雷顿森林体系的形成，标志着国际经济法的诞生，也宣告着调整世界经济和政治关系的《关税与贸易总协定》（GATT），与调整国际金融秩序的国际货币基金组织（IMF）和世界银行（WB）的诞生。短短半个世纪，这个体系的发展超过了制定者的预期。如今，经济全球化浪潮侵袭世界每一个角落。没有任何一个国家可以完全独立于世界经济之外。随着世界贸易的发展和技术的进步，1995年1月1日，世界贸易组织（WTO）成立。它在继承GATT的同时，还将服务贸易和知识产权领域纳入规制，由此形成的WTO法，成为国际贸易的主要内容。WTO以贸易自由化为目标，兼顾成员方利益，这种二元价值观的博弈与妥协在其规则中随处可见。随着国际社会对人权、环保领域的关注，WTO的价值取向将趋于多元。本篇主要讨论国际贸易法最重要的组成部分，WTO法的新发展。

第一章

WTO 法

WTO 的前身 GATT，致力于消除当时盛行的贸易保护主义和双边主义，以重振“二战”后受挫的世界贸易。在其存在的 40 多年间，GATT 逐步建立起一套较为完善的国际贸易法律框架，并成为召集多边贸易谈判并解决贸易争端的组织机构。这两项成果都被后来的 WTO 所继承。经过八轮谈判，1995 年成立的 WTO 成为当今世界最重要和最具影响力的国际组织之一，在国际社会的地位举足轻重。它将管辖范围扩展到服务贸易和知识产权领域；进一步明确、加强内部结构和职能，如总理事会、部长级会议等；并使决策机制和新成员的加入程序日渐科学、规范。

第一节 WTO 规则体系

一 WTO 规则体系

1986 年 9 月 15 日，GATT 第八轮多边贸易谈判——乌拉圭回合正式开始，历经 8 年，最后达成《建立世界贸易组织协定》。乌拉圭回合谈判是 GATT 成立以来规模最大、议题最多、对世界经济影响最大的一轮多边贸易谈判，最终形成了规模宏大的 WTO 法律体系。WTO 法律结构是在 GATT 基础上，历经多次磋商、谈判、修改、增补协定，特别是在乌拉圭回合中所达成的一揽子协定中形成的。它集中体现在《乌拉圭回合多边贸易谈判最后文本》中。“最后文本”由《WTO 协定》统领，将乌拉圭回合所达成的各项独立协定均作为附件，形成一个完整的法律体系。①

① 黄东黎：《世界贸易组织法》，社会科学文献出版社 2009 年版，第 63 页。

对于WTO的规则体系，西方学者认为，《WTO协定》是WTO规则体系的"宪章"。这一定程度上也代表了部分国内学者的意见。然而，有不同观点[①]认为，"最后文件"所包含的内容太多太杂，从最惠国、国民待遇等基本原则，到对某项条款的具体解释或修补，等级或层次参差不齐，很难用"宪章"这个概念予以涵盖。

以GATT为对比，学者们将WTO的宏大的规则体系进行系统性、层次性的分析。其中，有学者[②]认为：WTO是对GATT规则的全面继承。其附件1A的内容是对原GATT规则的全面补充和修补，除个别不适合WTO而被"另有规定"取代之外。此外，WTO的成立以及《WTO协定》对"祖父条款"的废除，使WTO法律体系成为具有强制法律约束力的规则，具体表现为：第一，全部《WTO协定》16个条款奠定了WTO法律体系优于各国国内法的宪法性原则，以求洗去"弱法"的阴影；第二，一套完备的准司法制度，为WTO规则提供了强制约束力的保障（附件2《争端解决谅解》明文规定了司法的强制管辖，附件3则规定了对各成员方贸易政策的监督机制）；第三，为了保证WTO法律规则的强制性，WTO收紧了"解除义务"（waiver）的法网。总之，WTO体制在法律义务或强制性方面的措施，使其区别于只调整各国间政治关系的传统国际法。

有学者[③]则从WTO法的性质、内容、经济理论及其与中国入世议定书的关系入手，指出WTO法律体系的性质，应当是国际经济法中的国际贸易法。对于其内容，WTO法律体系是一个调整国际贸易中成员方多边贸易关系的法律体系。它涵盖了国际贸易法几乎所有的领域。其中，《WTO协定》是WTO的宪章性协定。协定创建了一个全新的国际组织，负责管理一个包含《关税和贸易总协定》、以往贸易自由化努力的结果，以及乌拉圭回合多边贸易谈判全部结果的，完整、更为可行和持久的多边贸易体制。[④] 同时，《WTO协定》规定了WTO的组织功能，法律适用范围。

---

① 赵维田：《世贸组织（WTO）的法律制度》，吉林人民出版社2000年版，第26页。

② 同上书，第29—34页。

③ 黄东黎：《国际贸易法：经济理论、法律、案例》，法律出版社2003年版，前言。

④ 同上书，第97页。

有学者将 WTO 规则体系分为 6 大部分、3 个层次，认为 WTO 规则形成一个伞形结构，或者是由几大支柱（几大附件协议）支撑穹顶的建筑。这一结构具有相对的稳定性、适应性和包容性。在无须进行重大变动的情况下，这一结构也可以容纳有关新议题达成的新协议。[①] 有必要指出的是，虽然，相关规则构成了相对独立的规则群，使其在内外规则的关系上具有不同的特点（如附件 1、2、3 构成了强制性适用的贸易规则，附件 4 只是提供成员选择的规则）。但是，就协议整体来说，它们都是乌拉圭回合谈判修改的结果，因而在适用时应遵循统一适用的原则，没有替代或者优先适用问题。

其他学者[②]对这种关于 WTO 规则体系整体性的观点进行了更为细致的分析，认为与其他法律体系一样，WTO 法律体系各部门法之间，既存在差别，又相互联系，构成一个内在统一的整体。其统一性主要表现如下：（1）缔约资格与成员资格的统一性；（2）基本原则的统一性；（3）争端解决机制的统一性。有学者[③]将这种“内联紧密”的法律体系，归功于经济全球化。

当然，也有学者[④]对 WTO 规则体系做广义的理解，认为除《WTO 协定》及其附件构成的 WTO 法律框架主体外，由于 WTO 是一个不断发展的体系，随着时间的演进和实践的深入，将会有更多渊源被纳入其中。因此，下列法律文件也应纳入 WTO 法律框架：（1）WTO 成立以来的历次部长大会通过的部长宣言；（2）新成员的加入议定书；（3）在新成员加入协定书中明文列举的加入工作组报告的条款；（4）在 WTO 成立后达成的新的关税减让表和服务贸易承诺清单；（5）未来的多边贸易谈判达成的协议。此外，WTO 争端解决机构通过的争端解决报告，以及 WTO 相关机构，特别是各理事会和委员会通过的决定等，虽然法律效力仍存在争议，但它们是解释和澄清 WTO 法律规则不可或缺的渊源。

---

① 韩立余：《世界贸易组织法》，中国人民大学出版社 2005 年版，第 18 页。

② 沈木珠：《国际贸易法研究》，法律出版社 2002 年版，第 430 页。

③ 徐崇利：《经济自由化、全球化、一体化与世贸组织体系的特征及其发展趋势》，《南京大学法律评论》2002 年秋季号。

④ 沈四宝：《世界贸易组织法教程》，对外经济贸易大学出版社 2005 年版，第 23 页。

二 WTO 法的合同性质

关于 WTO 法的性质，有学者[①]一针见血地指出，其实质上就是“国际合同”。WTO 上诉机构的裁定表明，在具体 WTO 协定义务的执行上，WTO 所遵循的，是条约约定至上的原则，不考虑条约本身以及约定实施结果的合理性和公平性。这充分体现了 WTO 体系对“合同约定至上”这个最基本也最为重要的法理学原则的遵从，体现了这个体系强烈的法律体系色彩。

第二节 WTO 的组织结构

与规则体系类似，WTO 的组织结构与管理职能也与 GATT 存在承袭关系。WTO 协定第 16 条第 2 款明确规定，将原 GATT 秘书处转为 WTO 秘书处；在 WTO 部长级会议任命总干事之前，原 GATT 的总干事当然成为 WTO 总干事。此外，根据 WTO 协定第 4 条第 7 款的规定，由部长级会议设立的贸易与发展委员会和国际收支限制委员会，也是从 GATT 组织结构中转变而来的。

一 部长级会议

学界对 WTO 部长级会议的地位和作用有着广泛的讨论。有学者[②]认为，部长级会议是 WTO 的最高“权力机构”。也有学者[③]指出，正如 GATT 时期的缔约方大会，对 WTO 部长级会议的这种认定并不恰当。从法律上说，WTO 只有联合行动，没有最高权力机构。按照《WTO 协定》第 4 条和第 9 条的规定，部长会议与总理事会仅属于“议事与决策机构”。这与“最高权力机关”在性质上是不同的。因而，“部长级会议是 WTO 最高决策机构”应该仅仅是学界比较通行的表述。同时，有观点[④]指出，根据《WTO 协定》第 4 条的规定，WTO 部长级会议应当包括所有

---

① 黄东黎:《WTO 规则运用中的法治》，人民出版社 2005 年版，第 4 页。

② 朱榄叶:《国际经济法学》，北京大学出版社 2005 年版，第 165 页。

③ 赵维田:《WTO 的司法机制》，上海人民出版社 2004 年版，第 10 页。

④ 黄东黎:《世界贸易组织法》，社会科学文献出版社 2009 年版，第 34 页。

成员代表，每两年召开一次会议。部长级会议全权履行 WTO 职能，并可以为之采取任何必要的行动。从某种意义上讲，WTO 部长级会议就是 WTO 的立法机构。

此外，有学者[①]认为，WTO 部长级会议是借鉴 GATT 的经验而设立。它的性质、组成、议事和职权与 GATT 缔约方大会相似。但是，GATT 缔约方大会没有与 WTO 类似的实体结构，在政策方针上缺乏连续性。WTO 部长级会议除了继承 GATT 缔约方大会的职权外，还对一系列新领域的多边贸易协定所规定的事项享有最高决策权，可通过谈判创立、修改 WTO 项下的各种法律规则，可对任何多边贸易协定涉及的任何问题做出决定。可见，与 GATT 缔约方大会相比，形式上，部长级会议不仅具有实体结构，还扭转了缺乏在政治领导方面的连续性[②]的局面。此外，在内容上，其职权比缔约方大会更为广泛。

在一个国际组织会议中，会议代表的级别低下和授权有限，都会直接影响会议的顺利进行和最终成果。GATT 时期，缔约方大会对各缔约方参加 GATT 大会的代表级别没有规定。对此，有学者[③]指出，WTO 设立部长级会议这一机构，使得 GATT 必须通过发起多边贸易谈判才能解决的问题，在 WTO 往往通过部长级会议就可以解决了。

二 总理事会

有学者[④]用“一个机构、三块牌子”生动的形容总理事会的工作。一方面，作为 WTO 的常设机构和执行机关，总理事会负责 WTO 的日常事务，实际上负责对这一组织实施不间断管理。它监督 WTO 工作的各个方面，同时能够处理最重要的紧急事务。[⑤] 另一方面，总理事会还有两项特定任务：召集争端解决机构和贸易政策评审机构会议。这两个机构分别负

---

① 黄东黎：《世界贸易组织法》，社会科学文献出版社 2009 年版，第 34—35 页。

② 索必成著，胡盈之译，世界贸易组织秘书处编：《乌拉圭回合协议导读》，法律出版社 2000 年版，第 14 页。

③ 曹建明、贺小勇：《世界贸易组织》，法律出版社 2004 年版，第 40 页。

④ 韩立余：《世界贸易组织法》，中国人民大学出版社 2005 年版，第 6 页。

⑤ 索必成著，胡盈之译，世界贸易组织秘书处编：《乌拉圭回合协议导读》，法律出版社 2000 年版，第 14 页。

责 WTO 的争端解决和贸易政策审议，为此而召开的会议比其他机构要多。①

有观点②指出，总理事会工作及其职权的多样性，实际是 WTO 协定有意识的设计总理事会权力分立的模式。总理事会挂上“争端解决机关”的牌子，另设主席，就成为一个相对独立的准司法部门，管理附件 2《争端解决谅解》的运行；挂上“贸易政策审议机关”的牌子，另设主席，就成了监督机关，管理附件 3 的执行。有人由于未解这种“分权”的用意，把后两种只说成是总理事会“下属附设”的机构，显然是一种误解。在此，司法相对独立的意义尤其重要。将“解决争端机关”与总理事会并列的意义，在很大程度上是象征性的。而真正握有案件实权的，是由它设立的“专家组”和上诉机构。

三　总干事与秘书处

总干事由部长级会议任命，是 WTO 的行政首脑。无论是在 GATT，还是在 WTO 的实际运作中，总干事都实际起到倡议者、推动者、协调人的作用。③ 因而，有学者④认为，WTO 总干事不仅是秘书处的行政首长，而且是各成员方集体利益的守护神。诸多情况下，他虽非决策人，却在监督管理条约执行上举足轻重，像联合国秘书长对联合国的影响一样重大。

总干事领导的秘书处，是 WTO 正常运作的后勤保障。与其他姐妹组织比较起来，WTO 秘书处要精干得多，如同 WTO 节约型的财政预算。然而，秘书处的重要性在于：第一，秘书处不是 WTO 决策机构，然而其技术能力、对各种贸易问题的熟悉使其具有实质性的影响。一般而言，如果各委员会、工作组或成员方代表团的主席缺乏相应的资历，那么秘书处对这些委员会、工作组或成员方代表团影响加大。⑤ 第二，秘书处专设法律部，为解决争端提供法律服务，包括帮助“专家组”起草裁决报告。

---

① 黄东黎：《世界贸易组织法》，社会科学文献出版社 2009 年版，第 35 页。

② 赵维田：《世贸组织（WTO）的法律制度》，吉林人民出版社 2000 年版，第 36 页。

③ 韩立余：《从总干事的选人看 WTO 的决策机制》，《法学家》2008 年第 2 期。

④ 赵维田：《世贸组织（WTO）的法律制度》，吉林人民出版社 2000 年版，第 36 页。

⑤ 曹建明、贺小勇：《世界贸易组织》，法律出版社 2004 年版，第 42 页。

可见，WTO的组织机构设置，充分借鉴了GATT时代的经验，斟酌其利弊，改革了GATT的缔约方大会为部长级会议，提高了会议的层次、促进了WTO政策和领导的连续性。同时，为适应新的协议内容，WTO赋予了总理事会更为丰富的职能和更广泛的权力，也为WTO在部长级会议间隔期间的正常运行提供了保障。此外，总干事的“润滑剂”功能及秘书处的“后勤保障”功能，在WTO组织机构中也得到了进一步的完善。

第三节　WTO的决策机制

在近半个世纪的运转中，GATT几乎全部依靠谈判磋商、达成共识进行决策。协商一致的作法成为惯例。同时，它实行单一的一方一票表决制。然而，随着60年代大批在国际贸易中占有很小比例的国家的加入，占世界贸易总额2/3以上的美、欧、日、加等大国的决策权被稀释。东京回合谈判中，美国呼吁“加权表决制”，后又转向“守则分立模式”，但均以失败告终。乌拉圭回合结束后，WTO协定第9条规定：“WTO要继续采用GATT1947所循的以共识做决策的办法。除另有规定者外，凡以共识不能做出决定时，该问题应以表决做出决定。在部长会议和总理事会中每个WTO成员方只有一票。”该条款确定了GATT协商一致的决策方式，并规定了关于条款解释、义务豁免、修正案等投票表决的严格要求。

关于协商一致与投票表决，WTO具体化了投票表决的要求。其规则事实上比GATT的要严格。究其原因，有学者①认为是为了避免一些国家联合起来投票批准或豁免其他决定，从而剥夺在投票中失败的少数国家的利益。作为最后的解决办法，这些要求会在这种威胁出现时成为有力的防范措施。

学界对于决策机制的主流观点，基本来自对WTO协定第9条的正面解读。即除明文规定的事项外，WTO各机构的决策均采取协商一致方法；而且，即便是需要投票的事项，根据具体情况，也可以先采取协

---

①　索必成著，胡盈之译，世界贸易组织秘书处编：《乌拉圭回合协议导读》，法律出版社2000年版，第24页。

商一致决策方式。只有在无法协商一致时才能通过投票表决决定。有学者[①]将这样的机制总结为：协商一致与投票表决相结合，协商一致为常规和先导，投票表决为例外和后盾。他指出协商一致程序的好处在于：在投票后盾下通过协商达成基本一致，避免了硬性投票表决可能带来的弊病，表现出较大的活动空间和灵活性，因而在多边贸易体制的实践中具有很强的生命力。另外，协商一致程序体现了国家主权平等和民主协商原则，体现了在互惠基础上的合作与妥协、求同与存异。它既保证了多边贸易体制的平稳发展，也是多边贸易体制对国际组织决策制度的一个贡献。

此外，有学者[②]指出，WTO 在继承 GATT 决策机制的基础上，大大改变了 GATT 的决策状况，制定了一整套包括实体和程序的决策法律，使之更有约束力。在实现了“投票表决与协商一致原则”制度化、成文化和法律化的同时，WTO 创立了一套新的决策模式——反向一致模式，使 WTO 体系下几乎所有的国际贸易争端解决裁决自动获得法律效力，强化了 WTO 争端解决机制的司法效力。

西方学者有言：“达成共识的这种方法，包含着对经济实力的某种尊重。”[③] 对此，学界有观点[④]指出，这种决策方式，使得主要的几个贸易大国取得一致意见具有决定性的作用。从 1960 年成立“代表理事会”以来，GATT 本着求实变通的思路，循其自然，遇事尽力磋商达成共识，为免伤和气，从不动用条约规定的投票表决规则。因此，达成共识内涵或潜在的孕育着对贸易大国利益的承认与尊重，同时又不歧视或贬低中小国家的地位和作用。

实际上，就其实际效果，协商一致原则使得一成员的缺席被假定为，意味着该成员关于该事项拟议的决定没有意见或不反对。[⑤] 这就导致了即

---

① 沈四宝：《世界贸易组织法教程》，对外经济贸易大学出版社 2005 年版，第 30—31 页。

② 黄东黎：《世界贸易组织法》，社会科学文献出版社 2009 年版，第 41 页。

③ 赵维田：《世贸组织（WTO）的法律制度》，吉林人民出版社 2000 年版，第 37 页。

④ 同上书，第 40 页。

⑤ 索必成著，胡盈之译，世界贸易组织秘书处编：《乌拉圭回合协议导读》，法律出版社 2000 年版，第 25 页。

使没有人反对，实际做出重要的决定也会变得非常困难。究其原因，有学者①指出，协商一致等于赋予任何一个成员以否决权。只要少数乃至一两个既得利益国家坚持反对，改善或改进的共识就难以达成。因此，从WTO体制应该不断根据实际情况做出新的调整或新发展的意义上说，共识程序常常具有保守倾向。

还有学者②指出，协商一致原则也可能对小国弱国的权利带来负面影响。在协商一致程序下，对一项决议，只要出席会议的WTO成员无人正式提出反对即可通过。缺席、弃权、不表态均不妨碍决定的做出。但是，小国弱国很少出席每一次决策会议。即使出席，对于那些与之关系不大的决议事项，为避免得罪大国也不愿意表示反对，因而往往选择采取沉默。

此外，也有学者③对“协商一致不成时投票表决”的观点持保留态度。以世界贸易总干事任命为例，他指出：共识决策是比较现实的决策方式，能够比较好地维护各成员的利益，但需要以牺牲一定的效率为代价。此外，在重大问题上，特别是美国、欧共体、加拿大和日本有不同意见的事项，WTO不可能采取投票表决的方式强行通过。因此，对于WTO的决策方式，最多可以说协商一致优先、投票表决次之，而不能说协商一致不成时投票表决。

笔者认为，WTO对投票表决加以创造性的反向一致规制，使得国际法在这个法律制度中有了“牙齿”，从所谓的“软法”成为“硬法”，这是其最重大的成果和贡献。④

第四节 WTO成员与加入WTO

根据《WTO协定》，WTO成员方可以是主权国家，也可以是国际组织或单独关税区。1960年后，大批前殖民地纷纷独立，以单独关税

---

① 赵维田：《世贸组织（WTO）的法律制度》，吉林人民出版社2000年版，第40页。

② 沈四宝：《世界贸易组织法教程》，对外经济贸易大学出版社2005年版，第31页。

③ 韩立余：《世界贸易组织法》，中国人民大学出版社2005年版，第9页。

④ 黄东黎：《站在世界贸易的法律舞台》，《国际法研究》第五卷，中国人民公安大学出版社2011年版，第201页。

区作为依据的成员申请已基本消失。第 12 条规定，加入决定由部长级会议或总理事会做出，部长级会议的决定应由 WTO 成员 2/3 多数通过。

关于新成员加入与“入门费”，《WTO 协定》第 12 条与 GATT 第 33 条均对非创始成员方或缔约方加入问题，做了基本相同的规定。即按该政府或缔约方全体会议的条件加入本协定。这里所谓的“按协定的条件”，一般称作“入门费”。即对新成员加入的关税减让。其依据在于 GATT 当初正是在关税减让基础上议定的。新加入者不能“免费搭车”，不能只享受别的成员的减让好处，而自己不尽义务。因此，双方协定一个令原有缔约方或成员方满意的关税减让表理所当然。有学者①指出，随着 WTO 协定范围的扩大，仅仅通过关税减让方面的让步，已不能满足原有缔约方的要求。新加入成员还必须在服务贸易、知识产权等方面做出承诺。

基于最惠国待遇原则的某种平衡，作为每个新成员的“搭便车者”，其“入门费”不尽相同。因此，有学者②指出，基于不同的成员和不同贸易利益的考虑，并且根据最惠国待遇原则，谈判以双边进行，申请方的承诺，平等适用于所有成员。不同的申请方根据自己的经济发展水平进行有关谈判，因此他们加入 WTO 的条件不一样。新成员加入 WTO 的条件，具体体现在加入议定书和减让表之中。

“入门费”的区别不仅体现在不同贸易利益的成员之间，还体现在不同时间加入 WTO 的成员上。有观点③指出，创始成员与加入成员的主要区别，是前者无须经过加入谈判，而只需表示并接受 WTO 的有关义务便可成为 WTO 成员。而在新加入成员成为 WTO 成员后，从法律上说，它与原有成员的权利相等。但是，由于 WTO 权利与义务的互惠性质，加入时的“入门费谈判”会对未来的新成员提出一些特殊要求。所以，新成员有时可能会承担原有成员所不承担的某些义务。而且，实践也证明

---

① 朱榄叶：《国际经济法学》，北京大学出版社 2005 年版，第 165 页。

② 石广生：《中国加入世界贸易组织知识读本（一）WTO 基本知识》，人民出版社 2001 年版，第 48—49 页。

③ 沈四宝：《世界贸易组织法教程》，对外经济贸易大学出版社 2005 年版，第 28 页。

WTO 继承了 GATT 关于加入越来越从严的作法。①

值得注意的是，对于成员加入，互不适用条款的意义，在于强调几个贸易大国，以及该申请方主要贸易伙伴的态度具有决定作用。有学者②解释它的原因，如果不能与它们达成共识或协定，即使以 2/3 多数票同意该申请方加入，它们仍可引用《WTO 协定》第 13 条关于与该新成员加入方互不适用多边贸易协定的规则。

笔者认为，新成员加入 WTO 时的“入门费”谈判，实际上是对其基于最惠国待遇而取得的“搭便车”权利的平衡。这种谈判常常以耗时颇久的双边谈判的方式进行，其中，与贸易大国的双边谈判成为最重要的部分。此外，新成员的“入门费”因各成员的基本国情、贸易利益和入会时间前后，并不绝对相同。

关于中国加入议定书的独特之处，有学者指出，与所有其他成员的加入议定书不同，中国的加入议定书堪称 WTO/GATT 历史上一份独特的国际贸易协定。它包含了诸多有别于 WTO 协定内容的特殊条款，大大改变了诸多 WTO 协定对中国适用时的规则内容。对于这种特殊性，有学者③提出了中国所谓的“超 WTO”义务，指出中国入世议定书在 WTO 法律框架内是一个独特的协议，中国在其中所承担的“超 WTO”义务涵盖了中国贸易管理体制、经济体制以及新的 WTO 有关投资的规范等诸多领域。与标准的 WTO 规则相比，这些超 WTO 义务对中国施加了更为严格的约束。这样一种将行为规则的制定建立在针对特定成员的基础之上的作法，是关税与贸易总协定时代的产物，因而在根本上与以规则为基准的 WTO 体制不相吻合，并有可能对 WTO 争端解决机制产生负面的影响。有鉴于此，有必要对 WTO 加入程序进行改革。

第五节　WTO 贸易政策审议机制

GATT1947 并没有建立一项约束缔约方贸易行为的一般监督机制。它

---

① 赵维田：《世贸组织（WTO）的法律制度》，吉林人民出版社 2000 年版，第 44 页。

② 朱榄叶：《国际经济法学》，北京大学出版社 2005 年版，第 185 页。

③ 秦娅著，李辉译：《“超 WTO”义务及其对 WTO 法律制度的影响——中国入世议定书评析》，《国际法研究》第一卷，中国人民公安大学出版社 2007 年版。

主要通过有关条文来促进各缔约方贸易政策的透明度，从而监督多边贸易规则的实现。1960 年后，随着大批新独立国家加入 GATT，GATT 缔约方数目与日俱增。与此同时，1970 年代后，主要资本主义国家经济陷入滞胀困境，市场竞争更加激烈，各国贸易保护主义重新抬头，大量“灰色区域措施”蔓延，腐蚀 GATT 规则。为了增加国际贸易透明度，加强对总协定实施的监督，东京回合通过《关于通知、协商、争端解决和监督问题的谅解》。1988 年，乌拉圭回合中期审议会议建立了政策审议机制，并于 1989 年开始运行。WTO 正式成立以后，GATT 理事会实施的审议职责由 WTO 总理事会承担。总理事会同时也是贸易政策评审机构。其评审范围从货物贸易扩大到服务贸易和知识产权领域。

一 法律约束力

作为 WTO 协定附件所规定的重要机制，贸易政策审议机制是一项监督机制。它并不具有争端解决机制那样的司法强制力。这表现为贸易政策评审的结果，不能作为启动争端解决程序的依据，也不能以此要求成员增加新的政策承诺。① 此外，贸易政策审议机制一般使用经济标准来进行评估。同时，它对某项具体措施在法律上是否符合 WTO 规范不做审定，而留给各成员方自行斟酌。②

换句话说，在贸易政策审议机制中，无论是受审查成员自己的报告，还是秘书处报告，都不具有约束力。有学者③认为，如何看待审查结果，取决于受审查成员自己的认识，取决于成员的自愿落实。贸易政策审查，只是为了了解成员的贸易政策，也为受审查成员自我了解贸易政策提供一个渠道和场所。同时，这一审查为受审查成员的贸易政策提供独立的评估意见，有助于受审查成员贸易政策实施的效果，也将减少可能产生的贸易争端。因而，该体制可以说是一个集体评估、自愿落实、保障成员政策与相关规则要求相一致的一种制度。

---

① 朱榄叶：《国际经济法学》，北京大学出版社 2005 年版，第 186 页。

② 赵维田：《世贸组织（WTO）的法律制度》，吉林人民出版社 2000 年版，第 137 页。

③ 韩立余：《世界贸易组织法》，中国人民大学出版社 2005 年版，第 23 页。

对于贸易政策审评机制在法律约束力上的缺乏，有学者①指出了两方面的原因。第一，审议结果如果具有法律约束力，就会与争端解决机制混为一体，造成职能上不必要的重叠。第二，贸易政策审议机制的审议不像各部门理事会或委员会的审议只涉及某一个领域，而是对各成员各个领域贸易政策和作法进行审议。要对受审议成员的所有贸易政策和作法的合法性做出判断，对贸易政策审议机构来说负担太重，不具有现实可能性。

二　作用

贸易政策审议机制对于 WTO 多边贸易体系的积极作用是明显的。对此，学界予以普遍认可。主流观点②认为，其作用可以体现在三个方面。第一，为 WTO 审议各成员方的贸易政策，以及评估国际贸易环境的发展变化提供了场所和机会，有助于增加多边贸易体制的透明度。第二，接受评审的成员对其贸易政策及相关政策进行解释和说明，有助于增进成员方的相互了解，减少或避免贸易争端。第三，各成员参加审议和评估，可以为接受审议的成员在贸易政策制定和改进方面提供一些意见或建议，有助于督促其履行作为 WTO 成员的义务。

从另一个角度看，贸易审议机制的作用，在于对透明度原则的保障。有学者③认为，对于透明度原则，WTO 要使每个成员方都能对其他各成员方国内所有影响国际贸易的措施和动向了若指掌。而贸易政策审议机制的目的，恰恰在于审核各成员方贸易政策与实际作法对整个 WTO 贸易体制的影响，并通过透明度为 WTO 规则的通行创造一条阳光大道。贸易政策审议机制的适用，使透明度原则如虎添翼。还有观点④指出，贸易审议机制尤其在促进贸易大国履行其透明度要求，维护中小国家的贸易利益方面起到积极的作用。

---

①　沈四宝：《世界贸易组织法教程》，对外经济贸易大学出版社 2005 年版，第 37 页。

②　朱榄叶：《国际经济法学》，北京大学出版社 2005 年版，第 166 页。

③　赵维田：《世贸组织（WTO）的法律制度》，吉林人民出版社 2000 年版，第 41 页。

④　谢翀：《WTO 贸易政策审议机制的特征与实践效果的法律关联研究》，《WTO 动态与研究》2009 年第 3 期。

此外，有学者[1]指出，对某一成员贸易政策进行审议的过程，有助于该成员向其他成员就其在贸易中造成的问题达成谅解，有助于该成员向其他成员解释其贸易政策与经济增长和发展的联系，也有助于其他成员及早了解与该成员进行贸易可能遇到的问题。

需要指出的是，最初几次世界贸易环境评议的经验表明，世界贸易环境的评议作用不容小觑。这种评议提供了一个重要的机会，特别是在不进行部长大会的年份里，使 WTO 成员可以对国际贸易政策和贸易环境趋势进行总体评估。[2]

---

① 黄东黎：《世界贸易组织法》，社会科学文献出版社 2009 年版，第 49 页。

② 沈四宝：《世界贸易组织法教程》，对外经济贸易大学出版社 2005 年版，第 41 页。

第二章

争端解决机制

WTO争端解决机制（DSU），是国际上最为成功，也是WTO内部最成熟、最广受赞扬的机制。无论是GATT还是WTO时代，国际贸易争端和案件的解决，都得益于争端解决机制的有效运行。在多年运行中，争端解决机构（DSB）形成了一套习惯作法，表现在法律渊源、专家组和上诉机构各司其职、证据制度以及执行程序上，都保证了DSU准司法程序的有效运行和监督作用的发挥。

第一节 法律渊源

WTO争端解决机制的历史可以追溯到GATT时代。当时，争端解决的规则已初具规模：缔约方全体于1979年11月的东京回合，通过《关于通知、磋商、争端解决与监督的谅解》；1982年11月通过《部长会议宣言》中的关于《争端解决程序》部分；1984年11月通过《就争端解决程序采取行动的决议》；1989年4月乌拉圭回合谈判中期，通过《GATT争端解决机制规则和程序的改进决议》。GATT时代，争端解决机制在世界贸易中起到了良好的作用。但是，1980年代后，开始出现争端解决管辖权有限、耗时过长、被诉方阻挠进程等问题。对此，乌拉圭回合对争端解决问题进行了全面、彻底的谈判，经过多次努力达成了《关于争端解决规则与程序的谅解》。正如有学者所言："DSU可能是乌拉圭回合谈判最重要的成果。"① 对争端解决机制所取得的成就，似乎怎么赞美都并不

---

① 朱榄叶、贺小勇：《WTO争端解决机制研究》，上海世纪出版集团2007年版，第17页。

过分。上诉机构的创立、反向一致规则的适用、争端解决程序的正式化，是寻求国际贸易体制从权利导向规则导向转化的飞跃。DSU 为 WTO 装上了“牙齿”。

DSU 第 1 条第 1 款奠定了 WTO 涵盖协定作为专家组和上诉机构唯一正式适用的法律渊源地位。同时，DSU 第 3 条第 2 款“依国际公法解释的习惯性规则，阐明有关协议的条文”的规定，将 DSB 的法律解释范畴限定于国际法范围内。然而，学界对争端解决机制的法律渊源争议不断，集中在先前专家组和上诉机构报告，以及一般国际法和权威学者学说能否作为争端解决机制的法律渊源上。

关于专家组和上诉机构报告，有学者①指出，1996 年日本酒类税收案上诉机构裁定认为，已通过的专家组报告是 GATT 一个重要的组成部分，常常被其后的专家组借鉴。它们在 WTO 成员中起着预测法律在案件中的应用的作用，因此，任何与之相关的争议都应对其加以考虑。但是，除对争端当事方有约束力外，通过的专家小组报告对其他各方没有法律上的约束力。

然而，争端解决机构专家组和上诉机构的实际作法与上述裁定并不相符。事实上，专家组和上诉机构报告对后续案件的影响举足轻重。为此，有学者②指出，专家组、上诉机构已经裁定的案件，在实践中成为条约解释需要遵循的“先例”。随着这个组织争端解决机构发布的案件的增多，“先例”在条约解释上所起到的作用，将越来越多地超过条约解释的理论和原则。

一 WTO 涵盖协定

正如有学者所言，“DSU 开明宗义就说明了磋商与司法所应该适用的法律”③。学界对于 WTO 涵盖协定的法律渊源地位观点普遍一致。WTO 协定是一个自主法律体系，在国际贸易管理领域没有可供适用的一般国际法。专家组和上诉机构唯一正式适用的法律就是 WTO 协定条文。WTO 涵

---

① 黄东黎：《国际贸易法学》，法律出版社 2004 年版，第 76 页。

② 黄东黎：《世界贸易组织补贴规则的条约解释》，法律出版社 2010 年版，前言第 1 页。

③ 赵维田：《WTO 的司法机制》，上海人民出版社 2004 年版，第 71 页。

盖协定是争端解决机制法律渊源的根基。

二 专家组和上诉机构报告

虽然，从法律上看，专家组和上诉机构报告对以后的案件并无约束力，但是，实践中，先前的专家组和上诉机构报告，事实上起到了英美法中先例的作用。专家组和上诉机构在实际进行的 WTO 案件中，均无一例外地援引以前专家组和上诉机构报告，甚至还追溯到 GATT 时期的专家组报告。正如有学者所言，“WTO 体制在实践中似乎是在这两个极端中走中间路线开始的，后来，越来越向‘遵循先例’原则倾斜”。① 因此，有观点②认为，先前的专家组和上诉机构报告有显著和实质性的作用，构成了事实上的先例。

同时，对于专家组和上诉机构报告的作用，还可以在法律解释中得以证实。对此，有学者③将这种作用称为“准先例”，认为根据 WTO 的条约规定，WTO 争端解决裁决的可以作为法律解释的一个重要参考，这种参考实际上成为了“准先例”。

有学者④将《国际法院规约》的规定以及国际法院的实际操作，与 DSB 进行对比，认为 WTO 争端解决机构几乎复制了国际法院对待司法判例的态度，使 DSB 通过的裁判报告成为事实上除 WTO 涵盖协定外另一重要的法律渊源。

还有学者⑤鉴于争端解决的准司法性特征，以及认识到事实上的遵循先例制度已在 WTO 司法实践中得以适用，提出了将这种事实上的遵循先例制度上升为法律上的遵循先例制度的论调，呼吁新一轮谈判中，应考虑修订《建立 WTO 协定》和《争端解决谅解》，明确规定争端解决机构，

---

① 赵维田：《WTO 的司法机制》，上海人民出版社 2004 年版，第 76 页。

② 左海聪：《WTO 专家组和上诉机构可适用的法律》，《法学评论（双月刊）》2003 年第 5 期（总第 133 期）。

③ 黄东黎：《WTO 协定条款之间的相互适用——从“美国棉纱案”看中国纺织品特别保障措施实施纪律》，《国际贸易》2005 年第 64 期。

④ 贺小勇：《国际贸易争端解决与中国对策研究——以 WTO 为视角》，法律出版社 2006 年版，第 45 页。

⑤ 陈立虎：《试论 WTO 争端解决机制的性质》，《南京大学法律评论》2004 年秋季号。

尤其是上诉机构报告作为世界贸易法的渊源。

持否定态度的学者[1]则认为，已采纳的专家组和上诉机构报告最大程度也只能起到一定的“劝说力”，但不具有“先例拘束力”。参考先前相同或类似的判例可以大大提高审理争端案件的效率，因而成为一种“辅助渊源”。但是，鉴于破坏 WTO 法律体系的稳定性和成为“判例法”体制的沿袭者的担忧，专家组和上诉机构的报告、权威国际法学者的学说不能成为 WTO 的法律渊源。

此外，针对 DSB 的实际作法，有学者[2]提出中庸之道的案例法方法，认为专家组和上诉机构在追求该目标时，可能会因遇到的具体情况不同而有所背离，从而在某一时被认为是倒向这边或那边，但总的方向是维持一种平衡……但上诉机构和专家组已经有了自己的认识，并形成了自己的习惯。

三　国际法和权威学者学说

基于 WTO 协定是一个自足的国际条约群的考虑，专家组和上诉机构只依据 WTO 协定的规定进行裁决。有学者[3]认为，一般国际法不是专家组和上诉机构可适用的法律，一般国际法、权威学者的学说均只能作为专家组和上诉机构观点的佐证或论据。1998 年欧共体荷尔蒙牛肉案就宣告了 DSB 在 WTO 法与国际法冲突时的取舍。

需要指出的是，上诉机构和专家组考虑其他国际法规则时，都是基于 DSU 第 3 条第 2 款的规定来解释 WTO 协定条款。因此，有观点[4]指出，一般国际法与 WTO 规则的相关性，实际上是释法的相关性。一般国际法成为解释 WTO 规则的解释因素，而不是独立确定权利义务的法律渊源。

---

① 倪建林：《论世界贸易组织法律的渊源》，《国际商务研究》2000 年第 3 期。

② 韩立余：《既往不咎——WTO 争端解决机制研究》，北京大学出版社 2009 年版，第 286 页。

③ 左海聪：《WTO 专家组和上诉机构可适用的法律》，《法学评论（双月刊）》2003 年第 5 期（总第 133 期）。

④ 韩立余：《既往不咎——WTO 争端解决机制研究》，北京大学出版社 2009 年版，第 214 页。

对此，就有学者①分析指出，在WTO法律体系中，就第3条第2款的规定而言，对WTO协定进行法律解释应当遵循3项基本原则：第一，维护WTO体制可靠性和可预测性原则；第二，保护成员在适用协定项下的权利和义务原则；第三，解释不能增加或减少适用协定所规定的权利和义务原则。同时，“国际公法是WTO争端解决机制一个重要法律渊源。作为国际法条约，WTO的相关协定解释无疑是以其为依据的”。② 因此，《维也纳条约法公约》第31、32条是解释WTO协定条款的法律依据，它确定了WTO协定条款解释的以下3项基本原则：第一，善意解释原则；第二，用语解释原则；第三，条约的有效解释原则。他还指出，在WTO这样一个发展的法律体系中的上诉机构，其在行使职权时应当允许一定灵活性的存在。

另外，有不少学者③区别了国际法的习惯、一般法律原则、权威国际法学者学说和其他国际性文件，认为前三者由于其模糊性和不确定性且未得到WTO成员方认，并不能作为正式渊源，只有可能成为潜在渊源。但是，双方同意在多边程序中适用双边协议的，应该认可（如油籽案）。双边协议可能成为争端解决机制中的渊源。

也有学者④认为，WTO协定的其余部分、GATT1947惯例与争端解决和有关习惯国际法，也是WTO争端解决机制的法律渊源。因为，WTO争端解决机制在国际法中是一个新生儿，难免有缺陷。它只能是一个开放性的法律体系，利用国际法的适用提高国际影响力和公信力。

还有学者⑤从目前学术界存在的“并入说”与“自足说”之争入手，分析WTO法的开放性和自足性。这种观点非常实际，认为对DSB而言，

---

① 黄东黎：《WTO法治框架下中国纺织品特别保障措施研究》，《国际经济法学刊》2005年第12卷第4期。

② 黄东黎：《国际法条约解释理论与研究》，《国际贸易》2005年第3期；《国际法学》2005年12月第4期转载，人大报刊复印资料中心。

③ 倪建林：《论世界贸易组织法律的渊源》，《国际商务研究》2000年第3期。参见李小年《WTO法律规则与争端解决机制》，上海财经出版社2000年版，第36—40页。

④ 姜作利：《中国与WTO争端解决机制——案例分析与对策研究》，山东人民出版社2006年版，第4页。

⑤ 贺小勇：《分歧与和谐：析WTO争端解决机制的法律适用》，《当代法学》2005年9月第27卷第5期。

“并入说”和“自足说”均有其存在的价值。并且，实务中，从WTO争端解决机制发展而言，似应取两种学说之长，这一方面可以使DSB有效解决成员方之间的贸易争端；另一方面可以使DSB的裁决报告受到WTO成员方更广泛的接受，从而使WTO法随着时代的发展而与时俱进。

笔者认为，无论是GATT还是WTO，二者均是一个自足的法律体系。WTO协定作为唯一正式的法律渊源毋庸置疑。WTO协定并没有赋予专家组和上诉机构报告法律渊源地位。上诉机构在日本酒类税收案中，以富有艺术性的语言认定这些报告可予“考虑”，但无“法律约束力”。但是，争端解决实践实际上借鉴了英美判例法的作法，将其予以充分考虑。此外，争端解决机制对国际法和权威学者学说的态度是谨慎的，一般不将其视为DSB的法律渊源。DSU第3条第2款将国际法局限于WTO法的法律解释范畴。因此，DSB适用的不是国际法，而是经过国际法解释的WTO法。

第二节 WTO争端解决程序

一 磋商程序

GATT1944第22条规定了争端解决机制的磋商程序。该程序在争端解决机制运行的几十年中起着积极的作用，然其缺陷亦逐渐暴露。大多数案件不能在磋商阶段解决，争端成员方仅因其为前置性程序规定而消极等待60天期限的过去。多哈谈判提出了对磋商问题的多项修改。① 如欧盟建议将60日磋商期限减为30日，规定发展中国家可以请求延长期限，还建议增加成员撤回措施的请求。同时，发展中国家和最不发达国家提出了对自身有利的程序性建议。这些修改意见很大程度上也代表了学者的观点。

（一）磋商程序性质

有学者②把争端解决机制称作“外交（政治）与司法，两条腿走路”，体现了争端解决机制的双重属性，指出它与传统国际法中的漫无限

① 徐曾沧：《论WTO争端解决机制法律适用的司法经济原则（上）》，《WTO动态与研究》2007第12期。

② 赵维田：《WTO的司法机制》，上海人民出版社2004年版，第24—25页。

制的纯外交方式不同，也与国际贸易领域中 WTO 以外的规则不同，毋宁说，它是作为争端司法解决的前奏，构成争端解决机制的一个组成部分。由此可见磋商程序的特殊性。

学界有观点[①]则指出，与 WTO 相比，之前的 GATT，更趋于一个实力导向型的国际组织。这意味着争端解决，政治和外交可能更为有效。今天的 WTO，则被公认为更趋于一个规则导向型的法律体系。这一方面意味着任何成员在履行义务时将不会有过去那么多的灵活性；另一方面，也意味着在这个体制下出现的任何争端，其首选的解决方式，是法律而不是政治或外交。

有观点[②]指出，作为争端解决机制准司法程序的第一个程序，“这种磋商属于 WTO 多边框架内非司法解决争端的方式，但是，也必须在相关规则指导下进行”。一方面，基于有强制性、实现性的磋商启动程序，使得争端解决程序一开始就具有强制管辖的性质，[③] 从而有利于争端解决的公平、公正和高效，从而使该机制趋向司法化；另一方面，它又融合了不少非司法性质的特点。

有学者[④]为其司法性提供了更多证据：一方面，磋商是要求建立专家组的前置程序，只有在限定时期内，磋商程序不能解决争端时，才能进入专家组程序，且 WTO 将其置于多边监督之下；另一方面，磋商程序设置之目的，是保障双方能够尽量在一种宽松的环境中以真诚的态度交换看法、提出方案，从而解决争端。

基于磋商程序从 GATT 到 WTO 的“进化”，有学者[⑤]将 GATT 的 22 条和 23 条加以分析，认为第 22 条指的是运用外交手段解决分歧，23 条则是在协商无法解决争端的时候，由缔约方全体参与到调查、建议、裁决

---

① 黄东黎：《WTO 规则运用中的法治》，人民出版社 2005 年版，第 9 页。

② 张乃根：《论 WTO 争端解决机制的几个主要国际法问题》，《法学评论》（双月刊）2001 年第 5 期。

③ 张乃根：《WTO 争端解决机制论——以 TRIPS 协定为例》，上海人民出版社 2008 年版，第 15 页。

④ 杨国华：《WTO 争端解决机制中的磋商程序研究》，《法学评论》（双月刊）2003 年第 2 期。

⑤ 朱榄叶、贺小勇：《WTO 争端解决机制研究》，上海世纪出版集团 2007 年版，第 23 页。

的程序中。该学者认为，GATT 时期，“准司法”功能发挥有限，更倚重外交。相比之下，WTO 时期虽然有严格的“程序法”，但并未因此放弃外交手段。

（二）磋商时间程序的规定

DSU 对于磋商程序时间的规定具有强制性。有学者①认为，这样的强制性规定避免了有的成员恶意拖延磋商，从而提高了争端解决机制的效率，并且，磋商能够在较短时期以成本最低的方式解决争端，② 还有助于在磋商未能解决争端的情况下及时成立专家组。

然而，学界也有观点对期限规定表示担忧，认为“由于 DSU 没有对磋商的最长时间做出限制规定，从理论上讲，磋商可以持续无限长的时间”。③ 而且，即使 60 天期限过后，也不一定能迅速进入专家组程序。程序的缺陷可能导致应诉成员方恶意拖延时间和无诚意磋商。这就是一些争端解决案件处于“冷冻”或“休眠”状态的一个重要原因。

二 专家组程序

与磋商程序一样，争端解决机制专家组程序也是 WTO 对 GATT 的承袭。1947 年 10 月 GATT 签署成立时，只有 25 个缔约方，缔约方争端案件较少，贸易争端一般通过在缔约方会议中。由主席做出裁定的方式解决。随着国际贸易的发展，缔约方数目与争端案件与日俱增，于是产生将案件委托给专案工作组审议的模式。1954 年 5 月，意大利诉瑞典反倾销案中，第三方组成“诉讼专家组”对案件进行调查审理，演化出专家组程序模式。该模式获得了良好的效果和普遍的认可。然而，20 世纪五六十年代后，随着国际贸易格局的变化和 GATT 暴露出的弊端，GATT 的实体法没有得到很好的适用，专家小组裁决功能被搁置。直到 1973—1979 年，东京回合达成《关于通知、协商和争端解决的谅解》（其附件为《对 GATT 解决争端习惯作法约定的说明》），专家组模式才最终以书面形式得以确

① 姜作利：《中国与 WTO 争端解决机制——案例分析与对策研究》，山东人民出版社 2006 年版，第 23 页。

② 张乃根：《WTO 争端解决机制论——以 TRIPS 协定为例》，上海人民出版社 2008 年版，第 19 页。

③ 杨国华：《WTO 争端解决机制中的磋商程序研究》，《法学评论（双月刊）》2003 年第 2 期（总第 118 期）。

定。此后，成员方纷纷向专家小组投诉。1970 年代专家组裁决案件达 72 件，80 年代增至 110 件。后来，由于专家小组报告法律上的缺陷，1982 年缔约方全体决定在 GATT 秘书处专门设立一个“法律部”，为专家小组提供法律专业知识、法律咨询，并负责起草专家小组裁决报告文稿。

管辖权的确定是争端解决的前提。因此，关于专家组职权范围有学者①认为：不论在 GATT 时期，还是 WTO 成立以后的许多案件中，专家组的权限被列为审理案件前的“先决事项”。有关 WTO 争端解决机制专家组职权范围的规定，见于 DSU 第 7 条第 1 款。其文字高度概括，很难得知准确的职权范围。但在后续案件的法律解释中，其含义得以澄清。1998 年，危地马拉—墨西哥水泥反倾销调查案上诉机构指出，DSU 第 7 条所指的提交 DSB 事项，就是第 6 条第 2 款中提交 DSB 的事项。2000 年，美国对来自新西兰和澳大利亚的羊肉实行保障措施案中，专家组职权范围的“司法经济”原则得到了典型的体现。

学界主流的观点②是，请求设立专家组申请书实际确定了专家组职权的范围：由 DSU 第 7 条规定的“职权范围”，在很大程度上是依原告诉求的事项与法律根据而定，从而构成了 WTO 司法机制中别具特色的另一个景观。第 6 条“措施”还必须是正在适用的措施。同时，上诉机构将拒绝原告在提交设立申请书之后，提出的其他诉求。

有学者③指出，专家组职权确定的意义不仅在于确定争议范畴，还在于它实现了一项重要的正当程序的目标：向当事方和第三方提供了足够的信息，使得他们可以对起诉方的主张做出回应。这种“正当程序”的价值，体现在给予起诉方和第三方答辩的机会。同时，专家组职权范围在实际运用中，形式上只是在标准条款中填写起诉方的名称，以及起诉方设立专家组请求在 WTO 的统一编号。④ 此外，在实践中，专家组并不审查起

---

① 赵维田：《先决事项——WTO 司法机制中的专家组职权范围》，《国际贸易》2003 年第 5 期。

② 同上。

③ 杨国华、李詠箑：《WTO 争端解决程序详解》，中国方正出版社 2004 年版，第 41 页。

④ 杨国华等：《WTO 争端解决机制中的专家组程序研究》，《法学评论（双月刊）》2004 年第 3 期（总第 125 期）。

诉方所有的主张，而只择其重者。这种司法节制原则在 WTO 中得到了确定。

有学者①认为，DSU 第 7 条规定的专家组职权范围应包括三个部分：第一，专家组处理争端所依据的标准，即法律规定；第二，申诉方在设立专家组申请中指明的争议措施；第三，专家组做出的争端裁决目的在于协调争端解决机构做出解决争端的建议或裁决。这三个方面的要求是一个有机的整体，相互联系、相互制约，共同规范着专家组的权限范围。可惜的是，专家组对自己的权限范围的理解，并不总是准确的。

三　证据制度

（一）举证责任

DSU 对争端解决程序中的举证责任几乎没有明确的规定。其举证责任规则都是从处理争端的专家组和上诉机构报告中得出并加以发展。WTO 争端解决的早期案件——1996 年美国羊毛衫进口案，第一次明确涉及举证责任这一问题，并就争端解决程序中的举证责任进行了阐述，从而奠定了“谁主张谁举证”的原则。有学者②通过对专家组报告的分析研究指出，实际上，上诉机构肯定了“谁主张谁举证”的国际及国内法通用原则。上诉机构裁定，无论是作为申请方还是被申请方，举证责任落在主张某一具体请求或主张某一具体抗辩理由的一方。当举证一方列举的证据足以证明其请求真实的推定成立时，举证责任转移到另一方。此外，在 GATT1994 和 WTO 协定中，举证到什么程度和举什么样的证据能将举证责任转移给对方，则视个措施、个条款、个案而定。

同时，有学者③指出，谁主张谁举证的规则是个基本要求，而其标准是初步证明标准，这种标准实质上是一种推定技巧，而非终局的证明标准。因此，只有在整个审理程序结束时，才能认定举证方是否履行了举证责任。这个认定由专家组最终评估。专家组在这方面享有相当大的裁量

---

① 韩立余：《既往不咎——WTO 争端解决机制研究》，北京大学出版社 2009 年版，第 124 页。

② 黄东黎：《从美国进口羊毛编织案看举证责任》，《国际法学》2003 年第 1 期（人大报刊复印资料）。

③ 韩立余：《WTO 争端解决程序中的举证责任》，《现代法学》2007 年 5 月第 29 卷第 3 期。

权。除诉因外，不同的条款也可能影响争端方举证责任的分配。

有学者[①]对举证规则做了进一步的阐述，认为争端解决机制是使得WTO协定下权利义务关系的动态平衡更能够得到维持的原因。但是，协定还包括一些不涉及成员义务的规则。其中，某些要素一旦满足，则即使WTO成员违反规则也可消除违法性，如反倾销规则。违反的成员方要对“肯定性抗辩”负举证责任。于是，对于申诉方，如果被申诉方选择引用但书，它必须证明申诉方违反了义务。[②]

对此，学界有观点[③]认为，在适用“肯定性抗辩”的特定案件中，成员方很可能会滥用举证能力优势：对“肯定性抗辩”最有能力澄清争议事实的仍是辩方。如规定辩方在提供部分证据建立“初步推定情况”后，举证责任即转移至举证能力并不强的控方。于是，辩方则在第二次提交答辩中提出先前未曾提供的信息，使控方丧失对其主张进行反驳的充分准备的机会。

（二）“法庭之友”

“法庭之友”制度源于古罗马法，最先由英国采用，后引入美国，从此成为一项重要的司法制度。在GATT时代，一些非政府组织就已经以“法庭之友”的身份向GATT秘书处提交书面文件。但是，当时专家组和上诉机构一般都对其置之不理。乌拉圭回合中，GATT缔约方在DSU谈判中，曾经考虑法庭之友陈述，但终未被采纳。WTO时代的龟虾案是“法庭之友”制度的首次尝试。在钢铁案中，上诉机构提出了该制度适用的法律依据。最终，“法庭之友”制度在欧共体石棉案中得到了规范化的尝试。

“法庭之友”陈述的可采性

从完善WTO争端解决的角度来说，有学者[④]认为，第三方介入规则以及“法庭之友”制度最大的优点，是使司法解决的整个进程有利于广

---

① 余敏友、席晶：《略论WTO争端解决机制中的举证责任规则》，《证据适用论坛》第7卷。

② 朱榄叶：《WTO争端解决程序中的证据问题》，《当代法学》2007年1月第21卷第1期（总第121期）。

③ 赵千喜：《试析WTO争端解决中的举证责任规则》，《WTO动态与研究》2006年第6期。

④ 赵维田：《WTO的司法机制》，上海人民出版社2004年版，第140页。

开言路，集思广益，以实现高质量的公平执法。

有观点①认为，一方面，上诉机构非常重视平衡争端解决过程中的实质正义和程序正义，体现在“法庭之友”陈述可采性的推理过程中；另一方面，“法庭之友”制度可采性的争议在于，这个证据规则是通过对DSU中关于专家组的信息调查权和专家组客观衡量案件事实的职能，做出目的解释而来的。这和WTO上诉机构通常对WTO适用协定进行严格的字面解释，形成了对比。

实践中，专家组和上诉机构既接受过，也拒绝过“法庭之友”。没有统一作法，难免使争议更甚。反对者②指出，上诉机构制订的有关“法庭之友”介入的方式与途径的《附加程序》，超越了《谅解》与《上诉审议工作程序》的授权。这种行为属于对争端解决程序的实质性修订，应取得成员方的事先同意。

赞成者③则认为，让“法庭之友”陈述进入DSB是必要的。因为，经济全球化已经成为不可逆转的大趋势，这就要求非政府组织来弥补政府和政府间组织的差距，同时也会提高公众支持，提高WTO争端解决程序的合法性和裁决被接受的程度。此外，应当由总理事会来指定“法庭之友”陈述的统一规则以完善该制度。

还有学者认为，“法庭之友”实际上获得了比成员方更多的权利，如其提交的意义书没有时间上的限制，不经由专家小组而直接提交给上诉机构。

四 上诉程序

GATT时代并没有上诉机构及其审查程序的设置，为了保证争端解决机制的司法性特征，WTO着手建立了一个全新的上诉审查机构。1995年11月，DSB宣布了上诉机构的任命规则：从32个国家的32位候选人中选取上诉机构成员。他们来自美国、新西兰、德国、埃及、菲律宾、乌拉

① 余敏友、席晶：《论WTO争端解决机制中的证据规则（下）》，《法学评论（双月刊）》2003年第6期（总第122期）。

② 朱家贤：《WTO争端解决机制中“法庭之友”的介入》，《WTO动态与研究》2004年第1期。

③ 陈立虎：《法庭之友陈述在WTO争端解决机制中的可接受性》，《法学家》2004年第3期。

主和日本等国。1996 年 4 月，上诉机构采纳了与 DSB 主席和 WTO 总干事协商的“上诉审查工作程序”。1996 年 4 月，第一个上诉案由美国提交 DSB。

关于职权范围，在半个世纪的发展中，DSU 基本形成了专家组查明事实的程序，并能够把事实问题在该阶段得到妥善解决。因此，从上诉机构设立之始，DSU 第 17.6 条就将上诉机构的管辖权，限定于上诉通知中对专家组裁决报告的法律结论和法律解释问题，而并不涉及事实审查。然而，随着争端解决机制的发展，学者们开始质疑这项规定的合理性。

有观点①指出，首先，要划清事实问题与法律问题的界限很困难，因为二者常常纠缠在一起。其次，由于缺乏复查认定事实的重要权限，上诉机构常常要面对一种尴尬的局面，尤其当与它所缺乏的“驳回原则发还重审”权联系起来时。这样的尴尬在 1997 年的加拿大期刊案中暴露无遗。该案上诉机关既要面对专家组对事实分析的不足，又要面对自己无权重新认定事实的麻烦。

同时，有学者②指出，在实际案件中，事实问题与法律问题之间的界限不清造成了上诉机构的先天不足。因为，它不仅将事实问题明确排除在外，而且还把案件本来可以涉及专家小组报告中没有涉及的法律问题排除在外。

有学者③针对欧共体荷尔蒙牛肉案，指出在该案中上诉机构并没有完全否认上诉机构审查事实认定的问题，而是使用了“原则上”这样的术语。实际上表明在必要时，上诉机构也会审查专家组对事实的评估问题。但是，上诉机构的这一态度是符合 DSU 要求的。DSU 第 11 条规定，专家组应当对案件事实进行客观评估，而上诉机构的任务是对专家组报告进行法律方面的审查。这一审查无疑包括了对事实的客观评估问题。此外，上诉机构不审查事实似乎又带来了另一个问题：上诉机构不审查争端方在上

---

① 赵维田：《WTO 的司法机制》，上海人民出版社 2004 年版，第 170 页。

② 简莉莉：《论赋予世贸组织上诉机构发回重审权》，《国际贸易问题》2001 年第 10 期。

③ 韩立余：《既往不咎——WTO 争端解决机制研究》，北京大学出版社 2009 年版，第 158 页。

诉程序中提出的新的证据。

还有学者[①]将其类比国内司法体制，认为事实审理权是国内法院的一项重要权力。上诉机构在此的权力真空，势必导致争端解决机制理论上的混乱和实践中的越权。比如在龟虾案中，上诉机构发明了一种所谓的"完成分析"法，对案件问题进行继续分析，并以此作为裁判依据。这种作法严重违反了第17条12款的规定，损害了争端方享有的对争端初审和上诉审两个步骤的权利，不利于维护DSU的权威和统一。

然而，有学者[②]认为，这恰恰证明在对事实问题的评估上，上诉机构表现出极大的自制。上诉机构必须指明专家小组有意漠视其提交的证据，或有意扭曲或误导其提交的证据，从而严重违反了正当程序义务，才能提出专家小组没有履行DSU第11条客观评估义务而得以涉及事实审查。这符合司法限制原则的本质，以及上诉机构"抓大放小"的策略。

五　执行与救济

《争端解决规则与程序的谅解》是乌拉圭回合多边贸易谈判最突出的贡献，而报复机制则是DSU中最具特色的部分，如果说DSB让WTO成为"有牙齿"的规则，那么报复无疑是其中最具锋芒的利器。

WTO救济制度同样脱胎于GATT，即GATT第23条第2款。在GATT运行的48年间，只有一起由缔约方授权的报复案，即1952年荷兰乳制品案。该案中，荷兰虽然获得报复授权，但实际上并没有实施报复。此外，1988年的美国汽油税案，欧共体要求授权报复，却未得如愿。

多边贸易规则是成员权利和义务的精确平衡体，因而，有学者[③]首先指出了报复的基础是"对等互惠"的原理。一旦有人不履行义务而从中获利，从而破坏了这种平衡，受影响的缔约方就需要进行相应的调整以恢复平衡。同时，DSU在GATT第23条的规定反映了DSU谈判者们的苦

---

① 朱孝新：《论赋予WTO上诉机构事实审理权》，《WTO动态与研究》2003年第8期。

② 贺小勇：《自制与开拓：WTO上诉机构管辖权的法律边界》，《法学》2006年第1期。

③ 赵维田：《WTO的司法机制》，上海人民出版社2004年版，第257页。

衷：一方面，鉴于违规者破坏协定规则，且拒不执行 DSB 裁决，有损于 WTO 争端解决机制的权威性，于是，以成员方单边执行的方式，对败诉方采取报复措施。这对败诉方来说，确实是一个有效的遏制手段。但在另一方面，报复措施毕竟属于极端手段，是以偏离 WTO 涵盖协定的方式来进行的。正如批评者所言，报复制度急功近利，副作用很大，从长远看，不利于多边贸易体制的有效运转。

有观点①从 WTO 的多边贸易制度及其争端解决机制入手，认为其根本点在于为世界贸易活动提供稳定性和可预测性，因而它更注重以后的贸易机会创造和保证，而不是恢复已经失去的机会。报复中申诉方损失的是过去的利益和机会，被诉方被剥夺的是以后的利益和机会。如果过分强调对过去违反的赔偿，则可能引起“冤冤相报”的恶性循环，不可能建立起一个统一的多边贸易制度。因而，报复制度的作用是“诱导执行”，是“为了对同等贸易实施限制”②。这也体现了 DSU 的长远眼光。

WTO 争端解决机制对报复权的授予、行使和适用范围，都规定了非常严格、具体的规则和程序。它不仅规定了争端解决机构授予成员报复的先决条件，而且也对报复权的形式提供了明确的监督机制，这将对国际法在这方面的发展具有深远意义。③ 但是，有学者④也注意到 DSB 对于报复规定的不完善，如使用交叉报复的标准不明确、终止报复规定不足等。同时，需要指出的是，报复的副作用也是巨大的，对争端双方的国际贸易都会造成很大的影响和破坏。尤其在出现交叉报复的情况下，报复有被滥用的危险。

此外，有学者⑤敏锐的发现，报复是由 WTO 授权下单边实施的强制

---

① 韩立余：《既往不咎——WTO 争端解决机制研究》，北京大学出版社 2009 年版，第 184 页。

② 杨国华、李詠箑：《WTO 争端解决程序详解》，中国方正出版社 2004 年版，第 120 页。

③ 余敏友、左海聪、黄志雄：《WTO 争端解决机制概论》，上海人民出版社 2001 年版，第 238 页。

④ 向凌：《WTO 争端解决机制中报复措施的缺陷及革新路径探析》，《时代法学》2005 年第 6 期。

⑤ 朱榄叶、贺小勇：《WTO 争端解决机制研究》上海世纪出版集团 2007 年版，第 145 页。

措施。这就导致贸易和经济实力相当的成员方之间，可以通过贸易报复迫使败诉方履行 DSB 通过的裁决与建议，而对于许多发展中成员或最不发达成员来说，却可能面临赢了官司也得不到实惠的尴尬。因而，报复的效果很大程度上，最终决定于双方经济实力的强弱对比。经济实力相对较弱的国家实施的报复措施，其效果会受到很大的限制。也有观点①指出，除了实力雄厚的因素外，对进口和出口的依赖程度等因素通常也会影响对报复的选择。进口导向的国家往往很难运用报复手段。

为了限制报复，有学者②提出，即使在 DSB 授权报复的情况下，败诉方也仍旧要承担起修改有关措施的义务，并不能免除向 DSB 通报的义务。此外，对如何认定败诉方的继续履行及后续法律程序上，现行 DSU 未作任何明确的规定。这不能不说是 DSU 在报复机制方面的重大制度缺失。报复制度在学界存在着许多争议，有的学者呼吁“提高报复水平”以强化贸易行为的救济；还有的学者则担忧报复的副作用，认为其有时可能会超过它所带来的正面效果，从而提出可以用强制性的补偿来代替报复。笔者认为，报复作为救济的最后手段，确实可以有效约束败诉方，从而规范国际贸易，应当得到支持。然而，鉴于报复制度设计尚不完善，有被滥用的危险，因而又要采取必要的限制。

---

① 向凌：《WTO 争端解决机制中报复措施的缺陷及革新路径探析》，《时代法学》2005 年第 6 期。

② 纪文华、黄萃：《实践中的 WTO 争端解决机制 1995—2007》，中国商务出版社 2007 年版，第 308—309 页。

第三章

货物贸易规则

GATT 的货物贸易规则被原封不动地纳入 WTO 法律体系。其最重要的原则：最惠国待遇原则、国民待遇原则、透明度原则、关税减让、进制数量限制等，都成为支撑 WTO 的基石和 WTO 推进贸易自由化的重要保障。同时，货物规则的内容包括了 GATT 第 20 条的一般例外规则和第 21 条的安全例外规则。这也体现了 WTO 法律体系兼顾贸易自由化和成员方利益的务实态度。此外，随着全球化的深入和世界贸易的发展，成员方关税水平普遍降低，关税壁垒作用日益减弱，非关税壁垒逐渐兴起，技术贸易壁垒和产品标准壁垒成为货物贸易规则的重要内容。

第一节　非歧视与透明度法律原则

一　GATT 第 1 条：非歧视最惠国待遇原则

学界有观点①将最惠国原则认定为一种“君子协定”，是不同经济制度或奉行不同经济贸易政策的各国，为了遵循市场自由竞争原则尽力减少人为干扰，彼此相约公平竞争、机会均等而签订的协定，认为这就是最惠国真谛所在。该观点认为，最惠国待遇原则其实是一种速记功能，并导致了条约的“转致”。在这个过程中，涉及了第三方及第三方条约的作用，后者是最惠国待遇的“开动旋钮”。而且，依最惠国条款从第三方条约中获得的优惠或特权，要随该第三方条款的存在而起，随其废止或失败而

---

① 赵维田：《世贸组织（WTO）的法律制度》，吉林人民出版社 2000 年版，第 55 页。

终，否则就会违背最惠国条款平等待遇的初衷。[①] 同时，这种“转致”是自动发生的，是无条件的。这种“立即地和无条件地”的标准表述，使得最惠国规则更加完善、明确、合理。然而，需要注意的是，这里的无条件，用来概括最惠国内在适用特征，而无关其赖以存在的外部条件（即“附加条件”，如各种政治、经济和其他条约或法律等条件的限制、制约或干扰）。

有学者基于“最惠国条款的作用是通过最惠国条款把不同时间、不同国家间的贸易协定、贸易待遇联系起来”[②] 的认识，分析了最惠国待遇的实际效果。认为最惠国待遇不是对一些国家赋予的特别优惠待遇，实际上是国际贸易中正常的一般待遇，或在关税方面体现为一般的关税水平。而没有获得最惠国待遇的国家不是没有获得特殊优惠待遇，而是获得了实施上最不优惠待遇，即歧视性待遇。而且，最惠国待遇仅仅是一种协定待遇，不是一般的或习惯的国际法待遇。它具有如下特点：多边性或普遍性、无条件性、相互性。

也有学者[③]寻求最惠国待遇之所以成为国际贸易基石的缘由。第一，从经济学的角度考虑，MFN 的实施使产品的生产可以基于相对优势的经济理论。第二，从贸易政策的角度考虑，MFN 保证了双边关税减让的价值，使双边贸易减让成为多边贸易体系的基础，从而保障了多边贸易机制的正常运行。第三，从国际政治的角度考虑，通过 MFN 原则，国际贸易中的弱势国家也可以得到平等待遇，从而改善了他们由于经济地位的原因，在双边谈判中所处的不利地位。第四，从国内政治的角度考虑，MFN 使国内政策更加直接和透明，同时简化了政府对保护性措施的管理。第五，无条件的 MFN 具有重要的宪法意义。此外，各国奉行怎样的最惠国待遇，是由其在国际贸易中的地位及其国家政策的考虑所决定的。美国政府的对外贸易从有条件最惠国原则到无条件最惠国原则的转换，就是一个最好的例子。

---

① 赵维田：《世贸组织（WTO）的法律制度》，吉林人民出版社 2000 年版，第 61 页。

② 郭寿康、韩立余：《国际贸易法》，中国人民大学出版社 2009 年版，第 199—200 页。

③ 黄东黎：《世界贸易组织法》，社会科学文献出版社 2009 年版，第 99—100 页。

另有学者①强调，WTO 时代的最惠国待遇原则与 GATT 时代，早已不可同日而语。这不仅体现在其适用范围已经突破了货物贸易，将服务贸易、知识产权贸易等囊括其中，更体现在争端解决机构及上诉机构对它的解释上。原 GATT 和 WTO 的实践明确说明，最惠国待遇作为当代国际贸易制度的一项基本原则，不会受到任何挑战。然而，任何法律规定都有例外，国际条约的规定亦然。就 WTO 而言，其所面临的问题是，实践中许多成员都试图通过 GATT 等协定的例外规定，或是通过对最惠国待遇条款进行单方面的解释，从而达到不给予所有成员以相同待遇的目的。这种歧视待遇是在非常隐蔽的情况下发生的。此外，WTO 下最惠国待遇原则的另一特点，是成员的行为和不行为可能同时违反几个协议。欧盟香蕉案就有力的说明了这一点。

然而，也有观点认为，GATT 时期，关税是唯一的贸易保护手段。因此，无条件最惠国待遇原则主要体现在有关的关税减让义务方面。但是，到了 WTO 时期，经过八轮关税减让的谈判，关税作为贸易保护的作用大为降低，尤其在服务贸易、知识产权、投资措施方面，关税几乎不发生作用。因此，有学者②担忧大量的贸易限制是以非关税措施的形式出现，其中，相当多的措施实际属于无条件最惠国原则的适用之外。

（一）适用范围

关于相似产品。最惠国待遇原则的内容及其适用范围被规定在 GATT 第 1 条。其中，“相似产品”的概念，不仅决定了最惠国待遇原则适用的条件，还决定其适用的范围。因此，“相似产品”的确定，对最惠国待遇的适用非常关键。然而，GATT 条款并没有对此概念加以明确界定。

学界对于“相似产品”的定义达成了共识：“此词在不同条款里有不同的含义，应联想该条款的宗旨与目的取义。”③

有学者④将其与国民待遇原则中的“同类产品”进行对比，认为第

① 王贵国：《世界贸易组织法》，法律出版社 2003 年版，第 60 页。

② 王传丽：《国际贸易法——政府管理贸易的法律与制度》，中国政法大学出版社 2002 年版，第 26 页。

③ 赵维田：《世贸组织（WTO）的法律制度》，吉林人民出版社 2000 年版，第 78 页。

④ 黄东黎：《世界贸易组织法》，社会科学文献出版社 2009 年版，第 113 页。

3.2 条国民待遇中的同类产品，不仅包括一般意义的“相似产品”，还包括直接竞争的可替代产品，因此，范围明显比第 1 条的大。即使都是因第 1 条最惠国待遇而引发的争议，不同的案件中对相似产品的解释也没有统一的标准。

此外，对于“相似产品”的争议大多出现在对其标准的确定上。在最惠国待遇条款的制定过程中，有人建议将关税分类表作为决定产品是否相同的依据。因为，GATT 第 1 条主要是为征关税和关税减让设立的。凡是关税分类表列为同项者，就是相同产品。然而，有学者①对此表示担忧，认为一些国家可能出于逃避最惠国待遇的目的而对关税表进行不适当的细分。因而，在判断产品是否“相同”时，更多的因素需要被考虑：产品在关税分类表或关税减让表中的分类，产品征收的关税，产品生产的方式，产品的合成、成分、化学物质等。

（二）最惠国待遇例外

1. 关税同盟与自由贸易区

1932 年《渥太华协定》建立的英联邦国家“帝国特惠制”，似乎是区域性贸易组织的最早形式。它引起了 1943 年英美两国在拟定《大西洋宪章》时，对于是否将最惠国待遇纳入战后国际经济秩序产生分歧。这个分歧也被带入了 1946—1947 年的哈瓦那宪章和 GATT 谈判的全过程。导致了 GATT 第 1 条承认最惠国待遇原则，而第 2—4 条又有条件地允许特惠制的存在，第 24 条为所允许的区域一体化形式规定了三种形式。1996 年 2 月，WTO 成立区域经济一体化委员会对区域贸易集团采取的政策进行审议和评估。

有观点②指出，GATT 第 24 条对于区域性组织的划分，实际是以第二次世界大战前荷比卢三个洼地国家的联盟为原型设计。1957 年成立的西欧 6 国经济共同市场，以及之后的欧洲自由贸易联盟、欧盟、北美自由贸易区、南方共同市场、东南亚联盟的出现，宣告了 24 条的失败，使区域经济一体化组织成为最惠国待遇的最大例外。乌拉圭回合对 GATT 第 24 条作了“亡羊补牢”式的修补，制定了《对 1994 年 GATT 第 24 条的谅

① 曹建明、贺小勇：《世界贸易组织》，法律出版社 2004 年版，第 62 页。

② 赵维田：《世贸组织（WTO）的法律制度》，吉林人民出版社 2000 年版，第 96 页。

解》，客观上宣告了区域集团化的随意态度和无政府状态告一段落。

相对于内部成员，关税同盟和自由贸易区对其他 WTO 成员实行贸易歧视。对于其合理性，有学者①指出，这是由于关税同盟和自由贸易区成员之间取消贸易壁垒的安排毕竟是朝着完全的贸易自由化方向迈进。因此，只要这种安排不妨害其他国家的贸易，就允许其合理存在。学界有观点②对其进行补充，认为 GATT 和 WTO 都赋予了区域经济一体化存在的合法性。但是这是有前提条件的。他强调区域一体化必须有助于全球一体化大目标的实现，与此形成互补而不是替代。

然而，20 世纪末，超大型的区域贸易集团的出现，对最惠国待遇原则的实施形成了强烈的冲击。有学者③指出，GATT/WTO 的制度缺陷通过区域经济一体化在形式和内容的发展变得更加明显。由于缺少权威的组织机构，无条件和自动适用的最惠国待遇原则以及受谈判方数目的影响，两者出现了此消彼长的趋势。GATT/WTO 在规范区域经济一体化中存在着实体上、程序上和对经济事务进行规范的附加困难。当然，区域经济一体化的发展对国际经济法的贡献不可忽视。其在各主权国家中继续强化国际经济法的普遍原则，扩展了国际经济法调整的领域，改进国际经济法调整的方式和效果，并同时为国际经济法整合区域经济组织与多边贸易体系产生了结构性动力。

世界贸易自由化和区域经济一体化的“双轨”碰撞，促进了多边贸易体制目标的实现，改变了多边体制的成员结构，推动了多边贸易规则的完善。但同时又在一定程度上抵消了多边体制的积极效应，造成了多边体制内新的不平衡，排斥多边贸易规则在一体化组织内的适用。虽然，GATT 及 WTO 对区域经济一体化与多边贸易体制所形成的关系进行调整，但这样的调整并不充分完善。有学者④建议 WTO 进一步扩大范围，增加调整内容，强化对区域经济一体化组织的动态监督。

---

① 黄东黎：《世界贸易组织法》，社会科学文献出版社 2009 年版，第 115 页。

② 王文先：《WTO 规则与案例》，清华大学出版社 2007 年版，第 49 页。

③ 李仁真、庞永三：《区域经济一体化对 GATT/WTO 体制的冲击和影响》，《法学论坛》第 21 卷第 2 期。

④ 刘世元：《区域经济一体化对多边贸易体制的影响极其法律调整》，《国际经贸探索》2004 年 11 月。

2. 发展中国家例外

第二次世界大战后，大批殖民地国家获得独立，形成了广大的第三世界发展中国家。这些国家经济的发展面临十分不利的国际贸易环境和条件。1964 年，第一次联合国贸易与发展理事会指出，最惠国待遇只能达到形式上的平等，而实际上却意味着歧视国际社会中的弱国。同年，迫于来自占缔约国多数的发展中国家的压力，GATT 增加了第 4 部分的"贸易与发展"。1970 年 10 月，联合国贸发会通过普惠制，70 年代末"东京回合"通过《有差别与更优惠待遇、对发展中国家充分分担》（即"授权条款"），成为 GATT 第 1 条最惠国待遇原则的例外。

对此，有学者①指出，对于最惠国待遇原则来说普惠制是一项重要改革，但与发展中国家意义上的普惠制还有很大距离。对许多发达国家来说，意味着他们已经开始从国际经济旧秩序的原有阵地上退却，但是在退却的过程中又步步为营，力求尽多地保住既得利益。

学界普遍认为，这种优惠待遇"不是发展中国家可以要求的权利，而只是发达国家的恩惠"。② 实践中，发达国家成员对普惠制的实施规则各不相同。通常，各成员要求享受普惠制待遇的发展中国家符合某些规定的条件。在制定这些条件时，施惠国首先考虑的是自己国家的经济利益，并往往将政治和文化上的考虑作为给予发展中国家普惠制待遇条件的一部分。

一方面，"他们在确定受惠国名单时，往往出于经济或者政治考虑，厚亲薄疏，排斥'异己'，甚至以此作为实施'经济制裁'或者政治要挟的手段"。③ 另一方面，在开列受惠产品清单时，往往把对于发展中国家出口有重大影响的产品，排除在受惠产品之外；在厘定关税优惠减免幅度时，往往设定各种"配额"和"最高限额"和其他保护性措施。这就使得关税普惠制在实际执行中受到重重限制，甚至有名无实。

严格来说，国际上现行的关税普惠制，实际上还只是各发达国家各种不同给惠方案的简单拼凑，远非发展中国家原先要求的普遍、非互惠和非歧视的关税优惠制度。

---

① 陈安：《国际经济法学》，北京大学出版社 2007 年版，第 111 页。

② 黄东黎：《世界贸易组织法》，社会科学文献出版社 2009 年版，第 117 页。

③ 陈安：《国际经济法学》，北京大学出版社 2007 年版，第 110 页。

还有学者[①]指出普惠制实施的另外两大缺陷。第一，对发达国家承担义务的约束力度不够，没有从机制上保证发达国家必须履行对发展中国家的义务。第二，发达国家利用当年在“授权条款”中的过渡期规定，单方面宣布发展中国家从 GSP“毕业”，而拒绝实施普惠制。

普惠制之所以在现实中产生的这些问题，是由于其条文语言是“软”的，从而导致这个授权条款只是个“尽可能实施”的条款，或者是“最佳努力”条款。有观点[②]指出，更多的理由则在于一个显而易见的事实：发达国家在这个世界上拥有更多的权力——经济的、政治的、外交的，对发展中国家来说，现实的选择是，最大程度的改变权力的不平衡和不平等。此外，就 GATT 本身来说，它不是一个既有的体制，而是发展中国家与发达国家斗争妥协的结果。然而，不幸的是，GATT 从程序和结构上对发展中国家都很不利。

二　GATT 第 3 条：国民待遇原则

与最惠国待遇相似，国民待遇原则也是一个历史的产物，可以追溯到希伯来人的法律，以及 11 世纪意大利各城邦之间出现的国民待遇协议。12 世纪，英国和欧洲大陆的一些城市签订了国民待遇贸易条约，并在 17 世纪、18 世纪得以广泛推广。1789 年《人权宣言》的发表，标志着无条件国民待遇阶段的开始。1804 年的《法国民法典》提出以互惠为条件的国民待遇原则。之后，国际法开始成为国民待遇的依据。自 1934 年起，美国极力在各种双边贸易谈判中纳入国民待遇原则。然而，GATT 时期，国民待遇并没有得到很好的履行。直到 20 世纪 60 年代，经济主权原则的兴起，才使各国重新审视国民待遇原则。20 世纪 80 年代，世界范围内关税的大幅度削减，为国民待遇原则的发展提供了契机，使它开始成为消除贸易保护和歧视的重要工具。WTO 承袭了 GATT 的国民待遇原则，但其内涵和外延都发生了变化，且在执行、解释等方面都有重大发展。

---

① 王文先：《WTO 规则与案例》，清华大学出版社 2007 年版，第 48 页。

② 张向晨：《发展中国家与 WTO 的政治经济关系》，法律出版社 2000 年版，第 48 页。

(一)适用范围和特点

有观点①认为，国民待遇常与最惠国待遇孪生配对，成为国际贸易中平等与不歧视原则缺一不可的两翼。二者目的相同，都是为了实现自由贸易，减少市场扭曲，货畅其流。然而，各自涉及的领域和要调整的法律关系却不相同。也有学者②认为，GATT 第 3 条第 1 款的重要意义，在于拓宽了国民待遇对国内税、费、法律、法规的管制范围：即使某成员方国民待遇的税、费、法律、法规，其实施或者立法目的并不在于对进口产品进行歧视，只要最终造成了歧视性后果，就违反国民待遇的规定。因而，实践中，对该条的争议，主要集中在其解释上。若其义务范围涵盖越广，则对进口成员方的限制越大。同时，无论是实体还是程序规则，都应当是 GATT 第 3.4 条规范的范围。

此外，有学者③指出，适用国民待遇原则不根据贸易效果来确定。进口量反映出来的进口产品与国内产品的“贸易效果”不明显或根本不存在，对是否违反国民待遇不产生影响。因为，第 3 条并不保护对特定贸易数量的期望，而是保护进口产品和国内产品间的平等竞争关系。同时，在适用国民待遇时，要处理好促进国内经济发展的措施和对国内产业提供保护的关系，GATT 第 3 条第 8 款的规定并不妨碍对国内生产者给予特殊的补贴。

有观点④指出，因 WTO 对 GATT 框架的突破和扩展，其适用范围的差别体现着以人为对象、以物为对象、人物混合的概念的差别。不同于服务贸易与知识产权领域，货物贸易领域的国民待遇经过争端解决机构的多次解释和澄清，适用已经表现出不同的特点。第一，货物贸易领域的国民待遇具有普遍性，适用于成员方的进口产品，而且不论进口成员方是否在减让表中对该项产品做出减让和关税约束的承诺；第二，适用的无条件性，这是基于祖父条款的完全取消；第三，适用的强制性，这得益于

---

① 赵维田：《世贸组织（WTO）的法律制度》，吉林人民出版社 2000 年版，第 139 页。

② 黄东黎：《世界贸易组织法》，社会科学文献出版社 2009 年版，第 119 页。

③ 郭寿康、韩立余：《国际贸易法》，中国人民大学出版社 2009 年版，第 203 页。

④ 杨向东：《WTO 体制下的国民待遇原则研究》，中国政法大学出版社 2008 年版，第 29 页。

WTO 争端解决机构的裁决及其执行力。

(二) 国内税、费的规定与国内法律、法规和规定

1947 年的筹备起草会议曾提议定义国内税为货物离开海关以后所征的税。这个定义遭到了法国代表的反对。此后，在 1948 年召开的哈瓦那会议，对国内税做出了权威定义。国内法律、法规和规定的争议，通常发生在“相似产品”、“不低于”、“规定”的含义和范围的解释上。上诉机构通过 1973 年加拿大外商投资审议案、2001 年欧共体石棉案、2001 年韩国牛肉案等案件对其进行了解释。

有学者①质疑，第 3 条第 2 款明确将国民待遇限制在对“产品”所征收的税上，排除了对个人或公司所征的所得税，这在实行不同税制的各国，是否会使得均摊在产品上的税收水平产生差距？还有观点②补充指出，GATT 第 3 条第 4 款规定了“所有的法律、法规、要求”，很明显指的是政府行为，而不涉及私人行为，尤其是没有约束限制性商业措施，这是 GATT 第 3 条的一个漏洞。

对于国内税，有学者③指出了对地方政府税收的担忧，认为如何将 GATT 规则适用并约束一国的地方政府，将是一个很大的难题。比如在联邦制的美国，这个问题将会非常复杂。

此外，有观点④认为，与国内税费相比，法律、法规和规定有着更为广泛的含义，涉及各国国内经济政策和法规的许多方面。这种广泛的干预和阻力，常常成为各国互相指责的根源。加之根据 GATT 第 20 条和 21 条，各国常常可以用“合法”措施优待本国产品，使得许多法律界限难以划清，冲突很难协调，为保护主义制造关税障碍以可乘之机。

有观点⑤补充认为，这种广泛性不仅是基于其文意，还由于专家组对

---

① 赵维田：《世贸组织（WTO）的法律制度》，吉林人民出版社 2000 年版，第 144 页。

② 杨向东：《WTO 体制下的国民待遇原则研究》，中国政法大学出版社 2008 年版，第 51 页。

③ 赵维田：《世贸组织（WTO）的法律制度》，吉林人民出版社 2000 年版，第 144 页。

④ 同上书，第 147 页。

⑤ 杨向东：《WTO 体制下的国民待遇原则研究》，中国政法大学出版社 2008 年版，第 51 页。

其进行了广义的认定，认定其包括了影响国内销售、供应、购买、运输、分配等的所有法律、法规和要求。此外，第3条第4款不仅适用于实体法律、法规和要求，也适用于程序法。而该款的“影响”一词，同样具有广泛的含义，通常指有影响的法律、法规和要求，不仅包括直接规范销售或购买条件的法律和规章，也包括可改变国内产品与进口产品在国内市场竞争条件的任何法律和规章。

另外，法律、法规和规定“既可以是强制性的，也可以是非强制性的，企业为从政府得到某一利益而自愿接受的要求也属于法律、规章和要求的范围”。①

（三）“同类产品”与“直接竞争或替代产品”

正如“相似产品”概念对于最惠国待遇的作用，同类产品和直接竞争或替代产品的概念，成为援引国民待遇的关键。在过去的几十年里，争端解决机制一直努力尝试定义“同类产品”及“直接竞争和替代产品”，寻求国民待遇的认定标准。从1970年的边境税调整案对同类产品的传统定义，到20世纪90年代适用的“目的与效果”方式，再到争端解决机制对后者的摈弃，近期，争端解决机构开始利用市场分析工具，寻求准确定义“同类产品”。

对此，学界比较通行的观点②，是根据个案考虑一系列相关因素做出认定。这些相关因素包括：产品是否相似；既定市场中的产品最终用途；消费者的口味和习惯；产品特征，性质和质量；关税分类……直接竞争或替代产品的适当范围的确定也需要根据个案进行。不属于“同类产品”的产品可能落入直接竞争或替代产品范围。后者的范围比前者小。在确定是否为“直接竞争或替代产品”时，不仅要考虑以上因素，还可以考虑市场位置、推销手段、直接或潜在的竞争状况等。

有学者③指出，第3条第4款中的“相同产品”与第2款中的“相同产品”，其内涵不尽相同。第2款由于有“直接竞争或替代产品”作为“相同产品”的补充，故其“相同产品”应从严解释。而第4款的“相同

① 郭寿康、韩立余：《国际贸易法》，中国人民大学出版社2009年版，第204页。

② 同上。

③ 曹建明、贺小勇：《世界贸易组织》，法律出版社2004年版，第70页。

产品”则应从宽解释。应根据相关产品之间的竞争关系性质及程度，决定其是否为第3条第4款规定的“相同产品”。

然而，这两个概念的厘定不仅仅是GATT体系内部的解释或适用工作，更是对成员方贸易及贸易主权的重大影响。对此，有观点①指出，“同类产品”的认定标准是援用国民待遇的关键。但这些标准的制定和适用会显著影响国内管理自治。如果定义太窄，政府将缺乏保护国内产业的空间。如果定义太宽，就无法限制政府对措施进行滥用。因此，认定同类产品的标准，往往会陷入两个极端的方法中，需保证管理措施的自治性，又要能限制贸易保护。

（四）国民待遇例外

政府采购涉及数额巨大。为促进国民经济和保障就业，许多国家直接或间接将与政府采购相关的贸易留给本国企业。这一违背自由贸易的作法，得到了GATT的许可，成为GATT时期国民待遇的例外，使政府采购行为长期游离于多边贸易体制之外。为扭转这一局面，东京回合曾达成《政府采购协议》，将最惠国待遇和国民待遇引入政府采购领域，“以通过商业对价来保证政府采购更广泛的公平的国际竞争”②。但是，由于参与该协定的国家不多，其约束力十分有限。乌拉圭回合在此基础上进行修改，推出了新的《政府采购协议》，强调政府采购的国民待遇和非歧视原则，并制定了一系列规则保证采购招标的透明度。但该协议不包括在一揽子协议范畴，其性质仍属诸边，只对协议签署国有效，影响力仍然有限。

《政府采购协定》成员数量太少，是WTO框架内推进政府采购自由化的当务之急。就此，有学者③指出发展中国家和最不发达国家加入该协定的重要性和可行性，认为发展中国家加入WTO《政府采购协定》的重要条件，是参照GATT的经验作法，允许发展中国家和最不发达国家继续保持相当程度和可接受形式的民族产业保护措施。

---

① 杨向东：《WTO体制下的国民待遇原则研究》，中国政法大学出版社2008年版，第77页。

② 王文先：《WTO规则与案例》，清华大学出版社2007年版，第58页。

③ 安心：《WTO〈政府采购协定〉的几个问题》，《中国法学》2001年2月。

立足法律实施机制内涵，以法律实施机制的内在要素为视角，有学者[①]分析了 WTO《政府采购协定》实施机制，并得出这样的结论：缔约国承诺是 WTO《政府采购协定》实施机制的基础。双层救济体制（即 GPA 协定的质疑程序与争端解决机制所构成的双层救济体制）是《政府采购协定》实施机制的核心。缔约国立法与司法保障是《政府采购协定》实施机制的关键。

有学者[②]研究了《政府采购协定》救济机制的价值取向和设计要素指出，首先，价值取向方面，法律制度的价值目标决定了救济机制的价值取向。政府采购协定的价值取向是贸易自由化。因此，其救济机制的价值取向也应是贸易自由化。其次，设计要素方面，救济制度设计要以"歧视"因素为核心，捍卫《政府采购协定》的非歧视原则。

此外，政府采购作为一种影响贸易流动的经济行为，被各国和国际社会所规范。政府采购实体的适用范围问题，是政府采购法适用的前提和核心。目前，国际贸易体系中，关于政府采购实体的国际规制，通常有下列几种情况：一是全球性的协议或者规范，如 WTO《政府采购协定》；二是地区性协议或安排；三是统一市场中的政府采购安排。对比研究政府采购实体的国际规制，可以看出这样的特点：（1）政府采购实体的适用范围呈现出不断扩展的趋势；（2）政府采购实体的具体范围，由各缔约国在国际规范的附件中具体列举；（3）政府采购实体的判断标准，由形式标准转向职能标准；（4）政府采购实体的适用范围兼具确定性和不确定性。

然而，以缔约为基础的诸边协议，各成员方对《政府采购协定》又当负有怎样的义务？有学者[③]指出，缔约国间订立的国际条约，其所创设的义务，对象是各缔约成员方。但是，缔约成员方是一个宏观概念。具体涉及缔约方的国家机构、从事相应行为的当事人和主体，以及规范和约束相应行为的法律及政策措施。GPA 协定作为 WTO 的诸边协定，旨在消除政府采购这一新贸易壁垒形式，其义务的对象，主要是成员方政府采购的

---

① 肖北庚：《WTO〈政府采购协定〉之实施机制》，《现代法学》2002 年 12 月。

② 李佳薇：《WTO〈政府采购协定〉救济制度解析》，《沈阳工业大学学报》（社会科学版）2010 年第 4 期。

③ 肖北庚：《缔约国于〈WTO 政府采购协定〉之义务及我国因应》，《环球法律评论》2008 年第 4 期。

各种措施。因此，以承诺为基础在国内法制中转化适用 GPA 协定，是协定加入国的一般义务。过往加入国通常采取符合本国法律体制和经济竞争实力的承诺，建立或完善以政府采购法为基本法的统一法制体系，来践行 GPA 义务。

三　贸易法规透明度原则

透明度原则被学者称之为“阳光原则”，意为一旦光芒射到，问题就会消失。GATT 时代，透明度原则被规定在 GATT 第 10 条，仅限于货物贸易范畴。其对透明度的要求，也主要是公开政府的法律和规定。WTO 建立以后，透明度原则被服务贸易协定和知识产权协定所采用，并建立起贸易政策审议机制，以保障透明度原则的适用。在 WTO 成立的短短几年里，关于违反透明度原则的诉讼已经多达 20 余起。更多不同经济发展水平的国家开始利用这个原则。

（一）实质

对其内涵，有学者[①]指出，透明度原则实质上包含了两个方面的意思：其一，是指法律、法规、行政规章和行政命令等应事先公布然后再予以执行和实施；其二，是指执行和实施的程序、标准和规则要公开化。

有学者[②]将透明度原则的法律属性分为 3 个层面：第一，涉及贸易政策的法律、法规可以公开获得；第二，程序公平；第三，对行政性决定拥有独立和公正的审查体系。

有学者[③]基于货物贸易、服务贸易和知识产权贸易领域的透明度原则的规定，总结出透明度原则的如下特点：第一，透明度原则是双向的、互惠的，各成员都要遵照 WTO 的有关规定，彼此都必须公开各自的贸易法律法规和措施；第二，透明度原则是有一定范围要求的，对妨碍法令的贯彻执行和违反公共利益或损害某一公私企业正当商业利益的机密资料，没有强制性要求。同时，透明度原则之所以成为 WTO 的基本规则之一，是

---

① 王贵国：《世界贸易组织法》，法律出版社 2003 年版，第 87 页。

② 胡加祥、彭德雷：《WTO 贸易政策的透明度要求：法律原则与中国实践》，《时代法学》2012 年 2 月。

③ 王祥修：《WTO 透明度原则对我国法制观念的影响》，《企业经济》2007 年第 1 期。

由于它本身体现了两个方面的价值内涵：自由贸易的价值和程序正义的价值。此外，透明度的主要内容，包括了贸易政策措施的公布、通知和评审3个方面。

（二）要求（实施保障）

有学者①指出，透明度原则的GATT条文，除第10条外，也体现在WTO其他条款中。譬如：GATT第6条关于征收反补贴税的报告制度；GATT第13条关于数量限制的公告制度；GATT第19条关于紧急措施的书面通知义务；《TRIMs协议》、与贸易有关的知识产权协定以及服务贸易协定等中都有关于透明度原则的规定。

有学者②认为，各项协定为WTO成员创设的透明义务要求，主要体现在以下几个方面：第一，与贸易有关的普遍适用的法律、法规、司法判决和行政裁定的公布；第二，公布时间的及时性要求；第三，司法、仲裁或行政庭，以及信息咨询点、联络点的设立；第四，国际条约缔结后的通知义务。第五，对相关利害关系方反馈意见的考虑。

有观点③指出，作为WTO的基本原则的透明度所要求的是最低标准的透明度，并仅限于相关协议适用的范围。在法律的执行上，GATT还要求各缔约方采取“统一、公正和合理”的方式来达到这个目的，缔约方还应当维持或尽快建立“独立的司法、仲裁或行政法庭或程序”。然而，“统一、公正和合理”与“独立的司法、仲裁或行政法庭或程序”均无具体规定，只能由缔约方自行解释。

有学者④补充认为，WTO对透明度并没有规定一个实体的衡量标准，对这一原则的维护是通过程序技术的设定来完成的。把价值问题转换为程序问题来处理，是打破WTO政治僵局和文化差异的一个明智选择。

在对象上，有观点⑤指出，WTO透明度原则不仅要求各成员之间的相互“透明”，而且要求各成员向WTO的“透明”和对公众的“透明”。

---

① 黄东黎：《世界贸易组织法》，社会科学文献出版社2009年版，第171页。

② 胡加祥、彭德雷：《WTO贸易政策的透明度要求：法律原则与中国实践》，《时代法学》2012年2月。

③ 王贵国：《世界贸易组织法》，法律出版社2003年版，第87页。

④ 谢晓尧：《WTO透明度：固有价值与保障机制》，《法学》2003年第1期。

⑤ 王祥修：《WTO透明度原则对我国法制观念的影响》，《企业经济》2007年第1期。

（三）作用

对于透明度原则的作用，有学者①指出，透明度是解决所有问题的第一步，因为，在解决问题之前，必须对措施进行识别确认。如果透明度缺失，则很难判断是否符合国民待遇和最惠国待遇的原则要求。WTO 贸易政策审议机制和争端解决机制，是透明度义务履行的两套保障体制。基于自由贸易理念，裁判者往往对涉及透明度原则的措施，做较为广泛的界定。

有学者②将透明度原则视为 WTO 的固有价值和保障机制。这一固有价值体现为法律的可预见性和可计算性，目的在于使经济理性行为建于法律理性基础上，发挥抗击不确定性和降低交易成本的制度功能。

保持各成员方的经济贸易政策充分透明，是 WTO 实现其总体目标必不可少的先决条件，也是各成员方根据 WTO 所确定的各项机制获得利益的先决条件。对其必要性，有学者③阐述了以下理由，这些理由也同时体现了其作用：第一，要使各成员方的经济贸易政策与 WTO 的目标保持一致，就必须使各成员方所制定和实施的经济贸易政策具有充分的透明度；第二，为确保每个成员方利益，也有赖于所有其他成员方所制定和实施的经济贸易政策；第三，贸易政策的透明度可以减少 WTO 争端解决机制的压力；第四，贸易政策透明度有利于减少贸易政策的不确定性。因而，能否确保各成员方的经济贸易政策充分透明，是决定 WTO 法律体系能否有效运转、能否发挥实际作用的一个关键问题。

笔者认为，作为国际贸易体系最重要的原则之一，透明度原则对于增加市场竞争的可预见性以及减少政府的暗箱操作，具有重要作用。透明度原则的实质，就是要通过程序正义来保障贸易自由化。在设置了严格而具体的操作程序的情况下，作为一个最低限度要求，它在不苛求成员方的情况下，要求 WTO 各成员方公开其与外贸有关的法律、法规、行政规章和行政命令。对此，学界给予了很高的评价。有学者④进一步

---

① 胡加祥、彭德雷：《WTO 贸易政策的透明度要求：法律原则与中国实践》，《时代法学》2012 年 2 月。

② 谢晓尧：《WTO 透明度：固有价值与保障机制》，《法学》2003 年第 1 期。

③ 曹建明、贺小勇：《世界贸易组织》，法律出版社 2004 年版，第 77 页

④ 黄东黎：《入世十年与中国法治》，《法治研究》2009 年第 3 期。

指出，为满足透明度原则而设立的听证会制度等决策方式，将逐步使中国的政治决策真正走向法治。透明度对我国法治建设起到了重要的推进作用。

第二节 关税规则

一 货物贸易中的关税

“关税是对外贸易管理措施中最古老、使用最普遍、效果最直接的调控工具。”① 然而，不适当的高关税会对经济造成消极影响，最终影响国民经济的发展。美国历史对此提供了有力的佐证。美国曾有过3次关税高峰，每次关税高峰都以“损人开始，又以害己被迫回落”。② 20世纪30年代的斯姆特—霍利关税法把美国经济引入绝境。第二次世界大战宣告了高关税政策的失败。从1947年到1994年，GATT一共举行了八轮多边贸易谈判。在每一轮谈判中，关税减让都是其必不可少的内容。尤其是前五轮谈判，关税削减几乎是唯一的话题。从“产品对产品”逐项谈判程序到线性程序、东京回合削减公式，再到乌拉圭回合的新成就，GATT的成功主要表现在逐步降低关税上。约束关税并分阶段削减原则成为GATT的根本原则。GATT第2条的规定构成关税减让制度最核心的部分。WTO时代，关税减让原则延伸到更广阔的领域。

关税、数量限制、补贴、国家垄断经营和海关手续，是战后阻碍国际贸易发展的五大壁垒。在哈瓦哈宪章和GATT中，各国决定制止、抑止或限制前3种，允许或放行后两种。有学者③指出，这是因为关税和海关手续是透明的，可以通过逐步削减或“减让”而降低并使之构不成障碍；海关手续及其相关的贸易措施可以用加强监督的方法来公平实施。同时，关税制度一般是稳定的，略加变动即需要通过立法形式发布。这就增加了关税和国际贸易的可预见性。同时，如果配合最惠国原则，一国的贸易方

---

① 王传丽：《国际贸易法——政府管理贸易的法律与制度》，中国政法大学出版社2002年版，第27—28页。

② 赵维田：《世贸组织（WTO）的法律制度》，吉林人民出版社2000年版，第101页。

③ 同上书，第102页。

位、进口货来源以及贸易额大小，均可在一定条件下按市场机制做出优化调整与配置，使进口产品物美价廉。可见，透明性被认为是关税措施得以保留和遵守的首要因素。关税制度的自身属性，决定了关税减让原则在国际贸易中的地位。

以上观点得到学界普遍认同。有观点①补充指出，WTO 继承 GATT 的宗旨，对关税和数量限制采取迥然不同的态度。对于关税，允许存在但要逐步减让；而对于数量限制，一般情况下必须取消，在特殊情况下可以适用，但规定严格适用条件。对此，除上文所言透明性原因外，还存在其他理由：（1）关税与国内和国际价格之间关系密切；（2）关税比较容易保障非歧视地对所有进口产品实施；（3）关税给进口国政府带来财政收入。

对于关税减让原则的实质和价值，有观点②指出，GATT 的关税减让原则，一方面体现了成员之间权利和义务的平衡；另一方面，也为货物贸易的市场准入提供了安全稳定的税收及价格机制。同时，约束税率不仅是一国承诺开放本国市场的重要基础，也是一国在 WTO 中可以获取利益的重要条件。对 GATT 关税减让原则的完整理解应当把握 3 点：关税保护、关税削减及关税约束。三者之间有着内在联系：关税保护是一国保护国内产业的唯一手段，但这只能是权宜之计；成员必须通过多边谈判将关税逐步递减；递减后的关税必须得到约束，以保证减让义务得到履行。

然而，关税减让原则并不是绝对和无限制的。与最惠国待遇一样，它不仅是 GATT 中的基本原则，也是最根本的义务。有学者③指出，最惠国待遇义务的存在，也是为了保证约束关税这一义务的实施。但是，这一义务也有例外：从某种程度上说，总协定第二部分的许多规定，都可以视为第一部分的例外。就拿约束关税来说，征收反补贴税、反倾销税、采取保障措施，都可以视为约束关税的例外。

从 GATT 时代到 WTO 时代，虽然各成员的普遍关税已大幅降低，

---

① 曹建明、贺小勇：《世界贸易组织》，法律出版社 2004 年版，第 91 页。

② 王文先：《WTO 规则与案例》，清华大学出版社 2007 年版，第 77 页。

③ 韩立余：《国际贸易法案例分析》，中国人民大学出版社 2009 年版，第 207 页。

但未来关税仍将是国际贸易领域中一个长期存在的重要问题。对此，有观点[①]解释认为：第一，各成员方经济实力差异导致的税差悬殊将长期存在；第二，高关税和关税升级作为发达国家阻挡发展中国家加工产品出口、保护本国市场的必要手段仍将长期存在；第三，发展中国家也将利用现行关税维护自身的利益；最后，新的成员加入 WTO 离不开关税减让。

二　海关估价

海关规则与约束关税同等重要。如果应付关税因进口货物价格的海关高估而增加，则低关税所保证的市场准入就失去了意义。随着经济全球化进程的推进，国际贸易的经营对象、成交条件越来越复杂；跨国公司的各种价格规定令海关估价更加困难。在这种情况下，海关估价有可能成为一种贸易壁垒。GATT 第 7 条是关于海关估价最初的规则。但是，“这个规则下的海关估价五花八门，相关程序也带有很大的随意性和保护性，使贸易商难以事先确定货物实际需要支付的关税”。[②]

为订立一个统一、透明而公正的标准，欧共体在 1963 年肯尼迪回合提出建议，但未获成功。在东京回合中，为了建立一个可预测、尽量符合商业现实的商业估价体制，谈判各方达成一套新的规则《关于实施 GATT 第 7 条的协定》，通称“1979 年海关计价守则”。大多数发达国家签署了这个协定。但是，接受该协定的发展中国家却只有 10 多个。乌拉圭回合对该协定进行了重新审议。谈判各方达成一个新的协定，即《关于实施 1994 年海关与贸易总协定第 7 条的协定》，也称《海关估价协定》（CVA）。此外，乌拉圭回合还增加了两项部长级宣言，以减少发展中国家的顾虑。乌拉圭回合达成的估价制度，是一个建立在简单、明确和公平基础上，并充分考虑了商业惯例的制度。该制度被纳入 WTO 规则体系，对所有 WTO 成员方具有约束力。

GATT 第 7 条对海关估价及“实际价值”做出界定。就此，有学者[③]

---

① 黄东黎：《世界贸易组织法》，社会科学文献出版社 2009 年版，第 179 页。

② 同上书，第 196 页。

③ 赵维田：《世贸组织（WTO）的法律制度》，吉林人民出版社 2000 年版，第 113 页。

指出，GATT 第 7 条对于“实际价值”所作的界定相当含糊，甚至比 GATT 第 6 条反倾销规则中的“正常价值”还要不确定。例如，什么叫“正常贸易过程”？怎样才算“在充分竞争的条件下”“最近似的价格”？通常是很难说清楚的。这种含糊令其适用和判断产生困难，实际上给予各进口国海关当局相当大的自由裁量权。

有观点①指出，除含糊性外，GATT 第 7 条中专门机构规定的缺失给实际操作带来困难。对于海关估价这样一个技术性颇强的业务，应当设立专门的管理机构来监督各项规定的实施。这个问题的提出，为后来海关估价技术委员会的建立奠定了基础。

东京回合海关估计协议，虽然并未就进口产品估价问题提出彻底的解决办法，但它在海关估价制度进程上所起的作用不容小觑。由于海关估价协议的具体执行主要是通过各缔约方制定相应的法律或修改原有与估价协议不相符的法律，“它对促进统一各国关税制度有积极作用”。②

与 GATT 第 7 条相比，《海关估价协定》取得了很大的成功。该协定的基本原则是海关应当在最大限度内以货物的成交价格作为货物完税价格。有学者③认为，这是协定的核心内容。除此之外，有观点④指出，这样的成功主要表现在废止海关当局任意行使权利、设置种种虚构标准、确定统一的按“交易价”或发票价为计价标准上。此外，计价守则为各种标准做出了详细的解释性界定，是这个协定的一大特色。

还有学者⑤指出，《海关估价协定》体现了对进口商权利的重视。这一方面表现在《海关估价协定》对透明度的要求，同时，为了保证进口海关不滥用权利，只要进口商要求，海关便必须书面通知进口商其所使用的完税价格和确定完税价格所使用的方法。另一方面，表现为它规定每个成员均必须通过立法方式，授予进口商和其他纳税人上诉而不受处罚的权利。如果完税的确定不能及时做出，则进口商在提交了保证金或其他保证

---

① 曹建明、贺小勇：《世界贸易组织》，法律出版社 2004 年版，第 95 页。

② 王贵国：《世界贸易组织法》，法律出版社 2003 年版，第 543 页。

③ 韩立余：《国际贸易法案例分析》，中国人民大学出版社 2009 年版，第 221 页。

④ 赵维田：《世贸组织（WTO）的法律制度》，吉林人民出版社 2000 年版，第 114—115 页。

⑤ 王贵国：《世界贸易组织法》，法律出版社 2003 年版，第 548 页。

后，“能够从海关提取货物”。这不仅为进口商的救济另辟蹊径，还避免了货物进口因海关估价而滞留。

对于发展中国家问题，有学者①指出，《海关估价协定》使海关可调整的项目更加明确，所列范围也更宽。这与东京守则将海关拒绝将成交价格限定在极少数情况的规定形成一定对比。发展中国家对此极为关注。因为这些国家认为，过去的东京守则无端约束海关管理部门，使之无法处理进口商为减少税赋而故意低报货物价格的行为。这正是 WTO 成立以前，大多数发展中国家不愿履行东京守则的原因。此外，基于发展中国家的种种顾虑，包括技术人员匮乏的问题，协定为之订立了过渡期和提供技术援助的条款。有学者②评价，尽管对发展中国家的特殊待遇还有扩大的空间，与其他协定相比，发展中国家在海关估计协定下享受的待遇具有相当大的实质内容和实际意义。

三　原产地规则

“二战”后，科技进步与国际分工迅猛发展，国际贸易中出现了越来越多的“万国产品”，随之而来的是原产地归属问题。对此，各国制定烦琐、苛刻的原产地规则，使得原本用于贸易统计的规则在一定程度上，演变成为非关税贸易壁垒之一，影响了国际贸易的正常进行。为了建立一个统一的原产地规则，GATT 与海关合作理事会曾做过长期的努力。1947 年 GATT 第 9 条对“原产地标记”问题做出过规定。1973 年海关合作理事会在日本京都制定了《1973 年简化和协调海关手续的国际公约》（即《京都公约》），其中心内容是海关手续问题，也包括原产地规则。但是，直到 1989 年乌拉圭回合谈判，原产地规则才被提上议事日程。最终在 1993 年 12 月 15 日，与会各方签署《原产地规则协议》，以指导各成员方按无歧视、透明、可预见、稳定和公正的准则，制定和实施原产地规则。

（一）原产地规则的运用

有学者形容原产地规则为“连接产品与缔约方的法律纽带”③，认为

---

① 王文先：《WTO 规则与案例》，清华大学出版社 2007 年版，第 203 页。

② 王贵国：《世界贸易组织法》，法律出版社 2003 年版，第 549 页。

③ 赵维田：《世贸组织（WTO）的法律制度》，吉林人民出版社 2000 年版，第 117 页。

原产地规则在 GATT 中发挥着重要的纽带作用。离开它，总协定将无法正常运转，尤其是最惠国待遇原则，需借助原产地规则才能得以发挥作用。

GATT 或 WTO 法律体系之外，原产地的作用广泛体现在国际贸易政策和业务之中。有学者①区分了原产地规则在关税、非关税和贸易统计方面的作用。关税和非关税方面，原产地规则对不同国家的货物给予不同的关税待遇；贸易统计方面，各国根据进口货物的原产地，逐项逐笔分类统计，为政府提供贸易统计数据；各国政府则根据海关统计的数字，检查进口许可证和外汇配额等制度的执行情况，并制定相应的贸易政策，掌握国别政策和外贸平衡。

国际贸易中，对于来自不同国家的商品适用不同的税率、给予不同的待遇，是原产地规则的重要性所在。究其实质，有学者②指出，原产地规则实质上就是贸易待遇原则，或者说贸易待遇建立在原产地规则的基础上。因此，贸易统计、国别贸易政策的制定和实施、最惠国待遇、配额、反倾销、反补贴、保障措施、政府采购等，都离不开原产地规则。人们反复强调这样的现实：从 GATT 到 WTO，多轮的贸易谈判在很大程度上已经降低了关税对贸易的保护作用，各国的贸易保护手段已经逐渐转向了非关税壁垒。因此，原产地规则的作用在今天已经远远超越了税率确定、贸易统计等技术性意义。其背后隐含着巨大的经济利益，成为一国经济贸易政策的重要组成部分。

对原产地规则的工具性作用，有学者③就原产地被当作保护本国产品、决定特惠待遇以及辅助其他贸易管理手段的工具，做了细致的分析。作为保护本国产品的工具，原产地被用在政府采购中将外国产品排除在外；被用在某些政府补贴的授予中以确定补贴对象；被用在自由贸易区及发展中国家普惠制体系中，作为决定特惠待遇的工具，区分本国产品和外国产品以及不同来源的外国产品。此外，作为其他贸易管理手段的工具，原产地是反倾销、反补贴、保障措施和配额管理不可缺少的工具。以上是原产地规则的合法用途。除此之外，鉴于其技术性强，执行具有隐蔽性，

---

① 沈四宝：《世界贸易组织法教程》，对外经济贸易大学出版社 2005 年版，第 109—110 页。

② 韩立余：《世界贸易组织法》，中国人民大学出版社 2005 年版，第 122 页。

③ 黄东黎：《世界贸易组织法》，社会科学文献出版社 2009 年版，第 203 页。

存在不少不透明环节，原产地规则常常被用来当作贸易保护的手段。

笔者认为，作为一种贸易政策或贸易管理手段，原产地规则的作用自20世纪以来就被广泛认可。随着国际分工的深入，原产地规则成为GATT和WTO法律体系内的法律纽带适用于贸易待遇等问题；在国际贸易环境中，原产地规则被各国广泛应用在关税、非关税、贸易政策之中；原产地规则还具有很强的工具性功能，能作为其他贸易管理手段的重要辅助。此外，国际贸易中也不乏将贸易作为贸易壁垒的情况，以保护国内产业，对其他国家进行歧视。

（二）《原产地规则协定》

特惠、普惠制原产地

《原产地规则协定》及其附件2《关于特惠原产地规则的共同宣言》对于特惠、普惠制的态度，在学界引起了较大的争议。唯一可以肯定的是《原产地规则协定》及其附件的适用范围。有学者①指出，原产地规则被定义为任何成员方确定货物原产国而实施的法律、法规以及普遍适用的行政命令。原产地规则包括了所有用于非优惠性商业政策措施的原产地规则，即适用于实施最惠国待遇、反倾销和反补贴措施、保障措施、任何歧视性数量限制或关税配额，以及政府采购外国货物和贸易统计等所使用的原产地规则。有学者②补充指出，只要此类原产地规则与导致超出GATT1994第1条第1款适用范围的关税优惠的契约式或自主式贸易制度无关。简言之，该协定确立的纪律主要是对非优惠原产地规则确立的纪律，即“非特惠制原产地规则”。同时，附件2《关于特惠原产地规则的共同宣言》，宣布了适用优惠原产地规则应遵循的原则。

有学者③对《原产地规则协定》适用范畴的规定表示肯定，认为将超出最惠国待遇的关税特惠排除在外是有道理的。因为，首先，特惠原产地规则赋予的特惠，本身就是基于某种特殊的历史、地理或纯粹的政治原因。其次，施惠国有权自行决定给予受惠国“特惠”程度。因此，各国在确定原产地特惠的具体制度时，是不会愿意和不大可能接受其他干预的。

---

① 曹建明、贺小勇：《世界贸易组织》，法律出版社2004年版，第113页。

② 韩立余：《世界贸易组织法》，中国人民大学出版社2005年版，第123页。

③ 黄东黎：《世界贸易组织法》，社会科学文献出版社2009年版，第208页。

相反，有的学者[①]对这样的规定表示担忧，认为鉴于区域贸易协定越来越多，对多边贸易制度产生了重要的影响。原产地规则协议在没有统一非优惠原产地规则的同时，排除了对优惠原产地规则的规范，不利于多边贸易制度和国际贸易的发展。

对此，有学者[②]就普惠制和特惠制本身的特点出发，分析其在《原产地规则协定》适用中的现状和弊端。对于特惠制，特惠原产地规则作为享受特惠资格的规则，与一般原产地规则既有相同的一面，又有原则区别：其规则要更严格。但是，世界各国的特惠原产地规则极不相同。不仅标准差距相当大，而且五花八门。类似的标准或规则造成了人为的歧视因素，极不合理。对于普惠制，其政策目的与自由贸易区特惠制不同，主要是为了帮助发展中国家的经济发展而设立，因此理应宽松。但是，经过联合国贸发会专门研究普惠制的机构近 20 年的讨论，不仅未能拟定普惠制统一的原产地规则，而且连“理应宽松”的立法意旨都没能顾及。对普惠制原产地采取更为严格的规则，几乎是给惠国的共识。从欧洲法院的一个案例可以看出，实际上，普惠制的原产地规则普遍比自由贸易区的规则还要严格。而附件 2《关于特惠原产地规则的共同宣言》似乎更加令人遗憾。一方面，该宣言仅就各国在规则透明度和从速确定原产地程度上制定了一些规则，而在如何简化、协调、统一特惠规则并使之合理化上，未取得任何进展。另一方面，这个“共同宣言”的法律地位和含义含糊不清，很大程度上只是意愿的表示，构不成条约义务亦无法律约束力。这使得宣言中仅有的积极意义大打折扣。

四 《进口许可程序协定》

GAT1947T 明确涉及进口许可证的规定主要有 3 条：第 11 条、第 13 条和第 8 条。其主要精神是原则上不允许设立进口许可证，但可以有例外。由于其规定十分抽象，造成很多可乘之机。为克服漏洞，东京回合达成《进口许可证程序协定》，并于 1980 年 1 月 1 日生效。该协定弥补了 GATT1947 相关条款的空白，制定了较为严密的规则。但是，该协定由

---

① 韩立余：《世界贸易组织法》，中国人民大学出版社 2005 年版，第 123 页。

② 赵维田：《世贸组织（WTO）的法律制度》，吉林人民出版社 2000 年版，第 131—135 页。

GATT 缔约方自愿接受，只对接受缔约方有效，而直到乌拉圭回合前，接受该协议的国家和地区只有 30 个。同时，这个协议还存在用语模糊、透明度不高等缺陷。为了进一步规范和完善进口许可制度，乌拉圭回合谈判经过多方努力，最终达成了新的《进口许可程序协定》。尽管这一新协定的内容基本上承袭了东京回合的成果，但它的接受是一揽子式的，因而适用范围具有更大的普遍性。此外，新协定内容更为详尽具体，更具操作性。

对于进口许可证程序的作用及其影响，有观点①认为，首先，进口许可证作为货物进口的先决条件，不适当地使用可能阻碍国际贸易的流动。其次，某种程度上进口许可是一种不可替代的管理手段。因此，WTO《进口许可程序协议》一方面认可进口许可的效用；另一方面期望进口许可以透明和可预测的方式实施，此外，《进口许可程序协议》与 GATT 第 10 条第 3 款的透明度要求二者在性质上是一致的，但前者比后者更为具体。为有效解决与进口许可程序相关的争端，应优先适用前者。但前者不能代替后者。

有学者②以欧盟香蕉案和欧盟进口家禽产品措施案为例，对进口许可程序的两种制度（即自动进口和非自动进口）进行分析，得出以下结论：自动进口制度规定，任何个人、公司或机构，只要满足进口成员有关法律要求，便有资格申请获得进口许可证。这个规定同时反映了最惠国待遇原则和国民待遇原则。并且，从自动进口许可制度的性质可以看出，它对国际贸易的限制很小，甚至可以忽略不计。在很大程度上，自动进口许可制度起到了进口统计的作用。为鼓励取消贸易限制政策，若无其他更好的制度，各成员方应当采用自动进口许可制度。相比之下，非自动进口许可制度对贸易必然有限制和扭曲作用，与之相关的规定也最容易引起争议，尤其是透明度条款、中性实施进口许可制度以及配额分配等。欧盟进口家禽产品措施案，是关于透明度条款较为典型的案例。而欧盟香蕉案的贡献，则在于理清了进口许可程序协定与 GATT 的关系，界定了进口许可程序协定的范围，同时，应如何理解实施保持中性这一点，对非自动进口许可制度尤为重要。

---

① 韩立余：《世界贸易组织法》，中国人民大学出版社 2005 年版，第 135 页。

② 王贵国：《世界贸易组织法》，法律出版社 2003 年版，第 549—558 页。

需要指出的是，在WTO规则体系中，《进口许可程序协议》的规范角度比较独特，仅适用于进口许可制度的程序领域。学界有观点[1]指出，该协议的实施过程暴露出两个突出问题：一是混淆协议中的一系列基本概念，并由此造成对其适用范围的错误认识；二是对协议最重要的义务之一——“信息公开义务”的适用对象、适用条件以及适用内容界定不清，因而在适用中产生争端。

第三节　货物贸易非关税规则

一　数量限制与数量限制例外

1933年，伦敦召开世界金融与经济会议，与会国强烈呼吁各国在最短时间内彻底取消任何形式的进口配额和其他形式的限制。同年，第7次美洲国家会议一致同意签订贸易协定，取消对进口的数量限制。“二战”后，各国保护主义抬头，重新对进口加以关税和数量限制，因而，进口数量限制成为GATT谈判的一个重要议题。GATT第11条规定普遍取消数量限制。但是，该规定有许多例外条款，而最瞩目的当属收支平衡例外。

（一）GATT第11条普遍取消数量限制

有学者认为，GATT法律体系保留关税而取消数量限制，这似乎表现了GATT法律结构的鲜明特点：“对关税是情有独钟，而对数量限制则严加禁止，对两者的态度截然不同。”[2] 这个特点很大程度上反映了条约首倡国——美国当时的立场。然而，这个理由似乎还不足以阐明普遍取消数量限制的原因。对比关税与数量限制可以看出二者三个方面的区别：第一，关税是透明的，而数量限制则相反。第二，在关税制度下，再配合最惠国原则，一国的贸易方位、进口来源以及贸易额大小，国际贸易可以因市场自动调整。而数量限制本身的歧视性很难被最惠国或不歧视原则完全消除，为国际贸易造成人为障碍。第三，关税具有相对稳定性，而数量限制是由行政部门酌情决定，极易掺入一些非经济因素，把贸易变成一项政

---

① 肖冰：《〈进口许可程序协议〉的适用及相关问题研究》，《河北法学》2002年9月。

② 赵维田：《世贸组织（WTO）的法律制度》，吉林人民出版社2000年版，第164—165页。

治交易，脱离国际经济的市场轨道。以上三个方面的特点，都使得数量限制在 GATT 贸易自由化目的之下难有立足之地。

还有学者[①]基于当时的世界贸易状况和实际补充指出，1947 年起草 GATT 文本时，数量限制是当时最为严重的非关税壁垒。数量限制缺少透明度，因此更容易导致贸易扭曲。此外，数量限制在对国内产业进行保护时，缺乏公众监督，容易导致利益集团对它进行操纵，由此延伸出政治腐败和政治犯罪等行为。可见，数量限制被取消，还存在政治方面的原因。

关于 GATT 数量限制条款的范畴与释义。有学者[②]指出，数量限制属于政府行政措施，素有便捷迅速、立竿见影之功效。就 GATT 关于数量限制的条款与关税保护原则的关系而言，第 11 条、第 13 条概括了（普遍取消数量限制）的核心内容，较系统地体现了该原则的基本精神。这些规定与 GATT 一贯以关税进行保护的原则是一脉相承的，也可以说是关税保护原则的一种强化。

有学者[③]对 GATT 第 11 条第 1 款的含义进行了两个层面的剖析。首先，普遍禁止数量限制。任何成员不得对其他成员产品进口和本国产品进口实行禁止或限制，不论是采取配额、进出口许可证或其他措施。其次，允许各成员采取一定保护本国工业或者其他产业的措施，这种保护应用关税和国内税手段，并尽可能维持在较低的合理水平，而不应采取数量限制。前者确定了 GATT 普遍取消数量限制的一大原则，后者则为之制定例外作为变通。

对于前者，有观点[④]进一步指出，其关于废除进口数量限制的最大特点是不沿袭关税谈判的相互原则。根据第 11 条的规定，各成员除依例外规定对进口加以数量限制外，不应采取任何非关税壁垒的形式阻碍国际贸易的正常进行。换言之，无论其他成员是否就取消非关税壁垒采取有效行动，每一个成员均有义务取缔其对进口的数量限制。因此，普遍取消数量限制，似乎可以算是 GATT 法律体系中比较特殊的一个制度。

---

① 黄东黎：《世界贸易组织法》，社会科学文献出版社 2009 年版，第 220 页。

② 王文先：《WTO 规则与案例》，清华大学出版社 2007 年版，第 79 页。

③ 韩立余：《国际贸易法案例分析》，中国人民大学出版社 2009 年版，第 231 页。

④ 王贵国：《世界贸易组织法》，法律出版社 2003 年版，第 120 页。

此外，有学者[①]分析了普遍废除数量限制条款，即 GATT 第 11 条与第 2 条的关系，认为除关税和第 2 条第 2 款所列的税费外，一切数量限制的形式，包括上述经由国家专控贸易行为的限制在内，统统在“普遍禁止”之列。从这种措辞和表述语气可以看出，第 11 条第 1 款的规定，是与关税减让并列的，是 GATT 通观全局的一条基本义务。理解这一点十分重要，因为它是与条约的总设计思想或法律结构相一致的。

（二）数量限制例外

1. 数量限制例外

GATT 确立的普遍取消数量限制义务是一项极为严格的义务。但是，特殊的情况下，数量限制仍然有其存在的价值和优势。1946 年，伦敦会议达成“伦敦妥协”，产生了第 11 条、第 12 条、第 18 条第 2 节、第 13 条和第 14 条的例外规定。既然普遍取消数量限制不仅具有合理性，而且是一条普遍适用的规则，为什么还要设置例外？有学者[②]认为，这实际上是贸易自由与现实利益两种价值取向的博弈。贸易自由，即使从经济学理论上说完全正确，也只能作为各国及其人民长远的奋斗目标，而要达到这个目标还需要妥善处置并兼顾各国的眼前利益，尤其要兼顾涉及一国国计民生大计或紧急、特别情况，才有可能建立一种现实而稳定的国际贸易秩序。这就需要在长远目标和眼前利益之间，寻求某种大家均可接受的妥善、折中或平衡。而这当中离开数量限制这种手段以及它具有的无法替代的速效而直接的功能，恐怕是不行的。

有学者[③]对 GATT 中关于数量限制的例外，从目的和类型上做了区分，认为一方面，总协定允许缔约方在某些特定情况下实施数量限制，以使之能够应付经济发展中出现的紧急问题。另一方面，总协定对这些例外规定了严格的条件，表明要将这些例外情势置于严格国际管制之下的良好愿望。总的来说，禁止数量限制原则的例外来自三方面的需要：保护国内农业（第 11 条）；保障国际收支失衡（第 12 条）；促进发展中国家的经

① 赵维田：《世贸组织（WTO）的法律制度》，吉林人民出版社 2000 年版，第 167 页。

② 同上书，第 166 页。

③ 韩立余：《国际贸易法案例分析》，中国人民大学出版社 2009 年版，第 231—232 页。

济发展，即允许发展中国家为保护对外金融地位和保证储备水平，以满足实施经济发展计划的需要而采取的进口数量限制（第 18 条）。在争端解决中，这些例外条款解释应当遵循从严解释的原则。

需要指出的是，实施数量限制应遵循非歧视原则。这一原则，是 GATT1994 第 1 条第 1 款普遍无条件最惠国待遇的实际应用。有学者①指出，此处承担义务的对象是任何成员，但用作比较标准对象的是所有第三国，不限于成员方。当然，非歧视原则也有例外。GATT1994 第 14 条允许以效果上等同于《国际货币基金协定》相关条款允许的国际收支限制的方式，偏离非歧视原则。鉴于发达国家极少引用国际收支理由来采取数量限制措施，这些例外实际上仅对发展中国家适用。

2. 国际收支平衡例外

数量限制例外条款中最重要和最瞩目的例外当属国际收支平衡例外。“二战”结束后，对战后国际经济秩序的建立问题，居于同盟国主导地位的美英两国一致认为，应当把实现各国货币的可兑换性和汇率稳定性置于首位。为达此目的，宁可牺牲某些贸易自由作为代价。这是 GATT 单独设置第 12 条的原因。此后，越来越多的发展中国家加入 GATT，它们认为第 12 条规则的条件太高而呼吁降低条件。在这种呼声下，GATT1955 年增补了第 18 条 B 节对发展中国家国际收支失衡例外的规则。该规则是一个专门适用于发展中国家的较为宽松的规定，为发展中国家采用数量限制开了一个较大的方便之门。为使第 18 条 B 节便于执行，1972 年缔约方全体决定采用简易程序。之后，1979 年东京回合的《为国际收支而采取贸易措施的宣言》，以及 1994 年乌拉圭回合的《对 1994 年 GATT 的国际收支条款谅解》两个文件，对原有规定做出了较大的调整和补充。

早有学者②指出，实践中，“国际收支条款”已经形成了如下分工：第 12 条专门适用于发达国家，而第 18 条则只适用于发展中国家。“弃军保帅”思想指导下的第 12 条和第 15 条具有一些鲜明的特征：（1）单独条款设置彰显其突出地位；（2）实体法规则和组织法保证并举；（3）制

① 韩立余：《国际贸易法案例分析》，中国人民大学出版社 2009 年版，第 230 页。

② 赵维田：《世贸组织（WTO）的法律制度》，吉林人民出版社 2000 年版，第 173—183 页。

定了一套非同一般的程序规则。对发展中国家来说，引用第 18 条 B 段作为保障本国经济的手段，又具有一些独特的妙处。这体现在引用该条款的理由或依据、程序规则上。通过与第 12 条的对比可知，发展中国家对第 18 条 B 段的引用，一方面跳出了“循环部门”樊篱，而跨入“结构部门”的广阔天地；另一方面，引用 B 段采取的限制措施可以长期保持。此外，发展中国家援引该例外程序简便，且在实践中形成了一套习惯作法。还应指出的是，该例外为发展中国家移花接木打开了方便之门：许多想保护本国幼稚工业而限制某些产品进口的发展中国家，不引用 C 段规则，却引用 B 段规则。对此，发达国家似乎采取了睁一只眼闭一只眼的态度。

然而，实际上的适用似乎并未如此乐观。虽然，国际收支失衡例外对发展中国家来说意义重大，但它作为对进口数量进行限制的理由并非是无限的。GATT 规则对其进行了严格的规定。有学者①指出，这些规定的目的只有一个，即限制或不鼓励成员援引国际收支失衡例外。此外，依国际收支失衡例外对进口数量进行限制的成员在采取此类措施时，必须遵循 WTO 关于透明度的要求。实施限制的成员有义务提供限制的标准和理由，否则可能会招致其他成员方对其启动争端解决机制。需要指出的是，GATT 为成员方援引国际收支失衡例外制定了磋商程序。WTO 时期，磋商已更加制度化。磋商过程中，WTO 还需与国际货币基金组织合作。后者关于相关成员国际收支状况的意见应作为磋商基础，由其确定成员方国际收支是否失衡。国际货币基金组织做出的判定对 WTO 具有约束力。

也有学者②补充提出，发展中国家因收支平衡原因采取的限制措施，受到诸如第 9 条、第 10 条、第 11 条以及第 12 条的条件限制，且这些条件累积适用。从争端解决的实践看，发展中国家因国际收支平衡困难采取的数量限制措施，即使在适用初期没有反对意见，时间稍长即面临异议，在争端解决中因不能满足上述所有条件而败诉。

笔者认为，在普遍取消数量限制原则的例外条款中，国际收支平衡例外占有十分重要的地位，对发展中国家而言更是如此。GATT 条款对国际收支平衡例外早有分工：第 12 条适用于发达国家，第 18 条适用于发展中

---

① 王贵国：《世界贸易组织法》，法律出版社 2003 年版，第 121 页。

② 韩立余：《世界贸易组织法》，中国人民大学出版社 2005 年版，第 133 页。

国家。第 18 条 B 段为发展中国家的例外援引打开了方便之门，不仅为其跨入“结构部门”，还为其设立简易的程序，并在磋商程序上形成了制度化的实践。需要指出的是，在这些程序中，国际货币基金组织开始介入。它的建议起着举足轻重的作用。然而，与其他例外条款的援引一样，限制条件成为取消数量限制例外条款适用必须克服的障碍。这样的障碍在争端解决机制中，成为引用成员方败诉的主要原因。这符合条约解释例外规则从严解释的原则。

二　《技术性贸易壁垒协定》

随着世界经济的快速发展，国际贸易竞争日趋激烈、复杂。为了维护自身经济利益，各国大量设置技术性贸易壁垒，竭力阻止贸易逆差的出现。第二次世界大战以后，世界经济迅猛发展，但同时也造成了环境污染和生态破坏，致使各国纷纷采取技术性措施加以遏制。由于各国技术性措施并不规范统一，给制造商和贸易商带来困难。于是，减轻技术法规、标准和认证制度等技术性因素对国际贸易的阻碍作用，被提上了多边贸易谈判的议事日程。GATT 分别于 1964 年和 1970 年成立过两个工作组研究相关事项。而贸易技术壁垒则是东京回合谈判的重要议题之一。有关缔约方于 1972 年 4 月起草《贸易技术壁垒守则》，并于 1980 年 1 月 1 日起正式实施。这是 GATT 历史上第一个全面规范技术标准的法律文件。该文件对当时消除技术壁垒对国际贸易的阻碍起到了积极作用。但是，由于其不具有强制性，所接受的缔约方不足 40 个，作用受到了很大的限制。1990 年 7 月，乌拉圭回合谈判小组提交了一个修改草案。1992 年 6 月，乌拉圭回合再次讨论被命名为《技术性贸易壁垒协定》的草案内容。1993 年 12 月 15 日，乌拉圭回合多边贸易谈判结束时该协定草案获得通过。1994 年 4 月 15 日，协定文本做了最后修改，形成了现在 WTO 的《技术性贸易壁垒协定》，成为所有成员国必须共同遵守的规则。

（一）特征与地位

与较为严格的普遍取消数量限制原则相比，《技术性贸易壁垒协定》的规则相对较宽。有学者①指出，《技术性贸易壁垒协定》实际上并未要

---

①　赵维田：《世贸组织（WTO）的法律制度》，吉林人民出版社 2000 年版，第 152—155 页。

求各成员制定产品标准，也不要求自己写出或推出标准，而仅规定各成员采用技术标准或管理规章应遵守的规则、合格的评审与检测以及透明程序。它对于实体法的规范主要体现在扩大对最惠国与国民待遇的适用、各成员方之间对标准的相互承认，以及逐步推进国际统一标准 3 个方面。

有学者①通过对美国汽油标准案的分析，指出随着全球经济一体化进程的加快，《TBT 协议》正受到各成员方越来越多的关注，如果说协议的产生是发达国家积极倡导推动的结果，那么越来越多地关注则是经济全球化的必然要求。而且，从该案可以看出《TBT 协议》本身存在缺陷。协议中虽然规定要保证技术法规及标准，但也允许各参加国为提高产品质量、保护人类健康和安全、保护动植物生命和安全、保护环境或防止欺骗行为等，可以提出一些例外规定。此类的弹性规定实际上给技术壁垒的设置提供了法律借口，也使得发达国家往往打着维护人类健康和安全、维护动植物生命和安全以及环境保护等旗号，制定出严格、繁多、苛刻的技术法规和标准等，名正言顺地达到既有利于扩大本国商品出口，又有利于限制别国商品进口的双重目的，这是该起技术性贸易争端的根本原因。

对于该协定在 WTO 法律体系中的定位，有学者②就《技术性贸易壁垒协议》的前言指出，该协议实质上是 GATT1994 第 20 条“一般例外”中相关内容的进一步阐释。尽管 WTO 的规则体系中，《技术性贸易壁垒协议》与 GATT1994 是平行的相互独立的协议，但在内容上，前者比后者对相关事项的规定更详细。

有学者③对此表示认同，认为《技术性贸易壁垒协议》是作为 GATT 不可分割的一部分，因而，《技术性贸易壁垒协定》的最重要原则是最惠国待遇、国民待遇和透明度。无论是法律规定本身还是其执行都必须符合前述原则。此外，《技术性贸易壁垒协定》的另一特点是给发展中国家相对具体的特殊考虑。

---

① 黄东黎、王良斌：《从美国汽油标准案透视 TBT 协议》，《人民法院报》2002 年 7 月 8 日。

② 韩立余：《世界贸易组织法》，中国人民大学出版社 2005 年版，第 136—137 页。

③ 王贵国：《世界贸易组织法》，法律出版社 2003 年版，第 512 页。

有学者[①]以技术性贸易壁垒为例分析国际法的发展趋势，认为国际法规制由“法律化的规制”和“以规制为调整对象的规制”两种形式构成。在表现出“求同性”与“异同之相对性”等共有属性的同时，还由国际社会利益关系的多元化、复杂化及其平权特征所决定，并面临着权威性和强制性缺失的极大困惑。具体到技术性贸易壁垒的国际法规制，一方面，不同目标导向与规制形态下的国际法规制并行发展、各具功效；但另一方面，如何兼顾相冲突的利益保护目标，又是其必须面对的最大难题。

（二）适用范围

对于其适用范围，学界主流的观点[②]认为，《TBT 协定》只涵盖与产品（包括工业产品与农业产品）相关的技术法规和标准，不涉及与服务相关的法规和标准。政府机构为生产或消费要求制定的采购规则也不受《TBT 协定》约束。卫生与植物卫生措施也不在《TBT 协定》的监管范围，其属于《SPS》协定的规范范畴。

必须指出的是，《技术性贸易壁垒协定》的主要目的，是保证“技术法规”与“标准”不给国际贸易制造不必要的障碍。有学者[③]将“技术法规”与“标准”进行对比，指出技术法规的特点是要求进口产品必须符合其规定，否则就不得进口。而产品标准是非强制性的。进口产品不符合也不会影响进口，但会因消费者的选择而无法占有、缩小或者失去市场份额。与东京回合达成的标准协议相比，《技术性贸易壁垒协定》的适用范围较宽。将产品的工艺与生产方法列为技术法规的范畴就是例证。该学者认为《技术性贸易壁垒协定》认可任何技术法规都可能给贸易带来不便。因此，除非对贸易的事实上限制或障碍是相关法规的主要目的，否则该法规本身不可能违反《技术性贸易壁垒协定》。

对上述产品的工艺与生产方法，有学者[④]补充认为，技术壁垒协议所指的标准或协定仅针对产品标准，原则上不应包括工艺、生产方法等，除非生产工艺或方法影响了产品的质量。澄清这一点是十分必要的。

---

① 肖冰：《论国际法规制的共有属性及个性体现——以技术性贸易壁垒国际法规制之个性为例》，《法学家》2007 年第 4 期。

② 黄东黎：《世界贸易组织法》，社会科学文献出版社 2009 年版，第 236—237 页。

③ 王贵国：《世界贸易组织法》，法律出版社 2003 年版，第 512—513 页。

④ 王文先：《WTO 规则与案例》，清华大学出版社 2007 年版，第 149 页。

有观点[①]承认，从“技术法规”和“标准”的定义可以看出，这两个术语之间的主要区别，在于技术法规具有强制性。然而，从世界贸易交往的实际来看，这个区别现实意义不大，因为购买者接受的产品制造商标准是一致的。产品制造商根据消费者的认知而非相关定义来制造产品。

（三）争端解决及沙丁鱼案

自 WTO 成立以来，涉及技术性贸易壁垒的争议很少，而沙丁鱼案是适用该协定的第一个案件。结合沙丁鱼案，有学者[②]总结归纳了以下原因来解释这个现象。第一，通常情况下，争议当事方都愿意选择 GATT 等较为成熟的制度提起诉讼，从而对结果有较好的预测性，这当然也反映了各协定的相互关系；第二，《技术性贸易壁垒协定》的技术性太强；第三，《技术性贸易壁垒协定》操作性太低；第四，在《技术性贸易壁垒协定》下，每个采行国际标准的义务都有很大的空间，如相关成员总可以技术法规的目的为借口，主张对贸易的影响或限制是无法避免的。这从另外一个方面说明该协定可操作性低的事实。因此，实践中，《技术性贸易壁垒协定》的适用经常与其他协定，特别是 GATT，相重叠。由于争端解决机构对 GATT 的解释已经较为成熟，故专家组和上诉机构总是先考虑相关措施是否违反了 GATT，然后再考虑其是否同时违反《技术性贸易壁垒协定》。当有争议的措施被裁定不符合 GATT 后，通常情况下，专家组和上诉机构便不会继续分析其是否符合《技术性贸易壁垒协定》。巴西和委内瑞拉与美国石油案便是一例。

就该结论的后半部分，关于争端解决机构对于《技术性贸易壁垒协定》与 GATT 适用的先后顺序上，有学者[③]提出不同意见，认为前者比后者的规范更为细致，因而在审查有关措施是否违反这两个协议时，通常先审查规定更为详细的措施。

此外，对于其适用性，有学者[④]补充认为，《TBT 协定》缺乏适用性，特别其实体规范难以得到适用，是由其规制角度、范围、内容以及它与

① 黄东黎：《世界贸易组织法》，社会科学文献出版社 2009 年版，第 236 页。

② 王贵国：《世界贸易组织法》，法律出版社 2003 年版，第 513 页。

③ 韩立余：《世界贸易组织法》，中国人民大学出版社 2005 年版，第 137 页。

④ 肖冰：《TBT 第一案——秘鲁诉欧共体对于沙丁鱼的贸易标注案评析》，《国际经济法学刊》第 13 卷第 3 期。

GATT之间关系等多方面原因共同造成的。这种状况在现行 WTO 规则体制下，不会有根本性改变。除了事实本身所带来的启示之外，沙丁鱼案的价值还在于，案中争端解决机构对协定条款的法律解释，值得包括我国在内的各成员方关注。

除上述学者对沙丁鱼案引起的适用性的反省，还有学者①对之进行了制度层面上的思考，认为沙丁鱼案对 WTO 技术性贸易壁垒法律制度的意义突出，表现在如下两个的方面。一是《TBT 协议》自身的突破。该案标志着长期处于尘封状态的《TBT 协议》开始在争端解决中得到适用，尽管其适用仍然存在着诸多限制。二是对整个 WTO 技术性贸易壁垒法律规制制度带来的突破。在 WTO 体制中，《TBT 协议》不是一项孤立的制度，而是与 GATT、《动植物卫生检疫措施协议》、《进口许可程序协议》等诸项协议在规制技术性贸易壁垒措施方面分工互补、相辅相成，并有着相当多的共性制度内容。所以，它的每一点变化都意味着整体制度共性内容的变化。

三 《实施卫生与植物卫生措施协定》

15 世纪中叶以降，特别是近几十年，世界贸易迅速增长，同时也付出了环境和生态的代价。贸易加快了动植物病虫害的传播。国际社会普遍认识到，“必须运用科学和法律手段，重视和加强卫生与动植物检疫措施，以保护本国农牧业的安全生产，促进国际贸易的健康发展”。②

第一个防止植物危险性病虫害的国际条约，是 1881 年在瑞士签订的《葡萄根瘤芽公约》。该公约于 1929 年在罗马被修改为《国际植物保护公约》。动物检疫方面，1961 年国际兽医局通过《国际动物卫生法典》，并使之成为国际惯例。在 GATT 中，卫生与动植物检疫措施作为一般性例外，被规定在第 20 条 B 款。20 世纪 70—80 年代，日本对进口苹果实施的检疫措施与欧盟对荷尔蒙牛肉实施的进口禁令措施，促使 GATT 缔约方在乌拉圭回合中讨论卫生与动植物检疫措施的问题。乌拉圭回合谈判的一个主要目标，是将农业贸易纳入 GATT 范畴。起初，《SPS 协定》被当作

① 韩立余：《国际贸易法案例分析》，中国人民大学出版社 2009 年版，第 239 页。

② 曹建明、贺小勇：《世界贸易组织》，法律出版社 2004 年版，第 198 页。

是《农业协定》的一部分进行讨论的。而后《农业协定》催生了《SPS协定》，二者关系密切。

有学者①指出，SPS的产生实际上是事实与法律两种因素综合作用的结果，取决于多方面的契机，其生成突出地体现了国际法律制度建设的渐进性与博弈色彩；而受到诸多制衡因素的影响与牵引，成就了该协定价值取向上最显见的特征——均衡：既没有绝对化的主权，也没有绝对化的贸易自由。

1.《SPS协定》与GATT的关系

GATT相关规则的含糊催生了《SPS协定》。厘清二者内容、形式和适用上的关系，对于理解《SPS协定》十分有益。有学者②认为：内容上看，《卫生协议》是GATT第20条“一般例外”中有关保护人类、动植物生命或健康内容的细化；规则形式上看，《卫生协议》和GATT是相互平行的独立协议。争端解决实践中，某一措施可能同时受这两个协议相关条款的调整。由于《卫生协议》规定比较具体、详细，通常被用来判断某措施是否违反该协议。此外，根据GATT的其他条款提出指控时，第20条的相关规定通常是被当作一个抗辩理由。

另有学者③指出优先适用《卫生协定》的不同理由，认为卫生措施协定是GATT的附件。后者将卫生与植物卫生措施作为禁止对进口进行限制的例外。对于实践中卫生措施协定与GATT重复出现的情况，其中涉及卫生措施协定和GATT的适用顺序。优先适用卫生措施协定似乎是合理的。首先，卫生措施协定是一个独立的协议，其适用似乎并不以违反GATT为前提。其次，基于效率方面考虑应优先适用卫生措施协定。

2.《SPS协定》与《TBT协定》的关系

有学者④从立法目的和制度设计角度，来分析《SPS协定》与《TBT协定》的关系指出，一方面，与技术法规和产品标准相同，卫生与植物

---

① 肖冰：《WTO法生成之法理启示—以〈SPS协定〉为视角》，《国际经济法学刊》第12卷。

② 韩立余：《世界贸易组织法》，中国人民大学出版社2005年版，第154页。

③ 王贵国：《世界贸易组织法》，法律出版社2003年版，第527—528页。

④ 同上书，第527页。

卫生措施也具有提高人类的生活质量、保护人类健康的作用，因此，卫生措施协定在很大程度上，具有与《技术性贸易壁垒协定》同样的作用；另一方面，两个协定所规范的事项另一相同之处在于，保护的水平越高，人类的生活质量就越高，对贸易的可能障碍和限制亦会越严重。而建立国际秩序的作用，是在提高人类的生活水平和减少贸易障碍间取得相对的平衡。

界定《SPS协定》与《TBT协定》的适用范围，无论对WTO法律体系本身，还是对国际贸易实务来说都很有必要。从条文本身出发，有学者①指出，《SPS协定》与《TBT协定》关系密切，但又相互独立。一方面，《TBT协定》前言指出，"不应阻止任何国家在其认为适当的程度内采取必要措施，保证其出口产品的质量，或保护人类、动物或植物的生命或健康"。同样，《SPS协定》总则第1.4条指出，其任何规定不得影响各成员在《TBT协定》项下的权利。另一方面，《TBT协定》规定不适用于《SPS协定》附件A定义的卫生与植物卫生措施，明确将两个协定区别开来。

有学者②强调了《SPS协定》同《TBT协定》之间的区别，认为这两个协议相互独立。《技术性贸易壁垒协议》虽适用于工业品和农产品，但不适用于上述的《卫生协议》附件A定义的卫生措施。《技术性贸易壁垒协议》所适用的技术法规，指规定强制执行的产品特性或相关工艺和生产方法、包括适用的管理规定在内的文件。

具体条文之外，有学者③从整体内容上进行分析，认为动植物卫生检疫措施实际也属于技术性贸易措施，但其在内容上和一般的技术性贸易措施有所不同，所以《SPS协定》同《TBT协定》之间既有联系，又有区别。联系之处在于，前者吸收了后者的文本结构。两者的根本区别在于各自的管辖范围不同：前者仅涉及食品安全、动物卫生和动植物卫生3个领域；而后者所涉及的范围比较广泛，除上述3个领域涉及的实施卫生与动植物卫生的措施外，其他所有产品的技术法规和标准都属于它的管辖范围。该学者实际上并不认为《TBT协定》排除了卫生与植物卫生措施领

---

① 黄东黎：《世界贸易组织法》，社会科学文献出版社2009年版，第238页。
② 韩立余：《世界贸易组织法》，中国人民大学出版社2005年版，第155页。
③ 王文先：《WTO规则与案例》，清华大学出版社2007年版，第119—120页。

域的适用，与上述学者观点并不相同。

综上，分析《SPS 协定》与 GATT、《TBT 协定》的关系，对于厘清《SPS 协定》的范围意义重大。对前者而言，《SPS 协定》由 GATT 催生，在内容上是其条文的细化，而形式上又是两个平行协定；在适用上，基于内容详尽以及效率上的考虑，争端解决中一般先考虑先适用《SPS 协定》。对后者而言，《SPS 协定》与《TBT 协定》的关系似乎比较复杂。首先，卫生与植物卫生措施实际上也是技术性贸易壁垒的一种类型，二者均致力于提高人类的生活质量、保护人类健康。其次，两个协定规定相互联系又相互独立，管辖适用上有所区分。

第四节　GATT 第 20 条：一般例外规则

GATT 第 20 条的产生，可以追溯到 19 世纪欧洲各国关于海关卫生检疫的标准对于各国制定的传统和对本国天然资源保护的尊重。有学者[①]指出，就其现有面目来说，颇像国际私法里的“公共秩序保留”。GATT 时期对第 20 条的援用，经历了“甚少援用”到“积极使用”两个阶段。乌拉圭回合谈判并未对 GATT1947 第 20 条进行修改，也未达成关于其解释的协议。WTO 时期，对于第 20 条的援用出现新的特点。“首先，尽管各成员仍可援用第 20 条为其辩护，但‘新贸易保护主义’受到了来自 WTO 争端解决机制有效的‘准司法’监督和制约；其次，援用《SPS 协议》和《TBT 协议》增多。”[②] 从 GATT 到 WTO 的几十年中，成员方对于第 20 条的适用，产生了许多经典的案例，如美国汽油标准案、美国限制金枪鱼进口案、美国虾和虾产品进口案、加拿大期刊案、韩国牛肉案等，形成了第 20 条条文解读和适用的一些惯例和方法。

（一）立法基础

WTO 的终极目标是贸易自由化，但它同时允许诸多免除成员实施贸

① 赵维田：《世贸组织（WTO）的法律制度》，吉林人民出版社 2000 年版，第 327 页。

② 曾令良、陈卫东：《论 WTO 一般例外条款（GATT 第 20 条）与我国应有的对策》，《法学论坛》2001 年第 4 期。

易自由义务例外条款存在。有学者[①]认为，这种看似自我颠覆的逻辑，恰恰反映了 WTO 务实灵活的态度。WTO 例外的存在有着政治、经济、法律各方面的坚实基础。（1）从政治基础上分析，例外的存在根源于各成员方内政治的复杂性和多种政策目的的冲突；（2）从经济基础上分析，例外的存在是 WTO 对于国际国内环境下客观的经济技术差别的回应；（3）从法律基础上分析，例外的产生是“法律普遍性”和“例外对待”这对法治永恒的主题在 WTO 法律体系中的再现。此外，WTO 例外规则具有平衡性、互替性和严格性的特征。

作为 WTO 法律体系的一般例外条款，第 20 条致力于国际规则与国家主权之间的平衡。有学者[②]指出，WTO 制定的规则要在各主权国家之间适用这一点，决定了它的法律框架必须为自由贸易原则确定若干例外，才能逃开极为敏感的“主权权利”这个暗礁，得以顺畅地通行和运转。依据国际惯例，有观点[③]指出，第 20 条这些内容，牵涉一个国家非常重要的各个方面。对它们所采取的相应措施，历来被认为应当由各国政府根据本国具体情况自行决定。在 WTO 法律体系中，一般例外是适用于整个 GATT 原则和规则的例外，属于公共安全秩序的保留，这类保留也见于《服务贸易总协定》、《与贸易有关的知识产权协议》中。此外，《技术贸易壁垒协议》与《动植物卫生防疫措施协议》是 GATT 第 20 条一般例外的进一步阐述，应结合起来理解。[④]

作为 GATT 唯一一处提到保护环境和保护知识产权问题的条款，有学者[⑤]总结了这个条款在 GATT 时期曾发挥的三大功用：其一是推动东京回合“技术标准”守则的制定；其二，是为环境保护规则鸣锣开道；其三，推动了 WTO 中知识产权协议的诞生。在此之前，出自第 20 条（b）项保

---

① 周林彬、郑远远：《WTO 例外的基础理论问题探析》，《经济法论丛》2002 年。

② 赵维田：《世贸组织（WTO）的法律制度》，吉林人民出版社 2000 年版，第 325 页。

③ 黄东黎：《世界贸易组织法》，社会科学文献出版社 2009 年版，第 252 页。

④ 王传丽：《国际贸易法——政府管理贸易的法律与制度》，中国政法大学出版社 2002 年版，第 373 页。

⑤ 赵维田：《世贸组织（WTO）的法律制度》，吉林人民出版社 2000 年版，第 327 页。

护人类及动植物健康的考虑，各国自行制定食品、药物乃至一般产品性能的标准，成为贸易保护主义肆虐的一大缺口，这反过来推动了关于技术标准守则的形成。

（二）适用

第20条语言概括、模糊，措辞含义很宽，令人费解，一时很难把握其精髓和实质，这似乎令其成为贸易保护主义规避GATT义务的工具。有学者①指出，实践中，成员常常对例外制度做出扩大性解释，希望借此规避违约责任。因而，一定程度上，例外规定面临被滥用的威胁。由于第20条规定的例外大多概念太宽泛，几乎在所有明显违约的争议案中，违约一方都声称其行为符合GATT例外条款。WTO争端解决机构的实践亦有对例外规定做出创造性解释的趋势。这无疑诱使各成员更多地援引、更有“创意”地利用例外规定，以达到规避日益严格的WTO制度。

也有学者②对之持相反观点，对第20条的援引和适用持乐观的态度，认为虽然在多达10项的例外条款中，每项含义都相当宽，使人很容易产生若失之滥用则可为贸易保护主义提供最方便的缺口的联想。但其实不然。一者因为第20条条文中含有引用时相当严格的条件，要想满足这些条件要求并非轻而易举；二者条文中有些措辞，语意含糊，令人费解，这也阻挡了人们的理解。因此，在总协定几十年的实践中，引用第20条的例子虽然不少，却都是近年的事。这些案例对条文的解释虽并不全尽人意，却为我们部分地从法律上揭开这些晦涩词语的谜底提供了帮助，从而使人们更容易看清这些“一般例外”在GATT法律框架中的本来位置与作用。

对于第20条的具体适用，有学者③从第20条的过往案例入手，解读第20条的分析方法。在美国汽油标准案中，上诉机构已经阐明了第20条的两步分析方法，即援引第20条时，抗辩方必须证明：（1）该措施至少属于第20条所列10种例外，即（a）至（j）款情况中的一种；（2）该措施满足第20条序言部分的要求，即“此类措施的实施不在情形相同的

---

① 王贵国：《世界贸易组织法》，法律出版社2003年版，第137页。

② 赵维田：《世贸组织（WTO）的法律制度》，吉林人民出版社2000年版，第326页。

③ 左海聪：《国际贸易法》，法律出版社2004年版，第274—276页。

国家之间构成武断或不合理歧视的手段或构成对国际贸易的变相限制”。如今，这一适用第20条的次序，已经成为专家组与上诉机构的惯例。

争端解决机制对于WTO争议案件中的举证责任有着严格的规定。对此，有观点[①]指出，上诉机构实际上已经在1997年美国羊毛衫进口案中做了阐释，并在随后案件的专家组和上诉机构报告中被援引。即提出积极性诉讼请求或抗辩的一方，如果确定一成员的措施违反了有关协定实体性规定，该成员希望引用确定的例外条款，则引用该例外条款的一方必须证明满足了引用这一例外所需要的条件。在美国汽油标准案中，争端解决机构实际上进一步指出，援引第20条下的例外的一方必须证明：首先，该措施违反有关协定实体性规定的措施属于第20条下所列的某种例外情况；其次，该措施符合第20条序言的规定。而且，后者比前者更难以证明。

从第20条具体例外到引言的证明顺序，保证了第20条允许也只允许成员对WTO法律义务做最小程度的偏离。同时，两者构成一个整体，“组成了将第20条例外限制在严格范围内的‘防护墙’”。[②]

就此，有学者[③]列举了援用第20条的三个法律特征：（1）援用第20条的目的是寻求为违反GATT其他条款的国内措施“免责”；（2）被诉方援用第20条是其正当权利；（3）成功援用第20条须符合严格的条件。同时，该学者认为，第20条缺乏系统的国际立法活动，而只是由GATT/WTO争端解决机构对争端的具体情况进行个案解释，从而造成第20条的诸多缺陷，也造成了第20条现存的法律漏洞，体现在：第一，GATT第20条与《SPS协议》的关系问题；第二，“公布”了的措施是否构成对国际贸易的伪装起来的限制；第三，第20条“例外清单”的穷尽性；第四，“所必需者”。此外，该学者对第20条的前景做出预期，认为第一，第20条的适用空间将在横向和纵向上继续扩大和深化；第二，在援用第20条所显现出来的“多边贸易自由化”与“公共政策目标”的矛盾中，贸易与环境的关系将表现的最为突出；第三，在第20条的适用与解释中，WTO争端解决机制将发挥核心作用；第四，发展中国家将在第20条未来

---

① 左海聪：《国际贸易法》，法律出版社2004年版，第275页。

② 曾令良、陈卫东：《论WTO一般例外条款（GATT第20条）与我国应有的对策》，《法学论坛》2001年第4期。

③ 同上。

的法律变革中发挥越来越重要的作用。

此外，相对于成员方趋向于对第 20 条的扩大解释，争端解决机构似乎更偏向于对其进行限制性解释。有学者①回顾 GATT 和 WTO 时期争端解决机制对于第 20 条的解释，指出由于 GATT 时期的专家组对总协定第 20 条例外条款的限制性解释，该例外条款从未被成功援引过。GATT 体制也因此而备受谴责。及至 WTO 正式成立，争端解决机构面临来自全球市民社会环境保护的压力，通过具体的争端解决实践，尤其是充分发挥其条约解释功能，对总协定第 20 条例外条款做出了积极、富有创造性的解释。然而，WTO 争端解决机构通过创造性的条约解释方法树立了自己对环境保护的积极态度，但其对总协定环境例外条款的解释本身还存在一些疏漏之处，给人以一种为了环境保护而如此解释的牵强之感。这样的疏漏就包括了第 20 条与多边环境协议中相关贸易条款之间的条约法关系。

笔者认为，第 20 条的立法宗旨，在于平衡 GATT 规则与国家主权之间的关系。其条款所涉及的诸多重要领域，国际惯例上是由各国政府依据其国情自行规范的。由于条文本身的概括性和模糊性，实践中，第 20 条有可能成为贸易保护的工具。虽然在 WTO 争端解决中，涉及第 20 条一般例外适用的案件有增加的趋势，但其中所产生的许多经典案例对规则，特别是（b）、（d）、（g）项的解释，为第 20 条一般例外条文的解读、适用范围、举证责任等的确定提供了依据。

（三）第 20 条前言

作为 WTO 法律体系的中心原则，"不歧视"是最惠国待遇的另一种表述方式。第 20 条引言并没有完全排除歧视因素，只是禁止那些"任意或无端的歧视"，因此被称为"最惠国软义务"。即第 20 条是容忍非任意或非无端歧视的。在此，基于其文本，有学者②指出，这句话里"任意的"和"无端的"具有相同含义，恰似第 23 条的"抵消或损害"一样。

有学者③对第 20 条前言的目的、内容、含义，做了全面而细腻的剖

---

① 官万炎：《〈GATT〉第 20 条环境例外条款研究》，《国际经济法学刊》2004 年第 11 卷。

② 赵维田：《世贸组织（WTO）的法律制度》，吉林人民出版社 2000 年版，第 338 页。

③ 曾令良、陈卫东：《论 WTO 一般例外条款（GATT 第 20 条）与我国应有的对策》，《法学论坛》2001 年第 4 期。

析，认为前言的目的和宗旨是为了阻止第 20 条例外的滥用。内容上，第 20 条前言由两部分构成。第一部分，在法律上允许“歧视”，只要该歧视“不构成同样条件下国家间的任意或无端的歧视”。一般而言，这一部分基本上是要求不要在同样的情势下歧视的义务。第二部分，即“不构成……对国际贸易伪装起来的限制”。其中“任意的歧视”、“无端的歧视”和“对国际贸易的伪装起来的限制”可以互相支持地加以理解，即它们相互赋予意义（而且，“伪装起来的限制”包括国际贸易中伪装起来的“歧视”）；其次，在国际贸易中的“隐蔽的（concealed）”或“未宣布的（unannounced）”的限制或歧视并未穷尽“伪装起来的限制”的内涵。此外，前言所含的“检验标准”，在逻辑上不能与各项例外所包含的条件相同；“同样条件下国家间”，应强调在实施歧视措施的进口国和所有向其市场出口该有关产品的出口国间，在国民待遇和最惠国待遇的基础上进行对比。

还有观点①指出，对第 20 条应当进行权利定性。根据权利与义务、一方权利与他方权利平衡的法理，序言的作用在于确保成员方追求其他合法的国际或国内政策目标的权利，不会减损其依据总协定实体规则所应承担的义务，同时，也不会对其他成员方依据总协定实体规则所享有的权利造成任何实质性损害。争端解决机制的工作就是寻求这样一条平衡线，当然，这样的平衡只是个案平衡。

另有观点②指出，第 20 条的引言，实际上提出了“最低贸易限制原则”或称“最小损伤原则”的要求。当成员有理由临时采取歧视措施时，必须采取对贸易产生最小限度扭曲作用的措施。它不仅对那些条款中包含了“必须”一词的例外规定适用。它对所有例外措施适用。

（四）环境保护例外条款

1980 年代以后，环境保护成为国际经济生活中的热门话题。在倡导自由贸易的同时，如何协调环境与贸易的关系，成为 WTO 一个新的议题。许多成员在不同程度地利用环境保护措施限制国际贸易。这其中，有些是真正出于保护环境的正当目标，有的却是在借环境保护之名

---

① 官万炎：《〈关税与贸易总协定〉第 20 条环境例外条款研究》，《国际经济法学刊》2004 年第 11 卷。

② 黄东黎：《世界贸易组织法》，社会科学文献出版社 2009 年版，第 262 页。

而行贸易保护之实。国际贸易中的所谓“环境壁垒”、“绿色壁垒”，正是以 GATT 第 20 条（b）项和（g）项规则下环境“例外”的形式出现。关于 GATT 第 20 条（b）项和（g）项，长期的实践产生了许多经典案例，如加拿大鲱鱼案、泰国香烟案、美国限制金枪鱼进口案、美国汽油标准案、美国虾和虾产品进口案、欧共体石棉案，并在案例中形成了对第 20 条（b）项和（g）项的解释及惯例，加强了第 20 条（b）项和（g）项的可操作性。

有学者①以 GATT 和 WTO 时期的案例为线索，探讨专家组和上诉机构对环境保护例外条款在解释和适用上的发展，指出判例对 GATT 第 20 条（b）项的发展体现在：(1) GATT 时期的判例确立了“最低贸易限制的要求”；(2) WTO 时期的美国汽油标准案维持了“最低贸易限制”的要求；(3) 韩国牛肉案引入了“相称性考虑”的方法；(4) 欧共体石棉案应用了“相称性考虑”的方法。而对于第 20 条（g）项而言，判例至少确定了两个标准：在与“可用竭的自然资源”有关的案件中，确定了清洁空气和动物可以作为可用竭自然资源；与保护“可用竭的天然资源”的有关案件中，阐释了一些重要词汇的含义，即“有关”是“主要旨在”，“实质联系”是“有关”。

实际上，WTO 争端解决的实践不仅形成了环境保护例外条款在解释上的惯例，也确定了具体的适用规则。就此，有学者②总结出其适用条件：条件一，非歧视原则；条件二，正当程序权利和透明度要求；条件三，所采取的措施的“必要性”；条件四，保护“可用竭的自然资源”；条件五，协商与协商一致；条件六，发展中国家的优惠待遇。此外，环保例外条款的适用除了上述在争端解决实践中已被确定下来的条件之外，争端解决机制，尤其是上诉机构报告，解释例外条款时暗示出一些最新的趋势，反映 WTO 的价值天平向环境保护逐渐倾斜。趋势之一，是有条件地将国际环境协定作为解释渊源；趋势之二，是在国内环境措施域外效力问题上的松动；趋势之三，是对基于生产工艺或方法的环境措施（PPM）的新态度。

---

① 左海聪：《GATT 环境保护例外条款判例法的发展》，《法学》2008 年第 3 期。

② 潘惜唇：《论 GATT 环保例外条款的使用条件和发展趋势》，《中国法学》2001 年第 5 期。

第20条（b）、（g）款还涉及域外效力的问题，有学者[①]认为，二者不可以在域外适用。即一国只能以保护本国资源环境为理由限制产品进出口，不能以保护别国或全球资源环境为由限制进出口。也有学者[②]持不同意见，认为从GATT到WTO的案件裁决表明，对于迁徙性的自然资源，WTO含蓄的承认成员方的保护具有域外效力。对此，多数学者基于对WTO争端解决机构专家组报告的理解，支持前者的观点。

第五节 农产品贸易规则

国际贸易中，农业是一个极具复杂性和敏感性的问题。为了经济发展，或者为了实现国内政策目标，各国都在实行不同的农业政策或措施。自从GATT体系开始运行以来，农产品所包含的贸易内容就一直游离于多边贸易体系之外。为了防止和纠正国际农业贸易的限制和扭曲，乌拉圭回合将农业纳入谈判议题，达成《农业协定》。[③] 该协定主要涉及市场准入、国内支持和出口补贴方面的问题。其中，国内支持问题引起了我国学者的普遍关注。

《农业协定》中有关国内支持规定的执行情况方面，有学者[④]从黄箱措施、绿箱措施、蓝箱措施、特殊和差别待遇、微量支持标准几方面，对执行情况进行分析认为，虽然在《农业协定》生效后，各国大量削减了扭曲贸易的国内支持措施，但执行效果并不乐观。农产品仍然受到较高程度的保护，主要表现在四方面。第一，绿箱、蓝箱和微量标准的存在，削弱了黄箱措施的削减效果；第二，通过综合支持量削减国内措施，使成员通过其他地方的较大削减来缓解削减对敏感部门带来的影响；第三，综合支持量的计算基期是1986年至1988年，当时世界农产品价格低，而发达国家的国内支持水平较高，削减效果不明显。而且，基期为1986年至1988年，而《农业协定》从1995年开始施行，6年内部分支持措施已经

---

① 王传丽：《国际贸易法——政府管理贸易的法律与制度》，中国政法大学出版社2002年版，第373页。

② 曹建明、贺小勇：《世界贸易组织》，法律出版社2004年版，第184页。

③ 黄东黎：《国际贸易法学》，法律出版社2004年版，第324页。

④ 刘笋、湛英杰：《论WTO下的农产品贸易国内支持措施》，《华东政法学院学报》2003年第6期。

开始削弱，减轻了部分成员的压力。第四，2001 年实施期满后，进一步地削减需要继续谈判。但是，谈判暂时没有结果，因此还停留在 2001 年的实施效果上。

还有学者①认为，实施层面存在的主要问题，是各国削减严重不足和综合支持量的计算问题。首先，在国内支持削减方面，发达国家将直接支持改为间接支持，将曾经属于“黄箱措施”的补贴支持转化为“绿箱政策”支持。有少数发达国家开始增加农业补贴。有研究表明，发达国家的农业支持量达到了乌拉圭回合结束前的高补贴水平。其次，综合支持量计算方面，计算标准与《农业协定》的规定不符。大多数发展中国报告的基期综合支持总量为 0。即使该总量为正，也不超过农业国民生产总值的 20%，而且未公告其支持计划，汇报的基期综合支持总量总是低于真实的对农业的支持水平。某种情况下计算的错误，也导致了基期综合支持总量较低。另外，有些发展中成员在计算综合支持量时，违背《农业协定》附件 4 第 1 条的规定，当外部价格和可管理价格都存在时，采用支持等值。还有些成员方违背《农业协定》第 6 条第 4 款的规定，将低于协定允许的支持水平的非特定农产品支持，包括在现行的综合支持量中。还有某些成员错误计算了综合支持总量。

关于多哈回合谈判的研究，有学者②从两方面对其进行了研究。第一，多哈回合谈判中需要对“黄箱”、“绿箱”、“蓝箱”国内支持进行修正。这又可以从两个方面着手。一方面，应进一步削减“黄箱”国内支持，取消“蓝箱”措施或将其放入“黄箱”。削减幅度上，应当继续削减发达国家的“黄箱”微量许可，发展中国家也应当相应削减“黄箱”微量许可。并且，国内支持超过微量许可的国家，应当削减超过部分的国内支持。在削减方式上，按黄箱国内支持总量和产品项目分别削减。这样有利于同时削减敏感农产品和非敏感农产品的国内支持，减少成员对敏感农产品的保护。另一方面，应当审查附件 2“绿箱”国内支持。该学者通过阐述 WTO 内对农产品贸易自由化的两种不同观点，提出了自己的观点：首先，在完全取消国内支持的条件还不具备的情况下，有必要继续保留

---

① 白云：《乌拉圭回合〈农业协议〉国内支持条款缺陷问题研究》，《时代法学》2006 年第 4 期。

② 同上。

“绿箱”国内支持，可将“收入保险、自然灾害救济支付、环境计划下的支付”等“绿箱”措施放入“黄箱”国内支持。其次，在新一轮谈判中没有被放入“黄箱”国内支持的一些“绿箱”国内支持，可以对其实施的时间做出限制。最后，应在“绿箱”措施中列入为粮食安全目的保持国内主要粮食生产能力的支付。此外，应采取穷尽列举方法规定“绿箱”国内支持措施，不允许任意增加，对成员的“绿箱”国内支持措施支出应当规定一个上限。

第二，新一轮谈判应该考虑发展中国家成员的利益。首先，允许发展中国家成员实施更多鼓励性政府财政资助措施，不仅有利于发展中国家的利益，也有利于发达国家的利益。其次，允许在乌拉圭回合中没有系统计算 AMS 的发展中国家成员重新计算，为计算错误的成员提供机会以修正计算结果。如果可能，还应给这些成员以技术援助。并且发展中成员的以下国内支持可以考虑列入《农业协定》第 6 条第 2 款规定：“通过信贷机构给予的减让贷款补贴，对建立地区性或社团信贷合作的补贴；对边远地区农产品和农场投入的运输补贴；对低收入和资源贫乏生产者农场就业的补贴；储藏措施的政府资助；市场营销支持计划及符合质量和动植物卫生检验措施法规的计划；关于加强低收入和资源贫乏生产者竞争力和市场营销目标的能力培养措施；农业合作的建立及运转的政府支持；为减少农场每年收入差异的生产者风险经营及储蓄措施的政府资助。”①

第六节 贸易与投资规则

《与贸易有关的投资措施协定》（即《TRIMs 协议》）的产生，要归功于“FIRA 案”。1982 年，美国就加拿大实行的“外国投资审议法”（FIRA）向 GATT 提起申诉，第一次将各国的投资措施提上 GATT 议程。1986 年 6 月，美国在乌拉圭回合的谈判准备阶段，向筹备委员会提出要求将缩减和消除与贸易有关的投资措施纳入谈判议程，并递交了一份与贸易有关的投资措施清单。在之后的乌拉圭回合谈判中，与贸易有关的投资措施被正式列为谈判内容。对此，发达国家和发展中国家持不同立场。前

① 白云：《乌拉圭回合〈农业协议〉国内支持条款缺陷问题研究》，《时代法学》2006 年第 4 期。

者认为要通过取消发展中国家与贸易有关的投资措施，建立一个保障跨国公司既得利益的国际投资体系，后者则呼吁从一国经济与社会发展目标出发，来处理与贸易有关的投资措施。1990 年 7 月，谈判组向 GATT 提交了 3 套方案。1991 年 12 月，在此基础上形成了《与贸易有关的投资措施协定》草案。1993 年 3 月底，《协定》正式获得通过。

一　与贸易有关的投资措施

制定贸易与投资规则的合理性，首先涉及的是贸易与投资的关系问题。有学者①对二者的性质和作用进行了分析，指出制定贸易与投资规则的必要性，认为国际贸易和国际直接投资是国际经济、商业交易的最重要方式。但是，两者的性质不同。影响国际贸易的主要障碍是关税与非关税壁垒，而影响外国直接投资的因素是各国国内法的管制、经济技术发展水平、劳动者素质等所谓投资环境要素。国际直接投资的一个重要作用，是可以规避外国关税和非关税壁垒对产品出口的限制。跨国公司可以通过直接在东道国设厂的方式扩大产品市场份额。而为防止外国直接投资对东道国经济的不利影响，资本输入国采取一些限制措施，如要求使用当地原料或出口一定量的产品等，这些措施对贸易有某种扭曲限制作用。

有学者②从经济、立法和政策三个角度，对贸易与投资进行了分析。他指出，从经济运行的角度看，投资与贸易相互联系，因而投资的政策和立法会影响国际贸易。但从立法角度看，无论在国际层面还是国内层面，贸易与投资的政策和立法相互独立。同时，就政策而言，两个体系的政策目标和有效执行并不一定相互协调或支持，两套体系的立法也并不总能相互配合，共同服务于全球经济一体化的要求。各国为吸引外资或使外资符合国内政治经济政策目标而实施的投资措施，都会对贸易产生影响。

《TRIMs 协议》并没有明确什么是与贸易有关的投资措施。实际上，无论是世界贸易实践还是学界，对此均未形成主流定义。究其原因，有

① 王传丽：《国际贸易法——政府管理贸易的法律与制度》，中国政法大学出版社 2002 年版，第 436 页。

② 黄东黎：《世界贸易组织法》，社会科学文献出版社 2009 年版，第 292 页。

观点[①]指出，与贸易有关的投资措施的定义，是乌拉圭回合谈判过程中各缔约方争论的一个焦点。之所以成为焦点，有三个方面的原因。第一，定义至关重要；第二，经济利益使然；第三，投资措施的复杂性。同时，也正是基于这些原因，协定不得不删除了该协定草案中的定义，而只在协定第一条中笼统规定“本协定仅适用于与贸易有关的投资措施”。这个条款具有概括性、不确定性和开放性。

多数学者只对与贸易有关的投资措施的外延与特征进行分析。其中，有观点[②]认为：此类措施是指由政府制定的针对国际投资的，但对国际贸易有一定影响的，强制性的法律、法规、法令或政策。其特点包括：(1) 由WTO的成员制定；(2) 以国际投资为调整对象；(3) 对国际贸易有直接或间接影响；(4) 具有法律约束力。具体而言，这些措施都或多或少涉及货物、资本、设备、利润的跨境流动，也就是会涉及境外投资者和从事贸易的商人。需要指出的是，这些措施显然都涉及主权权利的行使，从而也成为发达国家和发展中国家间的问题。

还有学者[③]指出，TRIMs有广义和狭义之分。广义看，TRIMs可分为四大类：投资鼓励、履行要求、公司行为和母国措施。狭义看，所谓的TRIMs，是指东道国政府要求或鼓励私人投资者为特定行为的措施，而这些措施对国际贸易的流向会产生重要影响，主要包括投资鼓励与履行要求这两类。这两类措施是目前国际社会规制的对象。可见，一般讨论的TRIMs范畴都属于狭义的TRIMs。TRIMs在实践中经常被许多国家采用。许多国家政府，特别是发展中国家政府，之所以采取这些措施是由于：(1) 它们认为，政府干预经济是发展国内工业和增加国民收入水平的有效手段。这些政府相信，广泛的工业促进政策可使贸易条件转而对自己有利，从而能促进经济增长。TRIMs是这种政策的重要组成部分；(2) 跨国公司经常采用限制性商业行为，对东道国经济发展具有消极影响，为消除这些消极影响，东道国政府也必须采取这样的措施，对跨国公司的限制性商业行为进行反击。

---

① 杨树明、杨联明：《论〈与贸易有关的投资措施协定〉的适用范围》，《现代法学》2003年第6期。

② 王贵国：《世界贸易组织法》，法律出版社2003年版，第568页。

③ 余劲松：《〈TRIMs〉协议研究》，《法学评论》2001年第2期。

如上所言，贸易与投资有着密切的关系，投资措施会影响贸易的发展，反之，贸易和贸易措施也会对外国直接投资流动的规模、方向和构成产生影响。因而，学界有观点①提出了与“与贸易有关的投资措施”相对的“与投资有关的贸易措施”的概念，指出国际社会近年来已认识到投资与贸易关系的重要性，并关注着“与贸易有关的投资措施”的影响，却忽视了“与投资有关的贸易措施”影响外国直接投资决定和结果的反向效果。与“与贸易有关的投资措施”相比较，它们通常不涉及具体的贸易或外国直接投资交易。这些贸易措施对直接的贸易流动具有第一层次的影响，同时，它们对随后的外国直接投资具有第二层次的影响，影响潜在投资者的决策进程。通过改变与特定国家或地区相联的贸易环境，这些措施有助于形成具有某种吸引力的投资环境。因此，与没有政府政策干预而由市场力量引导的情况相比，“与投资有关的贸易措施”可以改变外国直接投资的分布形式。

二　发展中国家与发达国家

发达国家与发展中国家对于与贸易有关的投资措施，存在着较大的分歧。这种分歧在乌拉圭回合之前就已存在。究其原因，有观点②认为，在乌拉圭回合前，GATT 和多边贸易谈判都仅限于贸易领域问题。如果就与投资有关的措施进行谈判并加以规范，便必然涉及发展中国家所关心的主权问题。这就奠定了发展中国家与发达家的必然分歧。因为整体上讲，发展中国家还主要是资本输入国，发达国家主要是资本输出国。

乌拉圭回合达成的《与贸易有关的投资协定》，实际上是发达国家与发展中国家妥协的产物。从协议大体内容可以看出，在谈判初期所争论的十几项措施中，最后明文禁止的也只有当地含量要求、贸易平衡要求、外汇管制及内外销比例等几项，而且为此制定的法律规则也基本未突破协定现有框架，对发展中国家执行该协议的困难，也给予了充分考虑并做了较为优惠的特殊安排。对此，有学者③指出，发展中国家的经济主权得到了适当保护。这说明总协定处理新议题时，较好地遵循了循序渐进和兼顾各

① 余劲松：《论“与投资有关的贸易措施”》，《中国法学》2001 年第 6 期。

② 王贵国：《世界贸易组织法》，法律出版社 2003 年版，第 569 页。

③ 王文先：《WTO 规则与案例》，清华大学出版社 2007 年版，第 176 页。

方利益的妥协性方针，从而获得了广泛支持。此外，美国立场也是一个重要的因素，美国在对这个问题上的立场，事实上不像它对农产品和知识产权问题上所表现的那么强硬，这也给投资协议的谈判带来较大的回旋余地。

有学者①分别从发展中国家和发达国家的角度出发，分析了乌拉圭回合博弈后的《与贸易有关的投资措施》给这些国家带来了什么或让这些国家失去了什么。对发达国家来说，他们的主张基本没有被采纳，只在避免在现有 GATT 投资保护规定上的倒退，以及没有给未来在 WTO 内就投资问题举行进一步谈判造成不利的影响两方面，取得了有限的成功。在以美国为首的发达国家眼中，《TRIMs 协议》的缺陷非常严重。首先，他们认为该协议没有包含有关投资保护的实质性规则；其次，他们认为《TRIMs 协议》即使是作为一项主要限制对贸易有不利影响的投资措施协议，也没有包含应有的内容；最后，作为主要的资本输出国，他们认为《TRIMs 协议》没有为其投资者创设新的权利。对发展中国家来说，在发达国家的强大攻势下，发展中国家终究没能阻止在乌拉圭回合谈判中讨论投资问题并制定相关协议。但是，发展中国家成功地将协议内容仅仅局限在与贸易有关的投资措施问题上，基本上达到了目的。不过，这只是在消极的层面上被动地考虑问题。以积极的标准度量，发展中国家没有将自己的更多主张纳入到《TRIMs 协议》之中，它们一贯倡导的规范跨国公司行为的规则还是被排斥在协议内容之外。这不能不说是发展中国家的一大遗憾。

《TRIMs 协议》涉及发展中国家时，与 WTO 法中发展中国家成员相关的特殊协定规则同时适用。有学者②指出，这一规定对发展中国家尤为重要。因为从整体上讲，相当一部分涉及贸易的投资措施，都是发展中国家吸引外资、促进国内经济增长的主要手段。允许发展中国家合法使用这些措施符合这些国家的经济和社会发展目标，但显然会使乌拉圭回合达成的制度事实上无效。基于此，发展中国家的特殊待遇仅属于过渡性安排。需要指出的是，自 WTO 成立以来，涉及与贸易有关的投资措施协定的争

---

① 叶兴平：《TRIMs 协议的局限性及其对国际投资法发展的意义》，《法学家》2001 年第 6 期。

② 王贵国：《世界贸易组织法》，法律出版社 2003 年版，第 576 页。

议，主要是发展中国家的投资措施。

三 《TRIMs 协议》

（一）《TRIMs 协议》的地位

《TRIMs 协议》是第一个就贸易与投资关系做出的立法，对国际投资法具有一定推动作用。虽然它主要是细化了 GATT 的规定，但其被单独列为 WTO 的一个规范领域本身具有重要意义。这一点得到了学界的普遍认可。有观点①指出，随着经济全球化的持续发展，WTO 在国际投资领域势将发挥越来越重要的作用。与之相关的多边规制亦势必在这一过程中不断发展、完善。

此外，从国际投资法的发展历程来说，有观点②认为，它对未来多边国际投资规则的制定将产生十分重大的影响。特别是由 WTO 来主持这项工作的时候，情况更是如此。这是由《TRIMs 协议》的特殊背景和地位所决定的。具体而言，《TRIMs 协议》将在以下 3 个方面积极影响未来多边国际投资规则的制定：第一，国民待遇原则和透明度原则；第二，例外、过渡安排，发展中国家的谈判战略和策略；第三，舍弃审查《TRIMs 协议》的执行。总的来说，《TRIMs 协议》为未来综合性投资规则协议的谈判，提供了一个不低的起点，也积累了有价值的经验教训。

目前，有关规范投资各方权益，保障投资自由的国际协议主要是双边或地区性协议。从条约的性质看，有观点③指出，《TRIMs 协议》还不是一个综合性的关于多边投资自由的协议，它所要解决的问题实质是贸易方面而不是国际投资本身，它对国际投资的作用是有限的。总部设在巴黎的经济合作与发展组织经过多年讨论和准备，已经完成了《多边投资协议》草案，即将交由各国审议通过，届时，它将成为规范跨国投资活动的国际准则。

与其他综合性国际投资条约相比，《TRIMs 协议》在基本的架构上，表

---

① 王贵国：《世界贸易组织法》，法律出版社 2003 年版，第 578 页。

② 叶兴平：《TRIMS 协议的局限性及其对国际投资法发展的意义》，《法学家》2001 年第 6 期。

③ 王传丽：《国际贸易法——政府管理贸易的法律与制度》，中国政法大学出版社 2002 年版，第 439 页。

现出非常明显的局限性。由于调整范围的狭窄，甚至有的学者①怀疑它是不是一个投资协定。该学者认为，它是一项内容不完备的投资协定。虽然它有对其自身范围的界定，但是将协议的管辖范围严格地局限在仅仅与贸易有关的投资措施，这让人怀疑它还是不是一项投资协议。因为它的主要目标显然不在保障投资的自由流动，而是通过限制扭曲贸易的投资措施增进贸易的发展。这项协议不仅没有涵盖包括限制与扭曲贸易的投资措施在内的所有重要投资措施，而且还忽略了一般投资协议的一些基本方面。协议缺乏有关资金和人员自由流动的规定，也缺乏有关征收与补偿的规定。

有观点②指出，在WTO法律体系中，《TRIMs协议》属于货物贸易协定。但事实上，它确实是调整投资措施的一项协定。不过，这一协定调整事项非常有限，对国际投资的规制效果也很有限，远没有GATS意义深远。

还有学者③补充认为，《TRIMs协议》只限于货物贸易，似乎仅比1980年加拿大FIRA案裁定内容稍稍前进了一步，因此为许多评论家和学者所不满。2000年进一步谈判表明，该协议只是将贸易规则扩大到投资政策方面迈出的第一步。无论如何，该协议适用上是狭窄的，有些扭曲贸易的投资措施并未被纳入。

笔者认为，《TRIMs协定》作为第一部贸易与投资关系的立法，无论对国际投资法还是对WTO法律体系，都有着重大的意义。它为贸易与投资规则立法跨出了重要一步，奠定了较高的起点，积累了一定经验。然而，《TRIMs协定》的局限性也很明显，其涉及内容的狭窄一直为学界所诟病，认为与其他综合性国际投资条约相比，其基本架构就表现出非常明显的局限性，因而对国际投资的规制效果很有限。

（二）《TRIMs协议》内容

1. 适用范围

对于《TRIMs协议》的适用范围，学界观点④比较一致。它避开了服务贸易与知识产权，其第一条明确界定了它只适用于与货物贸易有关的投

---

① 叶兴平：《TRIMS协议的局限性及其对国际投资法发展的意义》，《法学家》2001年第6期。

② 左海聪：《国际贸易法》，法律出版社2004年版，第332页。

③ 赵维田：《世贸组织（WTO）的法律制度》，吉林人民出版社2000年版，第424页。

④ 同上书，第419—420页。

资措施。然而，就是货物贸易中的投资问题，《TRIMs 协议》也未全面涉及，而只涉及国民待遇与数量限制。

有观点①指出，首先，表面上看，乌拉圭回合就投资本体制定了一套崭新的制度。但事实上，该制度完全是以原 GATT 制度为基础。而且除非相关措施违反了 GATT 第 3 条和第 11 条，否则该措施便不会违反《TRIMs 协议》。从这个意义上讲，乌拉圭回合制度的主要作用，是使 GATT 对投资的规范突出化和具体化。以美国、日本和欧盟指责印度尼西亚汽车措施案为例，无论是起诉方的指控还是专家组的裁定，主要是根据 GATT 等的内容，而不是《TRIMs 协议》。而且，只要是相关措施涉及当地成分要求，便有可能与贸易有关。至于相关措施是否被冠以投资之名则并不重要。其次，鉴于《TRIMs 协议》是以 GATT 为基础，且某项措施是否合法亦以是否违反 GATT 国民待遇和数量限制的规定为前提，在确定相关投资措施是否违反《TRIMs 协议》时，必须考虑 GATT 的所有例外规定。这就进一步所缩小了贸易有关的投资措施范围。

还有学者②认为，就《TRIMs 协议》与 GATT 的关系而言，它只是一个框架性协定，由序言、正文和附件 3 个部分组成。协定内容本身不包含任何 WTO 其他协定以外的新内容，只处理已被 GATT 第 3 条和第 11 条数量限制禁止的措施。因此，《TRIMs 协议》也被看作是一个“法律适用协定”。这是《TRIMs 协议》最主要的功能。具体而言，《TRIMs 协议》的适用范围，即一项与贸易有关的投资措施是否构成协定所禁止的投资措施，必须结合协定第 1 条、第 2 条及附件的例示清单来确定。协定禁止的投资措施必须满足以下三个要件：第一，争议措施属于投资措施的范畴；第二，该投资措施必须与贸易有关；第三，该项投资措施违反 GATT 的国民待遇和禁止数量限制原则。

对于后者，有学者③持不同观点，认为根据协定的有关规定，TRIMs 应当具备以下要件：（1）对货物贸易产生限制和不利影响；（2）违反

① 王贵国：《世界贸易组织法》，法律出版社 2003 年版，第 574—575 页。

② 黄东黎：《世界贸易组织法》，社会科学文献出版社 2009 年版，第 293—295 页。

③ 杨树明、杨联明：《论〈与贸易有关的投资措施协定〉的适用范围》，《现代法学》2003 年第 6 期。

GATT 中有关国民待遇和数量限制条款的规定；（3）按国内法或行政命令属性或强制性的措施，或为取得优势地位或优惠所必需的措施。

《TRIMs 协议》将国民待遇纳入其规则体系，却并没有将总协定的最惠国待遇引入。有学者①指出，其原因是大多数成员（主要是发展中国家）认为，投资措施不能直接适用总协定最惠国待遇条款。因为与歧视性商品贸易措施相比，投资对贸易所产生的扭曲效果可能并不是直接的、重大的，所以在投资问题上照搬 GATT 现有条款是不合适的。它将使东道国在外来投资的选择上丧失主权和灵活性。而这些主权和灵活性往往都与本国经济发展战略相联系。

此外，还有学者②对协议的适用表示担忧，表示对于涉及 GATT 第 3 条的规则，协议第 2 条规定除例示清单点名的（a）当地含量和（b）贸易平衡者外，并未再制定判断或鉴别各种投资措施是否违法的客观标准。所以哪些措施属于第 5 条所指的“不符合本协议规定”的投资措施，全靠各成员方自行判断，因此在该协议的今后适用中，还因解释不同而意见分歧。同时，涉及 GATT 第 11 条规则时如何做出准确判断或鉴别，也还需在实践中通过个案来界定。在此还需要澄清第 2 条与例示清单的关系，以及例示清单是否穷尽所有投资措施的问题。有学者③指出，首先，第 2 条是对协定禁止措施的概括性规定，而附件例示清单则是第 2 条的注释。因此，应该认为第 2 条与附件例示清单之间是相互补充的关系。其次，附件例示清单并未穷尽所有的投资措施，适用的“包括”一词，应理解为“包括但不限于”。因此，在该 5 种列举的投资措施之外，只要违反第 2 条关于国民待遇与数量限制规定，都为协定所禁止。

附件例示清单被视为并未穷尽与 GATT1994 第 3 条“国民待遇”或第 11 条“取消数量限制”规定不一致的 TRIMs，是成员目前较为一致的认识。需要指出的是，在具体的案件中，如果 WTO 专家组或上诉机构要将例示清单之外的其他 TRIM 视为违反《TRIMs 协议》的措施，必须持慎重

---

① 王文先：《WTO 规则与案例》，清华大学出版社 2007 年版，第 175 页。

② 赵维田：《世贸组织（WTO）的法律制度》，吉林人民出版社 2000 年版，第 422 页。

③ 黄东黎：《世界贸易组织法》，社会科学文献出版社 2009 年版，第 296 页。

的态度。①

2. 条约解释

有学者②指出，《TRIMs 协议》的条文非常简短，加之条文文本的含糊性，其留下的解释余地相当大。有观点③进一步指出，第 1 条规定协定适用范围的条款具有概括性，没有对与货物贸易有关的投资措施进行界定。一项投资措施是否与货物贸易有关需要逐项认定，具有不确定性。因此，该《协定》的适用范围具有开放性。这为发达国家对《协定》的适用范围进行扩张解释、扩大适用范围留下了余地。

学界普遍对协定条款概括性带来的扩大性解释表示担忧。从严解释成为一致的呼声。有观点④表示，从《TRIMs 协议》的谈判背景资料以及发展中国家的现实经济发展状况来看，对《TRIMs 协议》的适用范围应当从严解释。由于贸易与投资的相关性，投资措施可能总会对贸易产生某种影响。但是，投资措施对贸易的作用和影响毕竟有直接与间接之分。如果不能根据影响的程度加以区别，那么，所有的投资措施都可以说是与贸易有关的。这种定义显然过于宽泛。

对此，有学者⑤区分了发达国家与发展中国家的立场，认为对《协定》的适用范围做从严解释，这或许是发展中国家的一厢情愿，发达国家可是想做扩张解释的。因此，这一矛盾如何解决，一项投资措施到底是否适用《协定》，这恐怕要决定于发达国家与发展中国家的实力对比和谈判技巧。

然而，也有学者⑥对此表示乐观，认为虽然《TRIMs 协议》条文解释的空间很大，但在实践中似乎并未出现扩大解释的情况。这是由于就目前的情况而言，由于对《TRIMs 协议》的理解仍未达成一致，发展中国家

---

① 左海聪：《国际贸易法》，法律出版社 2004 年版，第 334 页。

② 赵维田：《世贸组织（WTO）的法律制度》，吉林人民出版社 2000 年版，第 419 页。

③ 杨树明、杨联明：《论〈与贸易有关的投资措施协定〉的适用范围》，《现代法学》2003 年第 6 期。

④ 余劲松：《〈TRIMs〉协议研究》，《法学评论》2001 年第 2 期。

⑤ 杨树明、杨联明：《论〈与贸易有关的投资措施协定〉的适用范围》，《现代法学》2003 年第 6 期。

⑥ 黄东黎：《世界贸易组织法》，社会科学文献出版社 2009 年版，第 296 页。

与发达国家在《TRIMs 协议》上的分歧仍然较大，因此，原则上反对扩大对《TRIMs 协议》的解释。

此外，还有学者①提出《TRIMs 协议》中弹性条款的解释问题，认为协议序言、第 2 条、第 3 条以及附件例示清单中存在为数不少的弹性规定，不仅易发生理解上的歧义，而且在实践中易发生颇具争议的操作。对其不同的解释在实践中可能会产生截然相反的效果。尤其需要注意的是，这种弹性条款的解释，很可能对发展中国家产生影响。从《TRIMs 协议》产生的历史及国际投资领域的实践来看，对于发展中国家的特殊照顾很大程度上只是形式上的，《TRIMs 协议》更多表现出的是发达国家对发展中国家所加诸的一种“单方义务”。《TRIMs 协议》中的弹性规定及其扩大或缩小的解释，给东道国（尤其是发展中国家）加诸的“附加义务”，加剧了这种不公平性。事实上，《TRIMs 协议》中的弹性规定对东道国的影响，从总体上讲是消极的。因为投资方不管是对其作扩大化的解释还是作缩小化的解释，其意都在于通过排除或限制东道国对 GATT 例外的适用，或在《TRIMs 协议》明文禁止的投资措施的基础上，增加东道国减少投资措施的义务。作为引入大量发达国家外资的发展中国家，应尤为关注这个问题。

3.《TRIMs 协议》的其他规定

《TRIMs 协议》规定 WTO 的争端解决机制适用于《TRIMs 协议》项下的磋商和争端解决，首次将与贸易有关的投资措施争端纳入 WTO 争端解决机制。这对于协议相关争端的解决是有积极作用的。然而，需要指出的是，“所有投资措施的案件都涉及 GATT。有时，争端解决机构甚至在审理了有争议的措施是否违反了 GATT 后，便不需继续考虑其是否同时违反了《TRIMs 协议》”。②

此外，有学者③对将源于《TRIMs 协议》的争端纳入 WTO 争端解决机制程序的合理性表示怀疑，指出有关贸易的争端解决程序是不同于现代

① 朱广东：《TRIMS 协议弹性条款的解释与利用》，《WTO 动态与研究》2003 年第 10 期。

② 王贵国：《世界贸易组织法》，法律出版社 2003 年版，第 576 页。

③ 叶兴平：《TRIMS 协议的局限性及其对国际投资法发展的意义》，《法学家》2001 年第 6 期。

投资争端解决程序的。前者一贯强调在主权国家之间解决争端，其重心放在保护产品和产品的流动上，对于国际贸易活动的主要角色（进口商和出口商）的保护是通过对贸易流动的保护来实现的。而后者则越来越重视对投资者个人权利的保护。原先赋予投资者在国际法庭起诉东道国的动机，纯粹是为了回避在投资争端的解决中有太多的政治因素介入。现如今，一项投资协议是否在争端解决机制中确立投资者的法律地位，已经成为衡量该协议自由化程度的重要标准。

就通知与透明度涉及的内容来看，有观点①基于 WTO 的实践，指出《TRIMs 协议》是对 GATT 的细化和具体化。因此，《TRIMs 协议》的主要作用，主要是规定各成员通知的义务，以及在过渡期满后停止与 GATT 不符合的措施。

对于协议第 5、6 两条关于通知与透明度的规定，有学者②指出它们有着与 WTO 其他透明与通知条款的不同之处：对那些投资措施“不符合本协议规定”，要由成员方自己来辨别判断。然而，由于《TRIMs 协议》规定中存在有许多未定因素或含糊之处，此项鉴别的难度很大，将来的争议也会不小。当事国自己给本国措施做判断时，其中悬案在所难免。

《TRIMs 协议》的发展条款可以说是协定的另一特殊之处。这种在协定条文中就规定在一定期间之后对协定进行审议修改的情况，在 WTO 多边协定中是比较少见的，被称为《TRIMs 协议》的“发展条款”。有学者③认为，这条规定充分体现了《TRIMs 协议》作为一个框架性协定的过渡性，表明了协定将来可能的改变。

---

① 王贵国：《世界贸易组织法》，法律出版社 2003 年版，第 576 页。

② 赵维田：《世贸组织（WTO）的法律制度》，吉林人民出版社 2000 年版，第 423 页。

③ 黄东黎：《世界贸易组织法》，社会科学文献出版社 2009 年版，第 296 页。

第四章

贸易救济规则

贸易救济规则是国际贸易法中最具有实践性的法律领域之一，也是与各贸易企业关联最直接的贸易法内容。国际贸易法中的法律救济有三种：反倾销、反补贴和保障措施。三者既有共同点，又有迥异之处。其中，反倾销和反补贴措施与保障措施之间的差异较大。前两者针对不公平贸易行为，后者则可对公平贸易行为实施。此外，三者还在具体损害认定、实施程序等方面有所差别。

第一节　反倾销措施规则

最早的反倾销可以追溯到 20 世纪初。当时，英国与荷兰等 10 个国家为防止和抵制食糖倾销，于 1902 年签署了一个反倾销联合协定，揭开了反倾销法的序幕。1904 年，加拿大制定了世界上第一部国内反倾销法。第二次世界大战前夕，大多数发达国家都已经制定了不同形式的反倾销法，并多次将反倾销措施付诸实践。“二战”后，各国就拟建“国际贸易组织”而进行的谈判中，反倾销问题即为谈判议题之一，《国际贸易组织宪章》第 17 条就是专门针对反倾销的有关规定。后来，这个第 17 条的规定被移植成 1947 年 GATT 的第 6 条。20 世纪 60 年代以来，随着各缔约方关税税率普遍降低，反倾销因其本身的隐蔽性，被一些国家当作非关税壁垒适用，借以保护本国产业。1967 年 GATT 肯尼迪回合为弥补 GATT 第 6 条的缺陷，谈判产生《关于 GATT 第 6 条的守则》（即《反倾销守则》）。在 1979 年东京回合谈判中，各缔约方又对《反倾销守则》进行了多处修改，形成了新的《反倾销守则》，于 1980 年 1 月 1 日生效。20 世纪 80 年代，一些发达国家更加频繁地将反倾销措施作为贸易保护手段加以滥用，而一些发展中国家和地区则成为这些所谓反倾销行为的受害者。因而，1986 年 GATT 乌拉圭回合将反倾销问题作为 15 个重要议题之一列入谈判议程，最终形成了《关于实施 1994 年 GATT 第 6 条的协定》（即《反倾销协定》），于 1995 年 1 月 1 日与乌拉圭回合的其他协定一并生效。

一　反倾销理论

反倾销行从其产生之初，争议就未曾中断。经济学家、法学家以及其他领域的学者，用不同的理论和分析方法，对反倾销行为及其合理性等问题展开讨论。有学者①总结：经济分析实际产生了赞成派和反对派两个不同的立场。赞成派认为，国际贸易中的倾销行为对进口国和第三国经济产生消极影响，是一种贸易领域中的不公平竞争，应当通过反倾销立法予以追究。反对派认为，倾销不一定是不公平贸易行为，而经常动用反倾销措施是国际贸易保护主义的表现。此外，过去反倾销法有其存在的理由，现行的国际贸易体制已经制定了一些防止或抵制不公平贸易行为的措施，如反补贴、保障措施和反垄断措施等，因此，反倾销法已经没有存在的必要。此外，政治分析的观点认为，事实上，政府并不关心与倾销相关的经济问题，而只是关心倾销行为背后的政治问题。反倾销措施往往是政治家手中的一张牌。正因如此，反倾销措施难以根除，更难做到真正的保护公平竞争。因此，该学者指出，进一步规范各国反倾销法，以确保其不被当作一种便利的非关税贸易壁垒，将是 WTO 一个长期的课题。

从经济理论入手，学界有观点②指出，作为经济常识，人们所说的“倾销”，实际上指的是一种“差价销售”。对于这种现代经济生活中的常见现象，人们对之的认识和分析，经历了一个从感性到理性的历史过程。科学的经济理论分析表明：笼统的把倾销说成是“不公平贸易行为”、“不正当竞争行为”是不对的。将“predatory price”译作“掠夺性”欠妥。它指的是以低价销售撵走市场的其他竞争者，以达到独占或支配市场，再提价挣取垄断利润的目的。

---

① 黄东黎：《世界贸易组织法》，社会科学文献出版社 2009 年版，第 305 页。

② 赵维田：《世贸组织（WTO）的法律制度》，吉林人民出版社 2000 年版，第 272—276 页。

还有学者[①]从各国贸易实务入手指出，反倾销的核心问题是，反倾销法应该主要针对进行倾销的公司还是应该针对进口国家的企业，即以国家销售产品的公司？有观点[②]指出，倾销实际上是一种企业行为，尽管企业的倾销动机多种多样，在经济上对消费者有利，它实际上是一种扭曲竞争条件的不公平行为，在国际贸易中更是如此，倾销进口可能造成对进口国生产同类产品的国内产业的损害。

经济理论之外，以政治理论来分析反倾销行为的学者也不在少数。有学者[③]从国家利益角度入手，认为要理解反倾销法这种兼具反不正当竞争和商业防卫双重功能的特殊法律，就必须把它定位为实现国家利益的一种特殊工具。一国制定与实施反倾销法，不仅要受到其他国家经济实力与对抗性措施的制约，而且也要与国际性法律规范和国际公共利益相协调，唯有如此，才能真正实现自己的利益。

有学者[④]以伦理学视角，对反倾销法律制度进行审视，认为一方面，反倾销制度的合理实施有明显的符合伦理的理由。采用伦理社会的分析，可以判断合理的反倾销制度的实施给社会带来了更多的福利。同时，反倾销法律制度引发的直接投资效应极大地鼓励了竞争。从这个意义上讲，反倾销制度本身应该是符合伦理的，因而具有内在的合理性。另一方面，由于反倾销法律制度关键概念、制度的概括性和模糊性，使反倾销执法机关获得较大的自由裁量权，容易被各国在实际操作中滥用，使其演变为保护国内产业的工具。在这种情况下，以限制竞争为目的的反倾销实施就是不符合伦理的。

还有学者[⑤]从一体化法理学的视角，对 WTO 反倾销法律制度进行法律价值、规范分析及社会分析，指出 WTO 反倾销法律制度具有公平与秩序性价值取向。对反倾销法律制度的质疑，在于 WTO 反倾销法律规范的漏洞而非该制度本身。WTO 反倾销法律制度的存在和完善，是市场经济

---

① 王贵国：《世界贸易组织法》，法律出版社 2003 年版，第 445 页。

② 韩立余：《世界贸易组织法》，中国人民大学出版社 2005 年版，第 166 页。

③ 凌慧明：《WTO 反倾销法的宏观分析——以国家利益为视角》，《法学评论》2003 年第 4 期。

④ 付荣法：《反倾销法律制度的伦理学审视》，《法学家》2005 年第 5 期。

⑤ 虞汪日：《WTO 反倾销法律制度的一体化法理学分析》，《WTO 动态与研究》2002 年第 3 期。

和世界经济一体化的内在要求。持同样观点的学者①补充认为，在全球化大势下，国际条约、国际组织对成员方国内法的影响越来越大。其中，尤以 WTO 为最。WTO 协定要求成员的国内法与 WTO 的规则相一致。在有些国家，WTO 规则具有高于国内法的法律地位，包括实体法和程序法在内的国内法，因须符合 WTO 规则的要求而日趋国际化。在全球化的背景下，法律规范呈中和趋势。

对此，有学者②持保留意见，认为国际反倾销规则在法理上具有不适当性，“倾销”是一个相当模糊并且法律意义极不严谨的概念。本质上，它只不过是市场分割条件下需求弹性差异引致的国际价格歧视，有时还是生产者在模仿生产阶段为扩大产量所导致的必然现象。“反倾销”政策的频繁使用是相关利益集团成功游说政府的结果。国际经济关系中的“反倾销”规则存在明显的法理不适当性，在细节上也存在诸多弊端。“反倾销”规则的滥用不仅损害了出口国的利益，也损害了进口国自身的利益，因而是一种贸易保护主义的工具。

针对近年来国际贸易中反倾销法被滥用的现状，以及各国对反倾销法的探讨，有学者③试图寻求 WTO 反倾销协议完善的出路，认为完善各国的反倾销法律，其根本在于国际社会的统一行动。该学者分析了 WTO 反倾销协议的改革路径，指出比较现实的作法，即在切实遵循以下原则的基础上，对现行 WTO 反倾销规则进行修改：（1）限制反倾销措施的使用；（2）促进公平竞争；（3）提高法律的确定性和可预见性；（4）考虑发展中国家的需要。在这些原则的指导下，他对修改反倾销协议提出了具体的建议。

二　WTO《反倾销协定》

（一）倾销的确定

如何认定倾销，是反倾销法发展历程中争议最多的问题。GATT 关于认定“正常价值”的方法中，与“推定价值”并列的，还有“按相当产

---

① 王贵国：《全球化以致中和——从阿根廷家禽反倾销案说起》，《法学家》2003 年第 4 期。

② 袁欣：《论国际反倾销规则的法力不适当性》，《法学家》2009 年第 3 期。

③ 蒋小红：《试论 WTO 反倾销协议的完善》，《环球法律评论》2004 年冬季号。

品出口到合适第三国的可比价格”，“但该价格要有代表性”。对此，有学者①指出，这个方法的适用在现实中是很困难的，因为这里的“合适”、“有代表性”都是不容易实际选定的软标准。而且，“既然受诉产品在进口国市场倾销，它同样也可能在第三国市场倾销”。② 所以，以第三国价格来计算正常价值，很可能会得出不构成倾销的理论。

此外，学者认为，这种替代国方法开始被发达国家移花接木，成为对付非市场经济国家产品的常用方法。有观点③指出，这可能是基于两个方面的原因：一是非市场经济国家国内市场价格不能反映货物真实的“正常价值”；二是就 GATT/WTO 反倾销法的条文而言，GATT 附件 9“注释与补充规定”承认了这种适用。然而，用替代国方法的最大弊端是结果难以预料，因为在这一复杂理算过程中存在着一连串未知数，而导致替代国的选择很难做到公平，常常掺杂着很多人为臆造的因素，我国过往被诉的案例就是很好的例子。目前我国是遭受外国倾销指控最多的国家，究其原因，替代国制度的推行首当其冲。

对于欧美对所谓非市场经济国家产品正常价值确定时，选择一个属于市场经济体制国家出售或生产相似产品的价格作为基础的情况，有学者④指出，其不合理性显而易见。第一，关于市场经济国家与非市场经济国家的划分标准弹性较大；第二，选择替代国具有相当大的随意性和不可预见性，以替代国的价格作为依据缺乏科学性。

有学者⑤指出，替代国制度除不合理性之外，实际上是不公正的。替代国制度的适用，实际上是武断地将一个与受控倾销的非市场经济国家毫无关系的市场经济国家的价格，作为确定该非市场经济国家进口受诉倾销产品正常价格的依据，其所计算出的替代国价格，往往严重脱离了非市场经济国家价格构成的实际情况。

---

① 赵维田：《世贸组织（WTO）的法律制度》，吉林人民出版社 2000 年版，第 291 页。

② 陈立虎：《当代国际贸易法》，法律出版社 2007 年版，第 347 页。

③ 赵维田：《世贸组织（WTO）的法律制度》，吉林人民出版社 2000 年版，第 291 页。

④ 曹建明、贺小勇：《世界贸易组织》，法律出版社 2004 年版，第 126 页。

⑤ 陈立虎：《当代国际贸易法》，法律出版社 2007 年版，第 352 页。

还有观点[①]从价值确定和标准上分析，指出替代国价格的随意性：无论是否采用替代国，在确定生产要素的价值时，实际上都是使用市场经济国家的价值。只不过一种按产品的生产要素确定，一种按生产确定。尽管在确定生产要素的价值时，要求该市场经济国与非市场经济国具有经济上的可比性，但可比性本身无标准。实践中，武断性较强。

（二）反倾销救济措施与实施程序

反倾销程序规定

1. 证据

WTO 法律中的《反倾销协定》是一份实体规则和程序规则兼备的文件。《协定》的第 6 条涉及反倾销调查程序中证据的提交、证据信息的披露、证据信息的查证和证据采纳。在程序规则中，正如有学者所言，“纵观 WTO 的反倾销案，证据的认定和适用从来都是最关键的问题”。[②] 与东京回合反倾销协议相比，《反倾销协定》的规定已经相当具体，且具可操作性。在诸多涉及证据的规则中，较易引起争议的当属机密资料的适用和在哪些情况下调查机关可以忽略当事方提供的证据。另一个争议则在第 6 条第 8 款。这一规定对迫使被调查当事方按照调查机关的要求提供信息至关重要。因为，如果其拒绝提供资料，其结果可能对其最为不利。实践中如何确保此规定不被滥用相当重要。该学者强调，证据的采纳和认定不当会使进口国败诉。此外，《反倾销协定》证据规则的一个显著特点是引入了普通法系的自然公正原则。第 6 条第 2 款要求调查机关在整个调查期间，给予所有利害关系方进行辩护的充分的机会。

有学者[③]补充认为，反倾销案中的证据问题之所以重要，是基于两个方面的原因：一方面，反倾销调查涉及企业生产、销售商业机密，相关当事方不希望公开其提起或应诉的资料；另一方面，证据对于倾销的认定又至关重要。

反倾销的最佳可获信息规则（BIA）主要与证据采纳有关，反映的是主管机构在反倾销调查程序中是否公正执法。WTO 的 BIA 规定是基础性

---

① 韩立余：《世界贸易组织法》，中国人民大学出版社 2005 年版，第 169 页。

② 王贵国：《世界贸易组织法》，法律出版社 2003 年版，第 479 页。

③ 曹建明、贺小勇：《世界贸易组织》，法律出版社 2004 年版，第 132 页。

规定，一些国家国内法的相关规定则细致得多。有学者①系统归纳和评判了反倾销调查中最佳可获信息的国际立法和国内立法以及相关实践指出，BIA 有其存在的合理性，但客观上对出口方不公平；WTO 立法对 BIA 做出了指导性和原则性规定，DSB 的实践对该规则有所发展和引申；欧美的 BIA 要求十分详细，适用条件明确，欧盟的规定在文字上更接近 WTO；中国的 BIA 已有制度和实践基础，需要进一步完善。

有学者②从程序法的角度，系统探讨了反倾销调查中证据提供的六个焦点法律问题，即证据的提供主体、提供期限、提供形式、反倾销调查的证据责任、反倾销调查申请的证据要求和发起反倾销调查的证据，指出从《反倾销协定》的义务主体来看，协定规定的是政府义务，其对证据的要求，实质上是要求成员方政府反倾销主管机关在证据方面满足《反倾销协定》的要求，而不是要求反倾销程序中有关利害关系方满足《反倾销协定》的要求。但通过对政府主管机关的要求，也间接地对有关利害关系方提出了要求。

2. 日落复审

学界对于日落复审的研究，多集中于日落条款的性质及与原先反倾销调查的对比。有学者③指出，从日落条款的规定可以看出，反倾销税 5 年的实施期限只是一个理论期限，其实际实施期限可能是无期限的，只不过首次征税的期限为 5 年而已。这样的规定对于价格承诺可类推适用。与原先的反倾销调查不同的是，日落审查是一种预期性调查，是对将来可能性的判断。而原来的反倾销调查则是一种追溯性调查，对发起反倾销调查前已经发生的情况进行调查。因此，二者对证据的要求也存在区别。WTO 专家组裁定，反倾销协议第 3 条有关损害确定的规定，不适用于日落审查。

反倾销中的日落复审同反倾销的原始裁决程序一样，是构成一国反倾销法律的重要内容，也是反倾销程序的重要环节。有学者④认为，日落复

---

① 陈立虎：《反倾销法上的最佳可获信息规则初探》，《时代法学》2009 年 4 月第 7 卷第 2 期。

② 陈明聪、陶立峰：《反倾销调查中证据提供的法律问题》，《法学》2004 年第 6 期。

③ 韩立余：《世界贸易组织法》，中国人民大学出版社 2005 年版，第 180 页。

④ 陈立虎：《论反倾销法上的日落复审制度》，《法学家》2007 年第 6 期。

审制度的重要性在于，它决定着已经实施的反倾措施是否继续有效，意味着出口商是否继续受 5 年的反倾销措施的限制，也意味着国内产业是否继续受 5 年国内反倾销措施的保护。正因如此，它的地位和重要性并不亚于任何原始反倾销裁定程序。此外，1994 年 WTO《反倾销协定》确立日落复审制度的目的是督促成员方设立该制度，根据变化的情况重新审查外国生产商的进口情况，给他们一个重返国内市场的机会。各个成员方虽然都先后明确了日落复审制度，但在实际执行中，主要还是维护国内产业的利益。

WTO《反倾销协定》确立了日落复审程序的基本要求，现有争端解决案例丰富了日落复审的多边规则。然而，由于日落条款规则制定过于原则，导致了适用的困境。有观点①指出，日落复审制度性质上属于税收规则的范畴，其出发点是试图通过对反倾销税的征收期限加以规定，从而在进口国和出口国之间寻求利益的平衡。但是规则本身的不完善，使得制度在执行过程中出现背离立法目的的情况。各国通常根据自己的理解，更多地从本国税收利益出发行使税权，税权自由度过大，反倾销税征收过程中“日不落”的情况时有发生，日落复审呈现滥用之势。如何在规制的基础上建立利益平衡的支点，是将来日落复审制度的发展走向。对于日落复审制度逻辑上的缺陷，需要对制度本身进行改革，才能寻找新的出路和新的利益平衡点。

第二节　补贴与反补贴措施规则

对进口补贴产品采取相应措施规定，最早可以追溯到 19 世纪。1897 年，美国制定了第一部反补贴法。真正意义上的补贴国际规则源于 1947 年的 GATT。GATT1947 对于补贴的规定相当简单，对补贴行为本身没有实体性规则，只有第 16 条规定了一个通报与磋商的义务。然而，事实上，没有任何国家因这个第 16 条的存在而限制补贴措施。1955 年，GATT 评审会议首次提出在第 16 条中加入补贴与反补贴方面的实体法内容。但最终加入的内容仅限于出口补贴部分，扩充后的第

① 徐妍：《反倾销税日落复审制度比较研究》，《比较法研究》2009 年第 4 期。

16 条效力仍然十分微弱。同时，由于加入的条文语言含糊，在现实操作中引起很多麻烦。1973 年的东京回合谈判中，美国享有的“祖父特权”与其他国家发生了根本性分歧。这一分歧导致东京回合制定的补贴与反补贴协定规定了一个双轨制方案。同时，由于该法案只是一个复边协定，只为大部分 OECD 和少数最发达的发展中国家所接受，因而协定的效力十分有限。1994 年达成的乌拉圭回合《补贴与反补贴措施协定》，GATT 第 16 条和东京回合守则的内容进行了大幅修改，不仅对出口补贴进行了有效的规定，还首次对生产和其他非贸易因素有关的补贴进行了规范。GATT 第 6 条和第 16 条与乌拉圭回合的《补贴与反补贴措施协定》一起，成为 1995 年 1 月 1 日成立的 WTO 体系中规范补贴与反补贴的法律条文。

一　补贴的定义与反补贴理论

反补贴措施是除反倾销措施以外适用最为频繁的贸易救济措施，学界常将二者对比讨论。就其本质，有学者①认为，两者是性质根本不同的两个范畴。首先，反倾销对付的是私人企业行为；而反补贴所面对的几乎全是政府行为，因而它涉及大量政府政策问题。其次，倾销是一种市场竞争中的经济概念和国际贸易行为，其在经济学上是否有正确理论依据另作别论；而补贴所涉及的问题可谓“混沌一片”，既有经济因素又有政治、社会乃至文化的因素，而且多是一国国内的问题，有些与贸易没有瓜葛。

还有观点②认为，追溯本源补贴是一个经济概念，但反补贴措施涉及政府和国际关系问题。补贴是一国经济政策的重要内容，政府利用补贴发展和扶持关键或困难企业，援助贫困山区、调整产业结构和增加就业机会的现象十分普遍，这其中，许多内容涉及国家主权。为促进本国经济的发展，一国政府采取其认为适当的经济政策，这正是一国主权之所在，他国本无权干涉。然而，当一国政府提供的国内补贴直接或间接的提高了受补贴产品的国际市场竞争力，从而对其他国家生产同类产品的国内产业产生

① 赵维田：《世贸组织（WTO）的法律制度》，吉林人民出版社 2000 年版，第 308 页。

② 黄东黎：《世界贸易组织法》，法律出版社 2009 年版，第 340 页。

不利影响时，补贴就不再只是一国内政。① 当一国政府采取补贴措施，则受该国补贴措施影响的其他国家可能采取相应的反补贴措施，以抵消其受到的不利影响。正是基于以上缘由，反补贴与反补贴措施，成为国际贸易中最棘手、最受争议的问题之一。

除了经济与政治理论之外，还有学者②考虑到了消费者的因素，认为补贴具有双重性，指出补贴降低产品的价格，有利于消费者，同时又扭曲资源分配，扭曲市场竞争。此外，国内外市场上，它也扮演着双重角色。从国内角度看，补贴是一国政府促进经济发展的一种手段；从国际贸易角度讲，对国内产品的补贴会对外国产品的进口起排斥作用，对出口产品的补贴使得出口产品的价格低于在国内销售的价格。前一种的作用类似关税，只不过关税提高进口产品的价格，而补贴则是降低国内产品的价格；后一种的作用类似倾销，对进口国的国内产品造成了不正当的竞争。正是基于补贴的双重性，各国对补贴采取了既允许又限制的政策。这样的政策也同时体现在 WTO 的《补贴与反补贴措施协定》中。

对于反倾销和反补贴措施的相同点，有学者③指出，出口补贴的结果往往与倾销的结果相同，即都能使一国产品在国内外市场上得以进行低价竞争。实践中，当进口国政府不愿或无法查明这种低价是不是由于出口国政府的补贴而形成时，往往将这种低价销售行为作为倾销来对待。在这些现象背后，其实涉及更深层次的利益冲突。有学者④指出，与反倾销类似，WTO 有关补贴与反补贴规则的目的，也是为了平衡两种潜在的利益冲突。即国内产业与政府补贴相似进口产品之间的利益冲突，反补贴措施与自由贸易原则之间的冲突。

对于补贴的定义，学界认为一般意义上的补贴很难准确定义，甚至无法准确定义。有学者⑤指出，没有分类的定义，将使补贴的研究变得毫无意义。补贴一般分为国内补贴和出口补贴两类。对于补贴的经济、政治理论分析，该学者总结了赞成派和反对派两种理论。首先，就经济理论领域

---

① 黄东黎：《世界贸易组织补贴规则的条约解释》，法律出版社 2010 年版，第 1 页。

② 韩立余：《世界贸易组织法》，人民大学出版社 2005 年版，第 195—196 页。

③ 陈立虎：《当代国际贸易法》，法律出版社 2007 年版，第 382 页。

④ 黄东黎：《世界贸易组织法》，法律出版社 2009 年版，第 345 页。

⑤ 同上书，第 341—342 页。

而言，反对派认为，一些补贴，尤其是出口补贴，是政策性措施，是不公平的贸易行为，严重扭曲国际生产与正常的国际贸易。这些补贴使经济效率降低，破坏世界经济的繁荣。支持实施补贴行为的人士则认为，补贴是一种合法的国内经济政策。对国内企业的补贴，是一种利用国家主权解决国内经济和社会问题的合法手段。其次，从政治角度来分析补贴的现实主义的观点认为，实际上，政府并没有把补贴当作一个经济问题来看待。政府往往将其作为一种政治手段来使用。

理论分析之外，就反补贴措施的现实合理性，学界讨论的焦点在于补贴作为一国政府干预经济的手段，国际社会是否要对此立法予以限制或禁止。有学者①指出，其实从不同的角度对这个问题进行考虑，就会得出答案。从国际法的角度看，经济主权原则是各国可以自由行使补贴的法律依据。从经济学的角度看，战略性理论是各国进行补贴的有力依据。从法理学的角度看，国际社会对补贴进行立法限制或禁止是防止不公平竞争的必要措施。因此，国际社会需要对补贴进行立法，但又需要对补贴行为区别对待。

基于反补贴措施不同角度而又纷繁复杂的理论和观点，有学者②指出，至少有一点可以肯定，反补贴税制或反对国际约制这方面，尚未达到如否定反倾销那样的共识。换句话说，还没有达到必须做出相应变动的程度。该学者将一国政府对补贴做出的反应，以及在政府主权和自由贸易两种价值之间的取舍，形象地比喻为“走钢丝”。

二 WTO 补贴与反补贴措施

GATT 时代，虽然各缔约方在东京回合签订了补贴与反补贴协定，但实际效果甚微。正如学者③所言，1947 年签订的 GATT 在补贴的问题上，几乎没有制定任何强制性制度。当时的 GATT 第 16 条规定，仅规定了缔约方通报补贴的义务。第 6 条第 3 款要求各缔约方征收的反补贴

① 王永杰：《论补贴国际立法的理论根源》，《世界贸易组织动态与研究》2004 年第 4 期。

② 赵维田：《世贸组织（WTO）的法律制度》，吉林人民出版社 2000 年版，第 321 页。

③ 王贵国：《世界贸易组织的发补贴机制》，《法学家》2002 年第 6 期。

税不超过补贴的估计数额。加之GATT争端解决的固有缺陷，对补贴的处罚主要依各缔约方的国内法为之。乌拉圭回合与东京谈判相隔8年，但是谈判各方在补贴与反补贴问题上的立场几乎未发生任何变化。乌拉圭回合《补贴与反补贴措施协定》（SCM）建立的制度仍然是以美国为一方，以欧盟等为另一方的妥协。前者主张严惩补贴，后者强调严格规范补贴税的征收。几乎是在与东京回合相同的情况下，乌拉圭回合谈判各方达成了补贴与反补贴协定。该协定总结了GATT时代的经验，对补贴与反补贴问题做出了许多颇具创意的安排，还对各成员方反补贴制度做出了强制性规定。

（一）补贴概述（定义与专向性）

1. 补贴的定义

有学者①指出，补贴首先是一个经济学的概念。长期以来，各国政府或者为了国内经济的发展和其他政策目的，或者为了促进进口，在不同的时期对不同的行业或产品实行补贴的行为，普遍存在于国内经济决策之中。同时，为了促进本国经济的发展，一国政府采取认为合适的任何经济政策，这是一国主权之所在，他国无权干涉。只有对他国同类产生不利影响，补贴才不是一国内政。正是基于此，反补贴措施才得以产生。

与东京回合协定相比，SCM最重要的贡献之一，是规定了补贴、补贴专向性的定义。这一点得到了学界的普遍认可，被认为是乌拉圭回合谈判的一项重大成果。它使“各成员方对法律意义上的补贴有了较为统一的认识，将有效地遏制因补贴含义不清而导致某些成员方任意扩大补贴措施调查范围的贸易保护主义倾向”。② 具体而言，有学者分析认为，一方面，SCM规定了只有既符合补贴的定义又具有专向性的补贴，才应受到多边制度的规范，受害成员才可对之征收反补贴税。另一方面，它确定了专向性的理论。专向性理论的基础，是只针对一部分企业有扭曲市场作用的补贴。如果补贴是普遍提供的，则不会对市场构成负面影响，从而不应受到限制。

---

① 黄东黎：《世界贸易组织补贴规则的条约解释》，法律出版社2010年版，第1—2页。

② 曹建明、贺小勇：《世界贸易组织》，法律出版社2004年版，第142页。

就SCM中补贴的定义，有学者①总结了以下特征：（1）补贴是一种政府行为，这里的政府行为是广义的，不仅包括中央和地方政府、公共机构的补贴行为，而且还包括政府干预的私人机构的补贴行为；（2）补贴是一种财政行为；（3）补贴必须授予被补贴方以某种利益。

值得注意的是，协定中有关一成员政府“或一成员领土内的任何公共机构”提供资助的要求，意味着该协定的管辖范围已超出中央政府针对下级政府或机构所采取的措施。有学者②还指出，协定没有明确规定应如何证明补贴要件三“资助授予了某种利益”，原因是谈判者就此问题产生了分歧：究竟利益应该从商业基准来衡量，还是以政府成本支出衡量？为弥补这个缺陷，协定提供了一些线索，在第14条明确了补贴和补贴金额之间的关系。

2. 专向性

专向性是为第一条补贴的定义而规定的一个重要概念。有学者③指出，SCM第1.2条明确规定反补贴措施针对的补贴必须具有专向性，即补贴是给予特定的企业或产业的。这一规定反映出，多边规则制约的是在一国经济中扭曲资源分配的补贴。

有学者④对专向性进行了系统而有层次的区别，认为从补贴的给予是否基于立法的规定意义上，可以将“专向性”分为法律上的专向性和事实上的专向性。从补贴的接受主体或范围意义上，可以将“专向性“分为企业专向性、行业专向性、地区专向性和禁止性补贴四类。

SCM中的专向性是决定补贴项目是否受制于反补贴税的重要条件。有学者⑤通过该要件在美国立法和司法实践的起源和发展所反映的贸易制度对补贴双刃剑作用的认识和认可，得出结论认为，无论在美国司法实践还是WTO争端解决实践，专向性要件的适用都不甚明确，给WTO成员实施反补贴行动留下了更多自由裁量的可能。他以美国商务部在对华铜版

---

① 曹建明、贺小勇：《世界贸易组织》，法律出版社2004年版，第141—142页。

② 黄东黎：《世界贸易组织法》，法律出版社2009年版，第346页。

③ 同上。

④ 黄东黎：《世界贸易组织补贴规则的条约解释》，法律出版社2010年版，第52页。

⑤ 吕晓杰：《SCM协议中补贴的专向性要件》，《法学》2008年第9期。

纸反补贴调查一案为例，认为在该案中，美国认定中国“两免三减半”税收优惠政策具有专向性，不仅同SCM在专向性要件上的立法精神相冲突，也不合理地限制了发展中国家在投资措施制定上的自主权。因此，SCM中的专向性要件，一方面体现了WTO成员在对外贸易具有严重扭曲作用的补贴项目上进行限制的共识，另一方面强调对发挥政策功能的补贴给予一定程度的尊重，给WTO成员保留政策制定上的一定空间。在对专向性概念进行解释时，反补贴调查机关也必须区分补贴对货物贸易的两种影响：一般影响和严重扭曲影响。

笔者认为，SCM对于补贴定义及专向性规则的确定，是乌拉圭回合谈判的一项重大成果。在各国的WTO实务中，对于专向性的适用和解释，一方面体现了WTO成员对具有严重扭曲作用的补贴进行限制的共识，另一方面，对发挥政策功能的补贴给予一定程度的尊重，给WTO成员保留政策制定上一定的空间。

（二）被禁止的补贴、可诉性补贴与不可诉补贴

东京回合谈判中，形成了一个“三灯”或“三筐”理论的分类法，把各种补贴分成三类。第一类是不应引起国际关注的补贴，列入绿灯或者装进“绿筐”，以示放行。第二类应引起国际关注，在国际贸易中应予禁止或允许进口国征反补贴税的补贴，列入红灯或装入红色筐，以示阻挡。第三类是介于第一、第二类之间的那类补贴，在某种情况下也要引起国际国家关注，列入黄灯。这个理论①在后来的乌拉圭回合中得到继承、探究并获得有价值的成果。

所谓被禁止的补贴、可诉性补贴，正是上诉红灯和黄灯理论在SCM中的体现。被禁止的补贴涉及的第一个问题，是其与可诉性补贴的关系。有学者②指出，从性质上看，可诉性补贴与禁止性补贴并无区别。两者都需要满足在一成员领土内由政府提供财政资源以及相关企业获得利益三个条件。所不同的是，补贴对其他成员利益影响的确定。SCM认定禁止性补贴必然导致其他成员利益受到损害，其他补贴则需要受影响成员自己证明遭受的损失。

---

① 赵维田：《世贸组织（WTO）的法律制度》，法律出版社2000年版，第312页。

② 王贵国：《世界贸易组织法》，法律出版社2003年版，第419页。

对于二者的共同点，有学者[①]指出，两者都是补贴与反补贴协定下的补贴，主要区别在于举证责任。任何成员提供禁止性补贴便构成违约，不需指控方举证。而可诉性补贴构成的违约，则须指控方证明损害的发生。其次，二者的争端解决程序不同。对于禁止性补贴，它的内容主要包含两方面，即目的在于鼓励出口的补贴和给予当地产品和部件优先使用权。至于补贴是法律上规定的还是事实上存在的并不重要，因为任何出口补贴或是对其他国家的出口有抑制作用的补贴，都属于被禁止之列。但这并不是说实践中“事实”上的补贴不重要。

就被禁止的补贴划分的缘由，有学者[②]指出，SCM 明确将出口补贴和进口替代补贴列为禁止性补贴，这是因为两种补贴直接对国际贸易产生扭曲作用。出口补贴非正常地提高本国产品国外价格竞争力，而进口替代补贴对进口产品的正常竞争产生消极影响。

可诉性补贴产生的影响在于，“有些补贴虽然从各国政府所推行的国内政策的意义上说，都有它的合理合法性，但是一旦在出口时损害了外国政府所代表的本国生产利益时，就发生了两种对立政策目的碰撞与冲突。问题在于如何平衡或摆平这类利益对抗。对此，‘损伤’标准似乎提供某种‘调解职能’，帮助争执双方协调这两种截然相反的国家利益”。[③]

有学者[④]总结出口补贴性质和特征的两个构成要件，即：（1）性质要件：已经构成“补贴”，即已经满足“财政资助”和“授予利益”两个条件；（2）特征要件：“法律上视出口绩效为条件”，或“事实上视出口绩效为条件”。

需要指出的是，并非所有授予出口企业的补贴都属于 SCM 定义的出口补贴。基于此，有学者[⑤]指出，要证明一宗给予企业的补贴属于第 3 条的“出口补贴”，必须证明这种补贴的给予，虽然在法律上不是根据出口实绩，但是事实上与实际或期待的出口或出口利润相关。

---

① 王贵国：《世界贸易组织法》，法律出版社 2003 年版，第 410 页。

② 曹建明、贺小勇：《世界贸易组织》，法律出版社 2004 年版，第 142 页。

③ 赵维田：《世贸组织（WTO）的法律制度》，法律出版社 2000 年版，第 317 页。

④ 黄东黎：《世界贸易组织补贴规则的条约解释》，法律出版社 2010 年版，第 79 页。

⑤ 黄东黎：《世界贸易组织法》，法律出版社 2009 年版，第 351 页。

关于损害，有学者①认为，这是一个范围很广的概念，包括了损害、严重损害和严重侵害威胁。损害分析的要点在于，分析补贴的进口产品对进口成员市场所产生的影响；严重侵害分析的要点在于，分析补贴成员的进口利益是否受到补贴的影响。对“损害威胁”的确定，则明显更为困难。而有观点②指出，“损害威胁”本身就有不确定性，实践中可能发生也可能不发生。因此，SCM 要求各成员在做出此类决定时必须严格按照证据原则，以事实为依据，慎重、通盘考虑所有相关因素。

（三）监督和争端解决机制

补贴与反补贴措施，作为国际贸易也是 WTO 最棘手的问题之一，与之相关的监督及争端解决机制也十分复杂。WTO 关于补贴问题的监督机制，主要是委员会制度加通知和评审机制。同时，协定为配合补贴的特殊性制定了一些特殊规则。其中，比较特殊的一个规则，是允许成员寻求常设专家小组的意见。有观点③指出，这样的规定可在一定程度上起到减少争议的作用，是 WTO 在监督成员执行条约义务方面的一个创举。

除了常设专家小组的设置外，与 WTO 普通的争端解决制度相比，补贴领域争端解决的特别之处还在于其速度。协定对之设定了严格和较短的时限，加快了争端的处理。同时，SCM 将与反补贴相关的争端解决分为禁止性和可诉性补贴两种，且争端解决机制为之设置了相区别的时限。对于禁止性补贴措施，SCM 规定的争端解决程序比 WTO 普通争端解决程序所规定的各个阶段的时限要短得多，“可以说是快车道上的快车”。④ 究其原因，有学者⑤指出，在于禁止性补贴对国际贸易的影响最为严重，最为直接，必须尽快消除这种补贴对国际贸易的不利影响。

有学者⑥对补贴争端适用的程序，与一般争端程序不同进行总结。第一，争端解决的期限不同。它实施快速程序，补贴争端解决的期限短于其他争端的解决期限；第二，专家组或上诉机构做出的建议不同。它们可以

---

① 黄东黎：《世界贸易组织法》，法律出版社 2009 年版，第 359 页。

② 王贵国：《世界贸易组织法》，法律出版社 2003 年版，第 442 页。

③ 同上书，第 425 页。

④ 同上书，第 426 页。

⑤ 曹建明、贺小勇：《世界贸易组织》，法律出版社 2004 年版，第 147 页。

⑥ 韩立余：《世界贸易组织法》，中国人民大学出版社 2005 年版，第 204—205 页。

直接要求被诉方采取适当措施取消补贴，或消除补贴影响；第三，WTO补贴与反补贴措施委员会设立常设专家小组，解决争端的专家组可请求常设专家组提供协助。

在具体的争端解决案件中，有学者①就反补贴诉讼机制做了系统研究，总结了起诉条件、价值取向以及制度的特点。第一，关于财政资助与利益授予。这是提起反补贴诉讼的必备要件。WTO对于成员方补贴行为的认定非常慎重。只有同时符合以上两个构成要件，方能认定成员方的行为构成了补贴。第二，关于非歧视与公平竞争。这是反补贴诉讼之价值取向。SCM对成员方补贴行为的基本态度，是除要求其按照非歧视和公平竞争原则实施外，同时不能损害或侵害其他成员的国内产业或利益。第三，关于DSB诉讼机制与国内诉讼机制。这是双轨制反补贴诉讼机制。SCM实质上确立了对扭曲国际贸易补贴的多边纪律。SCM反补贴授权救济的突出特点，在于它将法律主动权交给受害成员方，赋予其根据自身具体情况确定采取反补贴救济方式的权利。

（四）过渡期与发展中国家

SCM与1979年东京回合守则有两个重要不同。一是法律约束力不同。东京回合守则由GATT成员或非成员自愿加入，而SCM被列入WTO附件1A货物贸易多边协定，对所有WTO成员方都有约束力。二是对待发展中国家的约束力有重要不同。有学者②指出，东京回合守则基本上不适用于发展中国家，其理由很简单，绝大多数发展中国家没有财力给本国产品以出口补贴，而它们对本国幼稚工业的扶持，不足以对国际贸易造成“扭曲”。

补贴虽然对国际贸易有扭曲影响，对各国的经济发展却有重要作用。对发展中国家而言，无论是在国内经济发展还是出口贸易方面，补贴都可能是无法替代的。然而，有学者③通过巴西补贴案的分析指出：在WTO制度下，几乎发展中国家成员享有的每一项权利都有一定的条件。实践

---

① 泰国荣：《论WTO反补贴诉讼机制——简论我国应对国际反补贴诉讼之对策》，《法商研究》2006年第2期。

② 赵维田：《世贸组织（WTO）的法律制度》，法律出版社2000年版，第320页。

③ 王贵国：《世界贸易组织法》，法律出版社2003年版，第423页。

中，判断这些条件是否获得满足必须以数据为支持。这要求发展中国家不仅有完整的数据和统计资料，同时了解如何使用相关资料。此外，从SCM对经济转型期成员的安排不难看出，WTO鼓励各成员实行市场经济制度和私有化制度。为达到这一目的，WTO不惜给予这些成员几乎与最不发达国家成员无异的待遇。即使是对发展中国家成员的特殊安排，WTO也专门针对私有化做出更为宽松的规定。这从另外一个角度说明WTO对各成员经济政治制度的影响。

第三节　保障措施规则

与其他许多条款一样，保障条款被列入GATT完全是美国的作用。GATT第19条源于1943年“美国、墨西哥互惠贸易协定”中的保障条款。此前，虽然各种贸易协定已经将防范特定风险的保障条款纳入考虑范畴，却从未有单独的类似条款。1947年的GATT谈判中，美国总统签署行政令要求所有美国通过的贸易协定包含与“美、墨互惠贸易协定”类似的保障条款。同时，在最初的GATT谈判中，所有谈判方在某些极端情形下修改或免除GATT义务，才能更有可能使各方放弃贸易保护主义观点，加入多边贸易组织，并大胆削减关税。

一　保障措施理论

保障措施制度是国际贸易法上的一项重要制度。它的产生和发展实际上存在着经济学、政治学和法学三个方面的理论基础。有学者①指出，竞争水平的提升需要先进的技术和雄厚的资本，而对一个竞争水平低的行业来说，它们不易获得资本和技术。资本筹集和技术改造非一日可实现，而保障措施可为它们赢得时间。从政治上讲，实施保障措施有助于减轻劳工失业、社会动乱对政府当局的不利影响。而法律上的“情势变迁”原则、“公平竞争”原则和“权利义务平衡”原则，更证实了这一制度的正当性、合理性和必要性。

保障措施似乎也体现了WTO的价值取向。对于GATT第19条及

① 陈立虎、王万新：《保障措施制度的理论基础》，《法治现代化研究》第7卷。

WTO“保障措施协定”，有学者①指出，实际上WTO一方面坚持自由贸易原则，另一方面又允许各国在必要时启动适度的贸易保护程序。这种自相矛盾是一种妥协的结果。假如WTO缺乏这种“弹性”，许多国家出于本国利益的考虑，就可能不签署国际自由贸易协定。可见，WTO是用局部自由贸易的“牺牲”来换取整体的自由贸易。

关于保障措施的理论问题，学界一般将其与贸易救济的另外两种手段——反倾销措施和反补贴措施一起讨论。保障措施、反倾销和反补贴措施这三种措施，都是进口国外国产品进入本国市场并对国内产业造成损害时，对外国产品进口所主动采取的限制措施。有学者②指出，这3种措施的制度设计，实际上也体现了WTO法律体系的价值取向。该学者指出，这3种措施在WTO法律体系中，均有统一而明确的含义，也为WTO法律所允许。WTO一方面视市场经济和自由贸易为圭臬，另一方面又认可成员方在特定情况下采取关税和非关税措施。因此，它并不是完全意义上的“自由贸易”组织。它是一个兼容自由贸易和公平竞争的组织。而这3项进口救济措施就是实现公平贸易竞争的重要手段。

WTO允许实施保障措施，但证明可以实施保障措施的条件非常高，极难满足。因此，有学者③指出，实践中的情况是，对于保障施，各国有权采取。但是，如果被挑战到争端解决机构，那就几乎难免面临败诉的风险。

保障措施实际上作为WTO自由贸易制度的一种例外，体现了WTO的两种价值取向。这样的二元价值取向也陷保障措施于两难境地。有学者④总结了目前《保障措施协定》存在的一些缺陷。第一，《协定》与WTO原则的冲突。采取保障措施可以不考虑进口是否为公平贸易行为。一成员方可以单方采取，受影响成员方可以实施单边报复。《协定》成了贸易战的借口。第二，《协定》与GATT第19条衔接不足。第三，主要概念不确定。第四，时限规定不尽明确。《协定》对有关调查、通知时间的

---

① 黄东黎：《美国就钢铁进口启动201条款（上）》，《人民法院报》2002年4月8日。

② 陈立虎：《当代国际贸易法》，法律出版社2007年版，第396页。

③ 姜立勇、纪文华：《WTO之“美国201钢铁保障措施案”研究》，《国际经济法学刊》（第12卷）2005年。

④ 邹立刚：《保障措施制度研究》，《国际经济法学刊》（第12卷）2005年。

及时性和完整性方面未作明确规定，实践中容易产生歧义。第五，采取保障措施与获得补偿或进行报复的权利不对等。第六，缺乏监督进口成员方调整产业结构的规定。第七，为采取选择性保障措施开了口子。第八，《协定》不适用于GATS及其附件。

有学者①指出，就WTO法律体系而言，保障措施、反倾销和反补贴措施3种措施有如下共同之处：（1）都是不可任意实施的，应当接受WTO规则的约束；（2）这3种措施都是奉行非歧视原则，不过《保障措施协定》并没有做到完全禁止选择性，而是以但书或有条件的给选择性开了个后门；（3）这3种措施采取与否基本上都依据两个方面的客观情况而定：一是产品在相对集中的时间内大量进口，二是对进口国的国内工业造成损害；（4）这3种措施均属于涉外经济行政法措施，由国家行政机关负责执行。

保障措施与反倾销措施和反补贴措施的相似之处，还体现在形式和适用上。有观点②指出，三者的关键问题，国内产业是否由于进口产品而受到损害或受到损害威胁？对这些进口产品可以采取什么行动？那些受影响的成员可以采取什么样的措施？等等。

虽然，三者在WTO法律体系内部的表现、制度设计、适用、形式上都有许多相似之处，它们之间的差异也较大，尤其是保障措施与反倾销、反补贴措施二者的差异更为明显。就其目的和性质而言，有学者③指出，保障措施最初的目的是防止由于关税减让所导致的急剧增加的进口对国内经济造成的混乱，后来逐渐演变为对急剧增加的进口对国内产业造成的损害的临时措施。保障措施的目的，是消除进口量增加对国内产业的损害，因而性质上它是一种国内产业保护措施。它旨在给国内产业以调整的机会，所涉进口产品并没有不公平贸易作法，因而，性质上，它与反倾销、反补贴不同。其次，保障措施是一种临时救济措施。其直接目的，是给予受到损害的国内产业一定的调整机会和时间。表现在实施条件上，保障措施的实施条件比反倾销措施或反补贴措施的时间条件严格。同时，国内产

---

① 陈立虎：《当代国际贸易法》，法律出版社2007年版，第396—397页。

② 黄东黎：《世界贸易组织法》，社会科学文献出版社2009年版，第367页。

③ 韩立余：《世界贸易组织法》，中国人民大学出版社2005年版，第218—219页。

业的认定范围，比反倾销措施或反补贴措施下的国内产业范围广，损害程度要求高。此外，保障措施的适用应在最惠国待遇基础上实施。实际上，保障措施实质上是对承当义务的例外，因而保障措施条款又称为例外条款。

三者性质上的差异也决定了其适用对象的差异。保障措施不是针对不公平的贸易作法，而是针对公平的贸易作法，是对国内产业造成严重损害而采取的紧急救济措施。即“保障措施旨在保障自己而非针对外国产品”①。这一点非常重要。也正是因为保障措施所针对的对象是公平的贸易行为，这决定了原则上进口国对其采取保障措施而给产品出口国造成的损害应予以补偿。在实施反倾销或反补贴措施的情况下，因为此类措施针对的是不公平竞争行为，“根本不存在对出口方进行利益补偿的问题，更谈不上出口方行使报复”②。其次，也决定了“对保障措施的要求，要比实施反倾销和反补贴措施严格”③。只有对国内相似或竞争产业造成“严重损害”而不仅仅是“实质损害性”时，方可启动保障措施保护受影响的产业。

就保障措施与反倾销和反补贴措施的区别，有学者④总结了以下几个方面的内容：第一，三者所针对的行为不同，而且针对行为的性质也不一样；第二，三大措施所适用的国家不同；第三，三种措施应当满足的实体条件和程序条件不同；第四，三种措施的具体执行方式不同。

需要指出的是，保障措施的特点，是只考虑进口产品对进口国市场的影响，而不论进口增长的原因。因此，有学者甚至认为，保障措施事实上与出口自限安排有异曲同工的作用。其不同仅在于前者是在多边制度内运作，后者是在制度外实施。有学者⑤指出，由于保障措施的实施主要是依赖进口国的调查和判断，其在 GATT 时代经常被滥用。

---

① 韩立余：《国际贸易法案例分析》，中国人民大学出版社 2009 年版，第 296 页。

② 陈立虎：《当代国际贸易法》，法律出版社 2007 年版，第 398—399 页。

③ 黄东黎：《世界贸易组织法》，社会科学文献出版社 2009 年版，第 368 页。

④ 陈立虎：《当代国际贸易法》，法律出版社 2007 年版，第 398—399 页。

⑤ 王贵国：《世界贸易组织法》，法律出版社 2003 年版，第 487 页

二 GATT体系中的保障措施

GATT中规定保障措施的第19条的条文简短、内容简单，只有3款规定。从GATT时期的国际贸易实践可以看到，GATT1994第19条的实施状况并不理想。学界认为，这主要是条文本身的缺陷造成的。其条款内容的含糊性，导致解释上的困难和适用上的不确定。例如，缺乏对重要概念的定义，可操作性差；没有界定“增加的进口”与“损害”之间的因果关系；程序规则不明确等。① 由此使得实践中，诸如“自愿出口限制”之类的“灰色区域”措施泛滥，多边规则形同虚设。

非歧视是GATT第19条的重要原则。有学者②指出，第19条的非歧视原则有两个主要目的。首先，将保障措施对贸易的扭曲影响最小化，从而真正促进经济效率的提高。同时，非歧视原则减小受限制产品向第三国转移的可能，避免对贸易产生第二次扭曲。其次，非歧视原则增加了受措施影响的国家数目，加大了采取措施的国家压力，有助于保障措施的撤除或补偿的给予。此外，非歧视原则对弱小的出口国家是一种保护，使之免于有针对性的贸易限制措施，而补偿的给予有助于阻止对保障措施的滥用。

然而，在实际适用中，非歧视原则并未帮助第19条目的达成，反而造成了相反的效果。有学者③指出，除条款内容含糊以外，采取保障措施必须遵从最惠国待遇原则，是第19条很少被采用的另一个重要原因。规定保障措施必须遵守最惠国待遇原则，意味着该措施必须对所有产品进口方实施，从而影响采取措施方与所有进口方之间的贸易、政治和外交等的关系。因此，在乌拉圭回合《保障措施协定》生效之前，受进口增加影响的缔约方，宁愿选择采用与主要供应国谈判达成临时双边协定，如“自愿出口限制”、“有序销售安排”等“灰色区域措施”来解决问题。

三 WTO《保障措施协定》

《保障措施协定》是乌拉圭回合谈判各方妥协的结果。各方希望以保

---

① 薛荣久：《世界贸易组织概论》，清华大学出版社2007年版，第225页。

② 黄东黎：《国际贸易法学》，法律出版社2004年版，第474页。

③ 黄东黎：《世界贸易组织法》，社会科学文献出版社2009年版，第371页。

障措施取代其诸如资源出口限制、有序销售等安排。此外，乌拉圭回合达成的《保障措施协定》，其目的是进一步澄清 GATT 第 19 条的原则，强化保障措施的多边控制，消除规避保障措施的不当作法，促进国际贸易体制的稳定和完善。保障措施的实施条件涉及两个方面的问题：进口产品数量的增加及严重损害。

1. 进口产品数量的增加

进口增加作为保障措施实质要件中的先决条件，是判断其他条件是否存在的前提。WTO 争端解决活动表明，进口增加的认定十分复杂。与 GATT 第 19 条相比，《保障措施协定》明确规定，进口产品数量的增加包括绝对和相对增加。“保障措施的实施针对‘产品’本身而非产品的来源地。进而言之，保障措施不应涉及歧视。”① 进口产品数量的增加的确定，是实施保障措施的重要条件，同时也是争议的焦点，主要集中于认定的具体标准上。有学者②从条文角度出发进行分析，认为导致国内产业损害因而必须用保障措施救济的进口，必须是“正在进行的”。也就是说数量的绝对或相对增长不是一个点，而是一段时间。根据协定上下文来看，导致国内相关产业受到损害的进口正在进行，进口数量正在增长，即现在发生的绝对数量之大或相对数量值比例之高，足以造成国内产品的严重损害和严重损害威胁。换言之，进口产品数量的增长对国内产业的受损之间存在因果关系。

有学者③从实践情况分析指出，进口数量对国内产品的影响往往要表现在市场占有率上，而市场占有率的计算则一般是以销售量而非销售所得额来计算的。因为各厂商产品价格不一，销售额高并不一定占有高的市场份额。故此处的“数量”一词理解为计数件数的量为妥。也有学者总结④指出，事实上，进口增长达到四个“足够”之程度，某一进口方即可采取保障措施。第一为“足够近期”；第二为“足够突然”；第三为“足够急剧”；第四为“足够重大”。

---

① 王贵国：《世界贸易组织法》，法律出版社 2003 年版，第 494 页。

② 沈四宝：《世界贸易组织法教程》，对外经济贸易大学出版社 2005 年版，第 170—171 页。

③ 陈立虎：《当代国际贸易法》，法律出版社 2007 年版，第 404 页。

④ 沈四宝：《世界贸易组织法教程》，对外经济贸易大学出版社 2005 年版，第 171 页。

此外，有学者①指出，目前《保障措施协定》在规范进口增加这一要件上，还有诸多缺陷，主要体现在以下几个方面：第一，对许多概念的规范不够明确，缺乏必要的判断标准，如“相同产品”、“直接竞争产品”、“未预见发展”、“因果关系”等；第二，对一些与判断进口增加相关的问题的规范，尚属立法盲区，如进口增加的调查期，进口增加的衡量方法，因果关系的判断标准等；第三，没有明确与其他相关国际规则的关系，如与GATT1994第19条保障措施条款的关系，使得在实践中对“未预见发展”问题是否适用于保障措施，成为一个争议很大的问题。

2. 严重损害

损害的认定，是贸易救济中的重要问题。在GATT第19条中，损害须是“严重损害”，而GATT第6条中是“实质性损害。”关于两者的区别，有学者②指出，一般认为保障措施中的“严重损害”比反倾销中的“实质性损害”在损害程度上应更严重。即对于判断是否已造成了符合要件的“损害”的标准，前者应比后者要求更严格。

保障措施的损害要重点理解“严重”一词。保障措施之所以必要，纯粹是为保护国内产业的生存，可谓“师出无名”。就保障措施所要求损害程度的合理性，有学者③进一步阐述认为，在公平竞争的条件下，某一方受损害是正常的，也是必然的。如果允许成员动辄因为此某种损害而采取保障措施，那么国际贸易的正常秩序就会遭到贸易战的破坏。正因如此，保障措施所要求的损害必须加以限制，必须达到严重的程度，即达到“国内产业状况的重大减损”之程度。然而，保障措施没有明确划分严重与不太严重的尺度。有观点④指出，现实中，这个尺度并不好划分。但这种表述表明，对于产业损害，必须使第三方足以相信损害到了一国产业难以承受的水平，甚至已经造成了无法弥补的损害。这种严重性可以包括，如果不采取保障措施则无法调整产业结构，扭转损害状况。比较而言，反倾销、反补贴的损害确定突出的是“实质”，

---

① 曹和平：《WTO保障措施协定中的“进口增加”问题评析》，《法学评论》2006年第4期。

② 陈立虎：《当代国际贸易法》，法律出版社2007年版，第407页。

③ 沈四宝：《世界贸易组织法教程》，对外经济贸易大学出版社2005年版，第174页。

④ 同上书，第171—173页。

程度上不一定是非常严重。此外，保障措施条文以“特别是”一词，列举了对损害严重性具有特别意义的8个因素。这些因素在国内产业状况损害调查时，应优先予以考虑。换言之，上述8个指标是主管机关必须予以考量的因素。

第五章

服务贸易规则

国际货物贸易有着悠久的历史。相比之下，国际服务贸易的发展要晚得多。随着服务贸易在世界贸易总量中占据越来越大的份额，将服务贸易纳入多边贸易体系被提上日程。乌拉圭回合产生的《服务贸易总协定》（GATS）被认为是GATT1947以来，多边贸易体制在单一领域内所取得的最重要进展，标志着服务贸易自由化的开端。随着WTO的加入，我国学者对GATS进行了深入而广泛的研究，尤其在自然人流动、经济一体化例外、紧急保障措施、市场准入、国民待遇、承诺表、金融服务和电信服务等方面。

第一节　服务提供方式

本节主要讨论服务提供方式中的自然人流动方式。随着国际服务贸易的发展，自然人在服务的跨境提供方面发挥着越来越重要的作用。为此，GATS将自然人流动作为一种服务提供方式，纳入多边服务贸易规则体系。随着自然人流动在国际服务贸易中的地位日趋重要，其研究也显得越来越有价值。我国学者近年来开始深入研究自然人流动问题，在自然人流动的含义、自然人流动的壁垒和自然人流动的发展方向上取得了新的进展。

一　自然人流动的含义

对于自然人流动的含义，主流观点认为，自然人流动是指，一成员方的服务提供者以自然人的身份进入另一成员方境内提供服务。然而，现实中，自然人流动的范畴和内容，远比其字面含义复杂得多。这引起了我国学者的研究兴趣。相关研究主要在以下两个方面取得了进展：一是受雇于东道国服务提供者的自然人在东道国内提供服务，是否应当纳入自然人流动范畴；二是自然人流动与国际劳务贸易的区别。

关于第一个问题，有学者①认为，应当将受雇于东道国服务提供者的自然人纳入自然人流动范畴。这一方面是因为该类人员在现实中大量存在，将该类人员纳入自然人流动，可对其适用 WTO 规则，促进其规范化和健康发展；另一方面，事实上，已有不少成员将该类人员纳入有关自然人流动的承诺中。

但是，有学者②持不同观点认为，除成员方在本国减让表中做出承诺外，受东道国本土公司雇佣的外籍人员不应纳入 GATS 框架下的自然人范围。这是因为，虽然减让表属于 GATS 的组成部分，成员在其减让表中承诺与东道国服务提供者有雇佣关系的外国人属于 GATS 框架下的自然人范围，似乎应受其承诺表约束。但是，《关于 GATS 下提供服务的自然人流动附录》明确规定了 GATS 不适用于“对寻求进入一成员方就业市场的自然人具有影响的措施”③。因此，除非成员明确做出承诺，否则，不能将受东道国服务提供者雇佣的外国人纳入 GATS 框架下自然人流动中的自然人范畴。

关于自然人流动与国际劳务贸易的区别，有学者④认为，国际劳务贸易与自然人流动在内涵和外延上均存在差异。首先，在内涵上，自然人流动是一种国际服务贸易方式，而国际劳务贸易是一种输出活劳动以换取外汇的贸易活动。其次，在外延上，二者的差异主要表现在：第一，劳务的主要内容包括服务性劳动和物质生产性劳动，而自然人流动只涉及服务性劳动；第二，国际劳务贸易按提供劳务的地点划分，可分为境内国际劳务贸易和境外国际劳务贸易，自然人流动只限于境外国际

---

① 李先波、李琴：《后 WTO 时代中国的自然人流动》，《中国法学》2005 年第 6 期。

② 唐圣华：《服务贸易中的自然人流动研究》，《中南财经政法大学研究生学报》2006 年第 4 期。

③ 同上。

④ 李先波、李琴：《后 WTO 时代中国的自然人流动》，《中国法学》2005 年第 6 期。

服务贸易。还有学者①认为，国际劳务输出和自然人流动的差别还表现在二者的法律基础不同。国际劳务输出的法律基础是国际劳务合同，在法律上属于一种私人间的契约关系，应当由国内私法调整。而自然人流动的法律基础则是政府的承诺。

二　自然人流动的壁垒

出于对自身利益的各种考虑，一国政府可能对外国生产的服务在本国的销售设置各种限制。如果将该种限制与人联系起来，就构成自然人流动壁垒。自然人流动壁垒作为非贸易壁垒的一种类型，会阻碍服务贸易的自由化，因此，我国学者也对该问题进行了研究。自然人流动壁垒研究的新发展，主要表现在自然人流动壁垒研究范围的扩大，包括从自然人流动壁垒的原因到类型的研究。

关于自然人流动壁垒的原因，有学者②认为，自然人流动壁垒的形成有经济、政治、军事和社会制度等方面的原因。首先，经济方面，成员设置自然人流动壁垒的原因是：第一，维持劳动力的就业水平；第二，限制外国服务的输入，减少因此带来的消极影响；第三，防止可能引发的政治问题；第四，服务出口国限制本国服务人员的出口。其次，政治、军事方面，国家为遏制特定国家经济发展，实现本国政治目的，通常会限制本国高技术人才向他国输出，设置自然人流动壁垒。最后，社会制度方面，实行社会主义制度的国家，因为生产资料实行公有制，个人不是生产资料所有者，所以不赋予个人国际服务贸易经营者资格，这就形成了自然人流动壁垒。

关于自然人流动壁垒的类型，有学者③认为，自然人流动壁垒包括东道国有关跨国服务贸易经营者资格的规定、对自然人流动的市场准入方面的限制、服务进口国签证制度方面的限制、自然人进入东道国后的限制。还有学者④认为，自然人流动壁垒还包括对本国服务业和服务提供者的财政补贴，指出各国为了发展本国经济和提高本国福利水平，都会给部分行

① 汪金兰、鲍玮炜：《GATS框架下我国涉外劳务输出法律制度的完善》，《安徽大学法律评论》2007年第2期。

② 李先波、李琴：《自然人流动壁垒研究》，《时代法学》2003年第1期。

③ 同上。

④ 葛菲：《GATS下我国自然人流动壁垒分析》，《世界贸易组织动态与研究》2008年第9期。

业财政补贴，提高国内服务企业的竞争力。这在一定程度上限制了自然人的流动。

三　自然人流动的发展方向

作为跨国服务提供方式之一，自然人流动在全球服务贸易中发挥着日益重要的作用。有学者①从多边、双边、国内三个不同的角度，分析了自然人流动的发展趋势，认为在多边体制下，自然人流动的趋势主要体现在以下几方面。首先，自然人流动涉及的人员类型更加广泛。其次，阻碍自然人流动的限制性条件将被移除。那些暂时无法移除且有存在必要性的限制性条件将被澄清，如经济需求测试。最后，国内规制更加规范。区域和双边关系上，自然人流动的发展趋势主要体现在：市场准入和国民待遇由非普遍性义务变为普遍性义务；成员方之间的流动更加自由化，一些区域性贸易协定还为一般劳动力的流动提供了便利；便利自然人流动的互惠性措施具有灵活性。

在国内法的发展上，自然人流动的发展趋势主要体现在以下几方面：第一，自然人流动的三大壁垒（经济需求测试、签证制度、执业资格认证）已经成为引进和保护国内市场的调节器；第二，发达国家对低技术劳动力的引进方式更加灵活；第三，对不同种类劳动者权利保障的差距更明显。

但是，也有学者②认为，GATS 框架下自然人流动制度的发展面临着困境。其原因主要有：自然人流动直接冲击国内就业、容易导致文化冲突、受制于国家政治结构以及隐含移民倾向。但是，自然人流动制度在双边及区域性自由贸易协定框架下实现了突破。据此，该学者认为，自然人流动制度未来的发展路径应该是：通过双边及区域性自由贸易协定，不断推进自然人流动自由化进程，实现 WTO 成员方在双边以及区域性自由贸易协定框架下文化的相互融合和经济的可持续发展，从而为自然人流动多边制度的发展提供文化、政治和经济

---

①　李先波：《自然人流动规制的晚近发展及其对中国的启示》，《法学研究》2010 年第 1 期。

②　李健男：《论自然人流动制度的困境及出路》，《法学评论》2011 年第 3 期。

基础。

笔者认为，对于自然人流动的含义，应结合 GATS 及自然人流动附件对之进行理解。允许跨境提供服务的自然人，不仅应当包括在东道国提供服务的服务提供者，还应包括受该服务提供者雇佣的自然人。同时，对自然人流动壁垒的形成原因进行分析，有助于更深刻理解各国的政策，可以为消除这些壁垒提供指导。对现有壁垒类型的研究，有助于明确自然人壁垒的表现形式，有针对性地消除自然人流动壁垒。此外，通过对自然人流动的发展趋势进行研究，有助于密切联系自然人流动的实际发展，预测其未来发展动向，为以后的相关谈判提供理论指导。

第二节　经济一体化例外

GATS 的目标是促进服务贸易自由化。但考虑到国际服务贸易发展水平的不平衡性，其第 5 条规定了贸易自由化例外——经济一体化。该条款允许成员加入区域服务贸易自由化协定，但是不得提高该自由化协定缔结前成员对其他非成员方的服务贸易壁垒水平。近年来，我国开始利用该例外条款，通过建立自由贸易区的方式，促进服务贸易的发展。这主要表现在：为了促进内地和香港、澳门经济的共同发展，中央政府与特别行政区政府，于 2003 年分别签订了《内地与香港关于建立更紧密经贸关系的安排》和《内地与澳门关于建立更紧密经贸关系的安排》（简称 CEPA），这些《安排》与其 6 个附件共同组成内地和两个地区建立自由贸易区的法律文件。其中，“服务提供者”的确定在享受优惠时具有重要作用。因为，“服务提供者”的确定标准不当，可能导致自由贸易产生的优惠发生“溢出效应”，这与自由贸易区建立的初衷相违背。因此，我国学者就该问题进行了深入研究，重点集中在“服务提供者”的划分标准和防止发生“溢出效应”的对策上。

对于“溢出效应”的划分标准，主流观点认为，“服务提供者”的标准分为自然人标准和法人标准。自然人标准包括内地适用的国籍标准和香港适用的居留权标准。法人标准包括设立标准，经营地标准和特别标准。

关于法人标准，有学者①认为，香港公司设立条件宽松，外国服务提供者可以很容易取得香港公司身份到内地申请提供服务，获得内地给予香港的超过中国加入 WTO 时对其他成员承诺的优惠待遇。如果内地与香港不断扩大市场准入，“溢出效应”会使内地经济承受不了这样的压力。对此，有学者②进行了进一步分析，认为注册地标准在认定“服务提供者”身份时存在明显缺陷，主要表现在以下两方面。第一，CEPA 框架外的法律框架包括国际法律框架、内地法律框架和香港旧有法律框架。但是，内地尚未形成完整的对外服务贸易法律体系，国际法律层面的 GATS 将经济一体化作为例外不予调整，而香港法律又鼓励外资在香港设立公司。第二，CEPA 自身的规则无法防止“溢出效应”。附件 5 虽然对法人及自然人作了详细规定，但由于香港公司法律制度宽松，许多非香港法人会通过其在香港的商业存在，变相进入内地市场，产生“溢出效应”。此外，附件 5 虽然规定了“实质经营标准”，对经营模式、场所、年限、雇工等进行了规定，“但是现代资本控制具有极强隐蔽性，外国公司可能会通过在香港收购、实际联合控制等形式控制香港公司”③。

关于防止“溢出效应”的对策，学者们从实体和程序角度进行了研究。实体方面，有学者④认为，应当从以下 3 个方面防止“溢出效应”。首先，应当提高香港法人和公司的身份识别标准，制定超过 GATS 规定的注册地、营业中心、资本控制和经营控制标准。其次，在“服务提供者”身份标准调整方面，应当更多地采取“资本控制”、“实际控制”、“业务本地化”标准。最后，为保证 CEPA 体制的连续性和稳定性，可以采用“不溯及既往”原则。对于依据附件 5 享有“香港公司”身份，在 3—5 年前成立的“香港公司”，其身份继续有效，但是其业务范围仅限于市场准入进一步扩大前的范围。

---

① 朱兆敏：《论自由贸易区框架下服务提供者的身份识别》，《暨南学报》（哲学社会科学版）2008 年第 4 期。

② 代中现：《中国区域贸易一体化法律制度研究——以北美自由贸易区和东亚自由贸易区为视角》，北京大学出版社 2008 年版，第 295—297 页。

③ 同上书，第 297 页。

④ 朱兆敏：《论自由贸易区框架下服务提供者的身份识别》，《暨南学报》（哲学社会科学版）2008 年第 4 期。

还有学者[①]在程序方面进行了研究认为，一方面，应当完善服务提供者准入资格审核程序。在申请《香港服务提供者证明书》时，应当在申请材料中增加以下证明：如果是外国资本长期投资的在港企业，应当要求其提交持续性长期经营的证明书；如果是本港企业，有必要增加港资控股的证明；明文规定《内地与香港更紧密经贸关系安排》及其附件、实施细则的有权解释机关，在“对实质性经营标准”的定性上产生分歧时，保证其能够对可能出现的新情况做出及时反应。另一方面，应当完善服务提供者证明书发放后的监督机制。虽然服务提供者证明书有效期仅为两年，但是为防止服务提供者取得证书后，因转变经营方式或变更持股比例而丧失享受优惠的资格，有必要定期对服务提供者经营状况进行书面或实质性审核。同时，当其丧失准入资格后，应当建立相关审核、利润折返等制度。

第三节 紧急保障措施

保障措施、反倾销和反补贴共同构成 WTO 中的贸易救济手段。保障措施允许成员方为保护国内利益而暂停履行其在 WTO 中的义务。随着服务贸易被纳入多边贸易体制的调整范围，GATT 中适用于货物贸易的保障措施也被借鉴、移植到 GATS 之中。但是，GATS 第 10 条仅对紧急保障措施做了原则性规定。因此，服务贸易领域是否应当建立保障措施制度以及该制度应当如何设计，成为学者们的研究重点。我国学者主要对紧急保障措施制度的必要性及其适用条件进行了研究。

关于建立紧急保障措施的必要性，学界普遍认为，有建立紧急保障措施制度的必要，但是讨论的角度有所不同。有学者[②]认为，建立紧急保障措施的理由有二。第一，虽然紧急保障措施本质上是一种“背离性质的条款”，类似于 GATS 中规定的例外条款。但是，紧急保障措施并不能被例外条款所取代。因为，GATS 中的例外条款不适合处理保障措施专门针对的未预见情况。这也是 GATT 规定了例外条款，又在第 19 条和《保障

---

① 代中现：《中国区域贸易一体化法律制度研究——以北美自由贸易区和东亚自由贸易区为视角》，北京大学出版社 2008 年版，第 298—299 页。

② 石静霞：《服务贸易领域的紧急保障措施探析》，《法学家》2003 年第 5 期。

措施协定》做出专门规定的原因。第二，紧急保障措施有利于促进贸易自由化。紧急保障措施虽然不直接影响承诺程度，但是其存在本身，会给发展中国家一种“防卫性利益”①，有助于这些国家更大程度地开放市场，促进贸易自由化。

还有学者②认为，建立紧急保障措施的必要性在于，在谈判具体承诺时，大多数成员都对本国的服务贸易缺乏准确的数据，因而对服务贸易总协定的影响缺乏适当的评估。在这种情况下，相关成员的国内市场出现了急剧变化，也不允许其采取诸如保障措施的紧急措施，该成员便会受到来自其国内的压力，甚至导致当地社会的动荡。这并不是服务贸易总协定起草者们所希望见到的。

关于紧急保障措施的适用条件，我国学者普遍参照 GATT 第 19 条和 WTO《保障措施协定》，对紧急保障措施的适用条件进行研究。其中，主要在“未预见的发展”研究上取得了发展。有学者③认为，没有预见的原因是多方面的，而且预见与否取决于个人的主观能动性，很难提出客观标准。

还有学者④认为，“未预见发展”根源于私法中的情势变更原则。保障措施法的一般原理及 WTO 有关保障措施争端案例的实践均已说明，“未预见发展”是主管机关实施保障措施时必须说明的一个事实。尽管“未预见”标准具有一定的主观性，但是，主观性不能免除进口成员运用合理和充分的解释，证明其未预见到的义务。在此意义上，“未预见”标准又包含了客观要素。此外，“未预见发展”一般发生在自由化谈判之后。因此，主管机关在采取保障措施前，必须首先说明“未预见发展”的存在，并将该情况列入其公布的报告中。如果其在采取保障措施后或在争端解决程序开始后才补充说明“未预见发展”的问题，就将无济于事。

---

① 石静霞：《服务贸易领域的紧急保障措施探析》，《法学家》2003 年第 5 期。

② 王贵国：《世界贸易组织法》，法律出版社 2003 年版，第 169—170 页。

③ 石静霞：《服务贸易领域的紧急保障措施探析》，《法学家》2003 年第 5 期。

④ 陶林：《国际服务贸易紧急保障措施法律制度研究》，人民出版社 2009 年版，第 156—160 页。

第四节　具体承诺

GATS 第 3 部分规定了成员应当承担的具体义务，包括市场准入、国民待遇和其他承诺。基于市场准入和国民待遇对确定是否存在歧视所具有的重要作用，我国学者就市场准入和国民待遇的相关问题进行了深入研究。

一　市场准入

市场准入是 GATS 的核心条款之一，同时是国际服务贸易双边或多边谈判中各国关注的焦点问题。市场准入作为一项具体承诺，规定在 GATS 第 16 条。该条共 2 款。第 1 款规定每一成员对任何其他成员的服务和服务提供者给予的待遇，不得低于其在具体承诺表中同意和列明的条款、限制和条件。第 2 款主要规定了前言和 6 项原则上禁止采取的市场准入限制措施。近年来，学者们对于市场准入的研究逐步深化，主要从市场准入和国民待遇的关系、市场准入和国内规制的关系角度，对市场准入理论进行了研究。

关于市场准入和国民待遇的关系，有学者①认为，在服务贸易中，市场准入和国民待遇具有相互补充、互为配合的作用。相关成员违反国民待遇原则，亦会违反市场准入承诺。

亦有学者②认为，市场准入与国民待遇既有联系又有区别。二者的联系表现在，二者都属于具体承诺的义务，都只适用于具体开放的服务贸易部门，并基于一定的条件。二者的区别表现在，市场准入规定的是进入市场的条件，而国民待遇是规定进入市场之后的地位问题。

还有学者③认为，市场准入和国民待遇并不是简单的前提与保证关系。GATS 市场准入和国民待遇之间的关系，主要取决于对国民待遇的不同理解。广义的国民待遇包括准入前、准入阶段以及准入后的待遇。狭义的国民待遇仅指准入后的待遇。考虑到目前服务贸易自由化的发展进程和

---

① 王贵国：《世界贸易组织法》，法律出版社 2003 年版，第 162 页。

② 曹建明、贺小勇：《世界贸易组织》，法律出版社 2004 年版，第 253 页。

③ 石静霞：《WTO 服务贸易法专论》，法律出版社 2006 年版，第 152—156 页。

GATS框架的整体结构，较现实和妥当的作法是，将国民待遇理解为准入后的待遇。

关于市场准入和国内规制的关系，有学者[①]通过“美国博彩案”，对该问题进行了分析，认为二者之间的关系主要体现在GATS第6条和GATS第16条的区别和联系上。

市场准入和国内规制之间的区别是：首先，二者的基本区别表现在，GATS第16条所做的承诺是特定承诺，任何限制必须列入承诺表，原则上禁止将未列入承诺表的限制条件作为市场准入的限制。GATS第6条属于成员的一般义务。只要国内监管措施不会对服务或服务提供者进行歧视，或者不会对贸易造成不必要的限制，就不违反GATS第6条的规定。其次，二者在可援引的例外范围和举证责任上，也存在差异。违反GATS第16条，可以援引一般例外和安全例外，举证责任由被告承担，证明其采取的与GATS不符的措施是为了保护公共道德等必需的手段。GATS第6条与之相反，其可援引的例外范围较广，只要符合合法的政策目标即可。在这种情况下，举证责任由原告承担，证明采取的措施对于实现国内政策目标是不必要的。

市场准入和国内规制之间的联系是：首先，GATS本身并没有界定二者之间的关系。当国内监管措施不受市场准入承诺约束时，如果二者被广泛定义，则会发生重复。这主要体现在：一方面，GATS规定的“资格、条件、程序”可能被第16条规定的市场准入限制所涵盖。另一方面，第6条第1款规定适用于“所有影响服务贸易的普遍适用的措施”，可以认为包含第16条规定的“普遍适用的市场准入限制”。通过分析“美国博彩案”，该学者否定了专家组关于市场准入优先于国内监管的观点，认为这会阻碍成员设定国内监管措施的自主性。因此，“通过第16条的上下文，并根据第6条和前言的规定，应当理解为，当一项措施只有明确清晰地被第16条中的六种限制措施所包括时，才能适用该条的规定”[②]。

---

① 石静霞、胡荣国：《试从GATS第6条与第16条的关系角度评“美国博彩案”》，《法学》2005年第8期。

② 同上。

二 国民待遇

随着乌拉圭回合谈判的结束，国民待遇原则作为 WTO 非歧视原则的一个重要方面，其适用扩大到国际服务贸易领域，成为 GATS 的一项重要原则，并属于 GATS 具体承诺的义务之一。GATS 第 17 条规定的国民待遇，学者们主要研究了其与 GATT 国民待遇的区别，并且以相关专家组报告为依据，研究了国民待遇的适用和国民待遇的例外。

关于国民待遇在 GATS 中和 GATT 中的区别，学界普遍认为：第一，GATS 中的国民待遇是一种具体义务，而 GATT 中的国民待遇是一种普遍义务；第二，GATS 中的国民待遇不仅适用于服务，还适用于服务提供者，而 GATT 中的国民待遇仅适用于货物；第三，GATS 国民待遇强调相同竞争条件，强调实质公平，而 GATT 中的国民待遇没有这样的要求。

对此，有学者①更进一步研究认为，GATS 与 GATT 中的国民待遇，其区别主要体现在，GATT 规定的国民待遇是无条件强制性的，而 GATS 规定的国民待遇可以依据国家的发展水平选择适用，并可以限定条件。

还有学者②指出，二者在市场准入与国民待遇的关联程度方面不同。GATT 规范下的产品入关进入国内市场后，才可以享受国民待遇。GATS 中市场准入和国民待遇联系密切，有时合二为一。而且，外国服务提供者只有享受完全的国民待遇，才能构成充分的市场准入。如果不给予国民待遇，则市场准入不具有商业意义。如只允诺国民待遇而没有允诺市场准入，则无法使外国服务提供者真正享受国民待遇。

亦有学者③认为，国民待遇的范围比 GATT 广泛，因为 GATS 的国民待遇主要涉及"影响服务提供的所有规定"，而 GATT 只规定国内税费和国内规章不得违反国民待遇。这是因为任何影响服务贸易的措施都潜在地限制服务，而正常措施与限制措施常常无法区分。

关于国民待遇的适用，近来，我国学者逐渐开始重视专家组和上诉机

---

① 张革：《GATS 国民待遇原则的法律分析及我国处理原则》，《南京大学法律评论》2001 年第 1 期。

② 王毅：《WTO 国民待遇在服务贸易和知识产权领域的适用》，《法学研究》2004 年第 3 期。

③ 陈为：《论〈服务贸易总协定〉中的国民待遇原则》，《政法论丛》2004 年第 1 期。

构对相关案件的分析意见。有学者①从国民待遇角度，就欧盟2003第87号指令是否违反WTO规则进行了分析。该学者引用欧盟—香蕉案Ⅲ专家组提出的国民待遇3个实质要件——相关行业的承诺、影响服务贸易的措施和不利于外国服务供应者的效应——对欧盟2003第87号指令的合法性进行分析认为，美国在金融服务领域做出了完全开放市场的承诺，欧盟2003第87号指令是欧盟议会制定的并且具有法律约束力，属于影响服务贸易的措施。在对外国服务供应者的效应方面，美国的经纪排放公司和欧盟的经纪排放公司不存在本质上的区别。因此，二者从事的业务具有相似性。另一方面，欧盟2003第87号指令禁止美国碳权交易经纪公司从事欧盟排放补贴贸易，不利于外国服务商。因此，欧盟2003第87号不利于外国服务供应商。欧盟2003第87号指令违反GATS国民待遇原则。

关于国民待遇例外，学界普遍认为，其包括一般例外、安全例外、政府采购例外和经济一体化例外。基于这些例外所具有的“安全阀”作用，我国学者对其进行了深入研究。有学者②以“美国博彩案”为研究对象，对GATS国民待遇的“公共道德”例外进行研究提出，要援引GATS第14条（a）项作为违反GATS义务的免责事由，应当符合以下条件：第一，有关措施是为了保护公共道德或维持公共秩序；第二，该措施是为了实现上述政策目标所必需的措施；第三，同时符合前两个条件后，还要满足该条前言的要求。该学者分析认为，在该案件中，美国援引GATS第14条（a）项和（c）项为其采取的措施免责，上述条款都包含了“所必需的”要件。专家组对“所必需的”进行了严格解释，认为只有当“不存在与WTO义务相一致或违反程度更低的替代措施”时，相关措施才能符合“所必需的”要件。上诉机构推翻了专家组的这一解释，认为专家组应当审视美国要实现的公共道德或打击商业欺诈等公共政策目标，从有关措施实现美国的相关公共政策目标的“可行性”与“有效性”入手，来审查“必要性”要求。本案专家组的推理忽视了美国的公共政策目标，从而使其成为一种无法实现的权利。基于此，上诉机构推翻了专家组设定的“所必需的”标准，并确定了较为合理的界限。

---

① 张永毅：《从GATS三大原则的实质要件看欧盟2003第87号指令是否违反WTO规则》，《河北法学》2009年第6期。

② 石静霞：《WTO服务贸易法专论》，法律出版社2006年版，第106—107页。

笔者认为，GATS 中的国民待遇与 GATT 中的国民待遇之间的差异，是与二者规范的对象相关的。服务与货物的性质与特点不同，因此，规范服务贸易的 GATS 和规范货物贸易的 GATT，其国民待遇的含义有所不同。

第五节　承诺表

WTO 服务贸易承诺减让表（以下简称承诺表）是 WTO 各成员服务业开放的重要法律文件。承诺表的修改和解释，对各成员服务业的开放具有重要影响。从研究“安提瓜和巴布达诉美国限制网上赌博服务案”着手，我国学者对承诺表的修改进行了深入研究。此外，结合“安提瓜和巴布达诉美国限制网上赌博服务案”和“中美出版物与视听产品案”，我国学者研究了专家组和上诉机构的承诺表解释方法。

关于减让表的修改，学界普遍认为，应当依据 GATS 第 21 条和服务贸易理事会于 1999 年 7 月通过的《服务贸易总协定第 21 条实施程序》（以下简称《实施程序》）。但是，事实远比法律规定复杂。有学者对“安提瓜和巴布达诉美国限制网上赌博服务案”执行阶段承诺表的修改问题，进行了以下几个方面的研究：美国在专家组做出裁决后启动 21 条，是否有悖诚信；DSB 程序与第 21 条程序的关系；启动第 21 条是否阻止 DSB 程序。

关于美国在专家组做出裁决后启动 21 条是否有悖诚信，有学者①认为，美国在执行阶段修改承诺表并非有悖诚信。虽然，美国在专家组做出裁决后启动第 21 条似乎有悖诚信，但是，美国修改其承诺有特定的历史背景。对上诉机构裁决要求消除的歧视性，美国有三种方式可以消除，而通过完全禁止网络赌博消除歧视是方式之一。根据 WTO 相关规定，成员有权自主选择执行裁决的方式。因此，从这个角度看，美国启动 21 条是合理的。但是，持不同观点的学者②明确提出，美国的这种行为违背诚信。按照 WTO 协定，在有成员申诉的情况下，被诉方有义务使其措施符合 WTO 相关协定。补偿和授权报复都只是临时性措施，并未彻底解决问

---

① 苟大凯：《GATS 减让表具体承诺修改权的最新发展——兼评安提瓜诉美国限制网上赌博服务案》，《法学》2008 年第 2 期。

② 刘瑛：《论 GATS 第 21 条下的减让表修改权》，《当代法学》2010 年第 2 期。

题。而撤销减让超出了DSU的规定，不应作为执行DSB裁决的方式。此外，所规定的补偿性调整方式，是要求成员在最惠国待遇基础上，扩大GATS下其他尚未开放的服务部门，这与争端解决机制下裁决的执行仅针对胜诉方不同。所以，以修改承诺表的方式作为执行裁决的手段并不合适。

关于DSB程序与第21条程序的关系，有学者①认为，WTO在一定程度上允许DSU程序和第21条程序并存。这个结论可以从美国启动第21条程序后，DSU程序仍在进行的事实可以看出。对此，有学者②虽然并不完全否定DSB程序已经开始的情况下寻求承诺表修改行为的正当性，但认为该种修改应当在DSB的早期程序中进行。GATS第21条的应有之义，就是为防止成员对承诺理解有偏差，允许成员在发生争议时，针对疏漏修改承诺表进行补救。该争端中，美国在执行专家组已经做出报告的阶段，启动第21条修改承诺表，造成了拖延。由于裁决只向后发生效力，安提瓜和巴布达因该种拖延丧失的利益不能获得任何补偿，而这却会使违反GATS义务的美国获益。

关于启动第21条程序是否阻止DSB程序，有学者③认为，GATS第21条程序的启动并不能当然阻止正在进行的DSU程序。但一旦启动第21条，就不能再启动DSU程序。美国启动GATS第21条后，DSU程序仍在继续进行。但是，从安提瓜以外其他受影响成员在规定的通知期限届满时，仍没有启动DSU程序的迹象这一事实可以推断，如果不考虑上述受影响成员主动放弃通过DSU获得救济的权利，第21条的启动可以阻止DSU程序的启动。还有学者④认为，一旦启动GATS第21条程序，在用尽GATS第21条程序前，不应启动DSB的一般程序。因为，GATS第21条设立的初衷，就是将承诺表修改问题专门化，减轻DSB的压力。但是，考虑到DSU也适用于GATS第21条，对于GATS第21

---

① 苟大凯：《GATS减让表具体承诺修改权的最新发展——兼评安提瓜诉美国限制网上赌博服务案》，《法学》2008年第2期。

② 刘瑛：《论GATS第21条下的减让表修改权》，《当代法学》2010年第2期。

③ 苟大凯：《GATS减让表具体承诺修改权的最新发展——兼评安提瓜诉美国限制网上赌博服务案》，《法学》2008年第2期。

④ 刘瑛：《论GATS第21条下的减让表修改权》，《当代法学》2010年第2期。

条和《实施程序》没有规定的事项，可以通过 DSU 程序获得解决。但是，这不是解决未尽事项的好办法。最好的办法，是由服务贸易理事会补充和完善现有减让表修改规则，在 GATS 第 21 条框架下解决问题。

关于承诺表的解释，学者对专家组将处理货物贸易领域案件适用的解释方法运用到服务贸易领域案件的合理性表示关注。有学者①认为，目前，服务贸易承诺表的解释方法存在一定缺陷。WTO 争端解决机构在解释承诺表时，不应当仅限于依据《维也纳条约法公约》第 31 条和第 32 条，还应当考虑各成员服务承诺表的特性。对承诺表的解释应当有别于 GATS。因为 GATS 具有更高程度的成员共同意志，其内涵在不断变化，应当按照当前的含义进行解释。但承诺表是一方成员的意思表示，用当下含义解释而不按照成员做出承诺时的含义进行解释是不公平的。创始成员承诺表的解释应按其承诺做出时的术语含义为准。对于加入成员，则应按其加入时的术语含义进行解释。这样，有利于成员监管权和国家政策的实现，符合 GATS 逐步开放的原则。

第六节　GATS 附件

GATS 内容包括 8 个附件。其中，有 5 个是长期适用附件。它们是：《关于第 2 条豁免的附件》、《关于本协定下提供服务的自然人流动的附件》、《关于金融服务的附件》、《关于电信服务的附件》和《关于空运服务的附件》。我国学者主要对《关于金融服务的附件》和《关于电信服务的附件》进行了研究。

一　金融服务

金融服务作为服务贸易的重要组成部分，在乌拉圭回合谈判结束后，被纳入 GATS 的调整范围。因此，金融服务的发展应当与 GATS 的目标一致——逐步实现贸易的自由化。但是，由于金融服务在国家中的重要经济和战略地位，一国不会彻底放弃监管而完全依靠市场进行调节。这就形成了金融服务贸易自由化和金融监管的矛盾。对此，《关于金融服务的附

① 王衡：《WTO 服务贸易承诺减让表之解释问题研究——以“中美出版物和视听产品案”为例》，《法商研究》2010 年第 4 期。

件》做出了一些规定，以解决二者之间的矛盾。该附件第二条规定了“审慎例外”，允许国家为特定目的而采取金融监管措施，且该措施不被认定为违背 GATS 规则。但是，该条款的规定比较模糊，很容易引起解释上的争议。

关于“审慎例外”的确定标准，在普遍认为应当明确“审慎例外”含义之外，各学者提出了不同的看法。有学者①提出了确定“审慎例外”的 5 个标准。第一，是目的正当标准。该标准要求，援引审慎例外，必须以保护消费者利益和维护金融系统稳定为目的；第二，是自主认定标准。即由采取监管措施的成员自己认可某项措施是否属于审慎例外；第三，是透明度标准。该标准要求，任何影响金融服务贸易的金融监管措施都要公开；第四，是司法审查标准。其含义为，成员可通过争端解决程序，要求专家组对某一成员的金融管制措施是否属于审慎例外做出解释；第五，是特别待遇标准。即在审慎措施的运用与审查上，给予发展中国家更大的包容性和灵活性。

还有学者②通过借鉴专家组已经确定的“一般例外”和“安全例外”的条件，提出了构成“审慎例外”的积极条件和消极条件。该学者认为，根据 GATS 第 14 条的规定，“一般例外”的要件包括“必需要件”和“最小歧视”要件。“安全例外”无须满足“最小歧视”要件，但要满足“必需要件”。但“审慎例外”只要“为审慎原因而采取措施”即可，不必满足“必需要件”和“最小歧视要件”。但是，“审慎例外”也是有限制的。《附件》第 2（a）条第 1 句话规定了“审慎例外”的积极要件以保证目的具有正当性，涉及审慎措施的采取问题，可以类比“必需要件”。《附件》第 2（a）条第 2 句话规定了“审慎例外”的消极要件，防止“审慎例外”被滥用，涉及审慎措施的实施问题，可以类比“最小歧视”要件。

二　电信服务

信息技术的不断进步，使电信服务在经济发展中发挥越来越重要的作

① 刘笋、吴永辉：《GATS 框架下的审慎监管制度》，《现代法学》2004 年第 2 期。

② 彭岳：《例外与原则之间：金融服务中的审慎措施争议》，《法商研究》2011 年第 3 期。

用。因此，在乌拉圭回合谈判时，电信服务成为谈判的重点内容之一。但是，该谈判结束时，成员除对增值电信服务做出承诺外，基础电信方面取得的成果很少。在后续谈判中，WTO成员缔结了《GATS第四议定书》及其附件《关于支持竞争的电信监管原则的参考文件》（简称《参考文件》）。这在很大程度上促进了基础电信服务的自由化。2004年“美墨电信服务贸易争端案”中，专家组首次依据《参考文件》对成员的电信竞争规制做了阐释，这对以后的电信服务贸易具有重大影响。我国学者对该案进行了分析研究，特别是对其中的“限制竞争行为”进行了研究。

学界普遍认为，“限制竞争行为”不限于《参考文件》第1.2节列举的情形。限定价格和市场分配协定等横向限制也包括在内。有学者在此基础上，进一步研究政府的法定行为是否可以成为限制竞争行为。该学者[①]通过对“美墨电信服务贸易争端案”中，美国、墨西哥和欧盟对“限制竞争行为”的认识，引用专家组的观点，认为“GATS《参考文件》中阻止供应商进行或继续进行‘反竞争行为’的条款属于国际承诺，其目的是限制WTO成员的规制权力”。[②] 因此，即使某项限制竞争行为为国内法所规定，其在国际上仍可能被认定为“反竞争行为”。一国在《参考文件》中所作的承诺，是一种应当对其他所有WTO成员履行的国际义务。其国内法对服务提供者的规定，不得与其承诺的国际义务相违背。

还有学者[③]从法经济学角度对“限制竞争行为”进行分析，提出“公私混合式反竞争行为”的概念，认为其含义是“一国政府支持或默许该国企业的反竞争行为”。通过建立一种简单模型进行分析，该学者得出结论认为，“美墨电信服务贸易争端案”专家组的决定背后，蕴含着丰富的经济内涵，主要表现在以下两方面。首先，一国政府违背其参与的国际反垄断协定的动机，在于其福利目标的最大化。如果一国政府偏重消费者利益并对垄断者采取严格态度，国际反垄断协定就能够得到很好遵守。另外，反垄断协定影响力越大，违反该协定的成本越大，该协定就能得到更

① 屠新泉、彭程、孙威：《服务贸易争端第一案——美墨电信服务争端案》，《世界贸易组织动态与研究》2005年第12期。

② 屠新泉、彭程、孙威：《服务贸易争端第一案——美墨电信服务争端案》，《WTO动态与研究》2005年第12期。

③ 詹才锋：《美墨电信争端案的法经济学分析》，《制度经济学研究》2007年第3期。

好的遵守。因此，应当在国际层面建立更广泛的反垄断共识。其次，反垄断协定的规定越详细、越严格，执行成本越高，越难以执行。因此，制定国际竞争法要循序渐进，“从反核心垄断开始，逐渐提高等级”[①]，让各国逐渐适应，并完善执行制度。

---

① 詹才锋：《美墨电信争端案的法经济学分析》，《制度经济学研究》2007年第3期。

第六章

与贸易有关的知识产权规则

《与贸易有关的知识产权协定》（TRIPS 协定），将知识产权纳入多边贸易规则体系，被认为是 GATS 之外，WTO 的另一大创举。它们扩大了 WTO 这个多边国际贸易体系的管辖范围，也巩固了 WTO 在当今国际社会的地位。鉴于知识产权在国际贸易中的地位日益重要，我国学者对 TRIPS 的研究也日益增多，取得了不少新发展，尤其表现在最低标准原则、地理标识、专利权和知识产权的刑事保护研究上。

第一节　基本原则

TRIPS 协定作为 WTO 一揽子协定的一部分，首次在多边体制下确立了国际知识产权的保护标准，并且由 WTO 争端解决机制保证执行。不同于 GATT 和 GATS，该协定建立在 WIPO 已有的四个知识产权公约基础上，并且规定了知识产权保护的最低标准。这些，都与四公约的概括性、一般性形成鲜明对比。同时，争端解决机制的设立，弥补了前述四公约无强制执行力予以保障的缺陷。但是，随着后 TRIPS 时代的来临，欧美等发达国家越来越不满足于 TRIPS 协定所规定的最低保护标准。因此，产生了具有更高知识产权保护标准的“TRIPS plus”。

“TRIPS plus”又叫“TRIPS 递增”。该制度是在 TRIPS 生效后，旨在通过提高知识产权保护标准和保护水平，削减权利限制范围和 TRIPS 的灵活性规定，满足发达国家在 TRIPS 谈判中未实现的知识产权保护要求，从而更好地发挥其在国际贸易中知识产权上的比较优势，获得更高的利润而产生的。与其相适应的是双边、区域或多边“TRIPS plus”协定的出现。这些协定不同于其他国际知识产权公约和 TRIPS 协定，其对知识产权的保护标准、保护范围等，都超过了已有国际公约和协定。其带来的直接后果是，在知识产权领域处于劣势的发展中国家，因这种协定处于更为不利的地位。为此，我国学者着重研究了该制度的产生原因及其合法性。

有学者①从国家利益、TRIPS 本身的缺陷以及 FTA 的优点三个方面，阐述了“TRIPS plus”协定产生的原因。首先，国家利益方面，发达国家和发展中国家都存在缔结“TRIPS plus”协定的动因。在发达国家，知识产权的保护和国家利益直接相关。发达国家早在东京回合就想提高国际知识产权保护标准，但是其目标没有实现。TRIPS 达成后，他们对给予发展中国家优惠待遇的条款并不满意，因此利用各种机会提高知识产权保护标准。对于发展中国家和最不发达国家来说，由于其希望取得发达国家的直接投资、改善国内经济状况，会自愿放弃 TRIPS 的弹性条款赋予他们的优惠，与发达国家签订“TRIPS plus”协定。另外，发展中国家和最不发达国家还会担心因不签订“TRIPS plus”协定而被边缘化，因此被迫与发达国家签署这些协定。

TRIPS 本身存在的缺陷也是“TRIPS plus”协定产生的一个原因。其一，TRIPS 协定只规定了知识产权的最低保护标准，并且不禁止成员提高保护标准。这就为“TRIPS plus”协定的产生提供了法律基础。此外，TRIPS 协定存在着作为一个多边体制下的协定所存在的缺陷。发达国家深知在多边体制下，成员众多，利益差异较大，很难达到其利益要求。在这种情况下，寻求通过其他方式保护知识产权成为最佳选择。第三，TRIPS 协定的执行存在缺陷。TRIPS 协定为发展中国家和最不发达国家执行协定规定了过渡期。但是，过渡期结束后，协定的执行仍然存在问题。因此，发达国家通过“TRIPS plus”协定，提高知识产权保护标准，要求发展中国家和最不发达国家放弃过渡期优惠以执行协定。

FTA 的优点也使“TRIPS plus”协定的产生成为可能。其优点主要表现在三个方面。第一，FTA 具有谈判迅速、缔结方便的特点。将“TRIPS plus”条款融入 FTA，可以使 TRIPS 执行难问题通过协定的缔结而得到解

---

① 林应钦：《“TRIPS plus”扩张的法律分析》，《电子知识产权》2008 年第 8 期。

决。第二，执行效果上，FTA 具有两方面的优势。一方面，FTA 的“贸易创造效应”和“贸易转移效应”，降低了区域内贸易的成本，给缔约方带来贸易利益。这有利于实现发达国家的利益。另一方面，FTA 有利于成员吸收直接投资，这就满足了发展中国家的利益。基于这样的效果，二者更容易达成共识。第三，FTA 是最惠国待遇原则的例外。利用 FTA 提高知识产权保护标准，一方面可以打破发展中国家将优惠多边化的疑虑，另一方面可以为多边谈判提供参考和借鉴。

关于“TRIPS plus”协定的合法性，有学者①认为，该协定具有合法性。首先，TRIPS 协定第 1 条第 1 款是“TRIPS plus”协定产生的法律依据。该条仅要求成员提供知识产权保护的最低标准，不禁止成员提高保护标准。这就使“TRIPS plus”协定的产生成为可能。其次，TRIPS 协定中其他的弹性条款，由于其含义并不明确，为“TRIPS plus”协定的产生留下了空间。例如，TRIPS 第 13 条、第 17 条、第 26 条、第 30 条中的灵活性规定，都为“TRIPS plus”协定的产生提供了国际法律基础。

另有学者②从“最低标准”和“最高标准”两个方面，对“TRIPS plus”协定的合法性进行了辨析。“最低标准”方面，首先，涵盖“TRIPS plus”条款的协定具有国际法上的依据。《维也纳条约法公约》有关多边条约修改条件的第 41 条、知识产权领域《巴黎公约》第 19 条、《伯尔尼公约》第 20 条、《罗马公约》第 22 条的规定，构成 TRIPS 协定的基础。这些公约的修改标准实际上就是 TRIPS 协定的修改标准。除《巴黎公约》外，其他公约都规定只要与协定不抵触，就可以扩大保护范围。这就赋予了协定最低保护标准的性质。

此外，WIPO 体制和 WTO 体制下的“最低标准”，为“TRIPS plus”协定提供了依据。在 WIPO 体制下，《伯尔尼公约》第 19 条、《罗马公约》第 21 条都规定，成员可以为知识产权提供更广泛的保护。《巴黎公约》虽然没有对此专门做出规定，但从其起草和修订史来看，也给予了成员较大的立法自由，可以为知识产权提供更广泛的保护。WTO 体制下，

---

① 毛海波：《TRIPS 递增扩张及其在〈反假冒贸易协定〉中的生长》，《世界贸易组织动态与研究》2011 年第 5 期。

② 余敏友、廖丽：《简评 TRIPS-Plus 知识产权执法及其合法性》，《法学杂志》2011 年第 12 期。

TRIPS 协定第 1 条第 1 款主要有 3 层含义：1. 缔约方提供更高标准的知识产权保护是种选择性权利；2. 缔约方并无提高保护标准的强制性义务；3. 该种提高标准的保护不得违反 TRIPS 协定的规定。

"最高标准"方面，发展中国家认为，TRIPS 协定第 1 条第 1 款"只要这样的保护不违反本协定的规定"是 TRIPS 所规定的"最高标准"，包括有关知识产权保护的任何强制性限制。"最高标准"可以看作是对"TRIPS plus"协定是否符合 TRIPS 协定的审查标准。因为"TRIPS plus"协定仅考虑到了"最低标准"，所以有必要依"最高标准"对其进行审查。

但是，有学者①通过研究《反假冒贸易协定》（ACTA）中有关边境措施的规定和其他一些规则，指出这些规定不具有合法性。其主要依据是，该协定将边境强制措施适用于过境货物的规定，违背了 TRIPS 协定第 51 条和第 52 条，而这两条规定都是强制性义务条款。对这两条规定的违背，属于 TRIPS 协定第 1 条第 1 款规定的"违背"，因此，该协定规定的过境措施不具有合法性。另外，TRIPS 协定第 41 条规定任何执法措施都不得造成贸易壁垒。但是，ACTA 规定的民事执法、边境措施等，都可能造成贸易壁垒，并且这些结果是在 TRIPS 已确立的贸易平衡后新产生的。因此，ACTA 其他"超 TRIPS"规则也很可能违反 TRIPS 协定。

第二节　受保护的权利

TRIPS 规定受保护的权利有 8 种：版权和相关权利、商标、地理标识、工业设计、专利、集成电路布图设计、未披露信息和对协议许可中限制竞争行为的控制。我国学者对这些权利进行了深入研究，尤其在地理标识和药品专利和知识产权的刑事保护研究方面，取得了新进展。

一　地理标识

TRIPS 协定第 22 条将地理标识定义为："识别一货物来源于一成员领土内或该领土内一地区或地方的标识，该货物的特定质量、声誉或其他特

---

① 杨鸿：《〈反假冒贸易协定〉的知识产权执法规则研究》，《法商研究》2011 年第 6 期。

性主要归因于其地理来源。”地理标识因其能够产生较大的商业价值，而受到国际知识产权公约的保护。但是，许多国际公约都没有强制执行效力。TRIPS 协定可以通过多边争端解决机制对其提供有效保护。但是其保护非常有限。TRIPS 协定第 22 条到 24 条分别对地理标识保护规定了最低保护标准，对葡萄酒和烈酒进行额外保护并规定了某些例外。对此，我国学者进行了研究，其中，在地理标识保护的缺陷，扩大地理标识的保护范围方面，取得了新的进展。

关于 TRIPS 协定的地理标识的缺陷，学界普遍认为，其最大缺陷在于保护范围限于对葡萄酒和烈酒的地理标识保护。有学者①从两方面分析认为：第一，TRIPS 协定第 22 条规定的一般保护存在缺陷。第 22 条的规定允许那些擅自使用了特定地理标识而不会误导消费者，或不构成不正当竞争的生产商掠夺地理标识的声誉，与合法的生产商瓜分市场份额。结果地理标识淡化为通用名称，人人都可以自由使用。如果因此发生诉讼，不仅需要证明存在非法使用地理标识的行为，而且需证明消费者被误导或存在不正当竞争。证明存在不正当竞争是一个棘手的问题。对于消费者被误导，各国的评价观念不同，很难对其做出判断。因此，由不充分保护导致的法律不确定性，阻碍了合法产品的出口。这种障碍又会导致合法生产者不愿意进行投资。

第二，TRIPS 协定第 23 条的额外保护优势的不平衡。第 23 条对葡萄酒和烈酒进行额外保护，确定这两类产品的地理标识被非法使用时，不要求权利人证明该行为会误导消费者或构成不正当竞争。与第 22 条相比，第 23 条更具效力、更易于适用、实施成本更低。如果某地理标识被用在某种类型产品上，搭地理标识声誉的便车就具有非常大的吸引力，因此会导致合法生产者最大的经济损失。

关于扩大 TRIPS 协定中地理标识保护范围的合理性，学界普遍认为，扩大地理标识保护范围具有合理性。对此，有学者②从成本的角度，对地理标识保护范围扩大的合理性进行了分析，认为从政府、消费者和生产者三方面来说，都不会增加成本。首先，对政府来说，依据 TRIPS 协定第 1

---

① 赵小平：《地理标识的延伸保护探析》，《法学家》2005 年第 6 期。

② 冯寿波：《论地理标志的国际法律保护——以 TRIPS 协议为视角》，北京大学出版社 2008 年版，第 279 页。

条第1款，成员可以采用最小成本保护地理标识。成员依据该协定第23条，已经负有保护葡萄酒和烈酒地理标识的义务。扩大保护范围不需成员新建行政机制或增加任何成本。其次，对消费者来说，扩大保护范围不会增加消费者的交易成本。最后，对生产者来说，扩大保护的收益是长远的，成本是短暂的，而且通过协议第24条的例外保护或其他规定可以维持历史现状，减轻对某些生产者的冲击。

二 专利权

由于药品关系到公众健康，因此，是否对其授予专利和实施强制许可，一直是一个争议焦点。TRIPS协定生效前，各国的法律规定不一。发展中国家倾向于不授予药品专利权。相反，发达国家为保护制药企业的利益授予药品专利权，并且严格限制强制许可。TRIPS协定生效后，由于其规定了对药品的专利保护，并且对强制许可给予严格限制，使发展中国家应对公共健康问题时面临严峻挑战。为应对这个问题，WTO部长级会议于2001年通过《TRIPS与公共健康多哈宣言》，总理事会于2003年通过《关于实施多哈宣言第6段条款的理事会决议》，对TRIPS协定进行了修改和完善。2005年12月6日，WTO总理事会通过了《修改TRIPS协定议定书》，其内容与《总理事会决议》相一致。该决定正式修改了TRIPS协定第31条。随着第31条修正案的出台，我国学者以该新通过的修正案为基础，开始积极研究该修正案的相关理论问题，从该修正案的重大意义和不足两方面，进行了全面分析。

关于该修正案的意义，有学者①认为主要表现在三个方面。第一，这标志着与贸易有关的知识产权的最新发展。TRIPS协定修正案兼顾了专利权人与公众的利益、发达国家和最不发达国家和某些发展中国家的利益。由于涉及公共健康药品的进出口，该修正案体现了一定制度下的贸易与人权关系。对此，有学者②进一步阐述，修正案的通过放松了对传染病药品的专利保护，大大降低了药品价格，有利于迅速缓解公共健康危机，实现对生命健康的基本人权的尊重。第二，该修正案标志着WTO体制的重大

---

① 张乃根：《试析TRIPS协定第31条修正案及其重大意义》，《世界贸易组织动态与研究》2006年第5期。

② 田晓萍：《TRIPS协议第31条修正案介析》，《知识产权》2007年第3期。

发展。第31条修正案的提出，是WTO全体成员第一次行使《建立WTO协定》第10条第1款规定的修改该协定的权力，并赋予总理事会职权通过该修正案。第三，该修正案对我国实施涉及公共健康问题的药品专利强制许可制度，具有指导意义。

还有学者①认为，该修正案的达成是发展中国家的一次重大胜利。这主要得益于其正确的谈判策略。一方面，发展中国家统一立场，形成合力；另一方面，充分利用美国和欧盟之间的政策空隙。这对于发展中国家以后的谈判，具有借鉴意义。

亦有学者②认为，该修正案的达成，表明21世纪国际知识产权保护将更加注重以“差别保护”模式协调利益冲突。TRIPS协定第27条对一般商业用途的专利和健康安全相关的专利，给予无差别的保护。但是，从TRIPS协定的目的和原则看，其显然希望对一些涉及公共利益的专利实行差别待遇。《多哈宣言》和《总理事会决议》正是在这方面做出了努力。

关于修正案所存在的问题，有学者③认为主要存在三个方面的问题。一是有些规定不够明确。例如，修正案没有明确对“适用的药品”和“合格进口方”给予界定，而是留给各成员自行界定。这就为以后的争端埋下了隐患。二是贸易转移难以控制。由于仿制药与专利药的药价差额较大，不法分子很有可能通过贸易转移行为谋取高额利润。其结果是，真正需要药品的成员方患者无法通过强制许可制度获得药品。这违背了修改第31条的初衷。此外，虽然修正案和《主席声明》提供了防止贸易转移的措施，但实践证明，这些措施并不十分有效。三是双边或多边自由贸易协定可能会阻碍修正案。美国基于自身在知识产权上的利益，积极与其他国家签订高标准的知识产权的双边或多边协定，排除或限制TRIPS协定规定的灵活条款。即便如此，有些发展中国家为了获得其他方面的利益，仍愿意自愿放弃TRIPS协定赋予的“灵活性”权利。这会使修正案的实施以及发展中国家的公共健康问题受到重要影响。

---

① 田晓萍:《TRIPS协议第31条修正案介析》,《知识产权》2007年第3期。

② 贺小勇:《WTO法专题研究》,北京大学出版社2010年版。

③ 田晓萍:《TRIPS协议第31条修正案介析》,《知识产权》2007年第3期。

第三节　刑事保护的新发展

TRIPS 协定对知识产权的保护，不仅规定了保护标准，还规定了执行程序及争端解决机制。其中，一项强有力的保障就是提供刑事保护。这也是 TRIPS 协定与其他 WTO 协定的区别之一。2007 年，美国将中美之间的知识产权争端提交争端解决机构。该争端首次提出知识产权的刑事保护问题。在争端解决过程中，TRIPS 协定第 61 条规定的“商业规模”成为双方的争议焦点。“商业规模”之所以如此重要，是因为它是确定知识产权“刑事保护门槛”的标准。为此，我国学者对“商业规模”问题进行了深入研究，主要在“商业规模”的解释权，“商业规模”的解释和最新的《反假冒贸易协定》中的“商业规模”研究方面取得了一定的研究成果。

关于“商业规模”的解释归属权，学界普遍认为，“商业规模”属 TRIPS 协定用语，应由专家组和上诉机构对其做出解释。但是，有学者①认为，DSB 并不拥有对协定条款的绝对解释权。分析《反倾销协定》第 17.6 (ii) 款和 GATT 第 14 条（a）款，该学者主张成员可以在以下两种情况下，在 WTO 协定的解释问题上拥有较大主权空间：一是具体协定明确赋予成员对协定条款的解释权；二是在不存在所有成员都接受的价值的情况下。

就“商业规模”的解释权而言，该学者认为，TRIPS 协定序言以及第 41 条规定尊重成员对“商业规模”的解释权。这是因为：首先，成员对刑事犯罪的理论认识不同；其次，刑法保护知识产权的价值取向不同；最后，运用刑法打击盗版的方式不同。

从第一方面来看，成员对犯罪有不同的认识。有的成员将社会危害性作为犯罪的构成要件之一，有的成员不强调社会危害性。从第二方面来看，刑法保护的知识产权价值一般有两种，一种是保护私人财产权，另一种是维护竞争秩序。以保护私人财产权为价值追求，权利人的损失就成为“刑事门槛”，计算标准就相应为被侵权数量和合法作品的零售价值。以竞争秩序为价值追求，计算标准以侵权产品的本身价格计算。从第三方面来看，不同的国家对盗版的打击方式不同。即使同一国家，在不同时期对

---

① 贺小勇：《论 TRIPS 协定第 61 条“商业规模”的解释问题——评析中美知识产权贸易争端》，《国际贸易》2008 年第 7 期。

盗版的打击方式也有所不同。

但是，该种主权也不是无限的，而应当受到限制。据此，该学者分析了 TRIPS 协定第 61 条的规定，认为该条包括四层意思。其中，第三层意思，即对盗版的刑事处罚，应当与同等严重性的犯罪处罚水平一致；第四层意思，即刑事处罚，应足以起到威慑作用，即对成员解释“商业规模”主权的限制。

关于“商业规模”的解释，学界普遍认为，应当遵循《维也纳条约法公约》第 31 条和第 32 条的规定。对此，有学者①首先分析了条约解释的 3 个规则。第一是一般规则，其内容为《维也纳条约法公约》第 31 条的规定，即依条约的文义按照上下文并参考条约的宗旨和目的善意地进行解释。第二是补充规则，其内容为《维也纳条约法公约》第 32 条的规定，即按照条约的准备文件或缔约情状进行补充解释。上诉机构也采用了 in dubious mites 解释方法，将其作为一种补充解释方法。第三是其他解释规则，主要指有效解释规则，其内容为解释的结论不能使条约的条款成为无意义的条款。

以上述一般解释规则和补充解释规则为基础，该学者对“商业规模”解释进行了分析。第一，在一般解释规则下，依据第 61 条的上下文和 TRIPS 协定目的，对“商业规模”含义的解释，在不违背著作权和商标权法律保障有效性和适当性原则的情况下，应同时考虑国内公共政策的利益和社会发展目标。因此，应当选择能够平衡各方利益，并且赋予成员较大决策空间的方式进行解释。“商业规模”的解释，本质上是各成员进行利益平衡的结果，其他成员无权干涉。第二，在补充解释规则下，依据 TRIPS 协定的谈判记录文件，各成员无意详细界定“商业规模”。因此，“商业规模”用语含糊，是为了适应各国刑事法律制度的差异，并非因为成员疏忽或用语不慎。

关于最新的《反假冒贸易协定》（即 ACTA）中规定的“商业规模”，有学者②认为，依据 ACTA 的规定，以商业规模实施的行为至少包括那些

---

① 刘科：《论〈贸易有关的知识产权协定〉第 61 条之“商业规模”》，《刑法论丛》2010 年第 4 期。

② 张伟君：《知识产权刑事保护门槛：从 TRIPS 到 ACTA》，《电子知识产权》2011 年第 8 期。

为了直接或间接的经济或商业利益所实施的商业行为。ACTA 对“商业规模”的解释，降低了假冒和盗版的刑事责任门槛。首先，如果依照 ACTA 的规定界定“商业规模”，即使具有商业目的，但其实并未达到“商业规模”的假冒或盗版行为，都可能受到刑法的制裁，这就大大降低了刑事门槛。其次，将“商业规模”行为解释为“具有间接的经济和商业利益”，可能使不具有直接获利的动机或目的的行为被认定为“商业规模”行为，从而受到刑事处罚，这就进一步降低了刑事责任门槛。

第四篇

国际投资法

国际投资的历史可以追溯到资本主义诞生时期。航海时代著名的"东印度公司"是欧洲国家最早的海外投资。《友好通商与航海条约》(FCN)是国际投资法最早的实践。后来，国际投资法又经历了双边投资(BIT)和多边投资的发展。而今，经济全球化和贸易自由化不断推进，国际投资领域出现了投资额逐年攀升、跨国公司参与加强、投资领域扩宽等重要变化，国际投资法也随之发展。国内学者对国际投资法的研究多以实际问题出发，探讨中国在国际投资领域的发展问题。本篇主要涉及国际投资与待遇标准、国际直接投资形式、国际投资中的政治风险、海外投资外交保护等的学术新发展。

第 一 章

国际投资待遇

外国投资和外国投资者在东道国的待遇问题，是国际投资领域最重要的法律问题之一。目前，对于国际投资者的待遇标准，国际上虽尚无统一规定，却已形成较为成熟的标准。国民待遇制度是有关外国人民商事法律中最古老的待遇制度，然国际社会对其含义、性质以及适用范围仍存在较大分歧。最惠国待遇作为国际投资条约中一个核心条款，在具体内容、适用范围及投资仲裁实践中，也出现了一些新的发展，成为国际投资领域经济自由化的一个重要手段。此外，当前多数与投资有关的国际条约也都规定了公正与公平待遇，而且新一代国际投资条约已开始尝试明确该标准的内涵。这些标准，是国际投资待遇标准中最重要的类型，本章主要分析其新发展。

第一节　国民待遇与最惠国待遇

一　国民待遇

国民待遇起源于12世纪地中海沿岸城邦国家之间的双边条约，它随着航海的需要与世界市场的形成而产生。国民待遇在法律上的确立与普及，是工业革命后各国发展经济联系的客观需要和历史发展进程的必然趋势。有观点①认为，国民待遇制度是有关外国人民商事法律中最古老的待遇制度，是国家属地优越权派生出来确定外国人地位的一种待遇准则。相

① 张庆麟：《国际投资法问题专论》，武汉大学出版社2007年第1版，第3页。

较于其他领域，国民待遇原则在国际投资法中的确立过程十分曲折。随着国际投资的迅猛发展，国际社会对国民待遇原则的含义、性质以及适用范围等的认识，尚存较大分歧。

根据各国的立法与实践，有学者①总结了当今国民待遇的三个特征：第一，国民待遇的实行一般均依互惠原则，不存在无条件的国民待遇；第二，国民待遇的授予有特定的范围，各国基于自身特定利益的需要，自行决定在何领域适用国民待遇制度；第三，国民待遇制度的适用呈全球化趋势，已为多领域的双边条约及多边条约所采用。

实践中，东道国一般基于国家主权的需要，自行裁量国民待遇标准的适用范围。这就涉及主权国家与国民待遇的关系。有学者②提出，国民待遇是一个相对待遇标准，故外国投资享受的待遇取决于相应的东道国国内投资所受之待遇。因此，判断外国投资是否得到国民待遇，就需要确定与哪些国内投资进行比较。如果进行比较的外国和国内投资之间没有竞争关系，或者说根本不在同一经济部门内，那么，比较就毫无意义。

很多条约的国民待遇条款规定③，外国投资和本国投资应处于“相当情形下”。有学者④根据国际仲裁实践提出，解释这一条款时，可以先确定相关外国和本国投资是否处于同一经济部门，然后比较该措施加诸于外国和本国投资的待遇，最后通过判断“差别待遇与理性的政府政策之间是否具有合理的关联”，来分析外国投资和本国投资是否处于“相当情形下”。学者们还建议，借鉴 NAFTA 投资仲裁研究和实践中 Pope & Talbot 仲裁庭的三步分析法：第一，相似性；第二，事实上的比较；第三，相当情形之例外。

---

① 张庆麟：《国际投资法问题专论》，武汉大学出版社 2007 年第 1 版，第 3—6 页。

② 肖军：《国际投资条约中国民待遇条款的解释问题研究——评 Champion Trading Company & Ameritrade International, Inc 诉埃及案》，《法学评论》（双月刊）2008 年第 2 期。

③ “在相当情形下”是指在同一商业或经济部门内进行衡量的类似情形。见肖军《国际投资条约中国民待遇条款的解释问题研究——评 Champion Trading Company & Ameritrade International, Inc 诉埃及案》，《法学评论》（双月刊）2008 年第 2 期。

④ 肖军：《国际投资条约中国民待遇条款的解释问题研究——评 Champion Trading Company & Ameritrade International, Inc 诉埃及案》，《法学评论》（双月刊）2008 年第 2 期。

二　最惠国待遇

与主张“内外平等”的国民待遇不同，国际投资法中的最惠国待遇是东道国对外国投资者实行的待遇不低于其已经给予或将给予第三国投资者的待遇，它是从另一个角度来保障非歧视待遇，要求的是“外外平等”。国际投资条约中的最惠国条款，通常都是互惠、无条件、有限的(仅适用于与投资有关的人或事)。然而，有些双边或多边条约在条文本身和适用方面，有着相当大的差异。一些条约中，最惠国待遇条款的适用范围扩大到条约的全部内容，有些则仅限于条约的某些事项。这给最惠国待遇条款的解释带来了挑战。学者们为明确近来国际投资条约中有关最惠国条款的适用范围，对此进行了广泛的研究和分析。

在涉及区域贸易安排和最惠国待遇的关系方面，有学者①认为，区域贸易安排作为最惠国待遇的一项例外，鉴于其在成员方利益相似、凝聚力强大方面的优势，对多边贸易体制的发展产生了积极作用。区域贸易优惠给区内成员带来了很大利益，对区内成员的经济发展起到了巨大推动作用。

国际投资条约中的最惠国待遇条款通常规定为：一缔约方给予另一缔约方投资者或者特定投资活动的待遇，不应低于其给予任何第三国投资者或者特定投资活动的待遇。但有的投资条约在此基础上，另行增加了“在相同或类似情况下”这一要件，目的是表明最惠国待遇绝非不考虑外资的差异性而绝对一视同仁。国内有学者②分析认为，这一规定其实只是突出强调最惠国待遇条款在适用时要考虑情况的相同或类似性，并不意味着其他没有明文规定这一内容的最惠国待遇条款在适用时就无须考虑该条件。同样的情况还发生在对最惠国待遇条款适用范围规定的差别上。

中国对外签订的双边投资条约在规定最惠国待遇条款的适用范围时，仅表述为“特定投资活动”。而近来，很多条约既规定了“特定投资活

---

①　沈木珠：《区域贸易优惠与最惠国待遇关系的冲突与法律协调——兼论中国之应对措施》，《国际贸易问题》2005 年第 2 期。

②　陈安：《国际投资法的新发展与中国双边投资条约的新实践》，复旦大学出版社 2007 年第 1 版，第 187—190 页。

动"，也规定了"投资者"。有学者[①]认为这种措辞的不同并无实质意义。这只是一种强调而非排除。

具体到"特定投资活动"所指的对象，有学者[②]分析指出，无论哪一种模式，都可能无意在某些方面给予最惠国待遇。因此，缔约方都具体规定了适用的例外情形。鉴于近来很多条约中的最惠国待遇条款措辞模糊，若例外规定没有排除某事项，便会成为很多外国投资者提起国际投资仲裁的一个理由。

传统上，最惠国条款的适用范围局限于实体领域。然而，最近ICSID在适用最惠国条款的新实践使得这一状况发生了重大变化，焦点在于投资者是否可以根据基础条约中的最惠国待遇条款，主张援引第三方条约中的争端解决条款。其中，规定最惠国待遇的条约通常被称为"基础条约"，而作为实施最惠国待遇参照标准的条约则为"第三方条约"。迄今为止，ICSID仲裁实践已经形成了两种对立的观点：肯定派和否定派。

肯定派[③]认为，双边投资条约中的最惠国条款可以适用于争端解决事项。仲裁庭通过推测基础条约缔约国原意，以及条约的目的和宗旨，强调基础条约中最惠国条款的具体措辞，并根据《维也纳条约法公约》第31条对基础条约最惠国条款的适用范围进行解释，主张投资者在解决其与东道国之间的投资争端时，有权依据最惠国条款选择适用对其更为有利的其他相关条约中的争端解决规定。典型案例是2000年Maffezini案、2004年的西门子案、2005年的天然气案和2006年的苏伊士案。

对此，有学者[④]具体分析了国际投资条约中最惠国待遇条款在程序事项上适用的规定，主要存在4种情况：第1种，明确规定最惠国待遇条款可以适用于争端解决事项；第2种，使用了较为宽泛的语言，如"所有事项"、"所有权利"、"待遇"；第3种，通过列举限制了其适用范围但却未能指出条款的适用；第4种，明确规定其适用范围不包括争端解决。而

---

① 陈安：《国际投资法的新发展与中国双边投资条约的新实践》，复旦大学出版社2007年第1版，第187—190页。

② 同上。

③ 同上书，第190—204页。

④ 乔娇：《论双边投资条约中最惠国待遇条款在争端解决上的适用性》，《法治论丛》2011年第1期。

对于最惠国条款究竟是否能够适用于投资争端解决事项，学者们各抒己见。

赞同肯定派仲裁庭观点的学者①认为，最惠国条款适用于争端解决事项体现了ICSID扩大管辖权的趋势。双边投资条约中最惠国待遇条款存在的初衷，在于消除歧视性待遇，促进国际竞争。而投资者与东道国之间争端解决的程序性权利与投资者的实体性权利紧密相连、相互依存，不能将二者孤立起来。还有学者②认为，应当从条约本身的字面含义解释最惠国待遇条款，以此来探求缔约双方是否具有将其适用于争端解决事项的真实意图。最惠国待遇条款的目的和功能，决定了其可以适用于争端事项。若援引最惠国待遇条款的目的是放弃提交仲裁的前置性要求时，可以适用；而援引最惠国待遇意欲创设或扩大仲裁管辖权时，不能适用。

认同否定派观点的学者③认为，将最惠国条款适用于争端解决事项的做法，缺乏正当性，不具备可操作性，否定派的观点更为合理。首先，肯定派在确认最惠国条款性质上可以适用于争端解决事项后，仲裁庭直接做出应予适用的决定。至于第三方条约中的待遇何以比基础条约中的待遇更为优惠，仲裁庭未予明确回应。在断言投资者"觉得"国际仲裁更有利时，仲裁庭没有给出令人信服的理由。其次，学者从争端解决方面分析，在运用《维也纳条约法公约》解释时，肯定派逐步淡化最惠国条款适用范围具体措辞的重要性，并且曲解了最惠国待遇条款中排除适用规定的确切含义，片面强调相关条约目的和宗旨的重要性。因此，盲目扩大最惠国条款的适用范围，会导致该条款被滥用。最后，即使存在"违背公共政策"的例外规定，但所谓的"公共政策"往往难以判定。国际仲裁方面，公共政策只构成不予承认或撤销裁决的理由，而绝非确定最惠国待遇条款是否适用的依据。亦有学者④对肯定派列举的公共政策的表现形式，持怀疑态度。

---

① 乔娇：《论双边投资条约中最惠国待遇条款在争端解决上的适用性》，《法治论丛》2011年第1期。

② 同上。

③ 陈安：《国际投资法的新发展与中国双边投资条约的新实践》，复旦大学出版社2007年第1版，第204—211页。

④ 同上。

同时，还有学者①分析指出，仲裁员堂而皇之地把ICSID国际仲裁优于东道国当地救济的裁决写入仲裁裁决，是对东道国主权的极大冒犯。国际投资法领域中的最惠国待遇条款，较国际贸易法领域中的最惠国待遇条款而言，对于东道国经济主权的影响更大。否定派学者②认为，问题的关键在于，投资者究竟在什么情况下可以根据基础条约中的最惠国待遇条款援引第三方条约中的争端解决条款。这需要从仲裁协议出发。只有投资者直接诉诸国际仲裁的行为表示对东道国单方要约的接受，仲裁协议才应成立，否则投资者就同一争端再诉诸国际仲裁，还需要东道国另行明确做出同意的意思表示。

最惠国待遇条款的适用范围是否包括投资争端解决事项，归根到底还是取决于对该条款的解释。有学者③分析了仲裁庭在解释最惠国待遇条款时运用的三个解释原则：同类原则、文本分析原则和效果分析原则，认为无论适用哪一解释方法，都无法解决最惠国条款能否适用于投资争端解决的问题。如将最惠国待遇适用于这些争端解决程序事项，从本质上看，绝非外国投资者正当地延伸自己的权利，相反，会造成不正当的“选购条约”结果。该学者④认为，各个国际投资条约中的争端解决机制都是经缔约国各方特别谈判达成的，具有整体性，倘若允许依最惠国待遇标准将第三方条约中各种支离破碎的更优惠规定引入基础条约项下的争端解决机制，将会破坏该机制在整体上的有效运作。

迄今为止，中国已对外缔结了110余个双边投资条约。这些双边投资条约规定的争端解决机制存在着相当程度的差异，主要表现为当地救济、同意仲裁、国际仲裁管辖范围及仲裁的类型的规定不一。有观点⑤认为，倘若承认最惠国待遇条款适用于争端解决事项，外国投资者可从多个条约中分别取得各项对自己最有利的规定，从而给中国施加难以承受的压力，

---

① 黄勐：《从发展的角度探讨最惠国待遇适用于投资争端解决》，《法学理论》2010年第30期。

② 王楠：《最惠国待遇条款在国际投资争端解决事项上的适用问题》，《河北法学》2010年第1期。

③ 徐崇利：《从实体到程序：最惠国待遇适用范围之争》，《法商研究》2007年第2期。

④ 同上。

⑤ 同上。

也容易造成争端解决机制运用上的混乱。特别是2011年，中国首次被外国投资者（伊兰桂公司）诉至解决投资争端国际中心，其中，最惠国待遇条款的适用范围是中国应对的首个重大问题。

随着近年中国海外投资“走出去战略”的实施，通过签订双边条约以保护中国海外投资的重要性日益彰显。有学者①建议，中国在与发展中国家进行双边投资条约谈判时，应当要求东道国给予最惠国待遇与国民待遇，并尽量争取适用ICSID机制。中国在与一些发达国家，特别是美国进行双边投资谈判时，应注意条款的平衡性，在关键问题上不能轻易放权，否则不仅可能对自身造成重大损害，而且由于其示范效应会在整体上削弱发展中国家的力量。

第二节　公正与公平待遇

就国际投资条约而言，最早提及“公正”待遇的是1948年旨在建立国际贸易组织（ITO）的《哈瓦那宪章》，然其并没有将公正与公平待遇标准确立为有约束力的强制性义务。当前，多数与投资有关的国际条约都规定了公正与公平待遇。总体上，已有条款内容大体相同，只是约文本身表述有些差异。值得注意的是，新一代国际投资条约已开始尝试明确该标准的内涵。实践中，公正与公平待遇包括哪些内容、要求什么样的标准，都具有争议。而且，公正与公平待遇与最低待遇标准的共性和区别是什么，也没有定论。

纵观各条约对公平公正待遇的规定，可分为不涉及国际法与涉及国际法两大类。有学者②提出，其中最重要的区别在于公正与公平待遇是否以国际法为依据，或是否不得低于国际法的要求。对于“不附加任何条件地”规定该外资待遇标准，有学者③认为，国际仲裁庭很容易将公正与公平待遇解释为一种不受国际法制约束、独立自主的高水平外资待遇标准。

---

① 赵骏：《论双边投资条约中最惠国待遇条款扩张适用于程序性事项》，《浙江社会科学》2010年第7期。

② 陈安：《国际投资法的新发展与中国双边投资条约的新实践》，复旦大学出版社2008年版，第56—59页。

③ 徐崇利：《公正与公平待遇：真义之解读》，《法商研究》2010年第3期。

国际仲裁庭实践中，还存在将公正与公平待遇解释为习惯国际法的作法。有观点①质疑这一作法的合理性。因为国际法与习惯国际法并不相同，后者只是前者的一个部分。一项原则要上升到习惯国际法的高度，不仅需要国家实践，更需要法律确信。而大多数国家国内法都没有规定给予外资公平公正待遇。并且所谓习惯国际法中的外国人最低待遇标准也难以确定，其效力也值得怀疑。为此，有学者②建议，把公正与公平待遇理解为给予外国投资者及其投资以无差别待遇，并且这一待遇规定不宜作为私人投资者基于条约索赔的依据。

但也有学者③认为，这一建议得到应用的现实可能性很小。学者根据剩余裁量权原则、法治原则以及利益平衡原则进行分析，国际投资条约中的公正与公平待遇只能是具体内容需经国际习惯法构成要件检验的“国际最低待遇”，不可能是超越该项最低待遇的对外资“良治”的保证，以及其他较高程度的保证。学者④认为，经国际习惯法构成要件检验，真正构成公正与公平待遇内容的，只有东道国不违反正当程序、不采取歧视性行为和不实行专断的措施。

此外，有学者⑤提出了应将公正与公平待遇视为独立条约条款的观点。公正与公平待遇条款同国际法最低待遇标准以及习惯国际法并无必然的联系，应根据《维也纳条约法公约》进行解释。“条约应依其用语按其上下文并参照条约之目的及宗旨所具有之通常意义，善意解释之”，即主观解释、客观解释和目的解释。

还有学者⑥认为，解释公平公正原则的另一趋势是它不仅适用于程序规则，也适用于实体法。在解释投资协定时，特别是具体到是投资东道国还是外国投资者承担责任，除了考虑协议规定外，还要考虑其他交易原

---

① 余劲松:《外资的公正与公平待遇问题研究——由 NAFTA 的实践产生的几点思考》,《法商研究》2005 年第 6 期。

② 同上。

③ 徐崇利:《公正与公平待遇标准：国际投资法中的“帝王条款”?》,《现代法学》2008 年第 5 期。

④ 陈安:《国际投资法的新发展与中国双边投资条约的新实践》，复旦大学出版社 2007 年第 1 版，第 187—190 页。

⑤ 王楠:《试析外资公平公正待遇标准》,《时代法学》2008 年第 6 期。

⑥ 王贵国:《国际投资法》，法律出版社 2008 年第 2 版，第 116 页。

则。如任何一方是否涉及欺诈或错误陈述事实，交易的达成是否涉及贿赂或不当影响以及滥用权利等。

近年的国际投资仲裁实践中，仲裁庭倾向于对公正与公平待遇进行扩大解释，从而使自己拥有较大的自由裁量空间。有学者①分析，对于外资公正与公平待遇标准无论采用哪种解释方法，都很难使资本输入国与外国投资者、资本输出国达成共识，也很难避免就该标准在保护国际投资、限制国家主权的规范作用问题上发生争论。因此，有必要明确公正与公平待遇的具体形式和范围。一些仲裁庭在适用该标准时，提出了其所包括的若干要素，包括善意原则、透明度要求、稳定的法律和商业环境、投资者合理期待的尊重和正当程序原则。②

有学者③将公正与公平待遇内容划分为以下五种：（1）对外资“最低待遇”的保证，包括违反正当程序，不采取歧视性行为和不实行专断措施；（2）对外资“良治”的保证，包括不损害外国投资者的合法期待，提供稳定的、可预见的法律和商务框架以及具有透明度三种情形；（3）对外资其他较高程度的保证，包括东道国政府不得以不适当之目的行使权力和越权行事两种情形；（4）对外资保证的辅助性因素，包括非善意和不当得利；（5）已另有保证的情形。

有学者④评价，以上解释使得公正与公平待遇的标准更高，还使投资者向东道国索赔的门槛降低，赋予了国际仲裁庭更大的自由裁量权。第一，把投资者的利益置于东道国的主权和公共利益之上，只考虑投资者的预期而不考虑东道国行为的动机与目的，有失偏颇；第二，提供绝对、无条件的稳定和可预见的法律与商业环境，会损害东道国的主权和公共利益；第三，公正与公平待遇不应成为替代征收的索赔条款，仲裁庭把违反公正与公平待遇的赔偿义务与违反征收的赔偿等同起来，缺乏根据和论证；第四，东道国维护稳定法律环境的义务，也不应胜过其防范经济、社会危机的义务。

---

① 王贵国：《国际投资法》，法律出版社2008年第2版，第116页。

② 杨慧芳：《外资公正与公平待遇标准的要素评析》，《法学评论》（双月刊）2009年第3期。

③ 徐崇利：《公正与公平待遇：真义之解读》，《法商研究》2010年第3期。

④ 余劲松、梁丹妮：《公平公正待遇的最新发展动向及中国的对策》，《法学家》2007年第6期。

其中，对于投资者合理期待的尊重，有学者①提出了一些值得借鉴的建议。如投资者的期待必须具有合理性，即符合东道国规定的条件、得到东道国同意等；要求期待权人具有善意，采用欺骗和欺诈手段而引起的政府行政行为不会导致合理期待的产生，包括提供不正确或不完整信息的情形。此外，即使投资者的期待是合理的，但在评估期待求偿时，对公共利益的考虑应胜过对投资者期待的考虑。

随着经济全球化时代的来临，中国成为国际社会愈加重要的一员。但是，在中国签订的许多双边或多边投资协定中，有关公正与公平待遇条款存在许多不足。一旦有特定案件爆发，中国将面临巨大困境。有学者②将其条款特点总结如下：（1）中国在制定公正与公平待遇条款时，没有明确公正与公平待遇的内容与含义，措辞不统一，且概念不清楚；（2）中国与外国投资者签订的投资协议中，有关公正与公平待遇的叫法各不相同；（3）参考了最惠国待遇的内容，但由于最惠国待遇的特征所在，使得中国在践行公正与公平待遇时遇到阻碍加大，应诉风险增加；（4）条款大多是独立的，没有把公平公正待遇与“国际法”相联。

考虑到近年来国际仲裁实践对东道国的影响，有学者③指出，中国必须采取相应的对策，对公正与公平待遇条款的解释和适用加以适当的限制。学者建议中国可以通过在条约中对公正与公平待遇加以定义并限制其适用范围，或规定其适用的例外情况，给公平公正待遇的解释和适用提供指南，以限制仲裁庭在解释和适用公平公正待遇条款时的自由裁量权，或者将公正与公平待遇排除在可仲裁事项之外。

第三节　国际投资规则的发展

国际投资法的存在，须与国际法基本原则和国际投资现状相适应。在经济全球化的大潮中，一方面，以跨国公司为载体的国际投资起着举足轻

---

① 杨慧芳：《外资公正与公平待遇标准的要素评析》，《法学评论》（双月刊）2009 年第 3 期。

② 邓海珊：《国际投资法中的公正与公平待遇标准研究》，《国际经济法学刊》2006 年第 3 期。

③ 余劲松、梁丹妮：《公平公正待遇的最新发展动向及中国的对策》，《法学家》2007 年第 6 期。

重的作用；另一方面，世界范围内外国投资活动急剧增长，与之相适应的经济政策和法律内容也发生了相应的变化和发展。有关国际投资法律政策在单边、双边、区域和多边各个层次上，有以下新的发展动向。

一 投资自由化

从20世纪80年代后期开始，许多国家推行了以国际化、自由化、私有化为中心的一系列改革，它们逐步开放国内市场，放松了对资本流动的管制，实行自由化倾向的外国投资政策，出现了国际投资自由化、便利化和规范化的趋势。

投资自由化的表现之一，是“投资”定义的发展。有学者①认为，“投资”定义是国际投资协定的核心内容之一，是国际投资条约的基础，直接关系到国际投资协定的涵盖范围，也是充分利用国际投资协定的一个关键。

从国内学者对国际投资协定及相关法律文件和ICSID仲裁实践的研究可以看出，国际投资条约对投资定义的着眼点日益灵活多变。有学者②通过考察近期国际投资条约指出，当下投资定义着眼点的选取更加多样，大体上有以资产为基础、以企业为基础和以交易为基础三种类型，分别体现在2004年中国—芬兰BIT范本、1998年ASEAN投资协定和2006年《OECD资本流动自由化守则》中。同时，无论是美式双边投资条约，还是欧式双边投资条约、区域性国际投资条约，还是多边投资条约草案，均倾向于采用以资产为基础的投资定义。不同的是，有的以投资保护为目的，有的以投资自由化为目标。

关于投资自由化的具体内涵，有学者③认为，投资自由化具体表现为市场准入自由化、国民待遇、禁止履行要求、限制投资鼓励和法律政策透明化。投资者在投资争端解决机制中的地位和作用被大大强化，东道国通过一系列国内合理的政策法律体系来推动和保障投资。

---

① 张庆麟：《论国际投资协定中“投资”的性质与扩大化的意义》，《法学家》2011年第6期。

② 陈安：《国际投资的新发展与中国双边投资条约的新实践》，复旦大学出版社2007年版，第29页。

③ 叶兴平、杨静宜：《国际直接投资自由化的法律政策分析》，《武汉大学学报》2002年7月第55卷第4期。

在对投资自由化的态度上，有观点①认为，投资自由化是经济全球化推动的结果，每个国家只能顺此趋势，适时、适度调整自己的应对之策。

还有学者②从政治学和经济学角度分析，认为投资自由化过程的本质，是资本的吸引与排斥的博弈关系。而各国要平衡这种博弈关系，使之秩序化。通过鼓励投资的措施来引导国内资本外流，保证境内资本存量的平衡和协调。同时，通过实行对内资适度保护的措施，来培育本国资本的内在竞争力，使境内外资本势力均衡。学者③还提出了应对投资自由化趋势的对策：发展中国家外资立法不可过快自由化，否则将对本国经济发展造成负面影响；发达国家通过双边投资条约弱化东道国管辖权的做法，应引起发展中国家的高度重视。

二　投资规则的综合化和复杂化

有学者④认为，目前国际投资领域并不存在一个单一全方位的法律制度，但一个范围广泛的国际投资法律制度正在形成。该法律制度包括了各种原则与规则，其渊源与形式各异，约束力、特性，以及实施的层面也迥然不同。其中，国际投资惯例和国际投资仲裁庭的裁决，在实践中发挥着越来越重要的作用。

根据外商投资活动的实践，有学者⑤提出投资惯例的表现形式分为以下四种。(1) 国家间的双边条约。20世纪60年代以来，为了促进保护国外投资，各国间纷纷签订双边条约，主要有投资保护协定、避免双重征税协定。其中的不少规定，后来得到其他国家的承认与仿效而被扩大。(2) 东道国的外资立法与实践。(3) 国际商业合同。(4) 国际组织与规范性文件。

---

① 陈安：《国际投资的新发展与中国双边投资条约的新实践》，复旦大学出版社2007年版，第29页。

② 徐泉：《国际投资自由化进程中的排斥与吸引博弈关系法辨》，《河北法学》2007年3月第25卷第3期。

③ 同上。

④ 王贵国：《略论晚近国际投资法的几个特点》，《比较法研究》2010年第1期。

⑤ 孙南申：《国际投资法》，中国人民大学出版社2008年版，第29页。

关于国际投资仲裁庭的裁决效力问题，有学者①指出，根据《华盛顿公约》第53条第1款的规定，国际中心的裁决仅对当事方有拘束力。也就是说，尽管一般情况下，投资争端解决国际中心下的仲裁庭应尽量使其裁决具有一致性，但最终还是由每个仲裁庭自行依据相关法律和双边协定判案，而这些法律和双边协定是各不相同的。国际仲裁庭没有理由遵循先前的裁决。每当一个法院不遵循先例时，总会以其所处理案件的事实与先例不同或适用法律相异为理由，这体现了国际投资法严重向普通法倾斜。

传统的国际投资条约，其主要目的是保护海外投资，总体看内容简单，主要包括给予外国投资的待遇标准、自由汇兑、征收与补偿等实体问题。有观点②指出，相比之下，当代国际投资规则呈现出明显的综合性、法典化趋势，其内容上大幅增加有关实体性和程序性规范，同时条约涉及的议题也明显增多。也有学者③认为现今投资规则更加复杂、细致，具体体现为：第一，投资规则的定义部分增多；第二，分别规定了对投资和投资者的待遇，并区别对待；第三，详细规定了公正与公平待遇、征收等规则；第四，对投资者与东道国间争端解决机制的规定也十分详尽；第五，增加了很多例外、附件规定。

还有学者④提出了各国外资政策由于自由化运动正在日益趋同的观点。随着对外国直接投资全球性竞争的加剧，各国正趋于形成共同的政策标准，尤其表现在企业设立权、公平待遇、国民待遇、国有化赔偿标准、国际纠纷的解决以及确保利润和资本的返回等方面。总体而言，虽然目前已经生效的条约中，在一些实质性和程序性的规定上尚存差异，但绝大多数协定在内容和措辞上，体现出较大的同一性。

也有学者⑤从政治学意义上，研究这种趋势的缘由和意义。首先，19

---

① 王贵国：《略论晚近国际投资法的几个特点》，《比较法研究》2010年第1期。

② 陈安：《国际投资法的新发展与中国双边投资条约的新实践》，复旦大学出版社2007年第1版，第21—24页。

③ 同上。

④ 张庆麟、张晓静：《国际投资习惯规则发展状况分析——以双边投资条约为考察对象》，《法学评论》2009年第5期。

⑤ 钟立国：《经济全球化背景下国际投资立法的新发展——兼论中国的应对之策》，《法学》2003年第7期。

世纪90年代后，社会主义国家推行经济体制改革，实行市场经济制度，纷纷移植、借鉴资本主义法系成熟的规则。两法系国家经济体制的趋同，使得相关法律制度也表现出趋同性。其次，发展中国家同发达国家在经济上存在巨大差距。为了完善本国投资环境、增强吸引外资竞争力，发展中国家在制定外资政策与立法时，向发达国家外资立法的标准靠拢。特别是市场准入、投资及投资者的待遇标准、投资争议的解决等方面。

还有学者①从双边投资条约的发展，来说明国际投资立法日趋明显的协调性。如双边投资条约的数量迅速增加、形式逐渐趋同，众多的双边条约形成了一张庞大的双边投资条约网，将绝大多数国家或地区纳入调整范围，使得各缔约国从中所获得的权利义务趋同。

实践表明，一些国家签订的BITs条款和区域协定的投资规则，被后来大量国际实践反复接受，其中若干规则逐渐具备了习惯国际规则的特性。有观点②认为，根据目前投资法的发展状况，有理由认为投资法中的若干条款，有的已经成为了习惯规则，有的可能正在形成习惯规则，有的则具备了习惯规则的某些特征，正朝着形成习惯国际法规则的方向发展。典型的如国有化及其补偿标准、公平公正待遇和公司国籍问题等。

---

① 钟立国:《经济全球化背景下国际投资立法的新发展——兼论中国的应对之策》,《法学》2003年第7期。

② 张庆麟、张晓静:《国际投资习惯规则发展状况分析——以双边投资条约为考察对象》,《法学评论》2009年第5期。

第二章

国际直接投资

随着经济的发展和国际社会面对的新形势，国际直接投资形式开始由传统走向现代。传统的国际直接投资形式，主要有设立境外分支机构和在境外新建企业两种。与其相比，BOT 投资方式、跨国并购和跨国证券投资成为国际投资者的新宠。其中，BOT 不仅是一种投资方式，更是一种融资方式，成为跨国公司对外直接投资的主要手段和方式，但同时也催生了垄断等问题。此外，在国际投资领域中，跨国并购浪潮为跨国证券投资提供了交易平台，国际证券市场也正在逐步实现全球化与一体化，成为国际直接投资的重要方式。本章主要论述以上问题的新发展。

第一节　BOT 投资方式

传统的国际直接投资形式主要有设立境外分支机构和在境外新建企业。在境外新建企业可以采取合营、合作、国际合作开发和独资经营等形式。与传统方式相比，BOT 投资方式因其新颖性和自身的特色，而逐渐成为各国吸收境外资金发展境内基础设施的新宠。实践中，由于具体项目条件的不同和实际操作的差异，BOT 项目有很多演化形式。作为一种新型的投融资方式，BOT 的法律关系十分复杂，在运用实践中存在许多法律问题。

一　BOT 特许协议的法律性质

BOT 项目通常会涉及一系列复杂的合同安排。有学者①认为，这些合

① 余劲松：《国际投资法》，法律出版社 2007 年版，第 109—115 页。

同安排包括特许协议、贷款协议、建设合同、经营管理合同、回购协议、股东协议等，都是以特许协议为基础。有观点①认为，BOT 特许协议不同于一般的投资合同，也区别于传统的特许协议。它是一种新型的投资融资方式，实质是现代意义的特许协议或称特许协议的变种。

关于 BOT 特许协议法律性质的争论②主要有三种：（1）准国际协议或国际契约，属国际法范畴；（2）行政契约，属于国内公法范畴；（3）政府契约，属于国内私法范畴。

发达国家学者多赞成 BOT 特许协议属于国际契约这一学说。但国内大多数学者认为，这一观点缺乏法理依据。因为私人投资者的国际法主体地位，不能够由协议的另一方赋予或默认来实现。特许协议的确立依据，是东道国政府的立法而非国际法准则。此外，国际法一些条款作为 BOT 特许协议准据法，只是当事人意思自治的表现。这只是用来弥补东道国在法律适用上的漏洞，不能以此作为"国际契约"的根据。

有观点③认为，BOT 特许协议是一种行政合同，理由是：基础设施建设本身属于公共事务，BOT 方式并未改变其公共性和公益性，它属于政府的职权行政许可行为。同时，协议主体之间地位不平等，协议目的在于实现特定的行政管理目标和公共利益，适用特定的法律或法规规范，游离于现有的合同法体系之外。并且，国家具有对特许协议的履行、变更或解除的优益权。

鉴于特许协议双方当事人法律地位平等，且双方权利义务基本对等，BOT 特许协议应是一种民事合同。有学者④认为，BOT 投资方式中的辅助合同属于民事合同的范围，应遵循民事合同法律适用的有关法律规定。但如果辅助合同法律关系中含有涉外因素，就会牵涉合同准据法的选择。这一点世界各国的法律规定并不一致。中国法律规定采取了国际上通行的合同自体法模式，把合同准据法的选择权赋予合同当事人，同时以最密切联系原则作为补充。

---

① 史晓丽、祁欢：《国际投资法》，中国政法大学出版社 2009 年第 1 版，第 175 页。

② 同上。

③ 同上。

④ 高岚君：《BOT 方式中的法律适用问题新探》，《河北法学》2002 年第 3 期。

二　BOT的风险负担

在BOT项目的建设和经营中，可能会发生多种风险。既有商业性风险，也有政治性风险。关于商业风险，有学者①将其总结为完工风险、经营风险、外汇风险、市场与收益风险；其防范方法主要是限制项目参与人的信誉和履约能力，同时通过合同做出合理的约定，由各方分担有关风险。还有学者②细化了BOT方式中存在的政治风险，具体包括：国有化征收、东道国发生内乱、外汇管制、提高税率、增加提成费、控制劳动力来源、控制原材料和能源供应，以及由于东道国政府违约造成的工期延误或费用增加等。

分析BOT政府保证的法律性质，首先必须明确特许协议的法律性质。有观点③认为，政府保证的实质是政府在项目协议中对自己行为的义务和承诺。政府保证与否及保证的充分程度，是投资者进行项目可行性评价不可或缺的因素之一。

有学者④提出，项目政府保证的性质不是一般意义上的债务担保，而是作为特许协议的一方，对BOT项目做出非政府机构无法承诺的某些保证，是政府为获取相当权利所必须履行的义务。政府对项目所做出的保证实际上是一种政府信用行为，完全脱离了商法意义上的信用保证。政府保证中，保证人和债务人是同一主体，政府承担的是违约责任而非保证责任。同时，政府违约的法律后果还涉及国家豁免权的问题。

还有学者⑤认为，政府保证具有公法性质，是政府愿意承担政治风险、违约责任的承诺和放弃豁免的表示，与国家主权、政策等统治关系密切相关。BOT特许权协议中的政府保证，是东道国政府为确保其已经同意建设的BOT项目的顺利进行并移交，使外国投资者更具有投资的安全感。而对项目公司的一种承诺，表明东道国愿意承担因BOT项目

---

① 余劲松：《国际投资法》，法律出版社2007年版，第116—118页。

② 史晓丽、祈欢：《国际投资法》，中国政法大学出版社2009年版，第177页。

③ 同上。

④ 孟国碧：《论BOT方式中政府保证的若干法律问题》，《河北法学》2006年第1期。

⑤ 史晓丽、祈欢：《国际投资法》，中国政法大学出版社2009年版，第176—177页。

特许协议而产生的责任和态度。即东道国政府保证履行 BOT 协议，如果违约或出现约定的政治风险，愿意赔偿项目公司及外国投资者因此所受损失，愿意放弃财产豁免权而使外国投资者可以通过法律救济程序保护其权利。

中国关于 BOT 项目的主要法律依据，是 1995 年原外经贸部下发的两个通知[①]。这两个通知构成了中国指导和规范 BOT 项目的主要法律依据。中国现行有关 BOT 方式的法律文件在总体上不承认政府保证，有关政府保证的具体规定又相互矛盾。有学者[②]建议，在完善 BOT 方式政府保证制度时，应借鉴国际上的通行作法，用行政法规的形式明确政府保证的法律问题，规定政府保证的法律性质、主体、种类、内容和程序。

还有学者[③]分析中国现行 BOT 投资的法律规范，认为它限制了 BOT 投资方式的运用范围。法律法规只对 BOT 项目公司的设立方式、项目审批程序及政府保证等问题做了原则性规定，缺乏可操作性，不少地方还是空白。很多规定和现行《公司法》、《金融法》、《证券法》等法律、法规相悖。此外，有学者认为强制性要求外汇收支平衡的现行外汇管理制度，也阻碍了 BOT 项目在中国的顺利实施。

第二节 跨国投资形式

一 跨国并购与证券投资

20 世纪 90 年代以来，随着经济全球化和投资自由化进程的加快，发达国家之间、发达国家对发展中国家以及发展中国家之间，以创建为主的跨国投资方式发生了实质性变化。越来越多的国际直接投资采取了并购形式。有学者[④]研究表明，具有长期海外经营经验的公司，以及那些为取代本国生产的公司，大多采用收购现有公司的形式进行海外投资。

---

① 两个通知是:《关于以 BOT 方式吸收外商投资的有关问题的通知》和《1995 年国家计委、电力部、交通部发布的管理通知》。

② 孟国碧:《论 BOT 方式中政府保证的若干法律问题》,《河北法学》2006 年第 1 期。

③ 王静、许小牙:《BOT 投资融资方式及相关法律问题》,《社会科学研究》2002 年第 5 期。

④ 王贵国:《国际投资法》(第二版), 法律出版社 2008 年版，第 216—217 页。

跨国并购的交易方式多种多样。有观点①认为，跨国公司作为积极推进海外投资的主体，在打入东道国市场时，大多采用与东道国现存企业进行合并、合营或者取得其股份或资本等方式，这已成为国际上的一个惯例。国际投资实践表明，跨国并购具有产权交易性质，并购交易形成了企业市场，并向全球化方向发展。有学者②指出，在国际投资中，跨国并购绝大多数是以控股为目的的全部收购。

有学者③根据跨国并购前企业间的市场关系，把跨国并购分为横向并购、纵向并购和混合并购；根据目标公司是否同意被收购，把跨国并购的手段分为善意并购和恶意并购；根据收购对象的不同，分为股权收购和资产收购。

国际投资领域的跨国并购浪潮，为跨国证券投资提供了交易平台。随着经济全球化的快速增长，国际证券市场正在逐步实现全球化与一体化。有观点④认为，20 世纪 80 年代中期以来，大多数发达国家实行了资本市场自由化政策，极大地推动了跨国证券投资的发展，体现为股票市场的增长与可收购的目标公司由非上市公司扩大至上市公司。

关于跨国证券投资的法律渊源，有学者⑤认为，主要还是各国国内相关法律制度。各国在投资法、证券法、合同法、银行法、公司法等领域的内容差异，是产生跨国证券发行与交易法律冲突的基本原因。其中，跨国证券发行中的法律冲突，主要体现在发行主体、客体、发行行为及其管理等方面。跨国证券投资交易中的法律冲突，主要体现在证券的交易方式、交易行为、上市交易制度等方面。

另有学者⑥认为，跨国证券的发行与交易还受到证券法公、私法双重性质的影响。各国对证券市场管理的制度属于公法领域的规制范围，但所

---

① 王为农：《企业集中规制基本法理——美国、日本及欧盟的反垄断法比较研究》，法律出版社 2001 年版，第 235 页。

② 孙南申：《国际投资法》，中国人民大学出版社 2008 年版，第 91—94 页。

③ 史晓丽、祈欢：《国际投资法》，中国政法大学出版社 2009 年版，第 156—160 页。

④ 孙南申：《国际投资法》，中国人民大学出版社 2008 年版，第 127 页。

⑤ 孙南申：《跨国证券投资的法律冲突问题研究》，《南京大学法律评论》2009 年第 2 期。

⑥ 同上。

调整的证券发行与交易关系及其规则在性质上属于私法内容。要区别证券法具体规范的公法与私法属性，首先应对其具体规范内容进行识别，以采用不同的法律适用原则。

跨国证券投资包括国际证券投资和外商证券投资两方面。外商对华证券投资还包括境外证券市场与境内证券市场的外资股与债券。对于跨国证券投资的性质，有观点①认为，它实际上是跨国并购的一种特殊方式。但其只是证券并购，并且是一种间接并购。证券投资是直接入市交易，在证券交易所通过对上市公司股票的收购而实现的。因此，证券收购也称上市公司收购。有学者②认为，跨国证券投资究竟是直接投资还是间接投资，不能一概而论，应通过控制或管理标准进行判断，还可以根据证券投资的目的判断。若为取得对目标公司的控股权或经营活动控制权，这种证券投资就是直接投资。若为了谋取股息或证券交易差价，则为间接投资。

对于跨国证券投资的法律地位，有学者③认为，国际投资法规则的默示适用功能，表明了跨国证券投资属于广义国际投资法重要的组成部分之一。国际投资法关注证券投资中投资者的市场准入和待遇问题，更多地将证券投资者视为一种趋利的商人加以规制。各国都主张跨国证券投资须达到一定控制标准。但这一标准各异，以至于同一项投资在不同的国内投资法体制下可能构成不同形式的投资。作为资本稀缺的发展中国家一般都会采取金融压制政策，使金融市场相互分离；在吸引外资的同时，保证外资流入可控。

以中国为例，有学者④指出，国家的金融压制主要体现为对外实施国际资本流动控制，对内限制不同金融资产之间开展有效的竞争。可以说，中国证券市场是典型的政府主导模式市场，其法律框架不完善、执行力度较弱，是在一个受到压制的金融体制下发展起来的，具有明显的市场扭曲特征。证券投资具有强烈的国内化特征。各国证券市场发展的不均衡，以及各国法律制度的不同，都影响了国际统一证券市场的形成，进而影响到

① 孙南申：《国际投资法》，中国人民大学出版社2008年版，第129—130页。

② 同上。

③ 孙南申、彭岳：《国际投资法体系及其跨国证券投资制度的历史演进——以中国证券市场开放为视角》，《时代法学》2011年第5期。

④ 同上。

证券投资法律体制的国际化进程。

二　跨国公司的行为规制

21 世纪以来，跨国公司已是当今国际经济合作与交流的主导力量。作为国际投资法的基本主体，跨国公司的概念始终与国际投资联系在一起。跨国并购在带来规模经济和效益的同时，也导致了市场力量的集中，催生了垄断，影响和破坏了市场竞争。跨国并购案逐年增加，涉及金额几达天文数字。因而，国际社会也越来越多地重视跨国并购的法律规制问题。

（一）跨国公司的法律地位和责任

对于跨国公司的国际法地位，国内国际法学界并没有统一的观点。有观点①认为，跨国公司不具备国际法主体地位。因为跨国公司无论是母公司还是其子公司，都必须根据本国或东道国的公司法之类的法律设立，它们的权利能力和行为能力只能取决于国内法的规定。因此，跨国公司必须服从国家的管辖，只能在国家的政策和法律允许的范围内参加国际和国内活动。

还有学者②从跨国公司自身特性进行分析，认为跨国公司不是一个单独的大型企业，而是一种从事跨国界生产经营活动的公司集团。因此，虽然跨国公司由若干法律主体组成，但其本身并不因此而取得法律主体资格，也不以自己名义独立享有权利承担义务，其行为产生的法律责任由组成跨国公司的母公司、子公司、分公司等实体承担。

关于跨国公司母公司对其子公司的法律责任问题，中国学者主要存在着四种不同的主张：有限责任原则、整体责任说、公司人格否认制度和代理理论。

赞同“有限责任原则”的学者③认为，母公司和子公司是独立的法人实体。根据各国公司法规定的法人有限责任原则，在公司内部关系上，股

---

① 史晓丽、祈欢：《国际投资法》，中国政法大学出版社 2009 年第 1 版，第 45—46 页。

② 于文婕：《论跨国公司之法律主体地位》，《河北法学》2009 年 3 月第 27 卷第 3 期。

③ 史晓丽、祈欢：《国际投资法》，中国政法大学出版社 2009 年第 1 版，第 46 页。

东的责任仅以其出资额为限，对外则以公司的全部资产承担责任。也就是说，即使子公司的债务是因母公司的指示或行为所造成，也应由子公司自己负责。有观点①认为，东道国采用有限责任原则可使外国投资者分散投资风险，有利于吸引跨国公司前来投资，对减少投资风险和稳定投资环境方面有不可替代的作用。中国《公司法》基本采用的就是有限责任原则。

也有学者②赞成英美法的“公司人格否认原则”，即“揭开公司面纱”理论。这一理论主要作为有限责任的例外使用。它承认母公司与子公司是两个独立的法律实体，由母公司对子公司的债务承担责任，其适用情形有代理、法律形式的滥用、母公司投资不足等。

还有学者赞同大陆法系中的民事代理理论，认为子公司事实上是母公司的代理人，根据代理法原则，可以让母公司对子公司的行为负责。

此外，有学者③提出可以针对不同情况使用不同的责任理论。比如说，在产品责任案件中，母公司一般应对子公司的债务负直接责任，采用整体责任说。子公司的债务是合同之债时，可以采用“揭开公司面纱理论”。而且，考虑到跨国公司的社会责任，也不应坚持有限责任原则。

（二）跨国公司行为规制

跨国公司在推动经济全球化的进程中，为东道国带来了资金、技术，也带来了一系列问题。有学者④将跨国公司可能对东道国产生消极影响的行为归纳如下：干涉东道国经济政策和内政、逃避税收、垄断国际技术贸易和污染东道国环境。跨国公司母国对东道国对跨国公司活动的反应，反过来可能成为这些国家间紧张关系的导火索，如对跨国公司行使域外管辖权的冲突。因此，加强对跨国公司的管制就显得尤为必要。

然而，WTO在为其成员方设定义务、限制其管理权的同时，没有对跨国公司的行为进行规制，对跨国公司行为的规制主要依靠的是东道国的

---

① 孙南申：《论国际投资发展中的跨国公司法律规制》，《南京大学法律评论》2007年春/秋季号。

② 史晓丽、祈欢：《国际投资法》，中国政法大学出版社2009年第1版，第49页。

③ 孙南申：《论国际投资发展中的跨国公司法律规制》，《南京大学法律评论》2007年春/秋季号。

④ 史晓丽、祈欢：《国际投资法》，中国政法大学出版社2009年第1版，50—58页。

国内法，即东道国的外资法。有观点[①]认为，由于各国的国内立法具有不对称性，且局部约束不能有效制止跨国公司的某些行为，应寻求对跨国公司行为进行统一的法律调整，如 2000 年部长级会议上通过的《OECD 关于跨国公司社会责任的指南》。

也有学者[②]建议，在全球市民社会理论基础上，建立突破二元结构的全球管制治理机制。“全球治理模式”是指包括法治、同时又超越法治的跨国公司管制模式，侧重于政治国家与市民社会、公共领域与私人领域在监管跨国公司过程中的参与、合作、交往、互动伙伴关系和网络体系。该学者认为，现行管制存在严重缺陷，特别在国内管制方面，存在“政府失灵”情形，即国内管制的无效性和过渡性。管制还局限于跨国公司整体性投资的境内部分，无法适当处理其国际影响；而各国同时行使管辖权也会造成各种权力冲突，导致管制失灵或国家冲突。因此，建立一个全球管制治理机制显得十分必要。

但是，也有学者[③]否认了这一主张的可行性。第一，当前的主旋律是经济全球化，而经济全球化的主要推动者是跨国公司。因此，对跨国公司的规制力度其实是极其有限的。第二，作为主要跨国公司母国的发达国家，也不能够容忍这种规制方式的出现。第三，在公司行为的规制上，各国缺乏共同的立场。由于各国利益上的差异，在短期内很难出现具有约束力的国际统一立法。

还有学者[④]对国内管制的完善提出了一些建议，认为东道国在不断扩大市场准入范围的同时，对跨国公司行为的管制方式，应从硬性的限制转向刚柔相济、更具有弹性的方式上来。如 2004 年中国修订的《外国投资产业指导目录》除了清楚列出禁止、限制、允许和鼓励四大类具体行业外，还将中国加入世贸组织的承诺作为《目录》附件一一明确列出，其透明度更高。

跨国公司的行为主要发生在东道国，这一背景导致跨国公司社会责任

---

① 张瑞萍：《WTO 规制下跨国公司行为规制方式分析》，《现代法学》2005 年第 27 卷第 3 期。

② 贾琳：《现行跨国公司之法律管制缺陷评析》，《北方法学》2007 年第 4 期。

③ 张瑞萍：《WTO 规制下跨国公司行为规制方式分析》，《现代法学》2005 年第 27 卷第 3 期。

④ 同上。

问题的产生。有学者[①]指出，跨国公司在经营上的跨国性质，使得国内法经常显示出其不足。比如，在国内法规制的层面，国家关于公司社会责任的对话主要发生在界定明确的法律领域。由于发达国家彼此之间的竞争威胁，发展中国家担心旧殖民力量的持续经济影响会通过跨国公司促使经济帝国主义的产生等，使得各国进行规制的动机有很大差异。

有学者[②]对如何提升跨国公司社会责任规范的执行力，提出了可行性方案，方案的提出是通过分析三个典型的跨国公司社会责任规范自愿性困境：童工规范的困境、人权困境和监管者监管的困境。该学者认为，应增强跨国公司社会责任规范体系的强制力，建议采用肖恩·墨菲（Sean D. Murphy）的第三条道路——“胡萝卜 + 大棒”的方式，即政府一方面鼓励和引导跨国公司对自愿性规范价值和利益的肯认，一方面通过立法要求跨国公司坚持自己制定和参加的社会责任规范，刚柔并济地来提升跨国公司社会责任规范的执行效果。

---

① 袁文权、赵学刚：《跨国公司社会责任的国际法规制》，《法学评论》（双月刊）2007 年第 3 期。

② 历咏：《跨国公司社会责任规范的自愿性困境》，《法学》2006 年第 6 期。

第三章

国际投资中的政治风险

作为国际投资中政治风险的一部分，国有化、征收及补偿是国际投资法中的重大理论和实践问题。然而，基于不同的利益追求，发达国家和发展中国家对此存在着截然不同的观点。对于征收补偿，近年来，诸多发展中国家被迫在不同程度上对发达国家做出妥协，国际投资条约开始普遍采用“充分”补偿标准，国际仲裁实践也大多向“充分”补偿靠拢。同时，随着国际投资自由化浪潮的推进，间接征收问题日益突出，成为东道国、外国投资者，甚至资本输出国共同面临的重要风险。此外，投资自由化是一个双赢的结果，间接征收则是私人财产权和国家公权力博弈的产物。本章主要涉及国有化及征收、征收补偿额和间接征收内容新的研究成果。

第一节　国有化及征收

国有化、征收及补偿问题，历来是国际投资法中的重大理论和实践问题，也是世界南北双方存在激烈争议和深刻分歧的问题。从法制史上看，关于国有化的规定，最早可见于罗马法。随着资本主义走向垄断阶段，国家的经济职能不断加强，对经济生活进行愈加广泛的干预，包括对私营企业国有化。与国有化或征收相关的概念是“取得”。第二次世界大战结束后，学者通常将所有类型的“取得”称为“征收”，并开始区分“小规模取得”和“大规模取得”两种情况。前者称为“征收”。后者称为“国有化”。20 世纪 70 年代后，出现了“逐渐征收”的概念，西方国家为保护本国国民的海外投资，不断扩大对征收含义的认定。

一 国有化或征收概念

对于国有化的确切定义，目前学界尚无一致看法，而且对国有化意见的分歧，也必然影响到对它的定义。至于征收，有学者①认为，它与国有化的区别仅仅表现在：征收是国家将征收的财产作为他用，而国有化的目的是使财产继续原来的用途。征收仅影响个别人的权利和财产，而国有化则是大规模的，并反映国家的社会经济结构的变化。

大多数学者②认为，尽管征收与国有化存在区别，但他们都是由国家采取的，将私人财产收归国有的强制措施，都是将私人财产收归国有。因此，其法律性质基本内容是相同的，两者可以相互替代。

也有观点③认为，鉴于国有化的范围、规模一般都比征收大，对于狭义的国有化，可以定义为，国家基于公共利益的需要较大规模地对私人企业全部资产实行征用、收归国家所有。

目前，西方国家在承认国家有实行国有化权利的同时，又对这一权利提出种种限制标准。有学者④将这些限制标准归纳为：征收须是为了公共目的，须遵守正当的法律程序，应受国际条约和国家承担的国际契约义务的限制，并要支付公正补偿，无不正当歧视。这些标准已经体现在众多双边投资条约实践中。然而，我国很多学者⑤认为，西方国家对国有化的种种限制，有的是不必要的，有的甚至是完全不合理的。

首先，公共利益如何界定是一个很具争议的问题。有学者⑥认为，为了公共利益根据一定的法律程序实行国有化，是国有化的应有之义，没有必要另外提出作为一个限制条件。并且，在理解“公共利益”时，国家通常并没有具体明确其所指为何，以此保留对公共利益问题无限制的自由裁量权，并总是可以依赖于国民经济和社会福利的需要来作为国有化的理由。

---

① 吕岩峰：《国际投资法》，高等教育出版社2005年版，第85、90页。

② 余劲松：《国际投资法》，法律出版社2007年版，第286页。

③ 陈安：《国际经济法学专论》，高等教育出版社2002年版，第680页。

④ 史晓丽、祁欢：《国际投资法》，中国政法大学出版社2009年第1版，第196—200页。

⑤ 同上。

⑥ 余劲松：《国际投资法》，法律出版社2007年版，第290页。

还有观点①认为，对于体现国有化合法性的公共利益，应从以实现公众受益、符合社会可持续发展战略为标准进行认定，且公众利益不等于政府利益。其次，在全球经济一体化的今天，一国利益的实现并不完全体现为对他国利益的排斥，更多的是各国发展互为条件、互为动力。最后，“无不正当歧视”作为国有化的限制条件，也存在如何判断是否存在歧视的问题。西方国家主张不歧视时，总是企图使本国国民在东道国享有特殊地位，主张所谓的国家标准。

近年来，很多双边投资条约范本对征收的含义及认定标准做了专门规定。有学者②认为，条约中很多条款的规定过于抽象（如征收措施特性和“干预程度”的判定），留下了很大的解释空间。学者③还指出，近来双边投资条约中有关征收的解释范围不断扩大。第一，将征收扩大到知识产权保护领域。即与知识产权有关的授予的强制许可的颁布或知识产权的撤销、限制或创设与 WTO 协定相违背，都可以被认定为“间接征收”。第二，还有条约规定征收条款可适用于税务措施。这也表明了双边投资条约实践与 WTO 体制挂钩的新动向。

关于东道国政府对外国投资者实行国有化或征收的合法性问题，在很长历史时期内都存有争论。一些西方国际法学者主张，国有化的国内立法如果能尊重外国投资者的既得权，则属于合法的征收。我国有学者④提出，有关国有化或征收的合法性问题争执的焦点，并没有转移到赔偿标准上来。关于征收补偿标准问题的争论，依然是发展中国家对外资是否充分享有征收权之争。西方国家主张的赔偿原则往往索价极高，其实质上是限制发展中国家国有化或征收的权利。

学者⑤还表示，近来一些双边投资条约中关于征收的典型规定（如赫尔规则），还有主张依国际法和国内法保留对东道国政府征收行为是否合法的裁判权等，都表现了对东道国征收权的彻底否定。有学者⑥建议发展

---

① 余劲松：《国际投资法》，法律出版社 2007 年版，第 292 页。

② 陈安：《国际投资法的新发展与中国双边投资条约的新实践》，复旦大学出版社 2007 年版，第 75—76 页。

③ 同上。

④ 同上书，第 77—79 页。

⑤ 同上。

⑥ 同上书，第 81—82 页。

中国家在实践中，应坚持“有权征收”原则，防止发达国家利用双边投资条约或多边投资体制限制甚至否定征收权。

二 国有化或征收的补偿标准

征收标准是国际投资领域征收的核心问题。对此，发展中国家和发达国家之间的较量从未停止。目前，国际上主要存在三种不同的观点：全部赔偿、不予补偿和适当补偿，各有其理论根据。

“赫尔准则”，即全部补偿标准，是将“充分、及时、有效”的赔偿标准作为合法征收的前提条件。这一准则代表了海外投资者的利益，为西方大多数资本主义输出国所提倡。国内很多学者对这一观点持质疑态度。有学者[①]认为，西方国家主张的“赫尔准则”以私有财产不可侵犯为依据，以保护既得权和反对不当得利为法律依据。但是，尊重既得权和反对不当得利都是国内法的原则，不是普遍意义上的国际法原则。二者只适用于没有法律依据的行为，而在国有化一般普遍承认是国家固有的主权行为的情形下，把两项原则适用于国有化行为，作为国有化补偿标准的理论基础，显然是行不通的。

还有学者[②]提出，尊重既得权和不当得利权是适用于侵权行为或无法律根据的行为的。把它们作为补偿根据，就等于把国有化这一合法行为看作侵权行为或不合法行为。“赫尔规则”尚未在现代国际实践中得到证明。即使坚持“赫尔规则”的国家，也常常接受“部分补偿”的安排。另有观点[③]认为，实践中，一些人主张的“一揽子协议”，实际就是对“赫尔规则”的背离。

不予补偿标准的法理依据是国内国有化不存在对被征收财产外国人予以补偿的国际法律义务，因而不必予以补偿。有学者[④]分析指出，这一理论的问题在于如何理解主权原则。即一国行使主权是否应不受限制。不予补偿标准在对国家主权原则的理解上有泛化趋势。根据国际

---

① 史晓丽、祁欢：《国际投资法》，中国政法大学出版社 2009 年版，第 207—209 页。

② 余劲松：《国际投资法》，法律出版社 2007 年版，第 299 页。

③ 陈安：《国际投资法的新发展与中国双边投资条约的新实践》，复旦大学出版社 2007 年版，第 88 页。

④ 余劲松：《国际投资法》，法律出版社 2007 年版，第 300—301 页。

法，国家在行使主权时，应受该国自由承担的有效条约义务的限制，而这种限制与主权原则是并行不悖的。因此，不予补偿理论的合理性值得怀疑。

国内大多学者①接受联合国大会三个决议确立的“适当补偿”标准，即部分补偿。这一标准的依据是公平互利原则和国家对自然资源的永久主权原则。这一观点得到广大发展中国家的支持，并且在一些发达国家的仲裁和司法实践中，也得到越来越多的承认和支持。

20世纪90年代以来，随着国际政治、经济形势的发展，一些发展中国家为解决债务危机或出于吸引外资的需要，纷纷放弃卡尔沃主义接受“赫尔规则”。有学者②指出，中外投资保护协定和中国外资法中有关国有化或征收的规定，也不符合“赫尔准则”。比如，中国坚持主张征收有无补偿不能作为征收是否合法的尺度，规定的补偿标准和“赫尔准则”中的“充分”原则不同，并且还规定补偿可以迟延。

除了上述三种主要观点，还有学者③建议，应区分开个别的征收与大规模的国有化的补偿。即特定的征收要给予充分有效和及时的补偿，而例外情况下的大规模国有化措施，可由东道国与投资者母国间协商决定补偿标准，或者通过国际仲裁解决。

有学者④指出，我国对外资原则上采取不征收和不实行国有化的立场。但未放弃特殊情形下依法征收的权力，同时规定了特殊情形的征收条件，即“根据社会公共利益需要”、“依照法律程序”和“给予相应的补偿”。有观点⑤认为，中国对外国投资实行大规模国有化的可能性微乎其微。我国宪法对征收做出了规定，以国内法的形式明确了对国有化和征收的基本立场，对与中国签订双边投资保护协定的外国投资者的所属国而言，中国国内法与投资保护协定相辅相成，形成了国内法和国际法的双重保护。对外国投资者而言，增强了在中国投资的安全感。

---

① 史晓丽、祁欢：《国际投资法》，中国政法大学出版社2009年版，第207—209页。

② 陈安：《国际投资法的新发展与中国双边投资条约的新实践》，复旦大学出版社2007年版，第94—96页。

③ 余劲松：《国际投资法》，法律出版社2007年版，第302页。

④ 史晓丽、祁欢：《国际投资法》，中国政法大学出版社2009年版，第210页。

⑤ 同上书，第211页。

还有学者[①]认为，我国在双边投资条约中必须坚持“适当补偿”原则。因为征收权是国家经济主权的正当行使，而“赫尔规则”否定了国家的征收权。同时，国际实践中一些发展中国家由于经济实力等原因接受了“赫尔规则”，这不应成为中国也放弃适当补偿原则的理由。鉴于适当补偿原则是联大决议确立的国际社会普遍接受的原则，不论中国是净资本输入国，还是发展为净资本输出国，都要毫不动摇地坚持适当补偿原则。

第二节　征收补偿额及间接征收

一　征收补偿额

20世纪90年代以来，国际投资条约普遍采用了“充分”补偿标准，国际仲裁实践也大多向“充分”补偿靠拢。在诸多发展中国家被迫就征收补偿标准向发达国家做出妥协后，原来在相当程度上被忽视的征收补偿额估算问题，开始受到越来越多的重视。有观点[②]认为，在国际投资的法律和实践中，对“充分”、“适当”、“公正公平”补偿标准的解释，最常采用的是参照被征收投资财产的市场价值。然而，就哪些企业进行征收市场价值、市场价值又该如何确定、最终补偿额的确定方法，等等，都存在很大争议。

有观点[③]质疑征收补偿额估算的重要性，认为征收补偿额的估算仅仅是一个技术性问题，只要补偿标准已经确定，那么其项下的估算并非主要的争议问题。国内有学者[④]认为，这一看法有失客观，其仅仅从规范性研究的角度对征收补偿额估算方法进行了定性。仲裁实践中，征收补偿额的估算并非简单的技术问题，仲裁庭通常在精心选择某一估算方法后，即便有专家的协助，也不能轻而易举的解决问题，有时甚至会导致法定补偿标准名存实亡。因此，对于征收补偿额的估算问题应当慎重对待，深入

---

① 陈安：《国际投资法的新发展与中国双边投资条约的新实践》，复旦大学出版社2007年版，第94—96页。

② 徐崇利：《外资征收中的补偿额估算》，《国际经济法学刊》2006年第13卷第1期。

③ 陈安：《国际投资法的新发展与中国双边投资条约的新实践》，复旦大学出版社2007年版，第100页。

④ 同上。

探讨。

晚近，虽然诸多发展中国家被迫对发达国家做出了妥协，接受了充分补偿标准，但这并不意味着双方在征收补偿问题上的纷争自此偃旗息鼓。因为补偿标准的确立不能决定补偿的数额。对于被征收的投资财产市场价值的确定，有多种估算方法。国内有学者①归纳了七种估算方式：①账面价值的方法；②重置价值的方法；③清算价值的方法；④实际投资的方法；⑤现金流折现的方法（DCF）；⑥比较价值的方法；⑦可选择价值的方法。有观点②说，虽然同一被征收的投资财产实行同样的补偿标准，但是若采取的不同的估价方法，得出的补偿额也会有天壤之别。

其中，以现金流折现价值（DCF）来确定被征收投资的公平市场价值，是发达国家及其学者为保护投资者而特别偏好的一种估价方法。这种方法确定的补偿价值不仅包括投资者的直接损失，还包括间接损失，即预期利润。有观点③认为，DCF 法易于混淆政府行为的性质，把合法行为和非法行为混为一谈，并且其不确定性使其适用起来易于偏袒投资者。因此，只有当政府行为构成非法行为并应予以全部赔偿时，采用 DCF 法来确定赔偿数额才较为合适。

DCF 法适用于有被证实盈利能力的“持续经营企业”，但实践中对何谓“持续经营企业”也有不同的解释。在判断“持续经营企业”时，有学者④认为，区分“非持续经营企业”和“持续经营企业”的关键，是要预测它们在未来存续期间“产生收益”的状况。

发展委员会在《外国直接投资待遇指南》中，对“持续经营企业”规定了两个构成要件：第一，要求“可被合理地期望”继续产生收益；第二，要求通常情形下，东道国采取征收措施之后，企业在存续期间能继续产生正当的收入。这一规定被很多国家认可，但在解释上仍存在很大争

① 陈安：《国际投资法的新发展与中国双边投资条约的新实践》，复旦大学出版社 2007 年版，第 98—99 页。

② 徐崇利：《外资征收中的补偿额估算》，《国际经济法学刊》2006 年第 13 卷第 1 期。

③ 余劲松：《跨国公司法律问题专论》，法律出版社 2008 年第 1 版，第 400 页。

④ 陈安：《国际投资法的新发展与中国双边投资条约的新实践》，复旦大学出版社 2007 年版，第 101 页。

议。有观点[①]认为，要求“持续经营企业”有稳定的盈利记录，忽视了有些长期发展的企业在被征收前“有亏无盈”，但会存在“前亏后盈”、“转亏为盈”的情况。在该企业迄无盈利记录的情形下，又该如何比较稳定地测算它的未来收益，《指南》中并未作出规定。关于第二个构成要件，有学者[②]认为，其中对“通常情势”和“正当收入”的认定，存在模糊不清的状态，极易引发争议。国际仲裁实践中裁决混乱的局面也证实了这一点。不过学者没有给出可行性建议。

也有观点[③]反对用 DCF 法来估算补偿额。因为无论是发达资本主义国家还是市场经济不健全的发展中国家，“持续经营企业”实际上根本不存在具有流动性的公正交易市场，市场价值存在失真情形或者根本不存在，因此，对市场价值的假定是缺乏坚实根据的。

还有学者[④]从 DCF 估算方法本身的缺陷，来分析其不公正和不公平之处，认为 DCF 方法并没有综合考虑个案涉及的所有因素（包括东道国出于实现公共利益需要），并且考量的因素缺乏确定性，估价结果投机性强；它只是为了实现外国投资者获赔数额的最大化，从中获得双重收益，最终带来不当得利的后果。

另有学者[⑤]针对 DCF 和账面价值两种估价方法相对立的情形，提出“求同原则”，即一个收益率正常的“持续经营企业”，依两种估价方法的估算额应是一致的。因此，在估算过程中，不滥用 DCF 方法夸大被估价企业的价值，并根据通货膨胀的情况和会计惯例，对被征收企业的账面价值进行调整；或者对照账面价值，对依 DCF 方法做出的估价进行调整。两种方法得出估算值差异越小，说明估算越合理。在国际投资仲裁实践中，也已有了一些对 DCF 与账面价值两种估价方法进行折衷的作法。

---

① 陈安：《国际投资法的新发展与中国双边投资条约的新实践》，复旦大学出版社 2007 年版，第 103 页。

② 徐崇利：《外资征收中的补偿额估算》，《国际经济法学刊》2006 年第 13 卷第 1 期。

③ 同上。

④ 陈安：《国际投资法的新发展与中国双边投资条约的新实践》，复旦大学出版社 2007 年版，第 107、122 页。

⑤ 同上书，第 110—111 页。

鉴于现金流折现法的种种问题，有学者[①]建议，我国在征收外国投资者的投资时，要尽量避免让国际仲裁庭将之界定为“持续经营企业”，同时也要反对适用现金流折现法，力主采用账面价值等估算方法。此外，对于“合法征收”情形，不应对投资者的预期利润损失予以补偿，否则会损害公共利益。

二　间接征收的新发展

20 世纪 80 年代以来，发展中国家为吸引外资，弥补本国资金建设的不足，纷纷制定或修改本国法律，建立自由化的涉外投资法制，从而掀起了国际投资自由化的浪潮。有学者[②]认为，在这一发展趋势下，征收问题的关键已经不再为是否应该为征收支付“充分、及时和有效”的补偿，或者仅仅是“适当补偿”，而转变为是否发生了征收。间接征收问题日益突出，成为东道国、外国投资者甚至资本输出国共同面临的重要风险。尤其是 1983 年以来，伊—美求偿法庭有关间接征收的大量实践。间接征收问题日益引起普遍重视，对于间接征收的具体认定存在颇多歧见。这不仅成为国际法学的讨论焦点，也成为各国政府实施公共管理及开展国际经济合作面临的现实难题。

（一）间接征收的概念

长期以来，在各国缔结的双边投资协定和多边投资条约中，都没有在征收规则或定义条款中界定“间接征收”概念，但国际社会一致认为[③]，间接征收是以政府管理的方式限制投资者对财产权的行使、控制和支配进而使其利益受损。这就涉及间接征收和非补偿性政府管制措施的界限。有观点[④]认为，区分间接征收和政府管制，存在三种可供选择的理论模式：质差模式、量差模式和竞争模式，依次关注的是经济价值的法律形式、财

---

① 余劲松：《跨国公司法律问题专论》，法律出版社 2008 年第 1 版，第 401 页；转引自徐崇利《外资征收中的补偿额估算》，《国际经济法学刊》2006 年第 13 卷第 1 期。

② 陈安：《国际投资法的新发展与中国双边投资条约的新实践》，复旦大学出版社 2007 年版，第 127 页。

③ 商镇：《征收与政府管理行为的划分论间接征收的界定》，《法律适用》2006 年第 10 期。

④ 彭岳：《国际投资中的间接征收及其认定》，《复旦学报》2009 年第 2 期。

产权的经济实质和在何种情况下经济利益值得保护。同时还要注意区别“本身非法”的征收和“有条件非法”的征收。

也有学者认为①，间接征收措施并没有导致私人所有权的丧失，而是对私人财产权利施加了一定程度的影响或干涉。因此在评断间接征收与非补偿性政府管制措施的界限时，可以采用如下三个标准：（1）对财产权利的干涉程度；（2）政府措施实施的背景或目的；（3）对合理的与以投资为背景的预期的措施干预。该学者②认为，这二者之所以出现不同学说，是因为对如何平衡投资者利益和东道国利益有不同的看法，最根本原因在于私人财产保护理念的不同。

间接征收的范围，也就是哪些措施可以构成对外国人财产权的“无理干涉”，国际上一直有争议。国内有学者③认为，主权国家根据本国国情，对外国人的财产权利加以必要的限制，对其域内的外国投资进行管理和监督（如国家让劳工参加企业管理、变更契约以及对外国投资实行“当地化”措施等），是国家主权的行使，也是世界各国所奉行的常规惯例。因此，这些限制性措施不能被看作是对私人财产权的无理干涉。

鉴于间接征收问题在国际法学界的复杂性，有学者④从法理学角度，剖析了围绕间接征收问题的四大矛盾：（1）主要作为资本输入国的发展中国家与作为主要资本输出国的发达国家在国际投资地位上的矛盾；（2）东道国维护公共利益的权力与外国投资者的私人财产权之间的矛盾，国家在采取措施维护公共利益时是否及如何保护私人财产权；（3）经济价值与非经济价值之间的矛盾，即国际投资条约对非经济价值的确认与维护与投资者对经济利益的追求之间的冲突；（4）征收概念与规则的不确定性与确定性之间的矛盾。这四大法理矛盾相互勾连、相互渗透，进一步增加了解决间接征收问题的难度。

（二）间接征收的认定标准

由于各国的法律界定和利益本位不一致，导致间接征收认定的标准也

---

① 曹晴：《浅析间接征收与非补偿性政府管制措施的界限》，《环球法律评论》2008 年第 6 期。

② 同上。

③ 余劲松：《国际投资法》，法律出版社 2007 年版，第 293—297 页。

④ 陈安：《国际投资法的新发展与中国双边投资条约的新实践》，复旦大学出版社 2007 年版，第 133—144 页。

不尽一致。在国际投资法律实践中，对于间接征收认定可能涉及的要素，主要有东道国政府的“行为效果”和“行为性质”。就如何选择这两个要素构建认定间接征收的法律框架，国际投资仲裁实践存在着严重分歧，具体表现为“单一效果标准”、“单一目的标准”与“效果和目的兼顾标准”三种。

“单一效果标准”① 认为，区分管制措施与征收措施时，应该完全根据特定政府措施的效果，尤其是投资的干预程度。即如果一项或一系列政府措施具有此类效果，则构成间接征收。有学者②认为，这一标准可操作性强，增强了裁判机关的便利性，符合最大限度保护投资、限制东道国管制权的大多数投资者的目的。

但也有观点③认为，这一标准只关注政府行为对投资者产生的效果，尤其是对外资的影响，而不考虑政府行为的目的和具体内容。这样极大地扩张了间接征收行为的外延，限制了东道国基于合法的保护社会公共利益的目的，对本国经济和社会事务进行正常管理的权力。还有学者④认为，“单一效果标准”旨在单方面保护外国投资者的财产权利，过于偏袒外国投资者，过分损害了东道国政府管理外资的主权。

“单一目的标准”⑤ 主张，只要东道国政府采取的管理措施具有维护社会公共利益之目的，不管对外国投资者的财产权造成多大的损害，均不能视为间接征收。有学者⑥认为，目的标准太过主观性和不确定性，如果仅以“正当目的”的有无来界定间接征收存在与否，赋予了东道国太过宽泛的自主权，这一标准容易助长东道国政府以“维护公共利益”为由随意干涉投资者的财产权和剥夺投资者的财产的行为，不符合国家责任制度中的客观归责原则。

---

① 陈安：《国际投资法的新发展与中国双边投资条约的新实践》，复旦大学出版社 2007 年版，第 152 页。

② 周斌：《浅析国际投资中的间接征收》，《理论界》2011 年第 6 期。

③ 同上。

④ 徐崇利：《利益平衡与对外资间接征收的认定及补偿》，《环球法律评论》2008 年第 6 期。

⑤ 同上。

⑥ 陈安：《国际投资法的新发展与中国双边投资条约的新实践》，复旦大学出版社 2007 年版，第 146—147 页。

对比“单一效果标准”和“单一目的标准”，有学者①认为，走中间道路的“效果与目的兼顾标准”更具理论上的正当性，这一标准实际上反映了增进东道国社会公共利益与保护外国投资者私人财产权之间的基本平衡，主张在认定有关管制措施是否构成间接征收时，应该综合考虑各种情况，将纯粹效果标准和目的标准结合起来。

在ICSID仲裁实践中，通过引入欧洲人权法的“比例原则”，来权衡政府措施的“效果”与“目的”。有观点②认为，比例原则的运用，即根据目的判断效果的合理性，根据效果判断目的的正当性，客观上表明为保护或促进公共利益，特定政府措施并非都会构成间接征收。这一原则将“效果与目的兼顾标准”规范化，增强了间接征收认定的一致性，可以较好地平衡东道国权力与投资者的权益之间的关系。

但也有观点③指出，在运用比例原则认定效果和目的时，仲裁庭的作法有失公允。比例原则包括三个层次的概念：妥当性原则、必要性原则和均衡原则。仲裁实践中更重视后两个原则，而忽视以实现立法目的为价值基点的妥当性原则，过分偏袒外国私人投资者的权益，忽视东道国的主权。比例原则的引进可能导致间接征收认定标准的降低。这一点实际上并不符合间接征收的效果要求。

还有观点④指出，实践中除了“效果”和“目的”两个基本要素外，在认定间接征收时，还应注意以下几点：（1）考虑政府措施立竿见影的经济影响、持续的逐渐影响和整体性影响；（2）综合考察东道国政府实施措施的背景和目的、对财产权利的干涉程度；（3）在区分征收与政府管理行为时，运用合法性分析方法考察政府规制行为是否满足公共目的、正当程序和非歧视等要件；（4）坚持条约解释与个案分析的方法。

由于各国利益考量的不同，国际社会在间接征收认定上，并没有形成

---

① 徐崇利：《利益平衡与对外资间接征收的认定及补偿》，《环球法律评论》2008年第6期。

② 陈安：《国际投资法的新发展与中国双边投资条约的新实践》，复旦大学出版社2007年版，第157页。

③ 同上书，第157、158页。

④ 梁咏：《我国海外投资之间接征收风险及对策——基于“平安公司—富通集团案”的解读》，《法商研究》2010年第1期。

统一的可量化的操作标准和规则。有学者①认为，在缺乏公认标准的情况下，国家对自然资源的永久主权原则和公平互利原则，不仅是征收与国有化补偿的重要原则，也是认定间接征收的基本原则。还有学者②认为，间接征收的直接后果是东道国政府给予补偿。故确定一项政府规制行为是否构成间接征收，可以通过确定补偿的法律要件，从补偿的功能来确定是否给予某项政府规制以类似于征收的法律地位。这为间接征收的认定提供了一条新的路径。

① 商镇：《征收与政府管理行为的划分论间接征收的界定》，《法律适用》2006年第10期。

② 彭岳：《国际投资中的间接征收及其认定》，《复旦学报》2009年第2期。

第四章

海外投资外交保护

外交保护作为一项古老的国际法规则，在国际投资保护手段不断发展的今天，仍有其独特的重要作用。本章就该问题的新发展展开论述。

第一节 海外投资领域外交保护的必要性

外交保护制度建立的基础是一国的属人管辖权。一方面，所在国属地管辖权较他国的属人管辖权有优先地位，一国的外交保护首先受到所在国属地管辖权的限制。另一方面，外交保护的行使须以所在国违反国际义务为前提。历史上，外交保护曾经是列强干涉他国内政的工具，具有绝对权的性质。现代国际法强调不得干涉他国内政以及禁止使用武力原则。因此，外交保护的实质也发生了较大变化，成为各国依据国籍为本国国民主张权利的一种程序。尽管外交保护的提出往往基于一国国民受到损害，但提起外交保护时建立的是国与国之间的法律关系，需要适用国家间程序。当一国国民受到另一国的国际不法行为侵害时，若不能通过正常途径得到解决，该国便可以行使外交保护权。一国行使外交保护权后即取得代位权，个人对国家的关系也就转变为国家之间的关系。有权行使外交保护的国家首先是受害者的所属国，即受害者的国籍国，其次是某个违反国际义务行为所针对的国家。本质上，一国为其国民采取外交保护，实际上是在主张自己的权利，即保证国际法规则受到尊重的权利。①

① 周海忠：《海外投资的外交保护》，《政法论坛》2007年5月。

在国际投资领域，尽管存在着诸多争端解决方式，然而，许多学者仍然认为，外交保护是保护一国海外投资的重要手段。外交保护实质上是一国的主权行为，国家行使外交保护的权利是国际法承认的基本原则。一国合理行使外交保护手段，对维护国际法规则的权威和一国的合法利益均有裨益。这一点在国际常设法院和国际法院的案例中，得到进一步的支持。如国际常设法院在马佛罗马提斯案中称："当个人受到另一国家违反国际法的行为的损害时，在无法通过正常途径求得解决的情况下，这个人的本国有权为他行使保护，这是国际法的基本原则。为本国人提出诉讼，为本国人采取外交行动或诉诸国际私法程序，国家也就是在维护自己的权利，维护保证国际法规则得到尊重的权利。"国际法院在巴塞罗那电车公司案中称："在国际法规定的范围内，一国可采用其认为妥当的任何手段、在其认为妥当的任何程度上行使外交保护，因为国家维护的是本身的权利。""如果它所代表的自然人或法人认为其权利没有得到充分保护，他们在国际法下是没有救济的。……只有国家可以决定是否提供保护，在何种程度上提供保护，以及何时停止提供保护。在这方面，国家保留酌处权，这种权力的行使可取决于与特定案件无关的政治考虑或其他考虑。"①

另一方面，对海外投资进行外交保护的必要性，体现在现有投资争端解决方式难以保证海外投资的安全上，它对一国保护海外投资仍具有重要的意义。目前，对海外投资进行保护的法律机制，主要包括双边投资保护协定、多边投资保护协定和海外投资保险制度。其中双边投资保护协定，是目前对海外投资进行保护最主要的手段。但无论是双边投资协定、多边投资保护协定还是海外投资保险制度，都存在不足之处，尚不能对海外投资进行全面、充足的保护。

有学者②指出，双边投资保护协定的不足主要包括三个方面。首先，国际投资主要集中于发达国家和发展中国家之间，它们在政治、经济、文化等方面的巨大差异，使得在谈判时往往基于自身利益的考虑，产生诸多分歧。发达国家多为资本输出国，在谈判中往往要求规定投资者的权利及资本输入国的义务，而发展中国家则关注资本输入国对外国投资的监管和

---

① 董箫、吴向荣：《试论对我国海外投资的外交保护》，《河北法学》2007年10月。

② 同上。

规制，注重平等互惠原则。实践中，许多国家为维护自身的利益，往往不愿将投资事项纳入国际法的规制范围之内。因此，双边投资保护协定的订立往往存在诸多阻碍，订立之后的解释和实施往往也经常引起争执。其次，双边投资保护协定的效果可能不如预期。“任何条约既不可能完全确定未来可能发生的一切具体条件和情况，也不可能约束一个国家未来立法的绝对效力。”① 多数情况下，作为资本输入国的发展中国家为了自身经济的发展，出于吸引外资的目的，在谈判中对征收和国有化往往能够做出一定的妥协和让步，在这些方面双边投资保护协定能够收到良好的效果。但对于战争、革命、内乱或因资本输入国经济陷入困境导致外汇短缺导致的限制外汇交易等突发情况，双边投资保护协定往往无力应对，该协定的预期效果因此也无法达成。再次，双边投资保护协定对私人投资者利益的保护程度有限。实践中投资者与资本输入国之间很难就争端的解决方式、受理机关、裁决效力等达成一致，许多双边投资协定仅约定对条约的理解和适用发生争端才适用，如果发生实质性的纠纷，投资者无法借助国际投资争端解决机构或其他仲裁机构获得救济。同时，一国可以依据国家豁免原则，使得依据双边投资保护协定进行的仲裁裁定无法执行。在此种情况下，投资者的利益也难以受到充足的保护。

还有学者②认为，多边投资保护协定在全球化不断发展、经济一体化不断深入的今天，也成为规制国际投资的重要手段。目前，世界范围内已经达成了多项全球性多边投资保护协定或区域性多边投资保护协定。前者的典型代表有世界银行通过的《多边投资担保机构公约》（MIGA 公约）和《外国直接投资待遇指南》、WTO 法律体系包含的《与贸易有关的投资措施协议》（TRIMs）及其争端解决机制、为解决国际投资争端而由世界银行通过的《解决国家与他国国民投资争端公约》（ICSID）；后者主要包括经济合作与发展组织（OECD）通过的《资本流动自由化法则》和《经常项目无形资产交易自由化法则》、北美自由贸易区通过的《北美自由贸易区协议》（NAFTA）、欧盟通过的《欧洲联盟条约》等。上述多边保护协定在实践中发挥着重要的作用，但不足也同时存在。首先，多边投

① 姚梅镇：《国际投资法》，武汉大学出版社 1987 年版。

② 董箫、吴向荣：《试论对我国海外投资的外交保护》，《河北法学》2007 年 10 月。

资保护协定的效力各不相同。有的国际多边投资条约具有国际法的约束力，如 TRIMs 协定、ICSID 公约和 MIGA 公约，另一些多边投资协定则仅为指导性文件，如《外国直接投资待遇指南》。其次，全球性、综合性的实体法投资公约难以达成。发达国家与发展中国家在国际投资中的利益分化，使得实体法投资公约的谈判步履维艰。晚近发展中国家集团内部也开始发生分化，发展中国家参与全球化的进程各不相同，其在谈判过程中的利益和立场也再难以统一。非政府组织等成为新兴力量，利益主体的多元化使得多边投资全球性规则的形成困难重重。再次，现有的多边投资保护协定未能发挥预期作用。如 ICSID 体制在实践中由于组成人员结构不合理导致偏向发达国家的倾向，案件仲裁的时间长、成本高以及管辖权不断扩大，造成东道国国内法效力削弱、国家易援引国家豁免原则使仲裁裁定无法执行等。

此外，有学者①指出，海外投资保险制度是各个投资大国均采用的保护本国投资者利益的手段，但我国海外投资保险制度尚不完善，相关立法基本上处于空白状态，实践中无法利用这一制度有效地保护我国海外投资者的利益。目前，我国承担海外投资保险业务的是中国出口信用保险公司，其依据的法律法规仅有《投保指南》，它存在着诸多不足。首先，中国出口信用保险公司既是保险审批机构又是业务经营机构，这显然不利于海外保险业务的商业化。其次，投保人中排除了以中国法律设立的但控股股东为港澳台或外国企业、机构或公民的企业，这种对投保人范围的缩小是不恰当的。再次，战乱险未包括“骚乱”和“敌对行为”，这与国际普遍实践不符。而被纳入承保体系的政府违约险则存在较大争议。最后，未明确规定代位求偿权，不利于保护我国利益及有效解决争端。

综上可以看出，尽管国际投资领域存在着双边投资保护协定、多边投资保护协定和海外投资保险制度等规制手段，但其各自存在不足，难以全面保护一国海外投资者的利益。作为国际法上一项古老的原则，外交保护在海外投资保护领域仍具备重要的意义，对其加以分析有理论和现实的必要性。

---

① 董箫、吴向荣：《试论对我国海外投资的外交保护》，《河北法学》2007 年 10 月。

第二节 外交保护的最新案例——迪亚洛案分析

依据国际法理论，外交保护的行使须具备三个限制性条件，即实际损害原则、用尽当地救济原则和连续国籍原则。其中，后两个条件是学者们探讨外交保护原则时关注的重点。自巴塞罗那公司案之后的30余年间，涉及海外投资外交保护的案件仅有迪亚洛案一起。国际法院在该案中，重申并发展了其在巴塞罗那公司案中关于外交保护的相关理论。尽管关于外交保护的案件数量稀少，但国际法院和相关国际法实践仍表明，外交保护是海外投资保护不可或缺的手段之一。这主要体现在联合国国际法委员会2006年通过的《外交保护条款草案》，以及近年来国际上与外交保护相关的大量著作和学术文章。国际法院也指出，尽管外交保护制度的作用和地位被削弱，但其"最后手段"的重要性仍不可忽视。① 其对迪亚洛案的判决涉及海外投资外交保护原则的若干重要问题。

有学者②指出，用尽当地救济是投资母国提起外交保护的必要前提条件之一。国际法院在相关案例中，指出"在提起国际诉讼前，须用尽当地救济已构成习惯国际法的一项确定的规则，这条规则在实践中得到了普遍遵守。在诉诸国际司法前，国际不法行为发生地国家应该有机会在本国司法体制中通过自己的手段予以救济"。用尽当地救济作为外交保护的前提条件，其法理在于，外交保护基于一国对其国民的属人管辖权，但该国行使其属人管辖权时，不得损害另一国的属地管辖权。一个主权国家对其领域内的人、事、物有排他管辖权，外国人有义务遵守所在国的法律法规。因此，当该外国人受到所在国国际不法行为的侵害时，该外国人的国籍国应当首先尊重所在国的救济方式，而不是直接提起外交保护，以免发生不必要的国家纠纷。当地救济的内容包含所在国可以利用的一切手段，如行政、司法、立法手段等。

当然，也有学者③指出，用尽当地救济原则不是绝对的，在例外情况

① 肖军：《对海外投资的外交保护——国际法院关于迪亚洛案（初步反对意见）的判决评析》，《武大国际法评论》2008年第2期。

② 同上。

③ 董箫、吴向荣：《试论对我国海外投资的外交保护》，《河北法学》2007年10月。

下，无须用尽当地救济：一是“不存在合理地可得到的能提供有效补救的当地救济，或当地救济不具有提供此种有效补救的合理可能性”；二是“救济过程受到不当拖延，且不当拖延是由所指应对损害负责的国家造成的”；三是“受害人与所指应负责的国家之间在发生损害之日没有相关联系”；四是“所指应对损害负责的国家放弃了用尽当地救济的要求”。

有学者①指出，在迪亚洛案中，国际法院对用尽当地救济原则，阐明了两点适用原则。其一是关于双方当事国的举证责任。法院要求请求国应当举证证明其国民已用尽所在国的当地救济，或存在例外情况免除请求国国民的该项义务。而被请求国则应证明他国受损害国民未用尽该国国内法律制度中的有效救济方法。其二，国际法院重申用尽当地救济特别是行政救济的法律性质应旨在维护权利，而不是法律之外的救济方式或是恩赐型的救济。

此外，有学者②认为，一国行使外交保护的权利来源于国籍国享有的属人管辖权，因此在没有特别协定的情况下，外交保护的行使对象必须是连续具有该国国籍的国民。自然人的国籍确定相对简单，法人或公司的国籍则较为复杂。当前国际上对于法人国籍的认定无统一的标准，较为常见的认定方法包括成立地标准、主要利益标准、公司住所地标准、设立地准据法标准和成立地与住所地的复合标准。巴塞罗那电车公司案中，国际法院对公司国籍的认定采用的是成立地并在其领土内有注册办事处的复合标准。《外交保护条款草案》则规定“公司的国籍国是指公司依据其法律成立并在其领土内设有注册办事处或管理机构或某种类似联系的国家”③。国际法上除了要求公司具有提出外交保护的国家的国籍，还要求这种国籍的拥有是持续性的。此外，各国公司法普遍规定，法人拥有独立的法律人格，法人的权利与股东的权利是相互独立的。这一规则体现在外交保护领域内即当特定法人的权利受到损害时，能够为该法人提起外交保护的是该法人的国籍国，该法人股东的国籍国无权提起外交保护。只有当股东权利

① 肖军：《对海外投资的外交保护——国际法院关于迪亚洛案（初步反对意见）的判决评析》，《武大国际法评论》2008 年第 2 期。

② 董箫、吴向荣：《试论对我国海外投资的外交保护》，《河北法学》2007 年 10 月。

③ 同上。

受到损害时，如出席会议权、表决权、分红权利等受损时，该股东的国籍国才能为其提起外交保护。

这一理论在实践中面临的最大问题，是在具体案例中如何区分法人权利和股东权利。迪亚洛案中，国际法院对两种权利的划分界限，做出了解释。该案的判决确认，应当根据法人成立地国的国内法确定两种权利的界限，这一划分标准延续了国际法院在巴塞罗那电车公司案中依据各国公司法一般原理进行法理分析的结果。此外，法院认为，只要公司成立地国法律规定了股东权利，股东国籍国只要声称股东的该种权利受到损害而请求提起外交保护，就可以认定该股东国籍国有提出外交保护的资格，该请求应具有可接受性。至于股东的权利是否真正受到实质性损害则是进入实体审查后需要解决的问题，被请求国不能依据股东权利没有受到实质损害而主张股东国籍国的外交保护请求不应被接受。①

第三节　我国海外投资的外交保护

我国的国际投资战略在改革开放之初以“请进来”为核心，如今已转变为引进外资和鼓励海外投资并举，形成“请进来”与“走出去”相结合的战略。金融危机为中国海外投资提供了契机，中国对外投资额大幅提升，与接受国外投资额已基本持平。如何保护中国在海外的投资，成为学术界和理论界迫切需要思考和探索的问题。尽管目前存在着其他解决海外投资争端的方法，然而，不少学者仍认为，外交保护在我国海外投资保护中具有重要的地位。

有学者②认为，外交保护是国际法上的一项基本原则，是主权国家的一项基本权利，在现有的双边投资保护协定、多边投资保护协定尚不足以全面保护、促进国际投资的发展，而我国的海外投资保险制度又刚刚起步，缺陷尚多的情况下，外交保护应作为保护我国海外投资的有效手段之一，必要时付诸实施。在实施母国外交保护时，保护我国海外投资者利益与获得国际社会的认同和支持同样重要，因而实施外交保护的过程中必须注重

---

① 肖军：《对海外投资的外交保护——国际法院关于迪亚洛案（初步反对意见）的判决评析》，《武大国际法评论》2008 年第 2 期。

② 董箫、吴向荣：《试论对我国海外投资的外交保护》，《河北法学》2007 年 10 月。

国际法的规则，按照国际法规则实行外交保护。外交保护实为一种政治方法，在适用中有较大的不确定性，适用不当将造成对东道国的不当干涉，引起国际关系的紧张。因此，我国在行使外交保护权时必须符合实际损害、连续国籍和用尽当地救济等外交保护的前提条件。同时，外交保护应当结合其他保护海外投资的方法，需与多边投资保护协定、双边投资保护协定和海外保险制度相结合，力求对我国海外投资进行全面、有效的保护。对实行外交保护的条件、例外情况的认定等理论问题应当进行细致研究。①

也有学者②认为，发展对外贸易、扩大对外投资、不断拓展海外市场是我国现阶段经济发展的必要途径，扩大对外投资是国家经济发展战略的一部分。在对外投资不断增长的今天，海外利益已成为国家利益的重要组成部分。我国对外开放的不断深入也使我国的海外利益在内容上不断丰富，必须重视对海外利益的保护。这就需要在外交工作方面提高创新能力和主动性，合理利用国际法规则对个人投资者加以保护，这也符合国际法追求的秩序目标。与传统的外交保护规则不同，外交保护在现今有较大的新发展，如人权的国际保护、环境保护等，还有在实践中普遍的作法虽尚未取得习惯法规则地位，但仍值得我国借鉴。我国的经济发展战略已由过去创造良好法律环境大规模吸纳外国投资转变为实行走出去战略，大量中国公司企业不断向海外拓展。为保护我国海外投资者的利益，在相关投资者的利益受损而得不到有效的救济时，就应当行使外交保护权。当然，行使外交保护并不意味着排斥国际司法途径解决争端，而是在考虑国外国内两个大局的情况下，合理利用和选择国际规则。“总之，在国际法范围内，由国家行使外交保护权，采用外交手段和其他和平解决手段保护国家海外利益，已经成为一种重要的、不可取代的有效方式和手段，值得重视。”③

简言之，尽管海外投资保护的方式花样繁多，外交保护作为一种国家行使主权的权力，仍有其独特的价值，并往往成为一国保护海外投资的有效手段。我国应立足于此种认识，在充分利用相关国际规则的同时，有效利用外交保护，将其作为维护我国海外投资者利益的补充手段。

---

① 董箫、吴向荣：《试论对我国海外投资的外交保护》，《河北法学》2007年10月。

② 周海忠：《海外投资的外交保护》，《政法论坛》2007年5月。

③ 同上。

第五篇

国际反垄断法

传统上，反垄断法属于一个国家的国内法，主要控制国内经济活动。近年来，国际贸易的飞速发展模糊了国内经济活动和国际经济活动的界限。尤其是20世纪80年代以来，世界经济全球化使企业行为产生的影响超出国家界限，影响与其有直接或间接关系的其他国家。这使得反垄断法走出国界，成为国际经济法律体系的一部分。目前，反垄断的原则和规范已经越来越多地出现在双边和多边协定中。国际社会中，美国和欧盟是世界上反垄断立法最早，体系也最完善的国家和地区。作为实力最强大的经济体，两者的国内法及国际利益取向，对国际反垄断法的发展影响巨大。但另一方面，全世界大约有90多个国家制定了反垄断法，这些反垄断法的内容差异很大，从而造成了反垄断国内法与国际规范的冲突，也为国际反垄断法律体系的建立和国际合作提出了挑战。本篇介绍国际反垄断法的主要内容和前沿问题，包括限制竞争协议、滥用市场支配地位、企业合并控制，以及反垄断法的域外适用和国际合作的学术新发展。

第一章

限制竞争协议

限制竞争协议是反垄断法最重要的内容之一，主要包括横向协议和纵向协议。美国的反托拉斯法和欧盟的竞争法对于限制竞争协议的态度各不相同，表现了不同的国家利益和价值取向。本身违法原则和合理原则，作为美国反垄断法最初的违法确认基本原则，为世界各国所接受，成为国际反垄断法违法确认的基本原则。然而，限制竞争并非总是无益的。在有些行业，垄断比起竞争似乎更有效率，甚至虽然有一些协议限制了竞争，却会产生更多积极因素，这样就产生了合法垄断：反垄断适用除外制度和反垄断豁免制度。此外，限制竞争协议作为市场竞争中产生最早、最常见、危害较大的竞争形式，已成为世界各国反垄断立法的核心内容。本章讨论上述问题的新发展。

第一节　违法确认原则

反垄断法在经历一百多年的发展后，已基本形成较为完善的法律体制。限制竞争协议是现今市场经济条件下主要的垄断形式之一，也是反垄断法主要规制的对象之一。在规制限制竞争协议过程中所产生的违法确认，是美国法院对《谢尔曼法》第 1 条的解释适用，是在美国司法实践中逐步发展建立起来的。违法确认原则，即本身违法原则和合理原则，作为美国反垄断法最初的违法确认基本原则，为世界各国所接受，成为国际反垄断法违法确认的基本原则。作为判定反垄断行为违法与否的重要原则，二者对违法判定原则的正确适用十分关键。

关于违法确认原则及其选择使用，有学者[①]研究发现，在1897年“泛密苏里案”[②]中，最高法院以5比3判决被告败诉，认为《谢尔曼法》无例外地谴责一切限制贸易的行为，没有必要分析价格是不是合理的。这是对本身违法思想的第一次表达。怀特（White）法官不同意多数意见，认为对“任何”二字不必做机械的理解，《谢尔曼法》只禁止那些不合理的限制。这也是首次提出合理规制的思想。在1940年索科内—维科姆案[③]中，法院正式采用了“illegal per se”这一术语。这种标准的特点，在于从性质上判断限制竞争协议的违法性，之所以不必关注其对竞争产生的实际效果，是因为从其性质就可以推定，其产生的积极效果不可能弥补其对竞争造成的损害。虽然在泛密苏里案与联合交通协会案中，怀特法官提出了合理原则的思想，但直到1911年的标准石油公司案[④]，他的意见才开始占上风：只有不合理的限制竞争的行为，才违反《谢尔曼法》。而在1918年的芝加哥贸易协会诉美国案[⑤]中，法院进一步明确了合理规则的内容，即适用合理规则主要需考察哪些内容。布兰地（Brandeis）法官认为，某项协议是否违法，取决于其实际产生的效果，而不是由其性质先天决定的。

对于本身违法原则和合理原则在司法实践中的选择适用，反垄断法学界长期存在着争论。有学者[⑥]认为，根据合理原则，市场上的反竞争行为并不必然违法，其合法或违法应视具体案件的具体情况而定。有些行为虽然出于限制竞争的目，或者能够产生限制竞争的后果，但如果它们同时还具有推动竞争的作用，或者能够显著改善企业的经济效益，从而能够更好地满足消费者的需求，或者有利于整体经济利益或者社会公共利益时，应当被视为合法。本身违法原则是美国法院适用合理原则的过程中得出的一个原理，即根据实践经验，市场上某些类型的反竞争行为，不管它们产生的原因和后果，均被视为非法。这个原则主要适用于价格卡特尔、生产数量卡特尔和分割销售市场的卡特尔等。

---

① 许光耀：《合理原则及其立法模式比较》，《法学评论》2005年第2期。

② United States v. Trans-Missouri Freight Association.

③ United States v. Socony-Vacuu Oil Co.

④ Standard Oil Company of N. J. v. United States.

⑤ Board of Trade of the City of Chicago v. United States.

⑥ 王晓晔：《竞争法学》，社会科学文献出版社2007年版，第182页。

有学者①认为，两种原则主要是美国法院对《谢尔曼法》第 1 条做出的不同解释，自身违法规则与合理分析规则实际上主要是美国法院解释《谢尔曼法》第 1 条禁止贸易限制规定的两种方法。换言之，在给限制竞争协议定性时有两种方法，第 1 种方法是简洁明了的标准，即自身违法原则，仅仅集中于特定的行为是否发生，只要发生特定的行为，就可以构成违法行为。第 2 种方法是考虑多种因素的合理标准，即评价被指控行为的目的和后果，据此决定其是否非法。自身违法原则的好处主要有两个，即维护法律规定的安全价值建议及节约资源，但也因该原则的简单性，导致在行为的竞争后果具有多面性的情况下，以评价证据有难度为由而采取简明标准，没有充分的理由。合理标准的合理性恰恰是由于简明标准的缺点。合理标准通过使法院能够考虑经济生活中的变量，而使过宽过窄问题最小化。但是，这又产生了新的成本。由于扩大了争议（以及有关信息）的范围，而消耗了法院和当事人更多的资源。

有学者②认为，对于市场上的某些限制竞争行为，不必考虑它们的具体情况和后果，即可直接认定这些竞争行为严重损害了竞争，构成了违法而予以禁止。适用本身违法原则对反垄断案件至少有以下两方面的影响：第一，原告极可能胜诉；第二，审理案件的法院或反垄断主管机构对案件不必进行很多调查和研究，就可以直接认定其为违法，从而可以节省判案时间和费用。合理原则对于市场上的某些限制竞争行为并不必然地视为违法，其违法性应视具体情况而定。具体而言，对某些限制竞争行为案件，反垄断主管机构或法院应具体地、仔细地考察和研究相关企业的行为目的、方式和后果，以判断该限制竞争行为的合理与否，如果经调研认为该限制竞争行为属于“不合理”的限制竞争，则该限制竞争行为构成违法而将被禁止；反之亦然。

有学者③比较两原则认为，本身违法原则仅要求法官从事实本身角度

---

① 孔祥俊：《反垄断法原理》，中国法制出版社 2001 年版，第 384—386 页。

② 周昀：《试论反垄断法对垄断协议的限制》，见徐杰主编《经济法论丛》（第 3 卷），法律出版社 2002 年版，第 98—100 页。

③ 顾功耘：《经济法教程》，上海人民出版社、北京大学出版社 2008 年版，第 389—390 页。

出发去裁决是否违法，因此，它使法官可以绕开大量后果考察与分析，简化了判断标准从而提高了司法效率、降低了司法成本。但是它也存在明显的缺陷：（1）依本身违法原则确定违法性，可能带来不公正的判决；（2）美国及其他国家的法院从未对本身违法的范围做出界定，本身违法的解释带有很大的不确定性；（3）本身违法原则的基础是假设，假设与事实之间的吻合不一定完善。因此，本身违法原则的适用范围是被严格控制的，通常仅适用于固定价格、限制产量或市场划分协议等严重限制市场竞争的垄断行为上。合理原则要求法院在审理反垄断案件时应考虑下列两大因素，一是良性的目的；二是合同的反竞争后果。一般而言，使用合理分析规则的合同类型主要有三种：（1）附属限制竞争；（2）市场完善协议；（3）联营协议。与本身违法原则相比，合理原则更具有灵活性，它规定原则上只有“不合理”、“不适当”的限制竞争行为才属于反垄断法禁止的范围，这就意味着限制竞争并不必然违法，需要综合其他因素。正因为合理原则考虑的因素众多，造成判断的复杂化，而且对法官的能力也提出较高的要求，也使企业面对众多标准的不确定性。依合理原则进行彻底调查费用很高，这使得适用合理原则的案子耗时颇久，操作性差。

还有学者①认为，合理原则与本身违法原则的区分源于垄断的二重性，即反垄断法反对严重危害竞争的垄断状态，即垄断行为。本身违法原则是某些协议或行为本身具有明显的反竞争性质，一旦出现即为非法，无须另行证明。由于垄断行为在原则上当然违法，因而人们最初把它作为反垄断法的唯一原则。合理原则则是某些协议和行为不仅限制了竞争，而且造成了垄断弊害时，才应加以限制或禁止，即法律不能对垄断一律加以禁止，要区别对待，这是对本身违法原则的发展和补充。

当然，也有学者②认为，本身违法原则适用于那些主观意在危害竞争，并且实质上往往能严重危害市场竞争的垄断协议。适用本身违法原则的情况下，不管协议是否付诸实施，也不管实施的效果如何，法院都无须调查和取证，当事人也不能以任何理由对垄断协议进行辩解。因为，根据以往的反垄断实践，某些协议的反竞争效果是十分明显的，对公共利益的

---

① 漆多俊：《经济法学》，武汉大学出版社 2004 年版，第 127 页。

② 时建中：《反垄断法——法典释评与法理探源》，中国人民大学出版社 2008 年版，第 151 页。

促进和经济效率的提高却基本没有什么益处。法院通过合理原则对影响竞争的各种因素进行分析评价，来判断某个具体的垄断协议是否违反了反垄断法。[①] 这不是因为善意或恶意能挽救或扼杀一项受到反对的规则，而是了解动机以有助于法院解释事实、预测结果。

此外，有学者[②]认为，在本身违法原则情况下，若某些市场行为本身有很明显的垄断性质，法律对此也有明文禁止规定，则该种行为一经被指控，便可被认定违法，而无须再举证说明此种行为合理与否，以及对市场竞争不良影响的大小。在合理原则下，某些市场行为虽然有一定的限制竞争因素，但只要没有超出法律上、商业上认为合理的限度，不会实质导致削弱或消灭市场上的竞争，就不被判定为垄断行为。

亦有学者[③]认为，尽管本身违法原则有着程序简便、判断标准确定等优势，但是，确定的标准也容易和现实商业行为的风云突变之间产生错位。因此，将判断标准抽象化为若干规则，注定面临涵盖面过宽或过窄的风险，并因此带来高昂的商业成本，影响资源配置，反而不利于交易的促成和经济的发展。对于合理原则，虽然其灵活方便、适用面广，依据其做出的判决大部分都有合理性，但其花费成本巨大。而且，尽管依据该原则所作的判决有很高的准确性，但相对误差可能使得被诉的行为被错误判决的比例，仍然维持在一个高水平上。

第二节 反垄断适用除外和豁免制度

随着世界各国反垄断法的实施，人们开始逐步认识到在有些行业，垄断比起竞争似乎更有效率，甚至虽然有一些协议限制了竞争，但也会产生很多积极的因素。这样就产生了反垄断适用除外制度和反垄断豁免制度。

---

① 这些因素包括：受到限制的商业领域所特有的一些情况，限制前后的情况，限制的性质、效果、现实性或可能性，限制的历史，认为存在的恶果，采取特别补救的理由，要达到的目的和结果。

② 刘宁元、司平平、林燕萍：《国际反垄断法》，上海人民出版社 2009 年版，第 87、93—94 页。

③ 王先林：《中国反垄断法实施热点问题研究》，法律出版社 2011 年版，第 39—40 页。

一 美国、欧盟、德国的适用除外与豁免制度

世界各国反垄断法大多规定了适用除外和豁免制度，因为在实践中并非所有的垄断行为都必然违法，其合法与否通常是利益均衡的结果。有学者[①]研究指出，从反垄断法立法来看，对豁免的规定大体上有两种基本情况。一是针对不同的反竞争行为使用不同的豁免规定，或者针对不同的情形规定不同的豁免情况。如欧盟竞争法、德国反限制竞争法、日本反垄断法等对反竞争协议的豁免的规定。二是集中规定适用于所有反竞争行为的豁免制度。如澳大利亚贸易行为法。

还有学者[②]研究指出，美国在法律中没有明确规定哪些垄断协议可以豁免，基于其立法传统，其可以根据不同时期的经济发展灵活地决定豁免的内容。其主要以合理原则具体判断某一卡特尔是否具有法律许可的合理理由。如被证明是不合理的，具有反竞争的效果，则应受到法律的禁止。在司法实践中，法院在适用“合理原则”的同时，还采用了本身违法原则。这是由于某些被认为是特别有害于竞争的协议或行为是“本身违反”或“自身禁止”的，不需要再去证明其违法性就可以推定违反了《谢尔曼法》第1条的禁止性规定。而对于那些可能产生的积极影响大于消极影响的协议，则可以通过合理原则将其排除出反垄断法的适用。

同时，有学者[③]研究认为，欧共体条约第81条除了第1款的禁止性规定外，还在第3款规定了限制竞争协议可以得到豁免的情况。根据这个规定，企业间协议、企业集团的决议或者企业间的协调行为，如果想从条约第81条第1款的禁止性规定中得到豁免，相关企业应当证明它们的协议、决议或者协调行为同时满足了以下四个前提条件：（1）有助于改善商品的生产或者销售，有利于推动技术或者经济进步；（2）消费可以获得适当的好处；（3）为实现上述目的的限制竞争是绝对必要的；（4）限制竞争不得大到排除市场竞争的程度。根据上述因素，欧共体委员会在授予豁免时，主要采取了集体豁免和个别豁免相结合的方式。迄今为止，欧

① 孔祥俊：《反垄断法原理》，中国法制出版社2001年版，第659页。

② 时建中：《反垄断法——法典释评与学理探源》，中国人民大学出版社2008年版，第186页。

③ 王晓晔：《欧共体竞争法》，中国法制出版社2001年版，第128—131页。

共体委员会共发布了 10 个集体豁免条例和不足 100 个个别豁免。

也有学者[①]研究指出，德国《反对限制竞争法》对卡特尔的规制非常严厉，因此《反对限制竞争法》又被称为《卡特尔法》，对于可豁免的卡特尔曾经规定的最为具体。但随着欧共体规则的统一化进程，德国对卡特尔豁免做了多次修改。1990 年第 5 次修改增加了中小企业联合卡特尔，1998 年修改时取消了对出口卡特尔、进口卡特尔、折扣卡特尔的豁免，到了 2005 年的《反限制竞争法》就只留下第 2 条关于豁免协议的一般性规定，以及第 2 条的中小企业卡特尔，删除了标准化卡特尔和条件卡特尔、合理化卡特尔、结构危机卡特尔、专门化卡特尔的有关规定。

二　反垄断适用除外和豁免制度及适用范围

目前，世界各国的反垄断法对于适用除外制度和豁免制度均有所规定，大多依其本国经济形势和反垄断政策而各不相同。在立法体例上，有学者[②]指出，反垄断法的豁免在各国有着不同的立法体例。考察世界各国反垄断法，关于豁免制度的立法体例大体可分为三种类型，即在反垄断法中规定、制定专门立法和混合立法。同时，多数国家可能同时采用多种类型的立法体例。立法体例的类型采用与一国的立法技术传统有密切联系。就判例法国家而言，除制定法外，法官拥有发现、制造规则的权力，因此在判例当中运用合理原则确定新的适用除外制度。

也有学者[③]认为，在各国反垄断立法中，有关适用豁免一般都有明确的规定。在立法形式上，有的国家直接规定在反垄断法中，如德国的反卡特尔法；有的国家制定了单行的适用除外法，如美国称之为“例外法”；还有一些国家则在其他的相关法律中规定类似的例外条款，如日本的作法。

对于适用范围，有学者[④]指出，豁免卡特尔类型主要包括：第一，研发卡特尔；第二，标准化或专业化卡特尔；第三，中小企业合作卡特尔；

---

① 时建中：《反垄断法——法典释评与学理探源》，中国人民大学出版社 2008 年版，第 186—187 页。

② 同上书，第 185 页。

③ 刘宁元、司平平、林燕萍：《国际反垄断法》，上海人民出版社 2009 年版，第 237 页。

④ 王晓晔：《反垄断法》，法律出版社 2011 年版，第 117—125 页。

第四，公共利益卡特尔；第五，结构危机卡特尔；第六，出口卡特尔；第七，其他卡特尔。

也有学者①研究指出，尽管各国法律存在差异，但在反垄断法领域中的豁免制度却反映出国际化与统一的加强，即允许豁免的行为主要是那些对维护本国利益、保障国计民生有重要意义的领域；或者那些对市场竞争关系影响不大的限制竞争行为；以及金融保险、外贸出口等符合国家产业政策或目前仍比较落后的行业，以及为鼓励知识创新和创造发明对知识产权实行一定程度的豁免，等等。一般来说主要集中在以下几个方面：第一，特定的合法垄断行业。（1）自然垄断行业；（2）银行业、保险业；（3）农业、林业、渔业；（4）体育业。第二，特定的组织和人员的合法垄断（行为和状态）。这些特定的组织和个人包括：（1）公会组织、消费者协会；（2）自由职业；（3）中小企业的协调行为；（4）国家行为豁免。第三，非特定行业组织的合法垄断行为。第四，对外经济贸易领域。第五，知识产权的行使。

亦有学者②认为，适用除外的领域不适用反垄断法，大都是由于规模经济效益、国家利益和社会公共利益方面的考虑。一般而言，主要涉及以下领域：第一，自然垄断，其主要包括铁路、邮电、煤气、供水、电力、电信等以提供公共服务为职能，而严重依赖网管设施的部门。但随着经济的发展，各国逐渐在电信、铁路等领域引入竞争机制，适用反垄断法予以调整。因此，虽然自然垄断的范围在缩小，但仍是经济生活中的一种重要现象，如适用除外情形。第二，政策性垄断，其主要包括国家垄断、某些关系国计民生的行业，如银行业、保险业以及农业等、知识产权以及对外贸易等方面。

三 我国《反垄断法》适用除外和豁免制度

世界各国法律对于反垄断法的适用除外和豁免制度的规定，多借鉴美国、欧盟、日本以及德国等国家的作法。我国《反垄断法》于 2008 年 8

① 刘宁元、司平平、林燕萍：《国际反垄断法》，上海人民出版社 2009 年版，第 238—239 页。

② 许光耀：《合法垄断、适用除外与豁免》，见王艳林主编《竞争法评论》（第 1 卷），中国政法大学出版社 2005 年版，第 48—51 页。

月正式施行。学界将之与美国、欧盟等国家的适用除外制度和豁免制度进行比较分析，并对完善这两项制度提出不同的见解。

有学者①研究指出，适用除外制度是指，对某些特定行业、特定企业、特定行为以及法律所赋予的某些特权规定，豁免适用反垄断法。竞争虽然是配置资源的最佳方式，但在某些领域内资源的优化配置只有在限制竞争的条件下才能实现，在这些领域当中允许垄断，排除激烈竞争，对经济的整体发展和社会稳定更为有利。

有学者②指出，应当把制度的范围尽量缩小并进行体系性的整序。同时，在推进制度根本改革之中，要重新修改适用除外制度。并废止那些偏离了本来目的，造成弊端的制度或限定其范围。此外，还要废止已无实际意义的制度规定。最后，还应确保在国际上的协调与整合的制度。

也有学者③认为，反垄断法中专门规定豁免制度存在的合理性和可行性，简单来说主要有两个方面的原因。第一，从经济角度看，豁免制度可避免过度竞争所造成的社会资源的巨大浪费。在宏观上，垄断能带来规模经济效应，促进技术创新，节约生产成本。微观上，垄断能够聚集资源，形成规模优势，增强企业实力，为企业提升效率，为企业技术开发提供物资基础。第二，法律一经确定，便具有极强的稳定性，非经法定程序不得随意更改。也就是说，通过豁免制度的适用，对于本属于违反反垄断法的现象予以宽容，将抽象的整体经济利益和社会的整体效益作为主要价值取向，从而补充反垄断法在维护国家整体经济利益和社会公共利益方面的不足。

还有学者④认为，首先，豁免的法律规定应将普遍性与特殊性结合起来：一方面，简化执法程序，节省执法的成本；另一方面，还要保持适度的灵活性。其次，豁免应以效率为导向。早期的反垄断法主要是针对某些特定的行业，近年来各国的反垄断法日益突出对知识产权、合作研发等创新行为的反垄断法豁免。再次，对特定行为的豁免是反垄断豁免范围规定

---

① 漆多俊：《经济法学》，武汉大学出版社2004年版，第142页。

② 孙晋：《反垄断法适用除外制度构建与政策性垄断的合理界定》，《法学评论》2003年第3期。

③ 时建中：《反垄断法——法典释评与法理探源》，中国人民大学出版社2008年版，第184—185页。

④ 阮赞林：《反垄断法教程》，上海人民出版社2011年版，第204—205页。

的主体。反垄断豁免通常包括特定行业和特定行为两种，从发展趋势来看，行业豁免将逐步被行为豁免所取代。而且，反垄断豁免应是有条件的，并具有动态性。应对豁免制度规定严格的条件，只有满足这些条件才能获得反垄断法的豁免。此外，反垄断法豁免制度的执行要有对行政审批权力的制衡机制。对于反垄断执法机构滥用豁免审批授予权的行为，可以予以撤销或宣布无效。反垄断豁免的授予应该向社会公开公布，接受社会监督。最后，反垄断豁免制度要注重国际协调的发展趋势。各国对于出口卡特尔行为的反垄断豁免，不同国家有不同的法律规定，但共同的一点是各国基本都不在反垄断法中对出口卡特尔做出明确的规定。

有学者①研究指出，我国《反垄断法》借鉴了其他国家和地区的反垄断法立法经验，并充分考虑我国的国情，在第 15 条第 1 款规定了可予以豁免的七种垄断协议，第 15 条第 2 款规定了豁免的前提条件。在我国反垄断立法过程中，人们也曾讨论过垄断协议豁免的程序。借鉴了美国反托拉斯法的经验，并考虑到欧共体竞争法在这个方面的改革，以及我国反垄断执法的资源，我国反垄断法采取了“依法豁免”的方式。然而，由于《反垄断法》第 15 条第 1 款的规定非常原则，这里有必要进行经济分析。对于我国反垄断法关于垄断协议的豁免问题，尽管它减轻了反垄断执法机构的举证责任，但是因当事人订立垄断协议时可以不受反垄断执法机构的监督和审查，这就可能使一些严重限制竞争的卡特尔不受反垄断法的制约。也就是说，关于垄断协议“依法豁免”的规定一定程度上会削弱我国反垄断法的效力。

有学者②指出，确定我国的反垄断豁免制度应考虑：（1）确立合理的适用除外立法形式，并注意各法规之间的协调统一；（2）反垄断法政策性强，导致适用除外对象有较大的变化性，因此在我国的适用除外立法和司法实践中，应有一些灵活性的规定和作法；（3）适用除外对象本质上仍然是一种垄断或限制竞争行为，若对其实行无条件的、绝对的适用反垄断法规，垄断的负面影响必将大行其道；（4）与 WTO 接轨。我国已加入 WTO，在制定新的法律时，必须与 WTO 的有关规则相衔接，这是各个成

---

① 王晓晔：《反垄断法》，法律出版社 2011 年版，第 116—117 页。

② 程宝山、张金川：《反垄断豁免制度研究》，见徐杰主编《经济法论丛》（第 4 卷），法律出版社 2004 年版，第 95—97 页。

员国必须履行的义务。

有学者①在分析我国反垄断法草案时认为，该草案关于适用除外制度规定呈现以下特点：一是反垄断法的价值目标或宗旨规定不够准确到位；二是草案关于适用除外制度的适用范围不健全；三是草案关于适用除外制度的条文规定显得过于简单、措辞缺乏可操作性。反垄断法适用除外制度应经济发展和社会进步的客观要求而生，并与反垄断法相得益彰、互为补充。因此，我国亦应借制定反垄断法这个契机，在反垄断法中建立合理的适用除外制度，从而使其与禁止垄断制度相辅相成。

亦有学者②认为，我国《反垄断法》对于适用除外制度也做了相应的规定，但是并没有对诸如国防工业、金融、保险等行业做出明确的除外规定，因此，这将引起我们对如何来维护这些行业的健康、稳定、高效发展的思考。在经济全球化不断增强的形势下，我国目前仍处于市场经济转型期，政府的经济管理职能、市场竞争机制未得到充分发挥。因此，我们在适用《反垄断法》除外制度时，须结合我国市场经济现状，依据国家竞争、产业等经济政策，恪守世界贸易组织规则，严格把握好社会整体利益这一价值追求。具体包括，一是合理、适时地确定适用除外制度的适用范围；二是处理好与其他法律政策之间的关系。

也有学者③将我国反垄断法和欧共体竞争法进行比较，认为我国《反垄断法》规定的豁免条件比欧共体竞争法更为宽松，意味着未来中国企业可能更容易获得反垄断豁免。进一步深入考察就会发现，我国《发垄断法》中规定的豁免已经超出了微观的单个企业效率的考察，上升到了宏观层面的竞争政策与其他社会、经济政策目标的协调与优先适用问题上。节约能源、保护环境、救灾救助、中小企业发展等，都是《反垄断法》在决定是否给予特定协议豁免待遇时应当考虑的因素。一方面，中国目前处于工业化进程即将完成、经济高速发展的重要阶段，政治、经

① 吴宏伟、金善明：《论反垄断法适用除外制度的价值目标——兼评我国〈反垄断法〉草案相关条款》，见杨紫煊主编《经济法研究》（第6卷），北京大学出版社2008年版，第80—85页。

② 吴宏伟、金善明：《论反垄断法适用除外制度的价值目标》，《政治与法律》2008年第3期。

③ 黄勇：《中国〈反垄断法〉中的豁免与适用除外》，《华东政法大学学报》2008年第2期。

济、社会等各种体制尚不健全，处于不断完善与变更之中，这种情形之下，法律应当赋予主管机关更大的灵活度和自由裁量权，不宜过于绝对和僵化。

第三节 限制竞争协议

限制竞争协议作为市场竞争中产生最早、最常见、危害较大的竞争形式，是世界各国反垄断立法的核心内容。

限制竞争协议，又称垄断协议或联合限制竞争行为。美国《谢尔曼法》将其表述为“合同”、“联合”或“共谋”；欧盟则将其划分为“协议”、“决定”以及“协同行为”；日本则定义为“不正当交易限制”等。虽然，各国对其法律称谓各不相同，但其核心含义基本相同的，即非经营者单方面行为，而是其共同行为。

“一个企业的经营活动可以分为研发、生产以及销售等几个步骤，根据每一个经营者所处阶段不同，限制竞争协议分可以分为横向限制竞争协议和纵向垄断协议。横向限制协议主要包括：固定价格协议、限制产量协议、市场划分协议、联合抵制以及其他限制竞争协议；纵向限制协议主要包括：纵向的价格控制、非价格控制以及搭售等。”①

限制竞争协议对于消费者的损害非常严重，是各国反垄断法规制的重点之一。我国于2008年8月1日正式施行《中华人民共和国反垄断法》，明确规定限制竞争协议的概念和范围。反垄断学界对于我国反垄断限制竞争协议的规制的争议，主要在于概念界定、执法机构、豁免以及法律责任等几个方面。

对于横向限制竞争协议，有学者②研究指出，我国目前关于卡特尔，即横向限制竞争协议的法律规定存在以下几个问题。（1）法规不完善。对于生产企业划分销售市场，尽管这会严重损害消费者的利益，而且也会限制企业的生产规模，影响规模经济，但我国没有制止和惩罚这种行为的法律制度。（2）制裁不力。与美国法和欧共体法相比，我国现行法关于卡特尔的处罚力度明显不具威慑力，更不足以制裁跨国公司在我国市场上

① 黄东黎：《国际经济法》，社会科学文献出版社2006年版，第564—565页。

② 王晓晔：《竞争法》，社会科学文献出版社2007年版，第256—258页。

的卡特尔行为。（3）缺乏统一执法机关。我国的反垄断执法机关分别由商务部、国家发展与改革委员会以及国家工商行政管理总局执行。没有统一执法机关，会严重影响我国反垄断法的权威性和效力。因此，我国应在完善实体法、加大对卡特尔打击力度以及在建立统一的反垄断执法机关上，进一步努力完善。

也有学者①认为，我国对于横向垄断协议中的价格协议规制应予完善：（1）建立高效、权威的价格协议的执法机构，高效、权威的执法机构对于一个有效的竞争法具有决定性的意义；（2）强化横向价格协议的制裁措施，对价格卡特尔成员不能实施严厉制裁，是价格卡特尔大量存在的一个重要原因。对于联合抵制交易协议，要考虑以下几个方面因素：第一，参加人对相关市场是否具有支配力，其对竞争相关要素是否具有控制力；第二，该行为是否造成被抵制者进入相关市场的障碍，即对被抵制者参与市场自由竞争的而影响程度；第三，协议目的。

有学者②对欧共体、德国和我国对卡特尔的规定进行比较指出，一是对于卡特尔内涵的界定。卡特尔一般是欧洲尤其是德国惯用的术语。《欧共体条约》调整的是垄断协议，并没有区分横向垄断协议和纵向垄断协议，卡特尔在德国的立法中也已与纵向垄断协议进行了整合。我国在反垄断法出台前，很多学者对卡特尔也做出了学理方面的解释。二是串通投标。串通投标在各国均被视为和价格协议一样，是一种对价格机制具有直接侵害效果的极限值竞争行为。在我国反垄断法对串通投标未做规定，但是“串通投标”只能发生在投标者之间，属于横向垄断协议，因此，可以认定串通投标是受《反垄断法》调整的。

在纵向限制竞争协议方面，有学者③研究认为，与美国法和欧盟法相比，我国反垄断法关于纵向限制竞争协议的规定还比较简单、原则，没有充分考虑协议当事人的市场地位对限制竞争的影响，也没有考虑第 14 条与市场支配地位规定的第 3 章在逻辑上的联系。这就需要国务院反垄断委员会和反垄断执法机关在实践基础上，制定细则性的规定或指南。此外，

---

① 王玉辉：《垄断协议规制制度》，法律出版社 2010 年版，第 92—103 页。

② 时建中：《反垄断法——法典释评和学理探源》，中国人民大学出版社 2008 年版，第 153—155 页。

③ 王晓晔：《反垄断法》，法律出版社 2011 年版，第 140 页。

对纵向限制竞争协议的立法，我国应注重当事人的市场份额，且其规定应与禁止滥用市场支配地位的规定相协调。

也有学者①认为，一是对固定向第三人转售商品价格的行为。固定转售价格的行为使价格机制和价格竞争完全丧失了空间，从而也无法发挥市场的积极作用，反垄断法对这种行为应予严厉禁止；二是限定向第三人转售商品的最低价格。维持最低转售价格有一定的积极作用，但其造成的明显弊端使各国在竞争法实践中仍将其视为本身违法的行为。三是国务院反垄断执法机构认定的其他垄断协议。该条为兜底条款，在适用原则上视情况而适用本身违法原则和合理原则。

---

① 时建中：《反垄断法——法典释评和学理探源》，中国人民大学出版社2008年版，第163—164页。

第二章

垄断和滥用市场支配地位

垄断协议、滥用市场支配地位和经营者集中是各国反垄断法的三大主要内容。本章主要讨论市场支配地位的认定标准、SSNIP 相关市场界定法，以及滥用市场支配地位的刑事法律责任的新发展。

第一节　市场支配地位的认定标准

企业滥用市场支配地位是反垄断法所禁止的一个主要内容。要判定一个企业是否实施了滥用市场支配地位的行为，其前提是要确定企业是否具有市场支配地位。

正如有学者①所言，认定企业是否占有市场支配地位，关键是要找到一个有说服力且有可操作性的标准。认定程序的确定是认定企业是否具有市场支配地位的具体方式，其核心是要找到一个认定市场支配地位的标准。反垄断法实践中，其认定主要有三种标准：市场结果标准、市场行为标准和市场结构标准。

有学者②指出，市场结果标准和市场行为标准都不能单独作为确定市场支配地位的基本依据。这是因为，首先，市场结果标准虽然在理论上具有说服力，但因为生产成本在实践中往往难以精确测定，也就不能

---

① 王晓晔：《反垄断法》，法律出版社 2011 年版，第 198 页。

② 时建中：《反垄断法——法典释评与学历探源》，中国人民大学出版社 2008 年版，第 242 页。

肯定的证明企业的大幅度盈利究竟在多大程度上来自其市场支配地位，所以在实践中缺乏可操作性。其次，就市场行为标准而言，因为企业的市场行为千差万别，一个企业的销售和价格及其经营决策是否受到其他竞争者同类行为的影响，在实践中往往难以证明，所以市场行为往往只作为一个辅助的标准，而不是一个普遍适用的基本依据。相比之下，市场结构标准对市场份额的重要性是不言而喻的，并具有极强的现实可操作性，为各国的反垄断法广泛采用，已成为界定市场支配地位的基本标准，被许多国家和地区的立法和司法实践确定为经营者具有市场支配地位的推定条款。

也有学者①认为，市场结果方案、市场行为方案都不能独立作为认定市场支配地位的依据，而市场结构方案则应被立法所接受。市场份额或市场占有率有时会使经营者的市场势力与其真实情况相比变大或变小。因此，认定市场支配时我们应主要采纳市场结构方案，兼采市场结果方案、市场行为方案，同时考虑其他与认定经营者是否具有市场支配地位相关的因素。

亦有学者②认为，由于企业市场份额的确定具有现实的可行性。因此，与市场结果和市场行为方案均因缺乏可操作性而难以单独作为市场支配地位界定标准的情况不同，市场结构标准为各国反垄断法广泛采用，成为界定市场支配地位的基本标准。在市场结构标准中，企业的市场份额对于确定企业的市场支配地位具有决定性意义。这在早期的反垄断法实践中表现尤为突出。但在长期执法过程中，人们逐渐发现依据单一的市场份额标准来确定企业的市场支配地位，会出现与真实情况不尽符合的结果。因此，需要考虑反映企业综合经济实力的其他因素。在反垄断的立法与司法中，许多国家越来越重视这种“其他因素”对企业市场支配地位的影响，从而形成了“以市场份额为主，兼顾反映企业综合经济实力的其他因素”的市场支配地位认定标准。

尽管市场结构标准被认为是认定市场支配地位的首要标准，但它绝对

---

① 郑泰安、郑鈜：《反垄断法律制度研究》，四川人民出版社2008年版，第123页。

② 吕明瑜：《竞争法制度研究》，郑州大学出版社2004年版，第12页。

不是认定市场支配地位的唯一原因。对此，有学者[①]指出。第一，市场绩效标准。这个标准虽然在理论上被认为具有说服力，但不能作为法律上的判断标准。因为在实践中，人们不能精确测定一种产品的边际成本，从而就不能准确地说明，一个企业的大幅度盈利究竟多大程度上是来自其市场支配地位。第二，市场行为标准。这个标准的出发点是，如果一个企业在定价或者进行其他经营决策时可以不受其他竞争对手的产品价格以及其他的经营决策的影响，这个企业就是一个占市场支配地位的企业。然而，与分析市场绩效标准一样，因为实践中人们不可能精确地测定某种产品的边际成本，人们也就不可能准确地推测一个企业对其产品的定价是否合理。实际上，不是企业的市场行为决定企业的市场地位，而是企业的市场地位决定企业的市场行为。第三，市场结构标准。如果一个或者几个企业在相关市场上长期占据很高的市场份额，这个事实本身可以作为市场支配地位的证据。市场份额虽然是认定市场支配地位极其重要的因素，但不是唯一和绝对的因素。市场份额不能成为认定企业市场地位唯一和绝对的因素，这主要出于以下价格方面的考虑：第一，很高的市场份额不一定能够证明企业不存在市场竞争的压力；第二，市场份额是对企业过去竞争力的说明，而不能完全说明企业在今后的市场地位。第三，在企业占50%以上市场份额的情况下，认定一个市场支配地位还相对容易，但在企业的份额不是过高的情况下，仅仅依靠市场份额判断企业的市场地位，就可能出现错误。

第二节 SSNIP相关市场界定法

在反垄断法中，相关市场概念及其确定至关重要，几乎所有的垄断行为分析都必须以其为基础进行。如何对相关市场进行界定，一直都是反垄断学界讨论的焦点。

SSNIP界定法，即所谓“虽小但却显著的非暂时性价格上升”相关市场测试法。

---

① 王晓晔：《反垄断法》，法律出版社2011年版，第198—201页。

一 界定相关市场的SSNIP方法

按照国际惯例，各国反垄断法将相关市场分为相关产品市场、相关地理市场和相关时间市场。如今，随着科学技术（主要指知识产权）的进步，一些国家在认定相关市场时，还会考虑技术、创新市场等方面的因素。

有学者①研究指出，界定相关市场的方法主要有两大类：一类是传统的产品功能界定法，另一类是SSNIP界定法。在实践中，产品功能界定法主要采用相似产品间的交叉价格弹性，来判断两种产品是否属于同一市场。如果两种产品的价格间存在着接近于或更高的交叉价格弹性且没有明显的时滞，那么这两种产品就属于同一市场。传统的产品功能界定法涉及多个判定标准：需求交叉弹性标准、合理的互换可能性标准、特有性质及用途标准、次级市场标准和商品群市场标准等，不同的标准对应不同的亚类界定方法。随着越来越多的产品具有多样化的物理特征和预期功能，要判断两种产品是否属于合理替代品，不同专业知识背景的人可能做出不同、甚至相反的判断。因此，传统的产品功能界定法具有很强的主观随意性。20世纪80年代以后，随着经济学的发展和经济理论在反垄断领域的应用，另一种新的、更为精确和可计量的相关市场界定方法——SSNIP方法得以产生。此后，世界上越来越多的国家和地区开始采用SSNIP方法来界定相关市场。

SSNIP首先由美国1982年《并购指南》率先使用。随后，1997年欧盟《市场界定通告》也明确表示采用SSNIP测试法，并称其为“假定垄断者测试”的SSNIP测试法。

学者②研究发现，美国司法部在使用SSNIP标准界定一个相关市场的时候，总体上需要两个步骤：第一步是确定相关当事人销售的产品和地域，这个产品假定是A。第二步是将其他产品和其他地域扩大到这个相关市场，扩大的前提条件是，当产品A存在一个“小幅度但很显著并且是非临时性的价格上涨”（即SSNIP）的时候，该产品的用户将会转向产品

---

① 余东华：《反垄断法实施中相关市场界定的SSNIP方法研究——局限性及其改进》，《经济评论》2010年第2期。

② 王晓晔：《反垄断法》，法律出版社2011年版，第91—92页。

B、产品 C 等，直到该涨价不再使其用户改变需求为止。这个测试的结果，就是将产品 B、产品 C 或者其他地区被扩大到相关的产品市场或者地域市场之内。自美国司法部 1982 年发布的《企业合并指南》以来，5% 的 SSNIP 标准被视为测定某种产品需求替代的主要方法。《欧共体竞争法中界定相关市场的通告》借鉴了美国的《企业合并指南》，也提出界定相关市场应使用 SSNIP 测试标准。理论上说，反垄断执法机构使用 SSNIP 测试标准界定相关市场时，需要回答两个问题：一个是致使消费者做出反应的相对价格的变化幅度，即这个“小的但很显著的涨价幅度”到底是多大；二是消费者做出反应的时间限度，即这个“非临时性价格上涨”的时间长度。与美国司法部将价格变化的幅度定为 5% 不同，欧共体委员会在通告中使用了 5%—10% 的价格增长区间幅度。即欧盟委员会不愿意规定一个过于精确的价格增长幅度，而且也不认为价格差别超过了 5% 的两种产品就不能属于同一个相关市场。对于第二个问题，欧盟委员会也不是像美国司法部那样，规定消费者做出反应的时间为 1 年。这说明，欧共体委员会不是把 SSNIP 测试标准视为一个纯粹的数量经济学的问题，而是一个在具体案件中根据具体情况予以应用的问题。

二　SSNIP 界定法的缺陷、改进及完善

1. SSNIP 界定法的缺陷

20 世纪 90 年代以来，SSNIP 测试法逐渐开始成为世界各国界定相关市场的主流方法，美国、加拿大、澳大利亚和欧盟等国家和地区都相继采用该方法。但需要注意的是，无论采用什么方法界定相关市场，都是有缺陷的。尽管 SSNIP 是世界各国界定相关市场时主要采用的方法，但在实践中也有许多缺陷。其著名者为唐德 · F. 特纳在《反垄断政策于杜邦玻璃纸案》一文中提出的“玻璃纸谬误”。

有学者①研究认为，首先，SSNIP 测试法存在适用前提，即“其他产品的销售条件保持不变”和“市场上不存在价格歧视”，这两个适用前提的存在客观上制约了它的普遍适用性。其次，SSNIP 测试法与玻璃纸谬论。虽然导致假定的垄断者无法获利的原因是唯一的，即部分消费者停止

① 丁茂中：《反垄断法实施中的相关市场界定研究》，复旦大学出版社 2011 年版，第 36—39 页。

购买其产品，但是导致部分消费者停止购买的原因有两个方面的因素。一是消费者选择了购买其他具有替代性的产品；二是在没有需求和供给弹性的情况下，消费者因为价格过高而彻底停止使用此类产品。在相关案件操作中，执法机关通常只考虑到第一个因素，而忽视了第二个因素。第二个因素意味着先前确立的临时产品市场或者地理市场已经达到了极限，两者所确立的相关市场应当成为涉案企业所处的相关市场范畴。但是，按照SSNIP，此时还要将其他的产品和地理市场纳入进来考虑。这样，相关市场实质上被技术性的放大，从而导致涉案企业的市场份额必然相对缩小，这使得那些原先可能被认定具有市场支配地位或者优势地位的企业，不再具有支配地位或优势地位，也就失去了查出其滥用这种地位行为的前提基础。因此，SSNIP 测试法可以完全适用于企业合并案件，但是它并不一定能够适用于企业滥用市场支配地位的案件。最后，SSNIP 测试法与数据要求。SSNIP 测试法是一种虚拟的测试法，它并不是真实提高价格来考察消费者真实做出的替代选择，而是通过相关数据来模拟完成的。不管 SSNIP 测试和使用该测试时可能被用到的证据被解释得多么完美，有些情形下，与可替代性相关价格数据可能无法获得。而且，那些本来可以被获得的信息在不同情形下可能发生巨大的变化，并在有些案件中，为了得到那些难以得到的科学证据，信息的获得方式可能又要回到公正的主观估计上来。所以，SSNIP 测试法并不是适用于所用领域的。

2. SSNIP 界定法的改进及完善

关于 SSNIP 方法的改进和完善，有学者①认为，SSNIP 方法在界定一个相关市场的时候，需要回答的问题是，作为对一定产品或者一定地域内假设的一个数目不大（幅度 5%—10%）但长期性的相对价格上涨的反应，当事人的客户是否愿意转向购买可以得到的替代品，或者转向其他地区的供货商。扩大相关产品市场或者相关地域市场的这个过程，直至这个数额不大的和长期性的涨价可以使当事人无利可图为止。

有学者②指出，在考虑消费者喜好、商品价格和替代性等因素界定经营者竞争的市场范围不够清晰或存在争议等复杂情况下，往往需要借助“假定垄断者测试”标准，用经济学分析工具所获取的相关数据，确定假

① 王晓晔：《竞争法》，社会科学文献出版社 2007 年版，第 217 页。

② 王先林：《中国反垄断法实施热点问题研究》，法律出版社 2011 年版，第 36 页。

定垄断者可以将价格维持在高于竞争价格水平的最小商品集合和地域范围，从而界定相关市场，以帮助解决相关市场界定可能出现的不确定性。

也有学者①认为，SSNIP 检验法在市场的界定时，可以从某商品的市场上存在一个假定的垄断者入手。如果假定的垄断者在非短暂的、连续的时期内将商品价格提高到小的但是很重要的程度，有足够多的消费者转向购买其他商品而使得假定的垄断者无利可图，那么就可以断定该经营者并不具备为获利而提高价格的市场势力，需要加进次优的替代商品或者地理区域进行进一步的检验，直到假定的垄断者可以获利为止，这些替代性商品或者地理区域就构成了一个反托拉斯市场。从理论上讲，SSNIP 检验是建立在对剩余需求曲线弹性进行测算基础上的，由于 SSNIP 排除了暂时的、通货膨胀性的价格上涨因素对消费者购买行为的影响，而小幅度但又重要的价格变动可以避免扩及更远的替代物，因此，利用这种方法确定相关市场符合“最小市场”的原则，有实际意义。

欧美国家的反垄断当局在司法实践中对 SSNIP 方法进行改进，并采取了一些其他可替代的辅助测定方法，从而形成相互映照的方法体系。有学者②对其进行总结：（1）共同分析法（Co-Integration Analysis），以竞争商品的价格间的长期均衡关系为焦点的分析方法；（2）EH 测定法（Elzinga—Hogarty Analysis），这种测定方法是对进出测定对象地域的产品的出厂数据进行分析，如果该地域是“自我封闭”的，那么该地域就有可能被界定为一个相关地域市场；（3）临界弹性分析法（Critical Elasticity），是指假想的垄断者通过实施明显的且非暂时的小幅度提价可以获得利益的价格弹性的最大值；（4）临界损失分析法（Critical Loss），是指假想的垄断者决定实施明显的且非暂时的小幅度提价仍然可以获利的销售量减少的最大值；（5）UPP 测试法（Upward Pricing Pressure Analysis），UPP 测试法的目的是鉴别给定的横向企业并购是否会带来价格上涨压力，该方法需要权衡两种力量：一是由并购方带来的直接竞争损失而产生的价格上涨力量；二是由并购带来的边际成本节约而产生的价格下降力量。

对于美国反垄断法执法机关对 SSNIP 测试法的创新发展，所提出的临

---

① 阮赞林：《反垄断法教程》，上海人民出版社 2011 年版，第 44—45 页。

② 余东华：《反垄断法实施中相关市场界定的 SSNIP 方法研究——局限性及其改进》，《经济评论》2010 年第 2 期。

界损失分析法（Critical Loss Analysis），有学者[①]指出，作为SSNIP测试法的发展，其最大价值在于：如何让反垄断执法当局更为便捷地衡量假定的垄断者在一定幅度的涨价情况下是否能够获得更多的利润，进而确定是否有必要把相邻的替代产品或者地区等纳入相关市场范围来重新界定相关市场。SSNIP测试法不能直接告诉相关主体如何判断假定的垄断者是否成功地实施涨价行为，而临界损失法弥补了这一缺陷。它通过对临界损失和实际损失的比较分析，将相关判断标准加以量化，进而使反垄断执法机关相对容易做出判断。临界损失分析法的产生，在客观上简化和量化了相关市场的界定工作，进一步提高了反垄断执法的科学性。

第三节　滥用市场支配地位的规制

对于垄断行为，世界各国的法律都给予了严厉的制裁。滥用市场支配地位作为反垄断法的主要制裁内容之一，各国反垄断法对它的处罚最为严厉。“以反垄断法法律责任是否以部门法理论为基础，可以将各国的法律规定分为美国反托拉斯法的法律责任模式和大陆法系各国法律责任模式。”[②]

一　滥用市场支配地位的法律责任

有学者[③]指出，在行政执法模式的反垄断法中，反垄断行政执法机关是执行反垄断法的主要机构。因此，违反反垄断法的法律责任便主要是行政责任。另外，反垄断法也是保护经营者和消费者的重要法律制度，因而一般都有民事损害赔偿责任的规定。美国反托拉斯法还规定了受害人有请求3倍赔偿的权利。此外，为了加大打击反竞争行为的力度，有些反垄断法还规定了刑事责任。

---

① 丁茂中：《反垄断法实施中的相关市场界定研究》，复旦大学出版社2011年版，第40—41页。

② 尚明：《对企业滥用市场支配地位的反垄断法规制》，法律出版社2007年版，第248—249页。

③ 王晓晔：《反垄断法》，法律出版社2011年版，第356页。

也有学者[①]认为，法律责任是体现反垄断法权威和威慑力的重要组成部分。通常认为，滥用相对支配地位行为的法律责任有民事责任、行政责任、刑事责任。民事责任以提供法律救济赔偿损失为目的；行政责任主要表现为行政制裁，其基本方法如警告、发布禁止令、宣布合同无效和罚款等；刑事责任是最严厉的法律责任，主要有罚金和自由刑，但是大多属国家只规定了罚金，少数国家（如日本）和地区也规定了监禁和有期徒刑。

可见，滥用市场支配地位的法律责任形式主要有三种：行政责任、民事责任和刑事责任。行政和民事责任的规定，仅仅是在处罚方式和处罚数量上的区别，而刑事责任并未受到所有的国家的认可。然而，在反垄断法中引入刑事责任或加重刑事处罚，已成为国际反垄断法的一大趋势。

二　滥用市场支配地位的规制现状

有学者[②]研究指出，美国的反垄断法对企业以及自然人滥用市场支配地位，都规定了相应的刑事责任：对企业判处罚金，自然人则可能遭到监禁入狱的严重刑事处罚。"美国《谢尔曼法》第 2 条规定：如果参与人是公司，将处以 1000 万美元以下罚款；如果参与者是个人，将处以 35 万美元以下罚款，或 3 年以下监禁，也可由法院酌情并用两种处罚；《克莱顿法》第 13 条规定，对违法反托斯拉法刑事规定的行为，整体上或部分上，授权、命令、直接参加违反反托拉斯法的公司经理、行政人员、代理人、犯有轻罪的，处以 5000 美元以下的罚款，或者 1 年以下的监禁或者由法院酌情并处；《罗宾逊—帕特曼反价格歧视法案》第 2 条也规定，对在商业交易中从事折扣的滥用市场支配地位行为，处以 5000 美元以下罚款的同时，还可以处以 1 年以下监禁，也可由法院酌情并处。"

有学者[③]认为，欧盟各国的反垄断法主要产生于"二战"之后，大多数规则都源自美国反垄断法。欧盟竞争法立法主要依据是 1957 年的《建立欧洲经济共同体条例》又称（罗马条约）、理事会发布的规则和有关机

---

① 徐士英、唐茂军：《滥用相对支配地位行为的法律规制研究》，《东方法学》2008 年第 3 期。

② 李小明：《滥用市场支配地位法律规制研究》，知识产权出版社 2008 年版，第 125—126 页。

③ 王晓晔：《反垄断法》，法律出版社 2011 年版，第 380 页。

构的指令，以及欧洲法院的判例等，其构成了欧共体竞争法的法律体系。[①]《欧盟理事会第 1/2003 号条例》第 23 条第 5 款指出，委员会依据该条第 1 款和第 2 款所做的罚款决定，不具有刑法的性质。即欧盟竞争法尚未规定刑事责任制度。但是，该条例第 8 个鉴于条款明确指出，这一条例不妨碍成员国在其本国境内适用更严格的国内竞争法。欧盟已经有成员国在其竞争法中引入了刑事责任制度。如英国 2002 年的企业法规定了对恶性卡特尔的刑事制裁，即违反竞争法的自然人可被处以最高 5 年期限的监禁，且违反竞争法的企业领导在 15 年内不许可担任企业领导职务。

也有学者[②]指出，近些年来，亚洲的一些国家顺应国际反垄断法的趋势，在其法律中引入了刑事责任制裁。《日本禁止私人垄断及确保公平交易法》第 89 条第 1 款规定，违反第 3 条的规定，实施私人垄断或不合理交易限制的；违反第 8 条第 1 款第 1 项的规定，在一定交易领域内实质性限制竞争的，处以 3 年以下的劳役刑或 500 万日元以下的罚金。第 2 款规定，前罪中的未遂形态也应受到处罚。

由此可见，滥用市场支配地位的危害极大，不仅对企业竞争者的利益造成损害，还影响市场经济自由、公平的进行。现今世界上大多数国家的反垄断法，都对滥用市场支配地位的行为规定了刑事责任。如英国则已经引入了刑事责任，美国近年甚至加重了刑事责任。但也有不少国家或地区并未对此做出规定，如欧盟、德国等，有些国家如荷兰和奥地利则在修订反垄断法之后，废除了关于刑事责任的规定。

三 滥用市场支配地位的刑事制裁

对滥用市场支配地位的违法行为施以刑事责任制裁，已为国际反垄断法一大趋势。然而，对于是否应当施以刑事制裁，学界存在争议。

有学者[③]研究指出，一个国家的反垄断法是否适用刑事制裁的救济方法，这取决于很多因素。如它是否有对案件能够尽心尽职的调查人和起诉人，调查人是否被授以足够的权限以便获得违法的证据，法官是否愿意给

---

① 刘宁元、司平平、林燕萍：《国际反垄断法》，上海人民出版社 2009 年版，第 70—71 页。

② 时建中：《三十一国竞争法典》，中国政法大学出版社 2009 年版，第 185 页。

③ 王晓晔：《竞争法》，社会科学文献出版社 2007 年版，第 450—451 页。

这种违法行为定罪等。还有一个决定性的因素是这个国家的法律传统和文化。如美国很久以来就有反托拉斯的传统，这个传统导致了《谢尔曼法》的诞生。在美国人心中，竞争者串通定价或者划分销售市场的行为与那些靠拦路抢劫发家致富的坏人同样是犯有重罪。因此，对这些行为实施刑事制裁在美国是众望所归。然而，其他很多国家却没有这样的传统，有些国家把竞争者之间的限制竞争视为是正常的现象。再加上大多数人的观点是，一种行为只要不受刑法的制裁，这种行为就不是犯罪。这种情况下，在反垄断法中引入刑事制裁，在某些国家就不是一件轻而易举的事情。

有学者①认为，绝大多数国家在反垄断法法律责任制度中都规定了刑事责任，这说明刑事责任是有效制止垄断行为、维护正常的市场竞争秩序、保护社会公共利益以及经营者和消费者合法权益的必要手段。即使有些国家并未规定刑事责任，也不是因为对适用刑罚的不可避免性有不同认识，而是基于对罪与非罪界限这一技术性难题的考虑。而今，即使在这些国家，也发生了一些变化。因此，可以认为，在反垄断法中设置（有些国家甚至还在强化）刑事责任是各国反垄断的通行作法。

也有学者②认为，要尊重刑事化立法的限度，防止过度威慑。从目前各国反垄断法所实施的情况来看，追究刑事责任的重心在于本身违法的核心卡特尔行为。虽然，有些国家规定了对于市场支配地位滥用行为的刑事责任，但是在实践中几乎没有动用，这种现象称之为事实上的非犯罪化。另外在最适威慑理念指导下，科学设计刑事化的应用体系。首先，要设置独立的、强大的专门反垄断主管机关，授权其专属高发垄断刑事犯罪，利用其专业知识和技能，达到最适威慑效果。其次，对于那些不是很严重的反垄断违法犯罪行为，我们应借鉴美国和德国的简易程序进行快速处理，以确保优先指控对社会影响最坏而指控又能获得最大威慑效果的犯罪。最后，为了强化反垄断刑事制裁的威慑效果，我们应在立法中规定两罚原则，追究个人和公司的双重刑事责任。同时，应像其他国家一样在法律中规定告密者的刑事宽恕政策。对于那些社会危害性很大的严重垄断犯罪行为，动用监禁进行制裁是必须的。

---

① 邵建东：《我国反垄断法应当设置刑事制裁制度》，《南京大学学报》2004 年第 4 期。

② 王健、徐士英：《新世纪经济法的反思与挑战》，中国法制出版社 2008 年版，第 270—271 页。

亦有学者①认为，第一垄断行为具有严重的社会危害性。首先，其严重损害了消费者和其他经营者的合法权益，降低社会福利水平。其次，垄断行为抑制了竞争秩序的形成和竞争机制的功能，扰乱了市场经济秩序。另外，垄断行为也扰乱了社会分配秩序，引起两极分化，破坏社会秩序。第二垄断行为具备不可避免之刑罚当罚性。刑罚之不可避免性，体现了刑法中的慎刑原则。而且对垄断行为来说，民事制裁和行政处罚无法对其构成有效威慑。由于刑法是国家对犯罪行为最严厉的责难手段，在垄断行为犯罪化过程中，应遵循适度，最后手段和适当超前原则。

相反，有学者②认为，运用刑法手段解决冲突必须具备两个条件：一是危害行为必须具有相当严重程度的社会危害性；二是作为对危害行为的反应，刑法、刑罚更具有无可避免性。该学者指出，在反垄断法领域引入刑事制裁是不符合这两个条件的：第一，垄断与限制竞争行为的社会危害性并不如一般刑事违法行为那么明确肯定；第二，反垄断法上的刑事制裁具有高度的可替代性。反垄断法上的违法行为与其他性质的违法行为的主要不同在于，反垄断法违法行为的动机百分之百是为了经济利益。只要精心运用罚款技术，加大企业违反反垄断法的成本，则完全可以遏制这种违法行为；考虑到违法行为的严重紧急后果，企业内部自会制定规则，控制所属人员从事反垄断法行为。因此，其主张反垄断法应当非刑事化。

有学者③认为，第一，价格卡特尔、市场分割和串通投标等垄断协议行为，不仅具有严重的社会危害性，而且还具有伦理上的可责难性，具有进行刑事制裁的法理基础；第二，对价格卡特尔等严重的违法行为予以刑事制裁，能达到预防与控制之效果；第三，刑事制裁具有不可替代性，因为刑事罚金比民事罚款更具有威慑力；第四，在进入21世纪，对严重垄断协议行为实施刑事化制裁，已经成为世界各国制裁垄断的一种趋势。因此，应当对卡特尔、串通投标等严重破坏市场竞争秩序垄断协议行为认定犯罪行为，统一置于“垄断罪”的罪名之下，对其施以刑事制裁。

---

① 姜发根：《垄断行为犯罪化问题研究》，见漆多俊主编《经济法论丛》（上卷），中国方正出版社2008年版，第149—151、156—159页。

② 李国海：《反垄断法制裁手段研究》，见漆多俊主编《经济法论丛》（第10卷），中国方正出版社2005年版，第197—199页。

③ 王玉辉：《垄断协议规制制度》，法律出版社2010年版，第278—279页。

亦有学者①认为，我国应当建立温和型反垄断制度。首先，温和型反垄断制度是以合理原则为核心的反垄断制度。温和型反垄断法通常要考虑垄断行为的动因与影响后果，并不一定“见垄断必反”。其次，垄断与竞争的必然联系是温和型反垄断制度的自然基础。垄断与竞争有着无法割断的天然联系，这就是垄断是竞争的结果，鼓励自由竞争，就难免会产生垄断的结果。垄断是经由竞争而来，没有竞争就不可能产生垄断，而垄断又对竞争构成威胁，于是就需要反垄断。再次，垄断含义的非确定性是采用温和型反垄断制度的技术性原因。反垄断法实施中的种种非议，皆源于合法垄断与非法垄断的界限难以明确，或者说垄断含义无法确定。考察一些发达国家反垄断立法和司法的演变历史，也会发现，许多国家的反垄断实施也都是或迟或早地、“不得不”选择温和地反垄断。

① 朱慈蕴：《反思反垄断：我国应当建立温和型的反垄断制度》，《清华大学学报》（哲学社会科学版）2003 年第 2 期，第 29—32 页。

第三章

企业合并控制

大部分情况下，企业合并时常对竞争能起到促进作用。但在某些情况下，企业合并也会对市场竞争产生消极影响。而反垄断法的一大任务，就是禁止那些阻碍或可能阻碍竞争的市场合并。对于企业合并控制，本章讨论两个部分的新发展内容：跨国并购与反垄断；美国、欧盟企业合并控制的实体标准比较。

第一节　跨国并购与反垄断

跨国并购是外商跨国直接投资的重要方式，在推动各国经济发展方面发挥着积极的作用。跨国并购在经济发展中是一把双刃剑，其在推动企业实现规模经济、提高效率的同时，也不可避免地造成企业之间竞争加剧、企业滥用市场支配地位排挤竞争者等情况。

一　跨国并购

有学者①指出，经济学理论认为，并购是一项对经济造成正负两面影响的活动。因此，与卡特尔不同，并购在各国竞争法上一般都适用“合理规则”。在欧洲竞争法上，这样一种合理规则的运用被称为“一事一议”。即对并购案采用个案审查，执法机关必须证明一项并购在效果上确实造成了对竞争的限制，否则不能因为并购本身而判定其违法。值得注意

① 王中美：《并购与反垄断》，上海人民出版社2008年版，第1页。

的是，在“对竞争的限制影响”判定上，美式反垄断法国家和欧式反垄断法国家之间存在很大的分歧。这种分歧源自关于并购的经济学争论，以及这种争论的不同观点在美欧并购政策上的分别反映。2004 年新的并购规定之前，欧洲相信集中是并购带来的最主要的不良影响，所以其谴责和禁止产生和加强集中的并购；而美国在芝加哥学派的影响下，更加重视对效率的综合考量，而不只是关注集中度。

有学者①认为，通常来说，并购有两层含义，即兼并和收购。在现今的国际投资中，跨国并购是一国企业较为容易进入另一国的市场的最为常用的方式。通过跨国并购，外国投资者可以很快获得包括市场份额、市场地位以及企业知名度等在内的一系列好处。在这种利益的促使下，各种跨国并购层出不穷。从世界范围来看，1995 年到 1999 年的 5 年间，跨国并购金额从 2000 亿美元上升至 5000 多亿美元。参与并购的大多是被美国《财富》杂志列为全球 500 强的大企业，因此，它们是名副其实的巨型企业的跨国并购。②

另有学者③指出，种种迹象表明，随着国际投资的发展，跨国并购已成为世界投资的一种趋势。当前，跨国合并与收购的突出特点趋势是：（1）规模巨大；（2）并购涉及的行业都是在全球竞争中面临着巨大竞争压力的行业，主要集中在银行业、保险业、电信业、媒体业等；（3）大的跨国公司通过合并形成了更大的跨国公司，而它们又阻止其他主要的跨国公司进行重组或者组织与其开展同类业务；（4）跨国公司不但通过收购或合并获取战略地位或实现重组，而且还通过企业之间的协议达到了这个目的；（5）在跨国并购中，发展中国家处于相对次要的地位。

对于企业并购的原因，有学者④认为，除了传统上的诸如实现规模经济或者组合经济外，维护或者扩大企业的市场势力，也是一个重要动因。此外，其还包括一些特殊原因。（1）经济全球化为企业扩大了市场。随着经济和技术的全球化，企业的竞争参数也发生了变化。企业要从国际生产和国际销售着眼，为降低其生产成本和提高其国际竞争力，需不断地调

---

① 王晓晔：《反垄断法》，法律出版社 2011 年版，第 413 页。

② 同上书，第 418 页。

③ 黄勇：《国际竞争法研究》，中国友谊出版公司 2003 年版，第 85 页。

④ 王晓晔：《反垄断法》，法律出版社 2011 年版，第 413—415 页。

整其组织结构。竞争中市场必然存在连锁反应，一个合并将跟随着更多的合并。(2) 国家减少干预为企业开辟了新市场。随着经济和科技的发展，人们的观念也发生了变化。过去在许多国家被视为自然垄断或国家垄断的行业，如电信、能源、航空运输、保险以及银行业，都逐步引入了竞争机制，实现了民营化或者经营自由化。(3) 企业经营哲学的变化。在企业并购浪潮中，许多并购是混合并购，但却反而给一些企业的生产和经营活动，带来了累赘和麻烦。在这种情况下，一些跨部门和跨行业经营的企业纷纷出手，它们在非核心领域的生产经营互动，同时购进与自己相同或者相似产品的企业。

有学者①指出，企业跨国并购动因的三种理论。(1) 企业价值低估论。该理论最早由 Hannah. L. 和 Kay. J. 于 1977 年提出，认为企业的真实价值或潜在价值未能得以反映。1998 年发表的《跨国并购：价值低估假说》，证明了目标公司价值低估也是跨国并购主要原因之一。但这种理论的局限性在于，目标公司价值被低估是短期现象，因此，现实情况往往是目标企业价值被高估而非低估。(2) 产业组织理论。该理论认为，企业的最低有效生产规模、核心技术和政府对产业进入的限制，都可能对企业的行业进入形成产业壁垒。该理论虽然不能全面、单独解释跨国并购投资行为，但这种探索在理论上却是一大进步。(3) 获取速度的经济性。该理论认为，企业的经济效率不仅取决于转换资源的数量，还取决于时间和速度。跨国并购可以迅速获得目标公司的生产能力、销售渠道、研发能力等资源。该理论对推动跨国并购有重要意义，无论是规模经济还是尝试理论，都无法完整地解释对新建投资和跨国并购的选择，但考虑到速度原因就很明了了。

也有学者②认为，从市场结构来看，有完全竞争性的市场，有寡占市场，有垄断市场。随着优胜劣汰导致的一些企业的成功和增长而另一些企业倒闭，市场结构有时变得更为集中。但是，有些企业不是通过竞争努力，而是由于合并而得到增长。从另一方面来说，企业行使市场力量会因提高价格和降低质量、减少数量而损害消费者或者其他生产者，因而需要

---

① 郑泰安、郑鈜：《反垄断法律制度研究》，四川人民出版社 2008 年版，第 257—259 页。

② 孔祥俊：《反垄断法原理》，中国法制出版社 2001 年版，第 608 页。

竞争主管部门识别和控制滥用市场力量。合并控制的道理就在于：预防企业获取市场力量要比在市场力量产生后再予以控制，要好得多。有效的合并政策就是要在合并发生后，判断其对竞争的影响。

二 跨国并购与国际竞争

跨国并购在促进经济发展的同时，也带来了一些负面影响。这些负面影响引起各国对跨国合并对国际竞争影响的担忧。

有学者①认为，跨国合并对于世界市场的竞争可能会产生如下影响。(1) 导致市场垄断。国际市场的垄断者一般都掌握着高科技，有着巨额资本，它们的垄断地位可能是长期性的。(2) 导致世界市场寡头垄断。企业合并即使难以导致市场垄断，但也会提高市场集中度，减少竞争者的数目。

也有学者②认为，合并有利有弊。大多数合并因为能够使企业更有效率的经营，给竞争和消费者带来好处。但是，有些合并会减少竞争，反过来导致价格提高，商品或者服务的供应减少，产品质量降低，阻碍技术革新。有些合并却是产生了集中的市场，而有些合并使得单个企业可以提高价格。集中的市场上只有几个企业。这就使他们更容易勾结起来减少竞争。有些合并使得合并后的企业有足够的市场份额，可以单独提高价格。而且，有些合并因为大幅度增加行使市场力量的可能性而往往损害竞争。合并控制的主要焦点，是关注合并增加的市场集中产生所导致的潜在的反竞争后果。

亦有学者③认为，企业合并会产生相关的效应，这种效应既有正面的，也有负面的。首先，正面效应。第一，相比通过市场竞争、优胜劣汰、按部就班、自然增长来说，合并是企业增长速度最快、成本最低的方式；第二，把以前各自独立的企业合并为一个企业，避免了讨价还价，减少了交易成本、降低了管理成本并且有助于取长补短，发挥企业整体效益，使“1+1>2”；第三，合并有助于一些企业获得一些紧张的资源，诸如专利权、工程专有技术甚至是现金等目标。其次，负面效应。第一，

① 王晓晔：《反垄断法》，法律出版社2011年版，第416—417页。

② 孔祥俊：《反垄断法原理》，中国法制出版社2001年版，第609页。

③ 邱本：《市场竞争法论》，中国人民大学出版社2004年版，第170—171页。

合并使独立的市场主体组成统一或同一的市场主体从而直接导致市场上竞争者的数量减少，甚至导致独占或寡占，出现市场集中，没有竞争者就没有竞争，减少竞争者对消除竞争来说犹如釜底抽薪；第二，合并人为地创设巨型大企业，使它占有很大市场份额，具有市场优势地位，能够排挤现有的竞争对手；第三，合并减少了各企业产品或服务的可替代性，使得企业因产品或服务的可替代性所导致的客户流失的风险没有了；第四，合并即使联合统一，也是区别分化，是把企业一分为二，即合并企业与非合并企业，对两者不会平等相待、一视同仁，而是偏袒合并企业，歧视非合并企业，置非合并企业与不利的竞争地位。

三　跨国合并与国际反垄断

通常而言，跨国合并是国际巨型企业实现全球战略的最佳方式。它对全球经济有着深远影响，也对反垄断的国际化提出了挑战。

对此，有学者①提出通过以下几个方面进行分析。(1) 跨国合并是跨国公司对新的全球竞争环境的一种战略反应。首先，跨国合并是跨国公司实现其全球战略的重要手段。企业通过在国外建立自己的生产设施，来保护、巩固和增强自己的国际竞争力，实现其全球战略。其次，跨国合并是企业进入国外市场最快捷的一种方式。具体来说，作为跨国并购主要竞争主体的跨国公司之间相互依存度不断提高，其相互之间竞争力也随之增强。跨国公司的主要竞争区域主要集中在市场容量大、潜力大和经济增长快的国家和地区。竞争的时间因素开始体现其重要作用，竞争者的企业充分认识到时间领先对于获取竞争地位的重要性。因此，跨国并购正好适应了跨国公司发展的趋势和要求，不仅快捷，而且成本低廉。(2) 跨国合并对全球经济的影响。首先，加快了世界经济全球化进程；其次，使得国际竞争更加激烈，出现规模扩张和市场份额争夺的轮番升级；再次，发展中国家面临严峻挑战；最后，对反垄断法的体制和管理制度提出挑战。(3) 跨国合并的规制及前景。国际社会为了控制跨国合并，主要有三种管制制度：第一是单边管制，主要以美国、德国和欧盟的管制制度为代表。这种制度不能合理解决跨国合并的问题。第二是双边合作管制。在这

---

① 刘宁元、司平平、林燕萍：《国际反垄断法》，上海人民出版社2009年版，第197—210页。

种制度下，国际性的并购活动所产生的问题可以通过两个国家反垄断机构的合作得以解决。这种制度，以美国和欧盟1991年订立的反垄断合作协议最为引人注目。第三是多边合作。多边合作的方式主要以国际组织为主，如北美自由贸易区（NAFTA）、亚太经合组织（APEC）等组织的成员国都在一定程度上开展反垄断合作。

也有学者①认为，反垄断法适用的局限性尤其表现在巨型企业的跨国并购方面。因为巨型企业往往同时在很多国家有生产经营活动，这样的合并有时就需要同时向十几甚至二十几个国家进行申报。这么多的申报对企业是一种经济负担，更重要的问题是向这么多的国家和地区进行申报，这就使合并处于很不稳定的状态。企业合并申报的国家越多，其合并计划就越缺乏可预见性。因此，有跨国合并经历的企业向国际社会呼吁，建立统一的反垄断的程序法，以缩短等待期，其中，尤其对市场竞争没有损害的合并应尽快予以批准。

第二节　企业合并控制的实体标准

如果说企业合并控制是反垄断法的三大核心内容之一，那么实体标准就是企业合并控制制度的核心。有学者②指出，控制企业合并的实质标准使合并可能产生或加强市场支配地位，进而可能损害竞争。

一　美国、欧盟企业合并控制实体标准

有学者③研究指出，各国反垄断法对合并的控制有“实质性减少竞争”标准与“支配”标准之分。“实质性减少竞争”标准，是指反垄断法只控制具有实质性减少竞争的目的或者后果的合并。如美国《克莱顿法》第7条禁止实质性减少竞争的合并。加拿大竞争法规定，禁止可能实质性防止或者减少竞争的合并，但如果能够带来超过损失的效率授以的合并不予禁止。“支配标准”是反垄断法禁止获取或者维持市场支配地位的合

① 王晓晔：《反垄断法》，法律出版社2011年版，第417—418页。

② 刘宁元、司平平、林燕萍：《国际反垄断法》，上海人民出版社2009年版，第183页。

③ 孔祥俊：《反垄断法原理》，中国法制出版社2001年版，第614—615页。

并。如新西兰商法规定，禁止产生或者强化支配地位的合并，除非经过核准。实际上，一些反垄断法采取的是双重标准。如欧盟合并条例规定，对于具有共同体意义的合并，由欧盟委员会决定其是否与共同市场相冲突。创设或者强化支配地位的合并，其结果导致在共同市场或者其实质性部分上的有效竞争将会被实质性地阻碍的，就宣告其与共同体市场相冲突。在此，创设或者维持支配地位以及实质性减少竞争，都被作为判断合并控制的标准。

对于美国企业合并控制的实体标准，有学者①研究发现，美国企业合并规制采用的是《克莱顿法》第7节规定的实质减少竞争的实体标准。其实体分析框架则是由1997年的《合并指南》来规定。按照该指南的规定，有关市场份额和市场集中的数据，只是为分析合并的竞争效果提供了一个分析起点。接下来就是要分析，合并后的市场结构是否使得厂商的行为更加容易走向协调（寡头市场情形）并以此减少竞争。另一个需要着重考虑的因素是，合并是否使得合并后的企业具有所谓的单边效应以实质性减少竞争。市场准入分析也是美国《合并指南》所确定的一个十分重要的因素，一项导致了极高市场份额的合并，可能因为存在着极为便利的市场准入条件而得到反托拉斯机关的批准。此外，《合并指南》还要求美国的反托拉斯机关，对合并所产生的效率因素和涉及垂危企业的合并，予以特别的关注。因而，对美国企业合并规制的实体分析框架的特点，可归纳为重要因素分析。最终美国企业合并规制形成的实体分析框架包括：(1) 赫芬达尔—赫希曼指数（HHI）及“安全港”标准；(2) 厂商协调减少竞争；(3) 单边效应对竞争的减少；(4) 市场进入的壁垒；(5) 效率抗辩和垂危企业合并。

也有学者②认为，美国是以实质性减少竞争为审查标准。《克莱顿法》第7条是美国禁止经营者集中最为重要的法律依据。但它开始只是禁止通过股票买卖所实现的合并，而不禁止通过资产取得所进行的合并。1950年《塞勒—克弗维尔法》将其管辖范围扩张到各种形式的经营者集中。1980年的《反托拉斯诉讼程序改进法》又将原来的“公司”扩大到“个

---

① 卫新江：《欧盟、美国企业合并反垄断规制比较研究》，北京大学出版社2005年版，第71—79页。

② 阮赞林：《反垄断法教程》，上海人民出版社2011年版，第124—125页。

人”。可见，美国反托拉斯法禁止合并的实体标准采用了“实质性减少竞争标准”。为了细化这一标准，1992 年美国《横向并购指南》阐明，主管机关在决定是否应对一项横向并购提起异议时，应采取五步分析法。即通过对市场集中、潜在的反竞争效果、市场进入、效率和破产等因素进行五大步骤的详细分析，主管机关可以得出一项并购是否严重减少了竞争的结论，进而决定是否同意一项合并申请。

也有学者①认为，1992 年，美国司法部和联邦贸易委员会联合发布了新的企业合并指南，明确提出了控制企业合并要看是否“有益于企业的竞争和消费者的福利”。由此可见，消费者的福利成了检验企业合并是否需要控制的核心标准。

对于欧盟的实体标准，有学者②研究指出，欧盟企业合并中反垄断规制是以支配标准为其实体标准。欧盟 2004 年《合并条例》第 2 条规定，如果一个合并没有使企业产生或增强其支配地位，也没有严重阻碍整个欧共体市场或者其相关区域的有效竞争的，这个合并将被视为与共同体市场相容的合并。如果一个合并使企业产生或增强其支配地位并严重地阻碍了共同体市场整体或者其大部分区域的有效竞争的，这个合并就可视为与共同体市场不相容。由此可见，欧盟委员会判定一起合并是否符合要求，必须要以两个标准来衡量：（1）是否产生或增强起支配地位；（2）是否严重阻碍了共同市场或者相关区域的有效竞争。

也有学者③认为，欧盟对企业合并的审查是从市场集中（体现为市场份额）开始的，着重考察企业合并前后市场集中程度的变化、是否导致创设或强化原有的市场支配地位，再考察整个欧盟或其大部分的市场有效竞争是否因创设或强化原有市场支配地位而受到实质性妨碍。在做上述分析时，欧盟委员会还要考虑多种因素，诸如，合并当事方企业的市场地位、财务能力、用户和消费者的其他选择、市场准入的条件、科学技术的发展和经济进步等。总体来看，对欧盟企业合并规制的实体分析框架，可

---

① 徐士英：《论企业合并反垄断法律控制的权衡》，《法学》2006 年第 1 期。

② 郑泰安、郑鈜：《反垄断法律制度研究》，四川人民出版社 2008 年版，第 177 页。

③ 卫新江：《欧盟、美国企业合并反垄断规制比较研究》，北京大学出版社 2005 年版，第 71—75 页。

以归纳为市场支配地位测试加多因素分析。即首先分析是否存在着创设或强化市场支配地位的情形，再对与合并案有关的其他多种因素进行分析，最终决定是否批准一起合并。欧盟企业合并规制形成的实体分析框架包括：(1) 以市场份额衡量的市场集中度；(2) 市场支配地位测试；(3) 多因素分析。

当然，也有学者①研究指出，欧盟合并条例采用的合并评估的实质标准，是欧盟委员会以及欧盟认识不断深化的结果，特别是对竞争效果理论的认识不断深化的结果。欧共体合并条例的新标准，使支配地位标准成为该标准的一个组成部分、其中的一种情形，在范围和内涵上超出了原有的支配地位标准，具有了全新的内容。新标准并不以产生或强化支配地位为必然要件，从而根本改变了实质标准的构成。重大阻碍有效竞争的情形，包括了所有导致价格增长、选择减少或创新下降的反竞争的合并。新标准的表述形式，尽管文字上与美国等国家的重大削弱竞争标准不完全相同，但实质上是采纳了美国等国的模式。评估准则将可能重大阻碍竞争的反竞争效果分为两类：第一类是消除竞争限制，无须通过企业间的协调，该类称之为非协调效果；第二类是改变竞争性质，使原来没有协调行为的企业在合并后更有可能协调其行为，这一类称之为协调效果。非协调效果，具体可以表现为合并企业具有很大的市场份额，合并企业是激烈的竞争者，顾客转向其他供应商的可能性极小，如果价格提供竞争者不可能提高供应，合并后的实体能够阻碍竞争者扩大，以及消除了重要的竞争力量，等等。在集中程度较高的市场中，合并使企业更容易协调，将价格维持在竞争水平之上，降低产量或分配市场。所有这些，都是阻碍有效竞争的行为。从反竞争效果的这一分类中，已经看不到支配地位的幽灵。

从上面美国和欧盟的分析框架可以看出，两种实体标准由相似的分析框架构成，但其实体标准本身差异也会导致在适用时出现较大的差异。美国的合并规制较注重经济分析，其审查方式也更为多元化，重点分析厂商协调行为、单边效应、市场准入、效率和垂直企业合并五个因素，并逐步降低市场占有率和集中度等固定标准在合并审查中的地位。相反，欧盟的合并制度的重点在于避免大规模的厂商的形成，重视市场占有率以及集中

---

① 韩立余：《欧盟合并控制法的根本变革》，《当代法学》2005 年 3 月第 19 卷第 2 期。

度等市场结构的分析。虽然，欧盟企业合并控制规制在修正后，已经逐步趋向于美国的实质性减少竞争标准，但由于分析框架的不同，在实践中，合并审查依然会在合并条件相同的情况下，做出不同的结果。但二者对于企业合并控制的实体分析，都是以市场集中为起点的。“如果说两个制度以前曾经存在差距的话，在2004年5月1日新条例实施之日起，这种差距就消失了。”①

二　美国、欧盟企业合并控制实体标准比较

有学者②认为，企业合并控制的实体标准可以分为一般标准和具体分析因素。一般标准主要包括：市场支配地位标准和实质减少竞争标准；具体分析因素主要包括：相关市场界定，参与集中的经营者的市场份额及市场控制力、市场集中度、市场进入壁垒、效率以及破产等。

美国实体标准，被称为实质性减少竞争标准，其主要由《谢尔曼法》、《克莱顿法》以及《横向合并指南》等法律组成。有学者③指出，《谢尔曼法》是美国历史上第一次企业合并高潮的产物，其核心内容是第1条和第2条。第1条规定，任何妨碍州际或者对外贸易的商业合同、托拉斯或者其他任何形式的联合或者共谋，均为违法。第2条规定，任何人若从事垄断或企图垄断或与他人联合或者合谋以图实现对州际或对外贸易或商业的任何部分的垄断，或与他人联合或者合谋以图实现对州际或对外贸易或商业的任何部分的垄断，均应被视为犯有重罪。《谢尔曼法》虽措辞严厉，但很不明确。它只禁止“不适当”或“以不公平方式”限制竞争的行为。这就是说，在企业合并情况下，法院不仅需测度因合并而被减弱市场竞争的程度，还应考虑相关市场的所有情况，包括合并可能产生的所有后果。

有学者④发现，美国《克莱顿法》第7条规定：“从事商业或者影响商业活动的任何人，不能直接或间接占有其他从事商业或者影响商业活动

---

① 韩立余：《欧盟合并控制法的根本变革》，《当代法学》2005年3月第19卷第2期，第156页。

② 孙晋：《反垄断法——制度与原理》，武汉大学出版社2010年版，第151页。

③ 王晓晔：《反垄断法》，法律出版社2011年版，第258页。

④ 尚明：《反垄断法——主要国家与国际组织反垄断法律与实践》，中国商务出版社2005年版，第135页。

的一人的全部或部分股票或者资产，如果在国内任何地区的任何商业领域该占有可能实质性的减少竞争或者旨在形成垄断。”该条例确定了美国企业并购控制的 SLC 标准，即实质性减少竞争标准。

另有学者①研究了美国司法部和联邦贸易委员会 1992 年共同发布的《横向合并指南》，指出其具体内容包括五个方面：（1）审查合并是否能显著提高市场集中度；（2）根据市场集中度和其他相关市场因素，评价合并是否会产生潜在的反竞争效果；（3）潜在的市场能否及时、可能和充分地阻止或者抵消合并的反竞争效果；（4）合并企业的效率；（5）本应干预的合并中是否有一方面临破产的威胁。2010 年，美国司法部和联邦贸易委员会联合发布了修订后的《横向合并指南》。其主要变化包括确定反竞争效应的证据、市场界定、市场集中度门槛（thresholds）等七个方面。此次修订，体现了美国反垄断法执法机关在反垄断政策方面的发展变化，也指明了世界反垄断法发展的趋势。

欧盟实体标准，即所谓的市场支配地位标准。其主要包括《欧共体条约》第 82 条（罗马条约第 86 条）、第 4064/89 号理事会控制企业集中条例以及第 139/2004 号企业合并控制条例等。有学者②研究指出，欧盟对企业并购的规制，把重点放在企业并购后市场集中度的变化上，即关注的重点是：是否会出现新的或者加强原有市场的支配地位，这种新的或者加强原有市场支配地位的并购，是否会妨碍到整个欧盟市场的有效竞争。

有学者③研究指出，欧共体条约没有控制企业合并的规定。在 1973 年著名的大陆罐（Continental Can）案中，欧共体委员会适用条约第 82 条（即当时的第 86 条）关于禁止滥用市场优势地位的规定，首次在欧共体市场上禁止了一个企业合并。委员会指出，如果参与合并的企业已经在共同体一个重大领域取得了市场支配地位，并且通过合并将会加强这个地位，该合并就构成滥用市场支配地位。该案判决后，欧共体确立了滥用市场支配性地位（abuse of a dominant position）标准，对违反欧共体政策的企业合并进行管辖与规制。

---

① 孙晋：《反垄断法——制度与原理》，武汉大学出版社 2010 年版，第 153 页。

② 刘和平：《欧盟并购控制法律制度研究》，北京大学出版社 2006 年版，第 135 页。

③ 王晓晔：《竞争法》，社会科学文献出版社 2007 年版，第 331—332 页。

有学者[①]认为，由于条约第 82 条只是适用于可加强市场支配地位的并购，而不能干预可能产生市场支配地位的并购，为了有效抵御共同体市场的经济集中和垄断趋势，欧共体理事会于 1989 年通过了《控制企业合并的第 89/4064 条例》。该条例于 1990 年 9 月 21 日生效。在实践中，这个企业合并控制条例是欧盟委员会为维护市场竞争秩序最常使用的法律武器，它与欧共体条约第 81 条和第 82 条（现欧盟职能条约第 101、102 条）共同构筑了欧盟竞争法的三大支柱。

2004 年 1 月 20 日，欧盟理事会发布《关于控制企业集中的第 139/2004 号理事会条例》，简称《欧共体并购条例》。有学者[②]研究认为，条例第 2 条第 2 款规定，未严重妨碍共同市场或共同市场内大部分市场的有效竞争（特别是由于该集中建立或加强了主导地位）的企业集中，应被宣布为与共同市场相容。第 3 款规定，严重妨碍共同市场或共同市场内大部分市场的有效竞争（特别是由于该集中建立或加强了主导地位）的企业集中，应被宣布为与共同市场不相容。

---

① 王晓晔：《反垄断法》，法律出版社 2011 年版，第 260—261 页。

② 尚明：《企业并购反垄断控制——欧盟及部分成员国立法执法经验》，法律出版社 2008 年版，第 225 页。

第四章

反垄断法的域外适用与国际合作

随着经济全球化的推进和国际贸易的飞速发展，各国企业的业务已经超过一国范围，影响与其有直接或间接关系的国家。这就要求反垄断法走出国界，具体体现在国内法开始谋求反垄断法的域外适用。与此同时，国际反垄断的原则和规范越来越多地出现在双边和多边协定中。积极礼让原则的确立，使得这些域外适用问题得以解决。同时，在 WTO 框架下建立统一的国际反垄断法，引起了世界的关注。此外，国际竞争网络是目前世界上唯一一个仅与竞争政策和竞争法相关的国际组织，它取得了一定成就，却也面临严峻挑战。本章主要介绍反垄断域外适用中的积极礼让原则、WTO 框架下的国际反垄断法以及国际竞争网络（ICN）三方面的研究成果。

第一节　反垄断法域外适用与积极礼让

一般而言，经济全球化提出了反垄断国际化的要求，而反垄断法的域外适用则是反垄断国际化的重要方式。

一　反垄断域外适用

反垄断领域内的管辖权冲突频繁，运用反垄断法来保护本国利益开始受到各国重视。越来越多的国家都在各自的反垄断法中，规定了反垄断法的域外适用制度，以保护本国的经济利益。有学者①研究指出，在巨型石

① 王晓晔：《效果原则——美国反垄断法的域外适用》，《国际贸易》2002 年第 1 期。

油企业埃克森和莫比尔的合并案中，因为这两个企业几乎在全球每个角落都有生产和经营活动，它们的合并不得不向美国、欧盟、加拿大、挪威、瑞士、墨西哥、巴西、匈牙利、日本、捷克斯洛伐克、俄罗斯等12个国家或地区的反垄断主管机关进行强制性的申报，甚至还向澳大利亚和新西兰反垄断主管机关进行了非强制性申报。由此产生一个问题：如果上述这些国家或地区的反垄断主管机构对合并有不同的看法，有些国家批准合并，有些禁止合并，哪个国家最终有权审查或者批准这些对全球竞争有重大影响的合并？哪个国家的法律对合并有最终管辖权？

有学者[①]研究发现，目前全球反垄断法实施的国际合作已经呈现双边合作、区域合作和多边合作并存的局面，这3种合作形式各有利弊，互为补充。双边合作具有较强的针对性、适用性和可操作性，但合作范围有限。区域合作能对实体问题做出统一规定，同时可以对多个国家产生约束力。不过，区域合作无法对区域之外的成员产生效力及适用于区域之外的反垄断执法合作。多边合作可以弥补上述两种合作形式的不足，在全球范围内建立合作机制。但是，多边合作不能排斥其他合作形式，其所能达成的协定往往是各方的妥协。

二　积极礼让

对于积极礼让原则在国际合作中的作用，有学者[②]研究指出，经济合作与发展组织很早就开始倡导对影响国际贸易发展的限制性商业行为进行管制的国家之间的合作。早在20世纪60年代，经济合作与发展组织就建议有关国家在竞争法的实施上进行合作。1973年制定的《关于影响国际贸易的限制性商业行为的磋商和调解程序建议》第一次对积极礼让做出规定。后来，1979年、1986年和1995年公布的《建议》都基本上沿用了该规定。直到1998年，经济合作与发展组织正式使用积极礼让这一概念。由于该《协定》是第一个包含了积极礼让原则的专门竞争法实施方面的双边协定，因而备受国际社会的关注，后来成为一系列双边协议的样

① 文学国、孟雁北、高重迎：《反垄断法执行制度研究》，中国社会科学出版社2011年版，第147—151页。

② 张瑞萍：《反垄断国际合作中的积极礼让原则分析》，《环球法律评论》2006年第2期。

板。1995年，加拿大与美国签订的合作协定在积极礼让的规定上，完全与《协定》的规定相同。在1999年加拿大和欧洲共同体签署的双边协定中，也包含了大致相同的内容。

有学者①研究指出，积极礼让原则是从国际礼让的基本原理中引申出来的。它主要强调不同国家的反垄断主管机关之间进行积极的合作和相互协助，当一国主管机关认为，一项对几个国家都有消极影响的触犯反垄断法的跨国行为由另一个国家处理更好时，该国主管机关应要求另一国主管机关进行调查研究，并尽可能给予积极协助。

也有学者②认为，（1）积极礼让原则并非简单地避免国家之间或政府之间的冲突，而是两国主管机关合作方案的基石。（2）在1998年的对积极礼让原则进行更新修正之后，可以不必考虑限制竞争的行为是否同时触犯了受影响一方的反垄断法，以及受影响一方的主管机关是否已经开始根据其自己的反垄断法采取了实施措施。（3）积极礼让原则建立了一种完全基于自愿的合作机制。在这一机制中，与限制竞争行为有最密切联系的缔约国一方承担调查和提供可能的救济的责任，并且该缔约国依据自己的法律来进行这种调查和提供救济，而请求国则对承担调查和提供救济的缔约国提供各种协助。尽管如此，积极礼让原则的缺陷也是十分明显的。（1）积极礼让原则受到被请求国的反垄断法的限制；（2）两个协定均未就何时或怎样来考虑对方利益的问题，规定任何法律上的强制性义务，也无合作和协调方面的强制性规定；（3）积极礼让原则的贯彻需要缔约双方的相互信任，这就要求双方的反垄断法有共同的文化和经济发展背景；（4）积极礼让原则并不禁止请求国在提出积极礼让请求后采取单边措施，尽管请求国在采取单边措施之前应当通知其利益将受影响的被请求国；（5）美国与欧盟1998年的补充协定不适用于合并事项。

亦有学者③认为，（1）积极礼让原则运用得越多，需要行使本国法律的域外管辖的情形就越少，发生管辖权冲突的机会也就越小。（2）积极

---

① 郗伟明：《经济全球化下中国反垄断执法专题研究》，法律出版社2010年版，第249页。

② 司平平：《国际反垄断法双边合作的基础——积极礼让原则》，《政治与法律》2005年第3期。

③ 张瑞萍：《反垄断国际合作中的积极礼让原则分析》，《环球法律评论》2006年第2期。

礼让原则的适用可提高竞争法实施的有效性，特别是当两个国家对一个可起诉的行为均具有管辖权，而其中的一个管辖权有着更优越的执行手段的情况下。(3) 积极礼让原则的实行，可以促进不同国家的反垄断法在制止反竞争行为的程序等方面的协调和趋同。(4) 积极礼让原则的双边协定，可以避免国家间的管辖权冲突并促进国家间的相关合作，对于缔约国保持长期的友好合作关系，也会起到积极的促进作用。但由于积极礼让目前还只是一个原则，而不是一套具体的行为规范，缺乏确定的法律约束力，因此，如何在现有情况下有效地发挥积极礼让原则的作用，就是一个需要认真研究的问题。(1) 积极礼让原则能否有效实施，主要取决于被请求国的意愿，而被请求国是否予以合作又取决于多方面的因素。(2) 积极礼让原则要求被请求国在考虑自己合法利益的前提下，"对请求国的利益给予充分和同情的考虑"，但究竟什么是"充分和同情的考虑"，并没有确切的标准。(3) 信息沟通是积极礼让的一种表现，也是更深程度的积极礼让的基础。被请求国能否提供必要的信息，既取决于本国法律的规定，也取决于双方的互信程度。被请求国拒绝提供某些信息可能是本国法律有限制性规，如被请求国的法律明确规定某些信息（特别是那些机密信息和关系到公众利益的重要信息）不得与他国分享，即使是积极礼让原则也不能构成例外。

第二节　WTO与国际反垄断法

在世界经济一体化的进程中，WTO要求成员互相减让关税，极大地推动了世界贸易的自由化。然而，跨国公司在各行各业霸占全球资源，进行并购，使得企业的竞争行为在世界范围内进行。因此，在国际贸易关系中，面对出口卡特尔、倾销、跨国并购等垄断现实问题，反垄断法的国际合作成为必要。

一　国际反垄断法的历史与现状

有学者①研究指出，国际社会的"无政府"状态，以及世界范围内资

---

① 文学国、孟雁北、高重迎：《反垄断法执行制度研究》，中国社会科学出版社2011年版，第145—146页。

源的有限性，使得国际案件的冲突成为可能。与此同时，由于各国具有共同的利益，而单边追求本国利益又会受到其他国家的遏止。因而，国际合作成为每个国家的选择。同时，在经济全球化与市场国际化的格局下，由于主张竞争法的单边域外效力会引起严重的管辖权冲突，所以竞争法实施的国际合作已是大势所趋。此外，反垄断法的有效实施对于反垄断执法机构间的国际合作也有迫切的需求。

也有学者①指出，在反垄断法的国际合作问题上，国际社会做出了不少努力，不少国际组织已经对这些问题进行了研究，有些甚至已经行动起来制定统一的反垄断规则，如联合国贸易与发展会议（UNCTAD）、经济合作发展组织（OECD）等。但是，这些规则到目前为止仍然是指导性而非强制性的，这是因为国家利益经常与反垄断法纠缠在一起，各国政府在短期内尚不能在统一的规则上达成共识。

也有学者②认为，早在1947年为建立一个世贸组织而进行谈判中的《哈瓦那宪章》（Havana Charter）第5章就有反对限制竞争行为的规定："缔约国应当采取适当的措施，并与本组织合作，管制国际贸易中限制竞争的商业行为……在任何情况下都必须制止不利于生产和贸易以及有碍于实现第1条既定目的的行为。"根据这个宪章，缔约国对违反宪章的限制贸易的行为有专属管辖权，而且应当在上诉程序中协调国际委员会调查限制性的商业行为。然而，随着宪章的流产，这些国际竞争规则没有生效。

有学者③指出，"联合国贸易和发展组织"（UNCTAD）经过数年努力，于1980年通过了全称为《管制限制性商业管理的一套多边协议的公平原则和规则》的《联合国限制性商业行为法案》。该法案特别强调了发展中国家的利益，保护和支持了发展中国家的贸易与经济发展。RBP-Code是联合国大会根据联合国宪章所作的建议，对各成员国并无法律拘束力，也缺乏一个执行机构负责协调、裁决与惩罚等权力。它的作用仅在于对各国在采取相关措施时给予指南性示范。

此外，还有学者④研究指出，经济合作与发展组织（OECD）有几个

---

① 黄东黎：《国际经济法》，社会科学文献出版社2006年版，第550—551页。

② 王晓晔：《反垄断法》，法律出版社2011年版，第428—429页。

③ 林燕萍：《贸易与国际竞争法》，上海人民出版社2005年版，第82—89页。

④ 阮赞林：《反垄断法教程》，上海人民出版社2011年版，第290—291页。

机构同时从事反垄断政策法律方面的工作。其中有两个机构尤其重要：竞争政策法律委员会（简称 CLP）、贸易和竞争联合小组（简称 JGTC）。经济合作与发展组织在国际反垄断合作方面一直起着非常重要的领导角色。它不但已经成为设计各国反垄断体制的一个重要的咨询性机构，而且对许多国家在其国内法律体制中引进或者准备引进反垄断政策，提供了技术帮助的重要资源。1967 年、1986 年，经济合作和发展组织陆续提出一些推荐意见，来促进各国在反垄断领域内的合作。另外，1995 年的“各国反垄断执行机构之间的国际合作”的推荐意见和 1998 年“关于有效实施反对核心卡特尔”的推荐意见，对促进反垄断领域的国际合作，也都起了非常重要的影响。经济合作与发展组织于 1995 年发布的《各国反垄断执行机构之间的国际合作》，是反垄断国际合作领域的最基本的推荐意见。这一推荐意见专门集中于反垄断领域，所产生的影响非常巨大，特别是对一些反垄断国际合作中面临的迫切需要解决的问题，提出了非常有实践意义的建议意见。

亦有学者[①]指出，区域贸易协定自 20 世纪 90 年代起增长迅猛。目前，世界上约有 200 多个区域贸易协定，其中有 30 多个含有反垄断条款。区域贸易协定中的反垄断条款往往与缔约方贸易安排所要达到的一体化程度密切相关。一般而言，贸易协定的一体化程度越高，反垄断条款也就越详细；一体化程度越低，反垄断条款也就越原则。如 1993 年美国、加拿大与墨西哥签订《北美自由贸易协定》。协定第 15 章对于垄断问题作了专门规定，但关于竞争问题的规定实际上仍然相当原则，并不具有高度的约束力。特别是不诉诸争端解决程序的规定，使所有的规定的强制性都降低了。而事实上，竞争问题不诉诸争端解决程序的规定，几乎为所有其他区域贸易协定的样板，在很多区域贸易协定中都发现这一条款。

二　WTO 与国际反垄断法

WTO 是世界上最大的推动国际贸易自由化的多边机构，其主旨在于降低成员国关税和政府间的贸易壁垒。国际垄断行为的兴起，对国际贸易的影响不可忽视。为了保证国际市场的自由性和竞争性，在 WTO 框架下

---

① 黄东黎：《国际经济法》，社科文献出版社 2006 年版，第 555—556 页。

建立统一的国际反垄断法，引起了广泛的关注。

对此，有学者研究①指出，(1) 国家限制竞争仍然是影响贸易自由化的主要因素。虽然存在企业限制竞争的因素，但更重要的仍然是，参与世界贸易的国家还执行着种种不利于世界市场开放的政策。(2) 国家间利益冲突仍然在阻止统一立法。世界贸易组织内部尚有1/3以上的国家出于各种考虑，尚未制定和颁布反垄断法。因此，在这种情况下，世界贸易组织内部就难以就统一的竞争政策达成协议。(3) 机密信息不能充分交流仍然是反垄断合作的最大障碍。各国的商业秘密保护法使得信息交流受到了很大的限制，而机密信息交流是真正实现反垄断国际合作的前提条件。因此，在世界贸易组织框架下建立统一竞争政策，是一件很艰苦的事情，但如果要建立统一的竞争法，则是一件几乎不可能的事情。

有学者②认为，自WTO国际反垄断政策法律框架建议的提出，至今已有十多年。其中有令人鼓舞的“宣言”，也有令人失望的结果。自坎昆会议失败后，欧共体WTO反垄断政策法律框架建议是否还能继续获得成功，确实不能做出任何肯定性的判断。如果说坎昆会议的失败，也只能说是对欧共体的反垄断政策法律框架建议的失败，而非WTO反垄断政策法律本身的失败。所以，国际社会仍然在不断地探索反垄断法的国际化途径，特别是包括在WTO下的反垄断法国际化途径。与其他国际组织相比，WTO这一国际组织具有自身非常明显的优势，如成员的广泛性、对促进国际自由贸易的成功经验、WTO基本原则的可接受性、对贸易争端的处理的经验、对各成员政府或管理当局的约束力等。所有这些优势，对国际反垄断法的实施具有关键性的作用。

还有学者③认为，(1) WTO成员众多，在WTO内达成的统一反垄断法实施协定将具有广泛的拘束力。而且，WTO具有经常性多边谈判和实施综合性协定的经验。(2) 反垄断法与国际贸易的关系十分密切，而且是相互作用的。在WTO框架内建立统一的反垄断法及其实施机制，可以

---

① 王晓晔：《王晓晔论反垄断法》，社会科学文献出版社2010年版，第662—665页。

② 阮赞林：《反垄断法教程》，上海人民出版社2011年版，第281页。

③ 刘宁元、司平平、林燕萍：《国际反垄断法》，上海人民出版社2009年版，第293—295页。

使得贸易与反垄断政策之间相互协调而不至于相互抵消。（3）WTO 框架内包括许多议题，它可能克服不同成员之间不同的利益，使得成员通过讨价还价和让步而达成协定。（4）WTO 争端解决机制的存在表明，在选择统一国际反垄断政策及其实施机制的场所时，WTO 最具有优势。当然，将统一反垄断法及其实施机制归入 WTO 框架内也有其必然的不利之处，如贸易和竞争政策目的不同，甚至相互抵触等。但这些问题并不足以抵消 WTO 作为统一国际反垄断法及其实施机制的场所的优势。

也有学者①指出，WTO 的国民待遇原则、最惠国待遇原则都体现了公平竞争的理念，有利于成员国在反垄断法实施方面的条协调。但是，由于目前世界各国的经济发展水平和立法水平上的差异，许多发展中国家还没有制定反垄断法，更没有参与反垄断法的双边或多边协议，因此制定统一的国际反垄断法还不具有可行性。

亦有学者②指出，WTO 争端解决机制对国际贸易政策所建立的竞争环境有重要的地位。通过争端解决机制对个案的裁决和澄清，有助于各成员自觉地遵守现有的竞争规则。同时，WTO 争端解决机制也可以以维护 GATT/WTO 关税减让利益为出发点，处理影响市场进入的反竞争行为。当然在现实的使用中还存在许多限制。特别是在非违反协定控诉上，如果有政府的介入，WTO 争端解决机制就难以有效地处理私人限制竞争行为。同时，在 WTO 框架下解决有关竞争议题，还存在一些难题。如控诉方如何证明某国政府的措施达到了“剥夺或减损”GATT/WTO 下的可得利益？WTO 专家小组是否有权要求成员方执行其国内的竞争法，即便该竞争法并不具有歧视性或不属于 WTO 拘束性承诺的范围？此外政府单纯的不作为，即对反竞争行为的容忍是否以及在何种条件下可以非违反协定控诉的方式进行控诉？这些都是 WTO 面临的难题。

还有学者③认为，第一，关于协调方式的选择。在选择协调方式时应至少注意一下两个因素：（1）应尊重各成员方的经济结构、法律制度和

---

① 王先林：《中国反垄断法实施热点问题研究》，法律出版社 2011 年版，第 272 页。

② 黄勇：《国际竞争法研究》，中国友谊出版公司 2003 年版，第 184—185 页。

③ 盛杰民、吴韬：《争论与分歧——关于 WTO 竞争政策谈判的分析与预测》，见王艳林主编《竞争法评论》（第 1 卷），中国政法大学出版社 2005 年版，第 26—28 页。

历史文化的差异性；（2）必须充分考虑南北差异。发达国家应该考虑在立法和国际执法合作两方面给予发展中国家更多的技术合作与支持。第二，关于谈判的进程与成功系数。WTO 的贸易谈判是一种综合性谈判，有关各方面可以在各个议题之间的相互提供或获得交叉补偿。从这一角度来看，在 WTO 中就竞争政策谈判，可能比单独谈判成功的可能性更大一些。

亦有学者①认为，WTO 框架内的反垄断法尚处于起步阶段，并且目前的情况是，世界上相当多的发展中国家尚未制定和颁布反垄断法，即使已有反垄断法的国家各国规定也有很大不同，缺乏制定统一反垄断法的意志基础。退一步讲，即使真的达成了一部统一的反垄断法典，WTO 最终确立的竞争政策很可能是一个最低的标准，对于很多发达国家现有标准是个倒退，而且 WTO 争端解决机制可能对成员国内法律制度造成干涉。所以，现在在世界范围内建立统一的反垄断法或者推动反垄断法的多边合作，都是一件很艰难的事情。

三　WTO 法律框架下建立国际反垄断法的思考

对于 WTO 框架下建立国际反垄断法的前景，学界观点各异。有学者认为是最佳途径，也有学者认为困难重重。讨论主要集中在国家政治经济利益、反垄断立法、机密信息共享以及 WTO 的局限性几个方面。

在 WTO 框架下建立国际反垄断法，最大的障碍是各国之间政治、经济等多方面的利益冲突。

有学者②研究指出，1995 年 1 月 1 日成立的世界贸易组织以及此前的关贸总协定，都是以推动国际贸易自由化为宗旨的国际上最大的多边机构。世贸组织的成员方虽将其精力放在了降低关税和消除政府间其他贸易障碍的方面，但很多成员方已经充分认识到，要在世贸组织内部真正实现贸易自由化，确保国际市场的开放性和竞争性，还必须反对私人限制竞争，即企业不得通过建立卡特尔、过度经济集中以及滥用市场支配地位来重建被废除了的国际贸易障碍。而要实现这一目标，就必须协调成员方的

---

① 郗伟明：《经济全球化下中国反垄断法执法专题研究》，法律出版社 2010 年版，第 259 页。

② 王晓晔：《反垄断法》，法律出版社 2011 年版，第 431—432 页。

竞争政策。随着国际贸易自由化的不断发展，特别是随着政府间贸易壁垒不断得到削减和清除，世贸组织如果不能以某种方式将竞争政策纳入其框架，如果不能对私人限制竞争行为采取某些措施，它就不是一个完善的国际经济组织。

对于反垄断立法方面，有学者①指出，在 WTO 成员中，有 1/3 以上的成员没有国内竞争法。由于 WTO 成员方之间的竞争法制发展程度不均衡，有的成员的国内竞争法很完善，执法水平较高，对反竞争行为的查处标准也比较严厉；而有的成员方的国内竞争法制发展较晚，执法水平相对较低，对反竞争行为的查处标准也较宽松。而为了形成一个所有成员都能接受的多边规则，就必须“就低不就高”。随之而来的担心是，这是否会导致竞争法制比较先进的国家向国际低标准看齐，从而降低其国内竞争法制的水准。这种法制发展的不均衡和多样性，无疑会给竞争法的国际协调带来重重困难。如果再考虑乌拉圭回合以来形成的“一揽子”接受的谈判规则，这种困难就会更加突出。

信息共享是反垄断国际合作的又一个难题。有学者②研究指出，反垄断机构的合作以及它们之间的信息交流之所以受到了很大的限制，主要是因为各国的商业秘密保护法。在大多数国家，泄露商业秘密的行为甚至构成刑事犯罪。因此，各国的竞争法机构以及它们的工作人员必须服从这种禁止性的规定。此外，各国的反垄断执法机构保护本国企业的商业秘密，这不仅是出于本国法律的限制性或者禁止性的规定，而且也是出于保护本国的企业的合法利益和维护本国利益的需要。以当前反垄断法领域进行双边合作最为频繁的美国和欧共体来说，因为它们的实体法和程序法都存在很大的差异，欧共体委员会自然就不会将欧共体企业的商业秘密交给美国司法部，由此使它们受到美国严厉的刑事制裁。可见，在反垄断法领域进行国际合作，对于像美国和欧共体这样发达的国家和地区也不是一件容易的事。如果要在世界贸易组织内部进行多边合作，特别是在不同经济制度

---

① 盛杰明、吴韬：《争论与分歧——关于 WTO 竞争政策谈判的分析与预测》，见王艳林主编《竞争法评论》（第 1 卷），中国政法大学出版社 2005 年版，第 5—7 页。

② 王晓晔：《反垄断法的国际统一前景》，见徐杰主编《经济法论丛》（第 5 卷），法律出版社 2005 年版，第 217 页。

和不同经济水平的国家之间进行协调和合作，其难度更大。

具体到WTO，其成员众多，基本原则的接受性以及在争端解决方面的丰富经验，是建立国际统一的反垄断法的显而易见的优势。然而，WTO自身也存在一些不可避免的缺陷。对此，有学者①指出，第一，贸易与竞争政策的目的各不相同，甚至在某些方面相互抵触。第二，WTO往往具有一种敌对性。这种敌对性使得WTO不适宜于促进国家间的合作。第三，由于WTO内缺少对协定做出解释的权威机构，因而在其框架内达成协定必须是十分清楚具体，以使协定的规则具有法律上的确定性。第四，贸易和反垄断的谈判动力不同。WTO的特点是消除某些政府行为，而不是政府间的协调。因此，将统一反垄断法及其实施机制纳入WTO，将使WTO超出其具有传统优势的领域。这也将破坏在各国实施机构间已经建立起来的相互信任。

第三节　国际竞争网络

近年来，反垄断的国际化越来越受到世界各国的关注。在致力于建立统一的国际反垄断法的进程中，国际贸易组织、关贸总协定、世界贸易组织、联合国贸易和发展会议、经济合作与发展组织等国际组织都付出了极大的努力，如召开国际会议进行研讨，有的组织甚至制定了统一的反垄断法。但由于各国政治经济利益的复杂性，建立统一的国际反垄断法成为了一项难以完成的任务。迄今为止，所有致力于建立国际统一的国际反垄断法的成果，都只是一些具有指导性而非强制性的规则。

一　国际竞争网络的兴起

从现实来看，建立国际反垄断法的前景困难重重，尤其是在世界贸易组织框架下统一竞争政策问题的坎昆部长会议谈判破裂后，国际社会企图建立WTO框架下国际统一反垄断法的希望变得十分渺茫。反观近年的反垄断国际合作，2001年由美国所倡导的国际竞争网络（ICN）的兴起，引起了国际社会的广泛关注。

---

① 刘宁元、司平平、林燕萍：《国际反垄断法》，上海人民出版社2009年版，第294—295页。

有学者①研究认为，在反垄断国际合作方面，近年来最引人注目的发展是ICN。它于2001年10月在美国的倡导下成立。ICN不是成员方“谈判或者实施国际协定的论坛”，而是采用“七国集团”的模式，通过成员方之间非官方谅解的形式进行合作。ICN讨论的主要问题是：深化和扩大“积极礼让”原则；交流在跨国合并控制和禁止国际卡特尔方面的经验；审查各国竞争法适用除外的领域；在控制企业合并方面进行国际协调；分析国际卡特尔以及其他的私人限制和国家限制竞争的行为；此外，还包括对发展中国家的反垄断立法以及反垄断执法方面的技术援助和能力援助。ICN迄今的主要成果是2002年9月在意大利的开幕大会上通过的《企业并购申报程序的推荐作法》。该推荐意见建议，成员方对具有跨国影响的企业并购进行审查时，应考虑11个方面的国际协调。

也有学者②指出，早在1997年，作为WTO反垄断规则主要反对者的美国，就已经选择了一条走向跨国竞争的新的国际化途径——国际反垄断政策法律顾问委员会（简称ICPAC）。ICPAC是由美国司法部牵头于1997年11月设立，由其国内的一些反垄断方面的专家学者、实务工作者和行业的代表所组成。其设立的目的，是探索如何最有效的处理经济全球化对国际反垄断规则实施的冲击。他们在2000年2月发布的最终报告中，对被认为具有象征意义的多边的、有约束力的WTO反垄断政策法律的国际化的解决方案，明确予以拒绝。他们声称美国将探索产生一个新的领域——“全球竞争动议”（简称GCI），即一个反垄断领域的自愿的多边主义的国际化的新类型。2000年9月，布鲁塞尔的竞争大会上，前美国司法部长助理Joel Klein和欧共体竞争委员会委员Mario Monti都表示支持在国际反垄断领域加强合作的全球动议。美国司法部的这一建议最终被美国当局所采纳。2001年10月，美国正式成立了“国际竞争网络”。ICN设立的基本目标是建立一个全球性的反垄断机构的网络，促进全球反垄断政策法律的趋同性。

---

①　王晓晔：《反垄断法的国际统一前景》，见徐杰主编《经济法论丛》（第5卷），法律出版社2005年版，第198—200页。

②　阮赞林：《反垄断法教程》，上海人民出版社2011年版，第282—283页。

二 国际竞争网络的特点和成就

对于国际竞争网络的特点，有学者①总结为以下几点。

第一，与其名称相适应，“国际竞争网络”是目前世界上唯一一个仅与竞争政策和竞争法相关的国际组织。

第二，网络成员既不是国家，也不是政府，而是被国家委托执行竞争法的机构。根据统计，国际竞争网络已经从2001年成立时的16个成员，发展到了2009年的104个成员，它们来自92个国家或者地区。国际竞争网络是建立在成员方自愿参与的基础上，我国反垄断执法机关目前还不是国际竞争网络的成员。

第三，网络采取“七国集团”的模式，既没有常设的总部，也没有常设的秘书处。网络是开放式的，不仅与其他国际组织，如经济合作与发展组织、世贸组织等机构保持密切联系，还通过邀请、吸收在经济学和法学领域著名的竞争法学专家、大跨国公司的总裁以及消费者组织参加网络活动。

第四，网络活动模式是根据需要建立各种工作小组。当前工作组的活动领域主要是：（1）推动竞争文化；（2）执法效力；（3）卡特尔；（4）合并控制；（5）单边行为。网络也有一个领导小组，由成员方的高级官员组成。

可见，尽管国际竞争网络是现存唯一一个专注于反垄断领域的国际组织，但由于其实行开放模式，无论在成员还是其他方面，国际竞争网络依然只是起到指导性作用，其更像是一个所有成员自由表达反垄断观点的场所。因此，在某种程度上，国际竞争网络可以说是对经济合作与发展组织等国际组织在国际反垄断领域的指导性工作的继续。

对于国际竞争网络的成就，有学者②总结如下：国际竞争网络自2001年10月成立以来，在意大利、墨西哥、韩国、德国、南非、俄罗斯、日本、瑞士和土耳其召开过9次年会。国际竞争网络迄今的主要成果，是在各个工作小组成果的基础上，就合并审查、卡特尔、单边行为、推动竞争政策、被管制行业以及实施竞争政策等方面，发布了一系列具有指导意义

① 王晓晔：《反垄断法》，法律出版社2011年版，第438页。

② 同上书，第438—440页。

的推荐意见。国际竞争网络的推荐意见主要集中在以下三个领域。

第一，跨国并购。在跨国限制竞争问题上，当前世界各国最迫切需要的是对跨国并购的规制。国际竞争网络负责跨国并购的工作组就跨国并购申报和审查的一系列问题，发布了 8 个指导意见和 13 个推荐性作法。这些推荐意见都很实用、灵活，不仅有助于减少企业的负担，提高它们关于跨国并购的可预期性，而且对完善和协调网络成员的竞争法，起到了非常重要的作用。

第二，卡特尔。国际竞争网络卡特尔工作组的重点是卡特尔案件的调查。这个工作组在各国反卡特尔执法经验的基础上，就证据收集中的搜查、突袭搜查和检查、起草和实施有效的宽恕制度、数据证据的收集、卡特尔立案等问题，提出推荐意见。工作组的成果在很大程度上，推动了成员方关于卡特尔立法和执法。

第三，单边行为。国际竞争网络负责单边行为的工作组的重点，是对占市场支配地位和有着市场势力企业的单边行为进行评价，以推动各国反垄断法在这方面的协调。国际竞争网络发布的一系列推荐意见，对推动各国反垄断法的合作和发展起到十分重要的作用，但鉴于其仅具有指导性效应，其在反垄断的国际统一进程中的效果可想而知。但是，国际竞争网络在短短几年时间，取得如此辉煌的成就也是来之不易的，这说明了各国反垄断机构在致力于反垄断的国际合作中所做出的努力，也给建立统一的国际反垄断法带来一丝憧憬。

三　国际竞争网络的发展前景

尽管建立统一的国际反垄断法的进程困难重重，但是一些国际组织尤其是 ICN 在反垄断的国际合作方面所取得的成就，让人们对统一的国际反垄断法再次寄予希望。

对此，有学者研究①指出，ICN 在成立后不久就取得举世瞩目的成就。一方面说明了，世界各国反垄断执法机构共同为协调各国竞争法和竞争政策做出了努力；另一方面也说明，竞争政策领域确有许多迫切需要各国进行协调和合作的问题。现在，无论是有经验的反垄断执法机关如欧盟

① 王晓晔:《反垄断法》，法律出版社 2011 年版，第 440 页。

委员会、美国司法部和美国联邦贸易委员会，还是新生的反垄断执法机关，如巴西的竞争局CADE，都已经通过ICN在全球反垄断执法的合作和经验交流中得到了好处。我国现在有三家执行反垄断法的行政机构，却均未成为国际竞争网络的成员。鉴于我国在世界经济和全球竞争中的地位，鉴于ICN对世界各国竞争执法中的合作与交流重要性，我国反垄断执法机关不仅应当早日加入这个机构，并且应当为推动各国竞争法和竞争政策的协调和合作作出重要的贡献。

还有学者①认为，ICN并不是一个永久不变的秘书处或司令部，而是提供一个场合，让发达国家和发展中国家的竞争主管机关得以共同讨论关于反托拉斯执行程序或实体趋向一致的提案。2002年，ICN第一届会议的主要议题是讨论兼并的规范程序。ICN提出并创立了一个由美国司法部所主导的“兼并审查工作小组”。ICN显然是继UNCTAD、WTO及OECD之后，另一个有关竞争议题多边合作的场合。ICN所讨论的是纯竞争法的问题，并不涉及贸易或其他非竞争法的课题，这是它与其他组织的重要区别。

也有学者②认为，美国作为经济全球化的倡导者与践行者，在推动反垄断法的国际合作方面不遗余力。美国政府成立ICN的目的之一，是反对在WTO框架下进行全球反垄断的合。因为这种合作方式是欧盟提出来的，为了争夺反垄断国际合作方面的主导权，美国只好另辟蹊径，推动成立了这个ICN。

亦有学者③认为，虽然从组织保障和工作方式来看，ICN目标的实现具有了很大的可能性，但是，从长期运行来看，ICN能否取得最终的成功，应由其运行的结果来决定。就目前来看，最主要，也许是最严重问题是：应尽量避免将ICN发展成为少数发达国家专门用来讨论反垄断问题的俱乐部，包括对各个工作小组的具体工作项目以及工作负责人方面的控

---

① 于立、吴绪亮：《国际竞争政策的分歧、互动与展望》，《世界经济研究》2006年第9期。

② 文学国、孟雁北、高重迎：《反垄断法执行制度研究》，中国社会科学出版社2011年版，第33页。

③ 阮赞林：《反垄断国际化问题研究—从国际竞争网（ICN）角度所作的透视》，见漆多俊主编《经济法论丛》（2008年下卷），中国方正出版社2008年版，第33—354页。

制。如果确实出现了这种情况，那么，ICN 的优势和吸引力都将大打折扣。为了避免出现这种情况，最发达国家以及具有比较成熟的反垄断经验的反垄断执行机构，应该主动地起到合理的、指导性的作用，将其反垄断方面的经验主动地与其他各国共享。另外，还应积极地吸收发展中国家的专家参与到 ICN 的指导委员会中来，在各个工作小组的成员中也应有合理数量的发展中国家的专家。在具体工作项目的确定方面，也要考虑发展中国家所关心的问题，吸引这些国家的兴趣。在能力建设方面，要考虑发展中国家的现实需要，开展一些灵活的方式，如培训计划和援助计划。ICN 是否成功的最主要的衡量标准，应体现在对各国的反垄断规则和竞争文化所产生的影响，以及对国际性反垄断法律规则的趋同性和相互理解方面所起的作用。从这个角度来看，ICN 未来的路还很长，能否实现其目标还存在着很大的风险。

第六篇

国际税法

20世纪以前，国家一般将征税对象严格限定在本国领土范围内。至19世纪末20世纪初，货物、资金、技术和劳动力等经济要素的跨国流动日益频繁，造成从事跨国投资和其他经济活动的企业和个人收入及财产国际化。为避免重复征税，各国之间签订双边、多边税收协定，由此产生了现代国际税收法律规范。国际税法首先涉及的问题，是国际征税管辖权的确定。国际征税的国际性、复杂性、隐蔽性，使得纳税人逃、避税成为可能，使国际合作成为议题。其次，国际税法不仅涉及南北问题，也面临着电子商务、避税港等新的挑战。目前，国际税法尚未达成全球性国际条约，双边税收协定仍为调整各国之间涉外税收关系的主要途径。本篇讨论国际税法领域在国际税收协定、国际税收法律关系、国际税收主权、转移定价，以及资本弱化方面的新发展。

第 一 章

国际税收协定

国家之间签订税收协定的历史，最早可以追溯到 19 世纪末的瑞士与英国。当时，两国签订了关于避免对遗产双重征税的协定。100 多年来，国际税收协定经历了一个由简单到复杂，从随机性到模式化的演变。目前，国际税收协定主要以双边税收协定为主，且已经形成了一个覆盖全球的国际税收协定网络。相比而言，有学者认为，多边税收协定为数不多、数量不大，却是税收协定未来的发展方向。①

第一节　国际税收协定的基本理论及发展趋势

一　国际税收协定的分类、法律特征及作用

（一）分类

广义上的国际税收协定，根据不同的标准可以分成不同的类别。对此，有学者②总结出学界通行的分类。

首先，按照缔约方的数目多少，国际税收协定可以分为多边和双边两种类型。多边税收协定是指两个或两个以上国家参与缔结的税收协定。但由于各国的社会制度、经济政策及税制的不同，以及缔约立场观点上的分歧，现阶段除一些经济共同体内部的国家之外，一般很难达成多边性的税收协定。相对来说，由两个国家之间缔结的税收协定即双边税收协定，仍然是所得税方面国际协调与合作的主要形式。

① 廖益新：《国际税法学》，北京大学出版社 2001 年版。

② 同上。

其次，按照协定涉及的范围大小，国际税收协定可以分为综合和单项两种类型。综合性税收协定旨在全面协调国际间的税收管辖关系，最典型的就是为避免对所得和财产进行双重征税的协定，其内容涵盖了避免双重征税、消除税收歧视、加强税收合作和防止跨国逃避税等方面。单项税收协定是为了解决国家之间税收问题的某个特定方面所达成的协议，如空运税收协定、海运税收协定等均属此类。

（二）法律特征

有学者①指出，一般的国际协定条款大多仅约束缔约方政府而并不直接适用于缔约国的国民或居民，但是国际税收协定的条款内容则适用于缔约国的居民纳税人。国际税收协定之所以具有这种特殊性，是因为它所调整对象的特殊性。国际税收协定的调整对象是国际税收分配关系，这种关系大多表现为：缔约国政府双方对同一纳税人的同一笔跨国所得或财产价值，行使征税权的范围和程度进行约定，从而实现税收利益的国际分配。由此不难看出，国际税收协定的最终作用点实为跨国纳税人。客观上，国际税收协定限制了缔约国政府的税收管辖范围和程度，并赋予缔约国一方居民纳税人可以对抗违反税收协定的另一方缔约国的特殊地位。

国际税收协定的另外一个特殊的法律特征，体现于对协定的解释规则。② 国际法上关于条约解释的一般原则是指，严格按照条约或协定的用语，联系上下文并参照其目的宗旨所具有的通常意义，善意地予以解释。只有当根据条约或协定本身用语和上下文联系解释，“意义仍属不明或难解”或“所获结果显属荒谬不合理时”，才可使用包括条约之准备工作及缔结的情况在内的补充资料进行解释。但 OECD 范本及联合国税收协定范本所确定的，各国政府在签订协定时所采用的国际税收协定的解释通则却与上述规则迥异。按照这种解释规则，国际税收协定的解释依据就不仅限于协定条款本身和其上下文联系，而且在一定条件下允许缔约国一方，依据其国内有关税法规定的含义来解释协定中的用语含义。

（三）作用

国际税收协定的产生与发展，适应了税收方面国际协调与合作的需

---

① 刘剑文：《国际税法》，北京大学出版社 1999 年版。

② 刘剑文：《国际税法学》，北京大学出版社 2004 年版。

要，极大地促进了国际经济的合作与交流。有学者①指出，国际税收协定利于国家之间税收管辖权的协调。国家之间税收管辖权的冲突，加重了跨国纳税人的税收负担，严重阻碍着国际投资活动的开展。在这种情况下，税收协定的签订可以有效地节制和约束缔约国的税收管辖权的行使范围，基本避免和消除了国际重复征税的现象。

也有观点②认为，国际税收协定有助于加强国家之间的税务合作，防止国际逃、避税。跨国纳税人的逃避税活动通常具有广泛国际化的特点，而与此相对的是，一国税收管辖权行使范围受到极大的制约。因此，仅有一国防范跨国纳税人的逃避税措施，具有很大的局限性。通过缔结国际税收协定，缔约各方自愿承担税收情报交换义务，有助于协同打击跨国纳税人的逃避税行为。

除此之外，有学者③认为，国际税收协定有助于消除税收的国际歧视问题，保护纳税人的税收利益。国际税收协定的一项重要内容，就是实行“税收无差别待遇以避免税收歧视”，这将有助于改善征税国的投资环境，消除税收差别待遇。

二 国际税收协定的发展趋势

国际税收协定，是指两个或两个以上的主权国家，为了协调相互之间的税收分配关系以及加强税务行政方面的合作，依照对等原则，经过特定程序所签订的，确定其在国际税收方面权利义务关系的，对各方均有约束力的书面协议，是国际税法的重要渊源之一。21 世纪以来，各国经济和贸易联系日益密切，合作形式也更为复杂多样。在这种新的形势下，国际税收协定也发生着变化。

（一）总体变化

国际税收协定的总体变化，体现在覆盖层面不断扩大、模式不断成熟、逐渐向区域协调模式发展，以及国际税收权限划分的进一步更新。

回顾税收法发展史，在很长一段时间内，一国的纳税人均是本国国民或居民，而征税的对象也仅仅是国内的经济事项，各国之间的税收利益没

① 刘剑文：《国际税法学》，北京大学出版社 2004 年版。

② 朱青：《国际税收》，中国人民大学出版社 2009 年版。

③ 张志勇：《国际税法》，人民法院出版社 2002 年版。

有直接的联系。随着经济全球化的推进，商品、劳务、资本和技术在国与国之间进行流转。有学者①指出，一国之内的税收规则已经无法调节国际间经济贸易合作产生的税务问题。本着共同规范、自我约束和相互帮助的原则，各国进行协商、缔结国际税收协定，从而达到防止重复征税和遏制国际避税等目的。

过去，国际税收协定的签订多在发达国家之间。21 世纪以来，国际税收协定在发展中国家迅速推广，覆盖层面不断扩大，表现在缔约国的日益增多、协定区域的不断扩大上。以我国为例，截至 2011 年 5 月，我国对外共签订了 96 个避免国际双重征税协定，其中，接近半数的协定都是在 2000 年后才签订或者生效的。可见，发展中国家越来越多地参与到国际经济生活中，其对外缔结国际税收协定的速度不断加快，数量也不断增多。

此外，有学者②指出，长久以双边形式出现的税收协定有了多边形式的尝试。21 世纪以来，越来越多的区域经济一体化组织逐步形成和发展。在欧盟、北美自由贸易区、东亚联盟这样的区域经济一体化组织中，关于多边税收协调与合作的措施和规则，已经有了相当程度的发展。同时，经济全球化进程中，各国的税收关系出现的新问题往往呈多边化态势。为了解决新问题，必须制定新的建立在多边性基础上的国际税法规则。因而，随着区域经济一体化不断地深入，多边性的国际税法规则，也将以此为契机进一步发展。③

关于国际税收协定模式，有学者④认为，从目前世界经济的发展趋势来看，区域经济一体化是当代世界经济的重要特征，未来全球经济一体化将从区域经济一体化开始，而区域经济一体化又不免需要在区域内进行国与国的税收协调。国际税收协定仅仅是税收国际协调的模式之一。学界通说，国际税收协调可以分为三个模式：税收协定模式、区域协调模式以及国际协调模式。税收协定一般被视为税收国际调节的最初级模式，但即使进入了 21 世纪，税收协定仍然是调节国际税收非常有效的手段。从签订

① 刘剑文：《国际税法学》，北京大学出版社 2004 年版。

② 董世忠：《国际经济法》，复旦大学出版社 2004 年版。

③ 刘剑文：《财税法丛论》，法律出版社 2005 年版。

④ 杨斌：《国际税收》，复旦大学出版社 2003 年版。

第一个双边的税收协定以来，税收协定已经有了将近170年的历史。在此过程中，国际税收协定逐渐发展成熟，为维护各个主权国家的税收权益并协调和平衡他们之间的利益关系，发挥了极其重要的作用。美国一家权威税务杂志预计，到2050年，全世界将有1.7万个双边税收协定。可见，国际税收协定在未来的一段时间内，必定会趋于完善和成熟，而随着区域经济一体化的深入，区域内的税收协调模式也必然是大势所趋。

在国际税收权限划分方面，有学者①指出，为了保证双方公平合理地划分跨国经济活动的税收权限，在税收协定中划分税收权限，本应当坚持税收中性原则。但是随着科技和经济的不断发展，税收环境也发生了相应的改变。有学者②认为，税收协定四大基本原则：居民全面纳税原则、所得分类原则、常设机构原则和独立企业原则，受到了前所未有的挑战。就居民全面纳税原则而言，一个实行居民管辖权的国家要对本国居民的国内外一切所得征税。如今，个人的经济活动并不局限于国内，若其国外经济活动地执行地域管辖税收形式，那么纳税人往往就会面临重复征税的问题。虽然，通过国与国之间签订的避免重复征税的协定，可以使这一问题得到一定程度的解决。但是，如果两个国家没有签订该协定，或是彼此对扣除项目标准等认定不同，而无法在税收中达成一致，又或是税收协定并没得到很好的实施，那么居民纳税原则较非居民来源地纳税原则的实施几率要大得多。如今国际税收格局中，投资人多来自发达国家，收入的来源地通常为发展中国家，从而跨国交易活动产生的税基更多会划分给发达国家。

（二）内容更新

一方面，防止国际避税成为国际税收协定的重要部分。国际避税一般指跨国纳税人利用国与国之间的税制差异，以及各国涉外法规和国际税法中的漏洞，在跨越国境的活动中，通过种种合法手段，规避或减小有关国家纳税义务的行为。国际避税和国际逃税不同，它是纳税人利用公开合法的手段进行的，一般并不违反有关国家的税法。正是由于二者的性质不同，因而对待其二者的处理方式也有所不同。有学者③对此进行总结指

---

① 那力、王林林：《论税收中性原则》，法律出版社2002年版。

② 廖益新：《国际税法学》，北京大学出版社2001年版。

③ 刘剑文：《国际税法学》，北京大学出版社2004年版。

出，对于国际逃税，一般是由有关国家依照其国内税法和有关法律、法规追缴税款、加处罚金，直至查封财产、追究刑事责任；但是对于国际避税，由于没有法律依据，反国际避税的立足点不应该是惩处纳税人，不能采取补税措施，否则会触犯纳税人的合法权益。

有观点指出，许多的跨国纳税人明白一旦逃税行为败露，会对其公司造成极大损害，甚至远大于逃税所带来的利益。于是，纳税人转而研究各国税收间的差异和法律上的漏洞。国际避税的手段隐秘性大，活动规模广泛，要防止国际避税十分艰难。所以，防止国际避税的重要性和迫切性，成了近10年对于国际税收协定内容改革的重大因素之一。①

另一方面，国际税收恶性竞争问题的加剧，使得制度协调内容的重要性提升。国际税收竞争主要表现为国际间减税竞争，包含一般避税的国家和地区所实施的所得税优惠，也包括以特定产业、特定交易形式为对象的税收优惠措施。宏观地看，它是各国政府间以税收为载体的竞争，其实是通过税收分配，使税收利益关系在全球范围内得到调整。②

有学者认为，在经济全球化的现实背景之下，国际税收竞争已成为提升一国国际竞争力的重要环节。此外，适度的国际税收竞争不仅是一国有效分配资源的重要手段，而且在一定程度上也削弱了税权对经济活动，包括劳动、储蓄和投资的扭曲作用，从而使资源配置在全球范围内得到优化，有利于税收中性原则的贯彻和实施。然而，在各国以本国利益为出发点的税收竞争政策取向下，国际税收竞争愈演愈烈，恶性（过度）税收竞争似乎不可避免。

有观点③指出，国际间的恶性税收竞争会侵蚀各国的税基、扭曲税负、破坏税收中性和增加征税成本。因此，经济合作与发展组织（OECD）于1998年发布了《有害税收竞争：一个正在出现的全球问题》。这份报告最吸引人之处，就是对避税港和有害的税收优惠制度这两类恶性税收竞争，做出了衡量标准的界定。但理论界普遍认为，OECD出台的具体判断标准，具有一定的立场倾向。因为，对发达国家和发展中国家而言，它们对恶性竞争的态度和判断，都会因其经济利益和税收利益取向的

---

① 刘剑文：《国际所得税法研究》，中国政法大学出版社2000年版。

② 梁蓓、罗勇翔：《国际税收》，对外经济贸易大学出版社2003年版。

③ 那力：《论全球化驱动的国际税收不当竞争》，法律出版社2002年版。

不同而有着较大的差别。国际税收恶性问题毕竟是一个全球化的问题，只能谋求全球化的应对和解决之道。税收竞争在一定程度上，为日益增进的国际税收合作与协调，提供了更充足的理由。国际税收协调并不仅仅是国际税收竞争的对立面，相反，税收协调的进行正是为了保证和促进税收竞争在适度的层面上运作，促进其正面效应的发挥。此外，超越国界的适当的税收干预和税收协调，体现了经济全球化的要求和维护各国利益的结合。目前，国际社会已就此达成了共识：各国必须进行国际税收的合作与协调，而恶性税收竞争的存在是国际经济关系中最具危机的问题之一，故制度协调内容在国际税收协定中的分量也越来越大。

除了以上两个方面，国际税收协定也开始逐步运用于增值税协调领域。世界上最早的国际双边税收协定，是比利时与法国于 1843 年签订的。该协定主要是为了解决两国间在税务问题上的相互合作和情报交换。随后，奥匈帝国和普鲁士王国于 1899 年 6 月，缔结了世界上第一个防止双重征税的协定。在此后的 100 年中，各个国家之间所签订的税收协定，也大多是以避免双重征税为主题。避免双重征税中所涉及的税种确定，往往需要由缔约国双方结合国家的税制情况进行商定。具体来说，就是要把那些基于同一征税客体，由于税收管辖权重叠，而存在重复征税的税种列入避免双重征税的税种。实践中，一般不将增值税等间接税作为避免双重征税的税种，原因并不是增值税领域不存在重复征税的问题，而是由于间接税的征税客体往往具有非同一性，这导致确定和消除这个领域的重复征税具有相当的难度。

实际上，有学者①认为，增值税领域中的重复征税问题非常严重。目前国际社会规定统一由商品的进口国课征增值税，出口国对商品出口前已负担的税款给予退税。不过，在各国之间增值税税率存在很大差异的情况下，改由出口国征税会影响国际贸易，不利于出口商品在进口国市场上公平竞争。随着国与国之间经济相互依赖的程度不断加深，各国取消相互之间的边界关卡、清除商品跨国流通的障碍，协调各国之间的增值税税率，以最终实行出口国征税的增值税制度，显得十分重要。

笔者以为，上述过程虽然十分漫长，但最近 10 年间已发出积极的信

---

① 廖益新：《国际税法学》，北京大学出版社 2001 年版。

号。2000 年 7 月，南部非洲共同体 14 国拟定了一份《谅解备忘录》，决定在 2004 年以后，在成员国之间进行间接税（包括消费税和增值税）的跨国协调，以消除成员国之间的贸易壁垒。国际税收协定在这个过程中必然会发挥巨大的作用，假以时日，税收协定有可能成为间接税领域内的“关贸总协定”。

第二节 国际税收协定范本

迄今，国际税收领域尚没有国际公约。国际税收法律制度的主要组成部分，是各国国内涉外税法及两个国际税收协定范本，即 OECD 税收协定范本和联合国税收协定范本。①

有学者②认为，两个范本虽然不具有国际公约的性质，但自出台以来，世界上绝大多数国家在签订税收协定时，都将其作为参考加以适用，并反复采用两个范本中的多数条款，这些条款已具有了国际惯例的性质。有学者③指出，作为最有影响力的两个指导性税收协定范本，OECD 范本和联合国范本的结构框架和条款基本一致，都承认收入来源国的优先征税权，并主张居住国以免税法或抵免法避免国际重复征税，指导思想却存在着一定的差异。OECD 范本比较强调居民管辖权，而联合国范本则注重扩大地域管辖权。

另有观点④指出，两个范本之中，OECD 范本影响更为深远。该范本

---

① 1963 年，OECD 首次公布了《关于对所得和财产征税的协定范本草案》，得到许多国家的认可，并被作为协调国际税收关系的重要参考文件。1967 年，OECD 税务委员会又着手对该草案进行修订，并于 1977 年正式通过了修改后的范本及其注释，通常称之为 OECD 范本。而联合国范本的产生背景是因为 60 年代以后，有大量的发展中国家加入联合国。它们认为经合组织范本倾向于发达国家利益，没有全面反映发展中国家的要求。为此，联合国经济及社会理事会通过了一项决议，要求秘书长成立一个由发达国家与发展中国家代表组成的专家小组，研究制订能够广泛代表不同区域和不同税收制度的国际税收协定范本，这样联合国税收协定范本应运而生。

② 买万林、刘秀萍主编：《国际经济法学》，中国人民公安大学出版社 2004 年版，第 271 页。

③ 魏国君主编：《国际经济法学》，北京大学出版社 2002 年版，第 444 页。

④ Brain J. Arnold and Micheal J. Mcintyre. International Tax Primer，Klumer Law International，1998，95.

出台的时间较早，且出台的目的是供其成员国签订双边税收协定时作参考之用。由于其成员国为较发达且最早签订税收协定的国家，在参照范本规定签订税收协定的同时，也将 OECD 范本的规定反复适用，使得该范本的规定对现今国际税收法律制度的构建，起到了重要的影响。除此之外，在全球化浪潮日益升温的今天，为了应对电子商务、新型融资形式等新情况对范本的概念和规则提出的新挑战，OECD 分别于 1994 年、1995 年、1997 年、2002 年和 2003 年对范本进行了修改，主要集中在对注释的更新上，也有少部分条文的更新。因此，也有学者①提出，OECD 范本频繁更新，能够适应不断发展变化的国际经济交往之需要。

① 刘剑文:《国际税法学》，北京大学出版社 2004 年版。

第二章

电子商务与国际税收法律体系

随着经济全球化的推进和科学技术的进步，电子商务开始改变国际经济与贸易的形式。电子商务给国际税收带来机遇的同时，也对国际税法构成了不可避免的冲击，近10年国际税法针对这些冲击，做了相应的调整。

第一节　电子商务与税收原则

一　税收分配公平原则

有学者①认为，电子商务的发展对国际税法原则的挑战，主要体现在税收分配公平原则上。所谓国际税收分配公平原则，是指“国家在其税收管辖权相互独立的基础上平等地参与国际税收利益的分配，使有关国家从国际交易的所得中获得合理的税收份额”的一种信念。该原则是国际经济法中公平互利原则在国际税法领域里的具体运用与体现。② 电子商务作为一种新兴的贸易方式，虽然是一种数字化的商品或服务的贸易，但它并没有改变商品交易的本质，仍然具有商品交易的基本特征。因此，它理应坚持税法公平原则的指导。

有观点③指出，随着电子商务的发展，与传统有形的贸易形式相比，“虚拟”贸易形式往往不能得到原有税制的全面覆盖，这就造成了传统贸

---

① 刘剑文：《国际税法学》，北京大学出版社2004年版。

② 宋槱篱：《财税法学》，湖南大学出版社2003年版。

③ 王欢：《电子商务税收中的“常设机构”原则探析》，《法学评论》2001年第2期。

易主体与电子商务主体之间的差别。在传统跨国交易中，当供应商提供跨国的劳务或无形资产给他国消费者使用时，应缴纳相应税款。然而，在电子商务的影响下，当跨国的网上服务和无形产品提供者直接面向大众消费者时，一国政府就难以认定提供商是否在其国内有经营机构和代理人。这样一来，增值税、消费税等的征收没有了对收入来源确定的依据。而且在现实生活中，很多大型的电子商务网站为了保证电子商务的安全性，都在网上交易的过程中设立了类似注册认证、支付加密的环节，这样的加密技术创造了很多的“隐形收入”，因为加密技术使得确定应纳税额变得十分困难，从而破坏了税收法定原则，进一步破坏了税收的公平性。

除此之外，还有学者①认为，发达国家很容易利用其在电子商务发展中的技术领先优势，大力推行零税率和不断扩大其属人管辖权，尽量缩小来源地税收管辖权的适用范围。这样一来，在电子商务环境下，纳税人的经营地址难以确定、纳税地点难以掌握，常设机构难以确定的情况，则进一步弱化了直接关涉广大发展中国家切身利益的来源地税收管辖权，使得“来源国无法有效地行使其征税权，而居住国却可以凭借居民税收管辖权对电子商务的纳税人加以征税而取得本应属于来源国的那部分税收，如此将使得原本由来源国和居住国分享的税收利益，变成了由居住国独占享有，造成了国际间税收利益分配的严重失衡”。

二 常设机构原则

（一）常设机构

常设机构的概念最早出现在国际联盟 1923 年发布的经济报告中。有学者②将之定义为：一个企业在一国境内进行全部或部分经营的固定场所（常设机构应具有三个特征：有一个营业场所，包括房屋，该营业场所场地与机器设备等，不论是自有的还是租用的；必须是固定的，即应具有确定的地理位置，并具有长期经营的性质）；通过该营业场所从事营业活动。

---

① 陈延忠：《电子商务环境下常设机构原则问题探析》，见陈安主编《国际经济法论丛》（第 5 卷），法律出版社 2002 年版。

② 张智勇：《国际税法》，人民法院出版社 2002 年版，第 21—22 页。

有学者①指出，对常设机构的认定，直接关系到本国对跨国所得的税收管辖权的行使，且涉及所得来源地国和居住国双方税收利益的划分，也是发展中国家与发达国家之间进行税收协调的主要争执焦点之一。

也有学者②认为，常设机构这一概念之所以在国际税法中意义重大，是因为非本国居民公司在收入来源地国通过常设机构取得的经营所得，收入来源地国可以征税；如果不是通过设在本国的常设机构取得的收入，收入来源地国则不能征税。

现实中，确定常设机构的标准各不相同。有观点③认为，常设机构的判定以物的因素为标准，即如果一个非居民在境内设有一个从事生产或购销活动的机构，并存在一定时间，就可认定为有常设机构。对于构成常设机构的物质设备或设施，没有规模上的限制。

除此之外，还有观点④认为，常设机构的判定以人的因素作为标准，即如果一个非居民通过其雇员在一国境内从事诸如采购原料、推销商品、提供服务、确定合同等经营活动，只要持续一定时间，即使该公司在该国没有固定场所，也可被认定设有常设机构。

笔者认为，从常设机构的发展历史看，不论常设机构概念怎么演变和发展，固定营业场所（物的因素）和营业代理人（人的因素）始终是常设机构的两个核心要素。

有学者⑤提出，电子商务的出现给这两个核心要素都提出了新的挑战：首先，电子商务作为一种全新的商务模式，其依赖的手段和介质是虚拟的数字化空间这一无形的场所。通过该媒介，电子商务可以做到不在客户所在国设有场所或设备，就可以把产品销售到互联网连接着的任何地方。这样一来，以物的要素“固定营业场所”来判断电子商务环境下常设机构是否存在，就变得非常困难。其次，利用电子商务方式进行交易，

---

① 那力：《国际税法学》，吉林大学出版社1999年版，第55页。

② 张娟：《国际税法上常设机构概念的属人化——兼论由此引发的问题》，《研究生法学》2004年第4期。

③ 王欢：《电子商务税收中的“常设机构”原则探析》，《法学评论》2001年第2期。

④ 张智勇：《国际税法》，人民法院出版社2002年版，第21—22页。

⑤ 陈延忠：《电子商务环境下常设机构原则问题探讨》，见陈安主编《国际经济法论丛》第5卷，法律出版社2002年版。

当事方直接通过网络签订合同、支付对价，甚至可以直接通过网络完成商品和劳务的给付，完全可以不在进口国雇佣人员。所以，以人的要素来判断电子商务条件下某一连接因素是否构成常设机构，也行不通。

（二）人的因素

有学者①认为，判定电子商务中常设机构的焦点问题之一，是关于营业代理人的认定（即人的因素）。OECD 范本规定的基于人的因素所构成的常设机构是指：在缔约国另一方代表企业进行准备性或辅助性以外的活动，有权以企业的名义签订合同并经常行使这种权力的非独立代理人。

有学者②将此解读为：这种常设机构是基于代理人构成，在适用上有从属性，也就是在外国企业因固定营业场所的因素无法构成常设机构时，才能够用以判断常设机构之成立与否。在电子商务形式的交易中，网络服务供应商和服务器的认定，是判定电子商务中常设机构的重点。

经合组织认为，通常的网络服务供应商不构成其他企业在境外的常设机构。学者③分析认为，网络服务供应商是一个独立地位代理人，但不构成常设机构：首先，网络服务供应商一般限于为非居民提供互联网的访问、数据存储和信息传输及相关一些辅助服务，通常不具备以该非居民的名义签订合同，当然也就更谈不上经常使用这种签订合同的权利。这也是网络服务供应商不能构成常设机构主要判定依据。换句话说，一个非居民如果仅仅是在某个网络服务供应商的服务器上维持其网址，那么，这个网络服务供应商不能构成该非居民在境外的常设机构。其次，即使网络服务供应商能够认定为非独立代理人而导致常设机构原则被适用，该非居民也完全可利用国外的 ISP 来避开这一问题，同时来源国的此类规定也会驱使该国内的网络服务供应商迁往国外。

不过，也有学者④提出，经合组织没有完全排除网络服务提供商成为其他企业常设机构的可能。如果某个网络服务提供商向某个企业提供维持网址服务过程中，超出其营业常规，例如有权以该企业的名义与他人签订

---

① 刘剑文：《国际税法》，北京大学出版社 2004 年版。

② 陈延忠：《电子商务环境下常设机构原则问题探讨》，见陈安主编《国际经济法论丛》第 5 卷，法律出版社 2002 年版。

③ 同上。

④ 朱炎生：《跨国电子商务活动中常设机构的认定——经合组织观点述评》，《国际税收》2001 年第 5 期。

合同并经常行使此项权利，那么该网络服务提供商将构成该企业的常设机构。

至于服务器是否能构成常设机构，有学者[①]认为是有待商讨的。一个设在B国的服务器B，为A国的A公司代理提供电子商务服务。在服务器B是某独立代理人的业务的一部分时，是否构成A公司在B国的常设机构，从而对其征税？在B服务器是代理人业务的全部的情况下，服务器B是否构成A公司在B国的常设机构，从而导致B国对其征税？这些问题很难用现有的法律来解释。而且，服务器自身不属于协定范本第3条第5款项下的“人”的范畴，自然也就无法成为非居民的营业代理人。另外，A公司如果不愿意让其在B国的服务器被判定为常设机构而导致纳税，它完全可以不授权这类服务器以自己的名义签订合同。

（三）物的因素

在传统的商务活动中，企业开展营业活动的营业场所都有雇员的存在，雇员在营业场所中为企业处理各种营业事务。然而，在电子商务活动中，所有的商务活动都是由服务器或网址自动完成的，不必在来源国保留任何雇员。因此，电子商务环境下，就需要判定，某一外国非居民在来源地国拥有或使用的服务器或网址能否作为常设机构。

经合组织认为，服务器属于计算机设备，是有形物，它总会放置于某个固定的地点。对该非居民来讲，存放该服务器的固定地点将成为该非居民的固定营业场所，而服务器可能因此而成为常设机构，但是必须要满足一定要件：

第一，服务器必须是处于企业的支配之下。

营业场所不仅包括商业用房，在某些情况下，还包括机器或设备，无论服务器是否有人看管，只要其处于企业支配下，企业对其进行了经营操作和设备维护，都可以视为企业在收入来源国有经营场所。但是，事实上在电子商务活动中，只有极少的大型企业有能力或者肯付出对价拥有自己有支配权的服务器，其余绝大部分企业广泛采用的做法是，通过网址维持协议，使用网络服务供应商服务器。显然，大部分企业的做法使得服务器很难被认定为常设机构，所以，经合组织的解释在很大程度上缩小了服务

① 刘剑文：《国际税法》，北京大学出版社2004年版，第461页。

器成为常设机构的范围，

第二，服务器必须是固定的。

有学者①分析此条件，认为这里的“固定性”难以确定。在判断某个处于特定地点的服务器是否固定时，营业场所的“固定性”并不意味着构成营业场所的设备必须固定在所属的土地上，只要将设备保存在某个确定的场所就行了。从电子商务的经营情况来看，服务器其实是符合“固定性”这个要求的。服务器是硬件并且具有相当的体积，在一般情况下是相对固定的，不论企业自有或是租赁，频繁更换服务器的成本还是很高的。因此，即使按照传统的常设机构认定标准，服务器也能够具备常设机构的要件。但是法律应当有预见性，电子产品的发展速度是相当快的，以目前的发展水平，服务器昂贵并且难以移动，但是在未来几年，服务器的发展变化也许难以预测。除此之外，经合组织认为，特定服务器如果在某一固定的地点存在足够长的一段时间，就可以被认定为是固定的。但是究竟多长时间是足够长的时间，并没有明确，这将是一个潜在的冲突点。

第三，企业的营业必须是全部或部分地通过服务器进行。

有学者②对此条件进行了评述：关于全部或部分的表述方式，令人得出人员的存在并非构成“常设机构”所必需的结论。传统的商务领域，人不过是商务过程的外在表现特征，并不构成常设机构判定的必要条件。在网络发达的今天，企业不一定要通过人，只要通过有权使用服务器这一途径，就可以实现在另一国的存在。

关于网址，经合组织认为，网址本身并不能直接构成常设机构。有学者③指出，网址仅是信息技术和计算机设备的一个无形的结合点，就像人们每天都在使用的电话号码一样，不过是一个由一串数字组成的符号而已，难以感受到它的有形存在，也没有诸如厂房、机器或设备等设施。因此，网址不具备任何一个能够成为营业场所的因素，那么理所当然的它不能成为一个营业场所，更谈不上成为常设机构了。

---

① 刘剑文：《国际税法》，北京大学出版社 2004 年版。

② 黄素梅：《电子商务中常设机构认定标准的新发展》，《国际税收》2006 年第 8 期。

③ 刘剑文：《国际税法》，北京大学出版社 2004 年版。

不过，也有学者[①]认为，网址在特定条件下可以成为常设机构，但须符合一些标准。一是延续性标准，这是指非居民的网址在互联网上活动存续的时间期限。这一标准可以判定网址使用人，在一定时期内存在于互联网这一虚拟市场中，可以同来源地国境内的客户进行交易。二是营业性标准，即非居民是否通过该网址实施了其全部或部分的营业活动。这一标准用来判断非居民是利用该网址进行诸如收集信息、广告宣传等辅助性的或准备性的活动，还是从事营业范围内容的活动，从而对其盈利起到不可或缺的作用。三是网址功能的系统性标准，这是指非居民控制的网址是否具有完成全部交易或主要交易环节的功能，并且对来源地国境内的客户实际发挥了这样的功能作用。一项电子商务的完成，通常会涉及邀约、承诺、支付货款、交付货物或提供劳务，这都是交易中的重要环节。如果该非居民通过网址完成了全部或其中部分重要环节，那么就可以认定该非居民的网址对来源地国的客户发挥了实质性的交易功能，可以认定为符合系统性标准，进而认定为常设机构，对其征税。如果一个非居民纳税人通过网络使用的网址同时满足以上三个要件，就可以认定为该网址成为常设机构，进而行使税收管辖权。

（四）认定方案

虽然，全球范围内至今尚未形成统一的有关电子商务税收规则，各国政府、有关国际组织和国际税法学界在分析和研究了电子商务引起的各种税收法律问题之后，对于解决电子商务下常设机构的认定，主要提供了以下几种对策：

1. 保守性变革方案

“保守”方案主张保留传统的管辖权规则和概念，在保留现有的常设机构概念的原则上，对现行的税制进行修补，通过有关概念的重新解读和技术调整，使之能够适应跨国电子商务所得税的课税协调。这是国际经济合作与发展组织（OECD）为代表的发达国家所推崇的方案。

有学者[②]指出，发达国家之所以极力主张保守性方案，是因为保守性方案更加有利于电子商务输出国的税收利益，而电子商务的输出国多半为发达国家。换而言之，在保守性方案中，居住国扩大了对电子商务所得的

---

① 廖益新：《国际税法学》，北京大学出版社 2001 年版。

② 刘剑文：《国际税法》，北京大学出版社 2004 年版。

征税权利，而税收来源国的税收收益将会受到损害。

2. 革命性变革方案

革命性的方案几乎完全抛开了常设机构的概念，在传统的所得税和增值税框架之外，通过考虑电子商务的优点以及其额外生产力和新技术添加的价值，而得出需要开设针对电子商务交易的新的税种。通过对此新税种的征税，来解决针对电子商务所得的国际税收分配问题。其中，最具代表性的税种是由加拿大税收专家阿瑟科德尔和荷兰学者卢休特等人提出的比特税（Bit Tax）。征收比特税意味着“在信息高速公路上对流动的数据交通进行征税”。① 互联网中所有的数字信息，都会成为比特税的课税对象。

有学者②指出，革命性的方案有优点，但也不乏明显的缺陷：开征新税种理论上最符合电子商务的运行特征，并且容易认定、操作简便，还能够有效防止纳税人逃避税。但是对所有的数字信息赋税，就意味着无论是商业信息还是非商业信息都要赋税，不利于互联网行业的发展。此外，税负与信息流量大小成正比，信息流量越大，则税负越大。但是在很多情况下，信息流量并不能完全等价于商业所得的价值量，如果仍然按比特税计算，就会违背税收公平原则与量能负担原则。

3. 预提税方案

保守性方案中，来源国与居住国针对电子商务的征税权益的矛盾十分突出。为了解决现有的常设机构原则适用于跨国电子商务导致来源国与居住国间的税收权益的失衡问题，美国多恩伯格教授主张对跨国电子商务的营业所得，比照现行的跨国股息、利息等投资所得的规定，采取来源国有限征收预提税的方式征税。

有学者③认为，本方案主要考虑到，在通常情况下，常设机构原则并不导致外国销售商在来源国设有常设机构，因此来源国的征税权只能是纯客观性的，来源国征税可以通过对来源国公司向居住国公司支付的总额，按照某一较低的税率征收预提税来实现。同时，来源国的预提税税率应该

① Arthull Cordell. New Taxes for a New Economy，http//www. usask. ca/library/gic，July5，2000.

② 朱炎生：《国际税收协定中常设机构原则研究》，法律出版社 2006 年版。

③ R. L. Doemberg. Electronic commerce and International Tax Sharing，Tax Notes International，1998.

受到一定的限制，从而保证居住国在来源国优先征收预提税之后，仍有一定的税收收益。可是预提税本身就是一种估量的、不够精准的征税方式，所以很难体现税收公平的原则。

4. 虚拟常设机构方案

该方案是由安特卫普大学教授 Lue Hinnerkens 提出的，主张在对电子商务来源征税时，适用常设机构原则，但有关常设机构的构成需要调整。在既没有非独立代理人也没有营业场所的情况下，只要居民国企业在来源国境内利用互联网等电子技术手段，持续进行实质性的经营活动，就可视为构成虚拟性的常设机构，由此产生的营业所得应由来源国优先征税。

有学者①指出，该方案的重点在于“经济忠诚”，有利于扩大来源地税收的管辖权。但是该方案将现有的成熟的国际税收准则以及规则放在一旁，重新制定征税连接点，并且采用不同的营业所得确定方法，肯定会造成不稳定的问题。并且，对虚拟常设机构中的“营业活动”这一概念，也没有明确、统一的判定标准，这对来源国的税务机构来说又是一大难题。

第二节　电子商务的国际税收管辖权

一　居民税收管辖权

所谓“居民税收管辖权”，是征税国基于纳税人与征税国存在着居民身份关系的法律事实而主张行使的征税权。有学者②指出，这种居民身份关系事实，是指征税国税法上规定的居民纳税人身份构成的标准要件。可见，纳税人居民身份是该国行使征税权的前提，而不论该居民的收入是从哪国获得的。

有学者③提出，在电子商务状态下，认定纳税人居民身份变得困难。纳税人居民身份的认定，是一国行使税收管辖权的前提。自然人居民身份认定，各国没有形成统一的标准。从立法实践看主要有住所标准、住所或

① 朱炎生：《国际税收协定中常设机构原则研究》，法律出版社 2006 年版，第 237 页。

② 余劲松、吴志攀：《国际经济法》，北京大学出版社 2001 年版，第 381 页。

③ 刘剑文：《国际税法学》，北京大学出版社 2004 年版。

居所标准、居住时间标准、国籍标准等。但是由于电子商务有虚拟性、隐匿性、全球化和数字化的特点，使得纳税人的身份的确定变得困难，电子商务的全球性还直接导致了无法对地理空间进行分割。即使分割，分割后的区域与地理空间也不能一一对应。上述标准仍可能指向一定的管辖区域，但所指向的管辖区域和电子商务活动可能并无密切联系。比如，按现有法律，某一公司设在X国的服务器对某一自然人A构成在X国的居民身份几乎无任何影响。但A却通过该公司的网址而“生活”在一个在线虚拟社区中，并进行电子采购娱乐等活动，而其居民身份仍将取决于其住所、居所等物理因素。因此传统标准已无法在电子商务纳税人和特定税收管辖区域间，有效建立管辖所必须的相对稳定的充分联系。所以有些学者推崇采用国籍标准制，但是这一标准在行使的过程中仍然会遭遇到电子商务的挑战。[①] 首先，任何一个人都有可能在自己无知无觉的时候，就已经完成一项跨国交易了，网络是一个开放的空间，任何机构都很难对网上所有的贸易活动进行监管和管理。那么基于追踪当事人的国籍来适用税收属人管辖权，难度太大。其次，由于互联网站的设计变换很快，为交易人变更或者隐藏身份提供了很大的空间，如何查明交易者的身份和所处位置已经很难了，更别说确定交易者的国籍了。

也有学者[②]指出，除了纳税人的居民身份难以确定，法人的居民身份同样难以确定。用于确认法人居民身份的标准，主要有实际管理和控制中心所在地标准，以及总机构所在地标准。法人实际管理和控制中心所在地即做出和形成法人经营管理重要决定和决策的地点，常根据公司股东、董事大会召开地，公司账簿、档案保管地等因素综合判断。然而，在电子商务中，召开董事会、股东大会等，完全可以借助电视电话会议、网络视频、电子邮件等现代信息通信技术，在异地间召开；公司的账簿及档案等也可以用数字化的形式保存，不必要设立专门的保管地点。前一种情况下，同一经济活动可能同时涉及多个地理位置，必然产生如何确定董事会所在地、召集地的问题；后一种情况下，账簿及档案保管地无法固定，使得法人居民身份难以确定。而且，法人甚至能够轻易变更上述因素，从而

---

① 刘永伟：《论电子商务的国际税收管辖权》，《国际经济法论丛》第3卷，法律出版社2001年版，第298页。

② 廖益新：《国际税法学》，北京大学出版社2001年版。

避免成为某一特定国家居民或成为某一避税港居民以达到避税目的，造成税收流失。

二 来源地税收管辖权

所谓“来源地税收管辖权”，也称属地性质的税收管辖权，是指根据来源地这一连接因素，对纳税人来自本国境内的所得或财产价值主张行使的征税权。这种从源课税，既表现出国际间经济利益分配的合理性，也有利于税务管理。因此被世界各国普遍采用。[①] 学界一般认为，确定收入来源地税收管辖权，首先必须确定所得性质及所得来源地，网络交易的虚拟化和交易双方的匿名化，使电子商务无法按照传统标准确定所得性质及所得来源地，进而无法有效行使税收管辖权。

有学者[②]指出，来源地税收管辖权实现困难的一大原因，就是常设机构原则受到挑战。世界各国对于常设机构的认定标准，主要根据物的因素或者人的因素，但电子商务的出现，给这两个核心要素都提出了新的挑战。

也有观点[③]认为，所得来源地难以确定，是管辖权难以实现的重大现实因素。首先，由于在全新的信息经济时代，贸易已经可以不发生在实际的地理空间，这会让国界和管辖权的意义淡化，电子商务的开展仿佛不存在任何固定的地点，就像发生在无形的空间一样。[④] 这就让常设机构原则在电子商务条件下难以确定，进而使得非居民的经营所得来源地的确定发生困难。其次，电子商务使传统的劳务行为的性质和表现发生了变化，网上银行服务、网络信息传递服务，还有时下流行的网上视频通话服务，都同时涉及了多个服务器所在地。如网上视频通话，甲乙双方的网络服务器可能分设于两个国家甚至两个以上国家。

除了以上两个原因外，学者[⑤]指出，所得性质的不确定也会导致税收

---

① 刘剑文：《国际税法》，北京大学出版社2004年版，第71页。

② 朱炎生：《国际税收协定中常设机构原则研究》，法律出版社2006年版。

③ 邓力平：《国际税收学》，清华大学出版社2005年版。

④ Don Tapseott, Alex Lowey, David Ticoll. Blueprint to the Digital Economic, McGraw-Hill Co., 1998.

⑤ 蔡庆辉：《电子商务跨国所得的定性问题探究——兼析〈经合组织税收协定范本〉评论修订建议》，《现代法学》2004年第12期。

管辖权的难以实现。电子商务的出现使不同形式的所得之间的界限变得模糊，电子商务条件下，同一所得从不同方面判定就可能具有不同性质。很多国家的税法都对有形商品的销售、无形财产的使用和劳务所得做了区分，分别制定了不同的课税规定，进而适用不同的税种和税率。然而，电子商务中的产品可以通过数字化的方式直接通过互联网传输到世界各地，如影像制品等有形产品，或者是电脑软件等无形产品，使某些劳务都可以通过虚拟的网络空间以数字化的方式支付。面对这样有别于传统的数字化产品和服务，以传统交易标的性质和交易活动形式，来区分交易所得性质的税法规则，适用起来非常吃力。突出的问题就是营业所得（销售商品所得）、劳务所得（服务报酬所得）和投资所得（特许权使用费所得）之间界限变得模糊不清。① 例如，甲国的某出版商以计算机在线服务方式向在乙国的某客户提供了电子书刊或音乐产品，客户可以通过计算机随时浏览或下载其所需要或喜欢的文章资料或乐曲，出版商因此而获得的所得，既可以被定性为销售收入，也可以被理解成是劳务报酬，还可能被认定为特许权使用费收入。

第三节　电子商务与国际逃避税

一　电子商务征税

电子商务作为一种新兴的贸易形式，给世界经济带来新的机遇，但同时也对税收带来冲击，围绕着电子商务征税的问题，各国都给以极大关注。发达国家在20世纪末就已经有所行动，发展中国家对电子商务的征税也破土萌芽。但是由于电子商务是一种新兴事物，并且以猝不及防的速度在发展。所以，有学者②指出，各国都采取了相对谨慎的立法态度，以保护本国电子商务的发展，同时也避免由于税收立法不当扭曲和影响电子商务的发展。

1997年，欧洲电信部长级会议通过了《波恩部长级会议宣言》，提倡税收中性原则，认为对电子商务要减少不必要的限制，不再征收额外税

① 蔡庆辉：《电子商务跨国所得的定性问题探究——兼析〈OECD税收协定范本〉评论修订建议》，《现代法学》2004年第6期。

② 李双元、王海浪：《电子商务法若干问题研究》，北京大学出版社2003年版。

收。但随着电子商务的进一步发展，为了控制税基流失，欧盟决定对电子商务征收间接税。1998 年底，欧洲经济委员会确立了电子商务的税收原则：致力于推行现行的增值税，不开征新税；现行增值税的立法必须遵循和确保税收中性原则；互联网税收法规必须易于遵从并与商业经营相适应；应确保互联网税收的征税效率，以及将可能实行无纸化的电子发票。

1998 年美国通过了《网络免税法案》，规定了网络接入服务免税，并禁止对电子商务征收复合税和歧视性税，不征收联邦网络税，税务机构不得扩张征税权力，并创立了电子商务顾问委员会，主要从事有关电子商务征税的国内、国外问题研究。2000 年，这个法案又被众议院延期 5 年，即至 2006 年。2007 年布什政府出台了《2007 年英特网税收自由法修正法》，实际上是对 1998 年法案的免税期又延长了 7 年，即至 2014 年。

在理论界，有学者①对电子商务持征税观点，认为对电子商务免税将严重影响税收公平原则的实现。电子商务虽然在形式上与传统的贸易有很大区别，但是并没有改变传统贸易的经济实质，不过是在交易形式、工具和手段上依赖于新生技术而已，给国际税收带来的不过是一个阶段性的难题。技术手段或征收理念进一步发展以后，必然会有相应的法律可以规制和解决这一难题。

也有学者②对电子商务持免税观点，认为过去的事实证明，互联网和在其之上进行的商务活动的飞速发展，正是得益于对其管理的宽松。因此，政府应如同在国际贸易的其他领域内一样，在这一领域也要尽可能地少加以干预。

二　电子商务逃避税的成因

由于各国在对电子商务是否应当征税、应当对谁征税、如何征税、征何种税、按什么样的税率征等问题上，并没有统一的规定，甚至没有规定，使得判断电子商务行为是否构成逃避税，变得困难重重。所以，利用电子商务进行国际逃避税的法律风险非常小，进而有人将网络形容为避税的天堂。即使以上问题能够准确判断，电子商务区别传统贸易的特点，仍

① 刘剑文：《国际税法》，北京大学出版社 2004 年版。

② 鲁杰罗：《电子商务的全球性框架——鲁杰罗在第九届国际信息产业会议上的演讲》，《世界贸易组织动态与研究》1999 年第 1 期。

然对国际逃避税问题产生了多方面的影响，让逃避税行为在网络上几乎成了一种习惯而不是一种违法行为。

有学者[①]提出，电子商务中纳税主体和交易所在地不易确定，是利用电子商务逃避税的一大成因。一国税收法律制度能够有效执行，首先需要明确纳税义务人。但是，由于互联网的隐匿性和全球性，并且目前各国都缺少对网络在线使用者的有效控制，交易双方可以隐匿姓名、隐匿居住地，居民或非居民无论其真实的居住地在哪里，都能够通过他国服务器设立网址进行全球商品和劳务交易。而对于税收征缴部门仅仅通过一个虚拟的网络世界来判定哪个是本国居民所经营的或提供的劳务，显然是相当困难的。税务征缴部门能知道的不过是卖方设立的网址，而这个网址与真实的经营地点却可能毫无关联。

学者[②]还认为，课税的对象难以确定，也是利用电子商务逃避税的原因之一。根据课税对象的不同性质，税种分为流转税、收益税、财产税、其他行为税四类。由于电子商务的发展，一直以有形财产提供的商品和以可见方式提供的劳务，可以在虚拟的网络空间以数字形式提供。对这种以数字化方式提供的商品和劳务，很难用传统的税收理论进行认定，这样就使得电子商务的课税对象之间的界限变得模糊。

也有学者[③]指出，电子商务中税收稽查的有效证据难以掌握和中间者的缺失，同样便利了逃避税。以电子凭证为例，长期以来，税收一直是以会计信息系统的核算、账簿记录、凭证等作为征管、稽查基础。然而，在网络经济条件下，电子商务却呈现出无纸化特征，使税收征管稽查失去直接的实物对象和稽查依据。账簿、发票等均可在计算机中以电子形式填制，而电子凭证又可以被轻易地修改，不留任何线索和痕迹。加上加密技术的发展和广泛应用，只有具有私人密钥才能破解信息。这就使审计失去了基础。

在电子商务环境下，由于一国的消费者可以直接与其他国家的商品销售商进行跨国交易，这样就导致了传统贸易中处在生产和消费两个环节中

---

① 刘剑文：《国际所得税法研究》，中国政法大学出版社2000年版。

② 刘剑文：《财税法学》，高等教育出版社2004年版，第352页。

③ 杨惠芳：《电子商务引发的国际避税问题及我国的反避税措施》，《改革与战略》2004年12月，第11页。

的中间商缺位，这可能包括分销商、批发商等角色，对于税收征管部门，很多在传统贸易下可以通过中间商来征收的捐税，由于中间者的缺位，不得不转向基数众多的消费者或者说纳税人来征收，代扣代缴制度遭遇了电子商务的严峻挑战，这不仅仅使征税成本增加，也因为纳税人过于分散而导致税收的流失。

另外，也有观点[①]认为，电子商务的迅猛发展也使得传统的关税监管漏洞百出，使得逃避税成为可能。无纸化和全球化的电子商务将无形商品和服务从生产端直接送达客户端，不会给海关留下任何赖以征税和监管的线索，导致海关等部门传统的凭证追踪审计方法成为空中楼阁，现有的税收源泉监控手段失去了最直接的实物对象；电子付款和加密技术也使得纳税主体无法确认，客观上进一步促成纳税人不遵从税法的随意性，同时征管技术总是滞后于电子商务应用技术，更使依法治税显得苍白无力。

除此之外，有学者[②]提出，电子商务环境下，转移定价更为方便。转移定价是一种最主要、最常见的通过课税客体转移来进行避税的方法。互联网使关联双方的交易更加隐匿，许多贸易对象被转化为“数字化资讯”，税务机关很难确定其是正常交易价格还是转让价格。

最后，有学者[③]指出，电子商务使得利用避税港进行避税更为容易。在电子商务下，利用避税港来进行避税显得更为容易，只需要在避税港租用一个服务器或设立一个网址，就可以利用避税港优惠政策逃避税收了。同时，电子支付系统的广泛应用，互联网的跨国交易一般通过无纸化进行，传统的账册凭证计税方式失效，税务当局很难掌握跨国公司的经营状况。一些企业利用电子支付系统在避税港的“网络银行”开立资金账户，建立“信箱公司”，通过各种虚构的业务和价格转移实现国际逃、避税的目的。一些国际避税港如安提瓜还推出了“避税服务”，种种迹象表明围绕互联网引起的国际逃避税问题，将有一条漫长而坎坷的路要走。

---

① 杨斌：《国际税收制度法规和管理方法的比较研究》，中国税务出版社 2002 年版，第 52 页。

② 刘永伟：《转让定价法律问题研究》，北京大学出版社 2004 年版。

③ 杨斌：《国际税收制度法规和管理方法的比较研究》，中国税务出版社 2002 年版。

第三章

全球化下的税收主权

税收主权源于国家主权，是国家主权在税收，尤其是涉外税收这一经济方面的体现。国家税收主权原则构成国际税法的基本方面，是国际税法的根本原则，是国际税法存在的基本前提与发展的基础，是理解、解决国际税收问题的出发点和归宿点。在全球化形势下，国家税收主权受到多个方面的侵蚀和冲击，具体表现在国际税收协调与合作、国际避税、有害税收竞争、电子商务兴起等几个方面。

第一节 国家税收主权与国际税收协调与合作

一 国家税收主权

无论是国内还是国外学术界，对于"税收主权"的概念都还缺乏精确的界定。有的学者①认为，税收主权即意味着一国在决定其实行怎样的涉外税收制度，以及如何实行这一制度方面有完全的自主权，不受其他国家和组织的干涉，即税收主权为一国税收上独立自主、不受干涉之权力。也有学者②认为，税收具有的单向性、强制性、无偿性，本身就是至高无上权力的象征，所以税收是现代国家主权的表征。

在国际税法领域中，"税收管辖权"一词被提及的几率要比"税收主权"高很多。大多学者③认为，税收管辖权是国家主权在税收方面的体

① 刘剑文：《国际税法学》，北京大学出版社 2004 年版，第 54 页。

② 刘剑文、熊伟：《税法基础理论》，北京大学出版社 2004 年版，第 31 页。

③ 郭寿康、赵秀文：《国际经济法》，中国人民大学出版社 2000 年版，第 437 页。

现，是国家主权的重要内容，它是指：一国政府行使的征税权力，即国家依法确定纳税居民和非居民及征税客体的范围以及纳税人纳税义务的权力。即谁有权征税，对哪些人征税，对哪些收入征税，税种如何，税率多少，如何行使。①

也有学者②主张，税收主权就是税收管辖权。“税收管辖权既然根源于国家主权，这就决定了它具有类似于主权的特征。从理论上讲，国家的税收管辖权，对外表现为一种完全独立自主、不受任何外来意志干预的权力。”“税收管辖权，是指国家在税收领域中的主权，是一国政府行使主权征税所拥有的管理权力。税收管辖权具有独立性和排他性，它意味着一个国家在征税方面行使权力的完全自主性，在处理本国税务时不受外来干涉和控制。”

笔者认为，税收管辖权是税收主权的组成部分和体现。正是通过税收管辖权，税收主权抽象的一面才实在地表现出来；也正是通过税收管辖权行使的范围和效力，才彰显了税收主权的最高性和独立平等性。

“税权”一词是近些年来在税法学界使用频率较高的一个术语，但对其含义有不同理解。有学者③认为，税权是由国家主权派生出的，国家对税拥有的取得权（课税权）和使用权（支出权）。也有学者④认为，税权是国家为实现其职能，取得财政收入，在税收立法、税款征收、税务管理等方面的权力或权利，是取得财产所有权之权。还有学者⑤认为，国际法上的税权就是学者通常所称的税收管辖权。税权的存在是与国家的主权联系在一起的，并且，其本身就是国家主权的重要组成部分和体现。还有学者⑥主张，在国际法上，税权又叫税收管辖权，是指一个国家（政府）对其领土及其国民在税收管理方面所拥有的各类权力的总称，它是国家对税收事务行使主权的具体体现。

---

① 刘剑文：《国际税法学》，北京大学出版社2004年版，第65页。

② 杨志清：《国际税收》，中国人民大学出版社2005年版，第27页。

③ 陈刚：《税的法律思考与纳税者基本权的保障》，《现代法学》1995年第5期。

④ 赵长庆：《论税权》，《政法论坛》1998年第1期。

⑤ 张守文：《税权的定位与分配》，《法商研究》2000年第1期。

⑥ 施正文：《论征纳权利——兼论税权问题》，《中国法学》2002年第6期。

二 国际税收协调与合作

有学者[①]指出，在全球化的今天，进行国际税收关系的合作与协调，是共存与合作的必然选择。经济全球化造成各国经济关系日渐形成一种“你中有我，我中有你”的相互交织、彼此影响的关系。这导致了国际经济合作和协调关系的加强。进行国际税收关系的合作与协调，是共存与合作的必然选择。

但是，也有学者[②]指出，各国通过签订多边性或双边性的国际条约参与国际税收的合作与协调，意味着在缔结条约后必须受条约的约束，在行使税收主权时须以国际法为依据。在协定范围内，国家的税收政策已不再完全由本国政府管理和制定，还必须遵守相关的协调组织的协议、国际条约和国际法的约束，这意味着国家单独制定税收政策的权力受到一定程度的削弱。

经济全球化趋势的结果之一，是产生各种形式不一、程度不同的区域经济一体化组织。这些一体化组织通常设有统一机构，调节或者管理一体化组织范围内的有关事项，各成员国必须服从和遵守统一机构的调节和管理。这意味着一个超国家的权力主体产生，成员国以承认该主体，并向其让渡部分主权，包括让渡部分税收主权为条件，以被管理者而非管理者的身份参与该一体化组织。而该一体化组织的总体目标是能够满足各成员国的整体利益，所以一般与各成员国的直接利益目标有距离。

因此，有学者[③]认为，国家向一体化组织转让部分主权，将直接导致自己原有权力的减少和削弱。关于区域经济一体化对国家税收主权的侵蚀，欧盟就是最好的例证。欧盟成员国虽然是主权国家，但是在处理包括税收领域的涉外问题时，必须遵守建立欧盟的各项条约，并服从理事会所发布的各项指令。如欧盟订有《税务相互协助公约》，丹麦、荷兰、挪威、冰岛和瑞典订有《北欧条约》，独联体国家也于 1999 年 6 月签订了多边税收互助协定。但是区域经济一体化是国际经济发展的趋势。随着亚太地区和东南亚地区的地区经济合作进一步加深，经济联系进一步紧密，

① 邓力平：《国际税收学》，清华大学出版社 2005 年版。

② 刘剑文：《国际税法》，北京大学出版社 2004 年版。

③ 朱青：《国际税收》，中国人民大学出版社 2004 年版。

区域经济一体化对亚洲国家的税收主权的影响也会日益明显。①

也有学者②主张，经济全球化进程中，发展中国家处于主权维护的弱势地位。相反，发达国家主导经济全球化的进程，加之自身强大的经济实力，其主权地位十分巩固，所以其税收主权受到的威胁最小。在税收的国际协调和合作中，发达国家从未放弃自己的主张，也不放弃自己的垄断权，而且还进一步挑战发展中国家的税收主权。在国际条约的修改和制定中，发达国家总是试图将有利于自己的法律制度反映在国际条约中，而且由于其政治上的压力和经济上的强势，往往得以成功。如在双边性的税收国际协调中，经济合作与发展组织颁布的税收协定范本总是强调居民税收管辖权，保护发达国家的税收利益。即使在联合国颁布的税收协定范本中，居民税收管辖权并未受到削弱，只是在一定程度上扩大了来源地税收管辖权。结合当今国际资本主要流向发达国家的事实，联合国范本中对来源地税收管辖权的扩大，也并非一定有利于保护发展中国家的税收利益。

此外，在 WTO 中，发达国家总是在决策机制上占据主导地位，对于发展中国家的要求通常是给予一定期限的、有条件的差别待遇，但仍然要求发展中国家在一定期限内完全达到多边协调组织的总体目标。另外，就发展中国家而言，由于它们在经济全球化进程中多居于从属地位，经济、科技实力较差，难以达成杜绝税收流失的目标。在国际税法造法过程中，更难以体现自己的主张、要求和利益，税收主权处于弱势地位。

第二节　国际避税与国际税收竞争

国际避税会造成一国的税收流失，并破坏其公平竞争的经济秩序。避税行为在纳税人之间形成不公平税负，不利于企业间的公平竞争。如果税务部门不能有效阻止国际避税行为，法院又不能认定其为“非法”时，

---

① 在东盟与中国领导人的会议中，中国与东盟签署了《中国—东盟全面经济合作框架协议》及与此相关的《中国—东盟争端解决机制协议》。这两项协议为在 2010 年建立世界上最大的自由贸易区确认了原则。

② 王献枢、王宏伟：《经济全球化时代的国家主权》，《法商研究》2002 年第 1 期。

就会使更多的纳税人竞相效仿。久而久之，就会严重扰乱国家正常的经济秩序，不利于国家经济持续稳定的发展。

一　跨国公司避税

有观点①认为，跨国公司的避税对于一国的税收主权存在影响。跨国公司在经济全球化过程中扮演了重要角色，已成为全球性生产和贸易的最大经济载体，是全球配置资源的重要力量。各国对跨国所得征税，必然牵动税收权益的国际分配。为此，各国税务当局普遍加强了对跨国公司的管理。但是，由于跨国公司大量的转让定价操作和偷逃税行为，使国与国之间的税收分配关系变得极为复杂，一国的税收利益得失有时很难准确估量。居住国政府要对跨国公司的国外所得征税，而跨国公司很容易隐瞒或少报其国外实现的利润。对有些国家来说，跨国公司的海外利润就是可偷税的利润。此外，跨国公司利用居住国政府不了解国外的价格信息，肆意通过转让定价手段转出利润进行避税的情况也非常普遍，各国反避税的任务更加艰巨。反避税不仅涉及税务当局与跨国纳税人的征纳关系，还牵涉到不同税务当局的利益分配。从某种程度上来说，转让定价税制在不同国家征税当局之间的矛盾，大大超过了征纳双方的矛盾，税收的国际争议与日俱增。

有学者②指出，跨国公司利用转让定价来避税，已经从一国的税务问题转化为一个国际政治问题。据德勤公司（1998）、安永公司（1997）、Yokner 公司（1982）、Tang 公司（1979）分别对跨国公司进行的全球转让定价的调查可知，跨国公司转让定价动机均为全球利润最大化及税负管理。安永国际会计师事务所的调查报告还指出，跨国公司的转让定价已被一致认为是国际税收中最重要、最麻烦的课题，也是21世纪会面对的最大问题。在国际直接投资领域，跨国公司在东道国进行大规模的直接投资活动，通过兼并和收购以及建立新厂等方式，控制东道国某些重要的经济部门，垄断东道国某些产品和市场，在一定程度上左右了东道国国家经济政策包括税收政策的制定。此外，掌握着大量国际金融资本的跨国金融机

---

① 朱青：《国际税收》，中国人民大学出版社2004年版。

② ［英］大卫·特洛、马克·阿特金森：《国际转移定价》，孙晓和译，电子工业出版社2002年版，第10页。

构，在全球资本市场和货币市场进行巨额瞬间货币交易，使得一国政府难以有效监控这部分资本，更无法对之合理课税。它们提供的层出不穷的金融衍生产品和交易形式也使得一国对之难以进行有效的税收管理，因而对一国的税收主权提出了严峻的挑战。

二　有害税收竞争与避税港

也有学者①将有害一国税收主权的矛头，指向有害税收竞争。所谓国际税收竞争，是指在国际社会层面上，辖区政府或通过税收之支出吸收其他辖区资源的流入而扩张税基进而增加政府收入，或通过输出税负尽可能从其他辖区获取收入的做法。简单地说，国际税收竞争就是为了把国际间流动性资本或经营活动吸引到本国，各国均对这种资本或经营活动实施减税措施，由此而引发的减税竞争。2000 年，OECD 发布了一份《认定和消除有害税收行为的进程》的报告，这份报告将 35 个国家和地区列入了避税地的名单：巴拿马、瑙鲁、汤加……与国际税收竞争紧密相连的是避税港。② 所谓“避税港”，是指一国或地区为吸引外国资本的流入，繁荣本地经济，在本国或本地区确定一定范围，允许外国人在此投资和从事各种经济贸易活动，取得的收入或拥有财产而不必纳税或只需交纳很少税款的地区。它们都是很小的国家或地区，甚至是很小的岛屿或“飞地”（指一国境内的外国领土）。通常避税港都放弃了居民税收管辖权，即对居民的在国外取得的收入和财产不予征税。而这种居民税收管辖权的放弃，恰恰是以牺牲真正的收入来源地的税收利益为基础的。

有观点③指出，经济全球化加剧了各国的税收竞争。随着各国在经济全球化进程中相继采取市场化的经济体制，对资本等经济要素的流动放松管制，加之现代科技的发展，各国对外国直接投资的管制大大放松。而且，金融资本也基本上已经可以在各国，尤其是工业化国家之间完全自由流动。牟利是资本的本性，国际资本在全球范围内的流动，也总是遵循利润最大化的原则，而流向那些能够产生丰厚利润的国家和地区。税收因素是影响国际资本利润最大化的重要因素之一，减免税等税收优惠政策不可

---

① 那力：《论全球化驱动的国际税收不当竞争》，法律出版社 2002 年版。

② 王铁军：《国际避税与反避税》，中国财政经济出版社 1994 年版。

③ 石慧：《试论国际税收竞争的法律后果》，《财政与税收》2002 年第 5 期。

避免地对国际资本的流向产生影响。另外，经济全球化和现代市场经济的普遍确立，并不能缓解和消除包括资本在内的资源的“稀缺性”问题，相反，在各国的经济发展过程中，资源供给的有限性将进一步显现出来。因此，各国为了本国经济的发展而展开的资源争夺，也将随着经济全球化进程的加快而进一步升级。在此情况下，各国难免将采取各种低税政策，给予外资免税或减税等诸种税收优惠，以鼓励外资尤其是外国生产资本投入本国的落后地区或者相关产业，以符合本国经济发展的总体战略目标。如果各国竞相采取上述税收优惠政策，将不可避免地引起各国税收竞争的加剧。

不过，有学者①指出，大多跨国公司并不是真正地迁出高税率国，只是把其收入转移到了低税率国家，仍享受其总部所在地的公共产品（如国防、外交保护、公共交通、基础设施等），最终导致高税率国家税收降低，无法支付公共产品。这样的税收竞争就是一种恶性的税收竞争，产生所谓“底端效应”。

对此，有学者②主张，过度的税收竞争是有害的、恶性的，应当加以抑制和禁止，而纯粹以增加财政收入为目的的避税地进行的恶意税收竞争更是有害的。每一个税收管辖区都愿意对境外投资者征税以获取财政收入，但又害怕征税会将投资者驱赶到别的不征税的税收管辖区。在一个资本能够跨越国界自由流动，跨国公司能在多个投资地自由选择的当今世界，任何一个国家（或者两个合作国家）对资本征税的能力都是非常有限的。任何单边征税的努力都会被其他国家所削弱，而且为保持国家的竞争力，甚至这种单边的努力都无法做出。因此，想要继续维持征税的基本目标，寻求一个多边的解决方案就非常必要。无论是促进和引导良性税收竞争，还是抑制和禁止恶性税收竞争，均需各国之间的国际税务合作，需要确立新的国际税法规则。

三　网络技术的影响

促使当前经济全球化发展的重要因素之一是科技的发展。可以说，科

---

① 李寿双：《网络环境下的国际所得税法变革——基于“数字生物圈”模型的分析》，《政法论丛》2002 年第 6 期。

② 那力：《论全球化驱动的国际税收不当竞争》，法律出版社 2002 年版。

技的进步和发展是经济全球化的物质基础。当前，网络技术的发展引起人类生活的各个方面的革新，并对一国的税收主权提出种种挑战。

有学者①提出，网络技术的发展能够便捷全球化的商业活动，却对收入来源地的管辖权提出了重大挑战，从而对一国的税收主权产生影响。现代各国基本上都是基于主权的属地原则而主张来源地税收管辖权。行使来源地税收管辖权的前提，是纳税人的有关所得和财产来源于或者位于征税国境内的事实。虽有国际税法规则包含一系列确定有关纳税人所得来源地的规则，但这些规则是为了调整传统商务活动方式下国际税收利益分配关系的产物，它们难以适应经济全球化进程中跨国电子商务活动的发展需要，难以继续调整在跨国电子商务活动中所产生的国际税收利益分配关系。在跨国电子商务活动中，跨国纳税人在收入来源地国除了设置一个网址或者服务器之外，并不需要另行设立任何的"有形存在"。因此，根据既有的国际税法规则难以确定该笔收入的来源地。其次，在跨国电子商务活动中，纳税人所从事的商务活动所涉及的大多数是无形的数字化产品交易，因此根据既有的国际税法规则，亦难以确定该所得究竟属于何种所得。再次，在网络空间，跨国纳税人可以从事各种数字化产品等无形资产的商务活动，也可以通过加密等手段保护和隐瞒收入和财产，以及征税国据以征税的相关会计资料。这将使得国际逃避税更加容易，跨国纳税人可以充分利用网络技术带来的便利，在来源国逃避现有的税法规则所要求承担的纳税义务。

除此之外，还有观点②认为，新兴网络技术的发展，对于征税权划分规则提出了挑战。根据既有的国际税法规则，各国在协调对跨国营业所得和跨国劳务所得征税权冲突上，普遍承认来源地国的来源地税收管辖权居于优先地位。在此基础上，通过常设机构原则和固定基地原则限制来源地国的征税权。在协调对跨国股息、利息、特许权使用费等消极投资所得征税权冲突中，各国普遍采用的是征税权的分享原则。

显然，上述的征税权划分原则，是建立在行使有效的来源地税收管辖权基础上的。然而，在跨国电子商务活动中，来源地税收管辖权受到严重

---

① 刘剑文：《国际税法》，北京大学出版社2004年版。

② 国家税务总局政策法规司：《中国税收政策前沿问题研究》，《中国税务》2003年第6期。

的冲击和挑战，各国基于来源地税收管辖权难以对从事跨国电子商务活动的纳税人行使有效的征税权，取得相应的税收收入。因此，以有效行使来源地税收管辖权为前提的征税权划分原则，将不可避免地受到挑战和冲击。

第四章

转移定价

转移定价是当前国际上最常见的避税方法，它可以发生在两个具有法人资格的公司之间，也可以发生在一个企业的总机构和常设机构之间，还可以发生在商品交易和其他交易往来中。其运用范围很广、形式多样，让各国税务机构防不胜防。本章主要介绍转移定价中的重要内容，分别为跨国关联企业转移定价、无形资产转移定价及转移定价的调整方法。

第一节 跨国关联企业转移定价

所谓“转移定价”，也称转让定价，是指在国际经济贸易活动中，跨国公司各关联企业之间进行跨国商品、劳务或技术交易时所采用的内部交易定价。有学者①指出，转移定价不符合市场交易规律，不受国际市场供求关系的影响，是跨国公司在内部交易中利用各国税率高低不一和税法规定各异，人为地抬价或压价以达到逃避税收或其他目的的一种手段。

一 转移定价的动机

跨国公司实施转移定价可以获得多种优势和利益：逃避东道国的价格控制、避免外汇汇率变动风险、利于公司的利润分配与调节等等。其中一个最重要的功能就是可以利用转移定价，尽可能多地逃避税收，从而获取最大的利润。

① 朱青：《国际税收》，中国人民大学出版社2004年版。

有观点[1]指出，尽可能多地逃避所得税，是跨国公司在制定转移定价时需要考虑的最主要因素。各东道国政府一般根据公司的利润额来计算应课征的税额，跨国公司就可以利用转移定价来提高税率较高的国家或地区子公司的成本，将其利润转移到税率较低的国家或地区的子公司中去，从而减少跨国公司向所在各主权国家政府交纳的总税额。

跨国公司还利用避税港来进行转移定价，从而逃避所得税。有学者[2]提出，目前世界上避税港的三种类型。一是无税避税港，如百慕大、巴哈马、瓦努阿图、开曼群岛等，在这些地方免征任何所得税。二是低税避税港，其所得税率低于国际平均所得税率水平，如我国的香港、澳门。三是特惠避税港，在国内税法的基础上采取特别的优惠措施，如爱尔兰的香农、菲律宾的巴丹、新加坡的裕廊等地区。有观点[3]指出，在避税港，主管当局对跨国公司的法律管制也比较松弛，公司的资金调拨和利润分配有相当的自由。因此，跨国公司纷纷在避税港设立象征性的分支机构，以便有计划地通过转移定价手段，将各子公司的利润收入调拨到避税港，以逃避东道国课以重税。

另外，有学者[4]提出，如果某一个跨国公司在某国的一个子公司遭到损失，而该东道国又没有对外资企业实行税收抵免政策，或者执行税收抵免政策有一定的有效期限（如加拿大规定为 2 年），跨国公司就可以利用转移价格的方式，将其他子公司的利润转移到这个遭受损失的子公司账户上，从而减轻其他子公司的所得税负担，以增加该跨国公司的整体收益。

除了逃避所得税外，学者[5]认为，逃避关税也是跨国公司避税的重要动机。跨国公司运用转移价格减轻或逃避关税，通常有两种方法：一种是利用不同国家（地区）的子公司，以低的转移定价发货，降低子公司的进口额，用以少缴纳从价关税；另一种方法是利用区域性关税同盟或有关协议逃避关税。当今世界区域性关税同盟很多，盟约中具体规定了相互给

---

① 刘剑文：《国际所得税法研究》，中国政法大学出版社 2000 年版。

② 朱青：《国际税收》，中国人民大学出版社 2004 年版。

③ 王铁军：《国际避税与反避税》，中国财政经济出版社 1994 年版。

④ 李江石：《论跨国公司通过内部交易进行国际避税的行为》，《当代法学》2001 年第 2 期。

⑤ ［美］罗伊·罗哈吉：《国际税收基础》，林海宁、范文祥译，北京大学出版社 2006 年版。

予关税优惠的条文。如欧洲经济共同体规定：如果商品是在欧洲经济共同体成员国以外生产，由一成员国运往另一成员国，须缴纳关税；但如果该商品的价值的一半以上是在欧洲经济共同体成员国家内增值的，则可以在欧共体成员国之间自由运销，免予税负。

有学者①指出，相较于关税的税负，所得税税负的因素在转移定价制定过程中会优先考虑。如果从跨国公司的立场来看，逃避所得税同逃避关税的作用往往是互相矛盾的。少缴进口税就可能多缴所得税，在这种情况下，跨国公司将对此进行权衡以取得相应的解决办法。而通常情况下，所得税税负比关税税负重，因此，所得税税负的因素往往优先得到考虑。

二　转移定价的方式

跨国公司利用转移定价的方式进行国际避税的方式多种多样，有学者②总结指出，跨国公司主要通过如下的转移定价方式来达到避税目的：

第一种，在实物交易中进行转移定价。跨国公司在实物交易中进行转移定价，具体包括产品、设备、原材料、投入资产估价等业务中实行的转移定价。这是目前国际上运用转移定价的最重要、也是使用最频繁的一种方法。它主要是采取“高进低出”或“高出低进”的方式，把利润转移到税率较低的国家或自己本国，借此来达到追求利润最大化的目的或者逃避东道国的税收管辖。例如，某一外方控股的合资公司，拒绝使用国产的廉价且质量符合规定的原料，而从其本国或其他国家的关联公司进口原料，并且将成品以低于市场价格的价格转售给自己的本国或其他国家的关联公司账下，再由其关联公司高价卖出。这样的话，就采取了“高进低出”的方式把利润转移到国外了，使得位于东道国的关联公司利润下降，影响了东道国的税收征收。

第二种，以劳务、租赁的方式进行转移定价。以劳务、租赁的方式进行转移定价，主要存在于境内外关联企业之间相互提供的劳务和租赁服务中，关联企业之间为了追求利润的最大化和逃避税收管辖，高报、少报甚至不报服务费用。更有甚者，竟然将境外企业发生的庞大的管理费用，摊

---

① 周永：《转移价格在跨国公司中的作用及其限制》，《新华文摘经济》2002 年 5 月，第 50 页。

② 刘永伟：《转让定价法律问题研究》，北京大学出版社 2004 年版。

销到其在境内的关联企业账下，以此来转移利润、逃避税收。例如，有许多跨国公司都在东道国境内的投资企业中，分摊其在境外的关联企业的单据凭证。由于跨国公司大多以其在境外公司开具的费用清单或协议规定的固定提取比例为依据，其列支的境外企业劳务费不仅数额巨大，而且因外方不附送其境外企业分摊费用的方法，也不经公证机构验证，因此很难证实其真实性与合理性。

第三种，以货币、证券交易的方式进行转移定价。以货币、证券交易的方式进行转移定价，主要是指跨国公司关联企业之间，在货币、证券借贷业务中采用转移定价，通过人为地自行提高或降低利润，在跨国公司内部重新分配利润。如某一合资企业，向其外国关联公司举借高息贷款，其借款的年利率超过同期外国市场上商业银行贷款利率的一倍以上。于是，在东道国的企业就可以将此贷款利息作为费用可以免除的所得额，在缴纳所得税的时候予以扣除。以此把大量的利润以缴纳贷款利息的方式，大量转移到其国外的关联企业账下，还同时享受“开始获利年度”的税收时间优惠待遇，推迟纳税时间。对跨国公司来说，虽然在东道国的外资企业利润降低，但并不影响其跨国公司的总体利润，这比直接参股投资更加合适。

第四种，以无形资产进行转移定价。以无形资产的方式进行转移定价，主要是指获得专有技术、注册商标、专利等无形资产过程中的转移定价。跨国公司关联企业之间通过签订许可证合同或技术援助、咨询合同等，以提高约定的支付价格，转移利润。如一家跨国公司，外方所属集团负责进口专用设备、专用技术转让、专用技术咨询等，收费高达500万美元。据估计，外方从中至少获利30%—40%，以这种变相的办法把境内企业的利润转到境外关联企业的账下。对于关联企业之间的非专利技术和注册商标使用权的转让，由于其价格的确定存在着极大的困难，目前由于各主权国家没有收费的明确规定，而且由于其专有性，市场上并无可比价格，所以其价格的确定更是难以掌握。

第二节　无形资产转移定价及其调整

一　无形资产及其转移定价

（一）无形资产

与传统有形资产相比，无形资产是随着科学技术的发展，尤其是知识经济时代的到来而发展繁荣起来的。在跨国公司全球经营活动中，无形资产在其产品的生产、营销过程中越发起着决定性作用。据联合国贸易和发展委员会2004年世界投资报告统计，全世界已有61000家跨国企业，设有10万多个跨国联属企业，持有国外直接投资大约7万亿美元。①

有学者②提出，跨国企业产生与扩张的原因之一，就是由于技术进步而引起无形资产的增加。跨国公司从热衷于投资诸如厂房、设备和矿产资源等有形资产，纷纷转向开发和投资诸如商标、人力资本、知识产权等无形资产。与传统的有形资产相比，无形资产转让定价问题有很大不同。

OECD发布的1995年版《跨国企业与税务当局的转让定价指南》指出，“无形资产”一词包括使用工业资产如专利、商标、商号、设计或模型的权利，还包括文学和艺术财产权利以及诸如专有技术、行业秘密之类的知识产权。③ OECD将商业性无形资产，划分为市场性无形资产和贸易性无形资产两大类。市场性无形资产（或营销性无形资产），包括有助于产品或劳务商业利用的商标、商号、顾客名单、销售渠道和对相关产品有重要促销作用的独有名称、符号或图画。贸易性无形资产通常是，通过风险大花费高的研究和开发活动创造出来的，包括本身即作为转让给顾客的商业资产或用于产品生产或提供劳务的专利、专有技术、设计或模型。指南认为，像专有技术和行业秘密这样的知识产权，可以成为贸易性无形资产，也可以是营销性无形资产。专有技术和行业秘密是指，有助于促进商业活动但未以专利或商标形式加以登记保护的专有信息知识。

有学者④指出，随着无形资产的迅速发展，OECD以及各国对无形资产的界定方法似乎都不够完备。美国国内收入局（IRS）在其税收法典482节中列举出六大类无形资产：专利权、发明权、设计权、版权、商标权、特许经营权等，却没有把近年公认的人力资本等无形资产列入。OECD把商务无形资产分成两类：市场无形资产和贸易无形资产。而对这样的界定，OECD已承认有缺陷，如“技术诀窍”内涵就不准确，因会涉

① 令文：《关于跨国交易无形资产的转让定价难题》，《国际税讯》2006年第3期。

② 刘剑文、熊伟：《税法基础理论》，北京大学出版社2004年版。

③ 刘永伟：《转让定价法律问题研究》，北京大学出版社2004年版，第87页。

④ 邓力平：《国际税收学》，清华大学出版社2005年版。

及不属专利的操作程序，而且这两大类之间的区分不明。此外，近年来层出不穷的无形资产，如人力资本、广告用语、策略等，各国的界定在法律概念和规定中都没有跟上。因此，笔者认为，除了采用列举的方式，还应该用抽象的概念对无形资产进行界定。

（二）无形资产转移定价

研究无形资产转移定价问题，首要的难题是如何评估无形资产。无形资产的种类多样，而且种类之间不具有可比性，无法折旧，有时还会随着外界条件的变化升值或减值。因此，无形资产在会计处理上存在无法记账等特点，从而导致跨国公司不断扩大无形资产时，其财务报表上却无法反映出来。针对无形资产在税收上的这些特点，人们设计了种种方法和对策。如美国纽约大学财务和会计教授 Baruch Lev 主张建立一个财务会计标准局，负责政策制定，使无形资产的各类信息标准化。他拟订了一套信息系统，名为“价值链蓝图”，对无形资产的发明、开发和最终商业化，进行完整的基本估价，以解决无形资产的世界性估价难题。①

除了估价难，有学者②提出，无形资产的所有权难以界定。一般来说，无形资产的所有权存在法律所有权和经济所有权的区别。法律所有权主要以形式为准，体现在专利商标、版权等需要依法登记，从而受到法律保护。经济所有权则属实质问题，涉及开发无形资产的成本及风险的主要承担者。对此，美国规定，凡受法律保护的无形资产，应以法律所有权为准，不受法律保护的，如技术诀窍，则以经济所有权为准。允许美国国内收入局在执行时，以对无形资产“可觉察的控制”（perceived control）作为所有权判定依据。而 OECD 准则对此未做规定，这势必带来对无形资产所有权确定的困难。

另外，有学者③指出，利用传统的方式来调整无形资产的转移定价有难度。传统的转移定价调整方法以价格比较为基础，具体的调整方法包括：可比非受控价格法、转售价格法、成本加成法。但是，对于无形资产的流转与交易，恰恰缺乏的就是价格的可比性，所以传统方法适用起来不

① 刘剑文：《国际税法》，北京大学出版社 2004 年版。

② 杨斌：《国际税收制度法规和管理方法的比较研究》，中国税务出版社 2002 年版。

③ 刘永伟：《转让定价法律问题研究》，北京大学出版社 2004 年版。

容易。具体而言，一般企业拥有的无形资产都是独一无二的，在正常交易原则下，确定无形资产收入很困难，因为很难在市场上找到合适的可比价格。而拥有高价值的无形资产的企业，一般都倾向于在集团内部使用该项资产，也导致该项无形资产缺乏可比性。可比非受控价格法的重点，是被交易的无形资产的可比性（即无形资产的功能相同或相似且具有类似的获利能力）和交易环境的可比性，包括转移条件、无形资产所处开发阶段、合同的有效期，以及经济或其他风险因素所具有的可比性。所以，对于缺乏可比性的无形资产转移定价来说，非受控价格法难以适用。其次，即使有了同类无形资产的非受控转让价格，但是非关联受让方是否就该项无形资产引进后进行再创造，使无形资产增值，或者虽进行了再创造，但由于再创造的内容、目的不同，则其增加的价值也有所不同。那么该非受控价格依然无法作为衡量标准，因而再销售价格法的可操作性越来越小。再次，无形资产的研发过程中，开发商承担着研发失败的风险。研发的风险越大，就越不适合用成本加成法来评估开发研究的价值。即使失败的风险很小，无形资产在市场上的价值与其实际开发的成本也可能无多大关系。因此，成本加成法对无形资产转移定价来说，是有局限的。

二 转移定价的调整

（一）事后调整

有学者①将转移定价的法律调整制度定义为“转移定价税制”，即一国规范跨国公司各关联企业间转移定价行为、防范跨国公司进行国际避税的税收法律规范的总称。传统的管制关联企业转让定价行为都是事后调整办法，它们是在关联企业间不正当转移定价交易发生或实施后，税务机关在事后的税务调查审计过程中采用的调整矫正方法。

在管制转移定价的问题上，目前各国一致遵循的基本原则是正常交易原则。关于正常交易原则的权威性表述，见于经合组织范本和联合国范本第9条第1款中：“两个关联企业之间的商业或财务关系不同于独立企业之间的关系，那么，任何本应由其中一个企业取得，但由于这些情况而没有取得的利润，可以计入该企业的利润内，并据以征税。”

---

① 魏国君：《国际经济法学》，北京大学出版社2003年版。

有学者[①]认为，正常交易原则之所以成为各国管制关联企业转移定价法律普遍遵循的基本原则，一个主要的原因是，实行此项原则能够在关联企业与独立企业之间实现税收待遇平等。正常交易原则通过将关联企业与独立企业置于同等的税收地位，避免了这两类企业之间可能产生的税收优势和劣势地位，从而扭曲他们的相对竞争地位。其次，采用正常交易原则，实质上是以可比的独立企业在相同或类似条件下的市场交易价格标准，来衡量判断关联企业内部交易来往的定价是否正常合理，这符合市场竞争规则和价值规律，容易为作为纳税人的关联企业和各国税务机关所接受。再次，对于大多数关联企业间涉及一般商品买卖或金钱借贷的转移定价交易，正常交易原则能够有效地被用来审查判断其交易定价是否正常合理。因为税务机关容易找到可比的独立企业进行的可比交易从而发现正常的交易价格标准。

有学者[②]指出，实践中基于利润的转移定价规制和纠正方法适用更广。现实中商业活动极具复杂性，适用传统交易方法常常遇到困难。在一些极端情形下，没有相关资料可以得到，或者可以得到的资料不具备足够的质量，无法依赖于传统交易方法，或根本不适用传统交易方法。利润法具体方法主要有：可比利润法、交易净利润法和利润分割法。

可比利润法是美国所倡导的，指以非关联可比企业的利润水平作为关联方的利润水平，然后利用“利润＝销售价格－成本”这一公式，倒推出关联交易的公平成交价格。[③] 可比利润法基于这样一种观点[④]：“处境类似的纳税人在一段合理的时间内趋于获得类似的利润”。由于可比利润法不是以交易为基础，而是以受控纳税人的全部经营活动（3年之内的经营活动）为基础，偏离了正常交易原则，因而遭到了经合组织各成员国的反对。但是在关联企业不向独立企业进行销售，或在市场上也没有类似产品的可比价格时，可比利润法可能就是最佳方法了。

交易净利润法是经合组织1995年《转让定价指南》所采取的利润法

---

① 刘剑文：《国际税法》，北京大学出版社2004年版。

② 李莺歌：《关联企业转移定价的法律规制》，《当代法学》2002年第2期。

③ 杨斌：《调整转移定价的基本原则和相似性分析方法——美国和OECD转移定价规则比较研究之二（上）》，《涉外税务》2002年第1期。

④ 刘永伟：《转让定价法律问题研究》，北京大学出版社2004年版，第73页。

的一种，美国没有采用这一方法。交易净利润法是指，按照没有关联关系的交易各方进行相同或者类似业务往来取得的净利润水平确定利润的方法。[①] 交易净利润法是指相对于一个合理的基数（如成本、销售额、资产）而言，纳税人从受控交易中实现的边际净利润，其运用的方式与再销售价格法和成本加成法一致。

有学者[②]指出，由于交易净利润法是一种完全的净利润法，是剔除了所有的经营费用后的利润，所以通常只有在毛利无法确定时，才考虑采用交易净利润法。选择正确的“净利”是运用交易净利润法的关键，在对经营劳务与分销业务的关联企业调整转让定价时，一般采用销售额收益率来计算调整额，在对生产制造商调整转移定价时，一般采用成本收益率来计算调整额。

利润分割法是指，将企业与其关联方的合并利润或者亏损在各方之间采用合理标准进行分配的方法。有学者[③]主张，利润分割法特别适合于受让方的无形资产后继开发的情况以及关联企业共同开发无形资产的情况。因为，利润分割法并不强调市场上有相同或类似的无形资产的正常交易，也不要求无形资产完全为转让方所拥有，它对利润的分割是基于某一客观的标准。所以，利润分割法已成为核定无形资产转让价格时最受欢迎的方法，这已被欧洲各国税务当局的实践所证明。作为一种新型的转让定价调整方法，利润分割法特别适用于无形资产转让定价的情况。

（二）事前调整

所谓事前调整方法，主要指的是预约定价协议。有学者[④]也将预约定价协议称为预约定价制，并将之定义为：“纳税人事先将其和境外关联企业之间的内部交易与财务收支往来所涉及的转移定价方法向税务机关报告，经审定认可，作为计征所得税的会计核算依据，并免除事后税务机关对转移定价进行调整的一份协议。”在这种制度下，关联企业在进行内部交易前，事先将其拟采用的定价方法报送所在国的税务机关。经由有关税

① 杨斌：《调整转移定价的基本原则和相似性分析方法——美国和 OECD 转移定价规则比较研究之二（上）》，《涉外税务》2002 年第 1 期。

② 廖益新：《国际税法学》，北京大学出版社 2001 年版，第 400 页。

③ 同上书，第 401 页。

④ 陈安：《国际经济法专论》，高等教育出版社 2002 年版，第 958 页。

务机关与关联企业纳税人谈判达成协议后，予以审定认可，纳税人日后只要遵守预约定价协议条款所规定的定价方法进行内部交易，税务机关则不再对其进行审查调整。

学者①指出，预约定价协议实质上是把转移定价的事后调整改为预先约定，由纳税人和税务机关之间，就关联企业间的转移定价方法，通过谈判达成的一项谅解。在协议中，可以具体列明收入、费用、折让、摊销、补贴等的分配或分摊、转移定价是如何决定的以及一系列的正常交易结果等。该协议一经达成，则对征纳双方都具有约束力，凡符合协议上规定的交易事项，都适用协议中的转移定价方法，而税务机关则不能予以调整。

由于预约定价协议制克服了事后调整方法的诸多弊病，受到了国际税法理论界和实务界的好评。经合组织对这种事先管制方法也表示了积极支持的态度，并于1999年10月发布了《在相互协商程序下进行预约定价安排的准则》，作为跨国关联企业与有关国家税务机关之间达成双边性的预约定价协议安排的操作指南。

有学者②主张，预约定价协议之所以成为转移定价法律调整制度的发展趋势，是因为其有着正常交易原则、总利润原则等传统的调整原则所没有的一些本质上的优点：首先，预约定价协议降低了税务机关对转移定价调整的不确定性。在传统的转移定价调整方法中，在事后进行各种技术指标的选择和确定，由于各种原因而难以做到十全十美，易于使征纳双方产生争议。而在预约定价协议中，对转移定价方法事先予以明确，对征纳双方皆有约束力，从而降低了转移定价处理中的不确定性。其次，推行预约定价协议制度，使得征纳双方都可以从中受益。一方面，由于将事后审计调整改为事前协商达成共识，从而可以使征纳双方从烦琐的审计工作中解脱出来。另一方面，推行预约定价协议有利于消除征纳双方的争议。最后，推行预约定价协议制度，可以避免重复征税。当预约定价协议涉及设在外国的关联企业交易，而这个外国又同本国签订有双边协定时，为了避免调整转移定价造成重复征税，纳税人可以将已订的预约定价协议报送主管部门，请求其与缔约国主管部门签订一项协定作为预约定价协议的平行

① 陈安：《国际经济法专论》，高等教育出版社2002年版，第959页。

② 胡俊杰：《预约定价制度相关法律问题研究》，《财税法论丛》（第7卷），法律出版社2005年版。

协定。

有学者[①]从另一方面提出，预约定价也不是万能的，预约定价中存在纳税人信息被滥用的风险。在预约定价安排程序中，为了能够争取税务当局的同意与谅解，参加预约定价安排的纳税人需要提出转让定价方法，并提供一系列资料来证明自己提出的方法可行、适当，且为最优方案，从而和税务当局达成协议。这样的证明材料通常会涉及纳税企业的关键信息，如交易成本构成、利润，甚至客户来源等。将这样的敏感信息交给税务当局，是为了说服当局和自己签订协议，而这些信息如果被税务当局不当使用，或者是疏于保管，导致泄漏，对于纳税人来说所带来的损失是极其严重的，甚至会超出纳税人参加预约定价安排与税务当局达成协议所带来的好处。

还有学者[②]认为，预约定价安排的稳定性难以保证。预约定价安排达成协议后，还有可能被撤销、取消或修改，其稳定性并不强。当纳税人没有能够完全遵照预约定价协议的内容，或者是制定预约定价协议所依据的关键性假设出现了变更等情况，税务当局通常都会提出撤销、取消或修改预约定价协议的要求。虽然税务当局在撤销、取消或修改安排前需要和纳税人协商，但这种协商实际上也只是向纳税人解释一下相关理由，最终的决定权还是掌握在税务当局手中。如此一来，纳税人花费了大量的成本来与税务当局达成预约定价协议，一旦协议执行过程出现问题，该协议被税务当局撤销、取消或修改的可能性极大。

---

① 胡俊杰：《预约定价制度相关法律问题研究》，《财税法论丛》（第7卷），法律出版社2005年版。

② 刘永伟：《转让定价法律问题研究》，北京大学出版社2004年版，第165页。

第五章

资本弱化

资本弱化又称资本隐藏、股份隐藏或收益抽取，目前成为跨国投资者，尤其是跨国公司，转移征税对象进行避税的流行方式之一。进入21世纪以来，由于跨国资本流动愈加频繁，“资本弱化”这一手法也一再被应用，其影响越来越大。

第一节　资本弱化理论

一　资本弱化的成因

有学者①从性质上认定资本弱化是一种国际避税方式，并在国际税法领域对资本弱化作出定义，即“公司投资者投资于公司的资本中，不恰当的提高负债比例从而相应地降低股本的比重，增加利息获得更多的税前扣除，以减少应纳所得税”。

有学者②指出，税法上对利息和股息的待遇不同，而这种差别待遇正是采取资本弱化方式进行避税的根本原因。国际投资者进行跨国投资时，通常在东道国设立法人，以获得东道国给予的各种优惠。只要注册为东道国的法人，根据国际法上的属人原则，东道国就对其享有居民税收管辖权。这些公司成为东道国的税收居民，就其收入向东道国缴纳税款。

---

① 杨斌：《国际税收制度规则和管理方法的比较研究》，中国税务出版社2002年版，第138页。

② Greenvale. The Interaction of Canada's Capitalization Rule and the Canada-United States Tax Treaty, The International Tax Journal, winter, 2000, 26.

公司采取的融资方式有两种，一是股权资本；二是债务资本，当然绝大多数情况下是两者兼用。在多数国家的税法上，对股息和利息进行差别处理。(1) 对股息的征税。股息是在税后进行分配的，不能在税前扣除，并且股息在经济上存在双重征税。投资者汇回的股息要被征两次税：第一次征税，是分配前作为公司利润被东道国征收企业所得税；第二次征税，是获得汇回股息的非居民股东在其所属国就该笔股息收入被征所得税。东道国出于鼓励投资的目的，往往对汇回的股息征收预提所得税，并且通常税率比较高。(2) 对利息的征税。利息一般是可以作为费用在税前扣除的，不存在双重征税的问题，利息只是在贷款人所在国，被征收所得税。即使非居民贷款人获得利息时存在预提所得税的情形，但利息的预提所得税率通常低于股息。同时，如果有双边税收协定，资本输出国可以对该预提所得税给予直接抵免，从而避免双重征税。比如在加拿大，股息不能在税前扣除，要负担30%—45%的公司所得税，而且支付给非居民股东的股息要缴纳25%的预提税，即使有条约优惠，也只能降至5%—15%，并且加拿大不提供股息预提税的抵免。但已付或应付利息都可以从税前扣除，支付的利息缴纳25%的预提税，如果有优惠条约，可降至10%—15%，某些特殊情况下，甚至可以对利息免除征收预提税。

除此之外，还有学者①指出，如果股息不汇回资本输出国，有些资本输出国对经过积累达到一定控制程度的公司也要征税；有些国家对股权资本征收“资本税”；有的国家不提供税收抵免，尤其是间接抵免。而这些限制对于债务资本及利息都不存在。所以，债务资本及利息的税法待遇要明显地优惠于给予股权资本和股息的待遇。

有学者②指出，跨国投资者选择融资方式时，通常应当考虑商业和经济性质的因素，但税收上的差别待遇促使跨国投资者更多地采用债务资本。如以贷款方式将资金提供给设立在东道国的公司，代替本应以股权形式注入的资本，有意弱化股权投资而增加贷款融资比例，从而逃避或减轻其本应该承担的东道国税负。

---

① Abadan Jasmon and Dr. Junaid Shaikh, Thin Capitalization, Journal of International Taxation, April 2003, 39.

② 王逸：《资本弱化：国际税收面临的新挑战》，《世界经济》2000年第5期。

二　资本弱化的影响

有学者①指出，资本弱化首先对于投资者设立公司产生影响。资本弱化增加了公司债务资本和利息，从而增加了该公司税前扣除的费用，可以减少该公司的应税所得，少缴纳所得税，达到减轻税收负担的目的；另外，资本弱化实质上减少了股权出资，隐藏了资本，也可减少对分配股息征收的税收。但是，由于公司的债务资本比重过大，公司表面上的经营业绩不能如实反映实际经营情况，有时候甚至使公司看起来处于亏损状态，将容易导致公众及其他债权人失去信心。如果该公司为上市公司，必将致使股价大幅下跌。

还有学者②认为，资本弱化对于跨国投资者的纳税策略和投资收益产生很大的影响。跨国投资者采用资本弱化方式，使利润最大化，费用最小化。资本弱化避税的最大受益者，自然是跨国投资者的总机构。从税法的角度来看，非居民股东从其设立的公司获得的利息是没有负担东道国所得税的，而股息则被征收了东道国的企业所得税。尽管债务资本的利息一般也都要向东道国缴纳预提所得税，但是相比于股息的预提税率要低。有的国家税法和双边税收协定还对利息免征预提税。再考虑到东道国和资本输出国之间可能有双边税收协定或者共同参加了避免双重征税的多边条约，或者他们之间有税收互惠关系，此时，资本输出国将提供税收直接抵免，这将使利息负担的税收更加轻。另外，由于利息仅在资本输出国被征收所得税，在东道国被征收的预提税一般可以在资本输出国得到直接抵免，这样就不存在双重征税。从非居民股东的全球战略考虑，它减少了在东道国缴纳的企业所得税，同时也减少了向东道国缴纳的预提税。除此之外，如果在东道国的公司出现亏损，在向跨国投资者总机构所在地国汇总缴纳集团所得税时，还可以用集团在别国的子公司的利润抵消上述亏损，从而在资本输出国也少缴纳所得税。

还有观点③认为，资本弱化最大的受害者是东道国政府和该公司的东道国股东。非居民股东和跨国投资者从资本弱化避税方式中得来的好处，

---

① 刘剑文：《国际所得税法研究》，中国政法大学出版社2000年版。

② 刘笋：《跨国投资国际法制的晚近发展》，《法学研究》2001年第5期。

③ 刘剑文、丁一：《避税之法理新探》，《涉外税务》2003年第8期。

自然都是来自对东道国税收的侵蚀，以及对该公司其他股东利益的剥夺。一方面，资本弱化首先直接侵蚀了东道国的税收收入，并影响东道国税收调节作用的有效发挥：税收权益流失，高比例的境外利息扣除，减少了境内公司的应纳税所得额；其次，扰乱了东道国的经济秩序，对东道国的外汇收支平衡状况产生消极影响；再次，由于转移利润可能造成公司投资亏损的假象，从而产生东道国投资环境差的负面效应。另一方面，资本弱化使得资本结构不合理，高比例的借贷资本导致跨国投资者出资不到位，或以收回贷款本金及利息的方式抽走出资。跨国公司在获取高比例的债权收益和股权收益的同时，却以低比例的股本承担着所有的经济及社会责任，这对东道国股东来说是极其不公平的。

第二节　资本弱化规则

一　资本弱化的一般构成

鉴于资本弱化问题所产生的负面影响，许多国家都制定相关的资本弱化规则，以对资本弱化这种避税行为进行限制。各国的资本弱化规制一般都包含在所得税或公司税法中，其主要包括以下两个方面的内容：固定比率法和正常交易原则。

1. 固定比率法

固定比率法也称为安全港规则，即以债务对股本的固定比率作为判断是否存在“资本弱化”现象的标准，对超过比率的，其产生的利息视为股息处理。如果公司债务对股本的比率在税法规定的固定比率之内，则债务的利息支出允许在税前扣除；如果公司债务对股本的比率超过税法规定的固定比率，则超过固定比率部分的债务利息支出不允许在税前扣除，并将超过固定比率部分的债务利息视同股息征收所得税。这一固定比率在税法术语上称为“安全港”，它代表在税前扣除上，港内是安全的、免税的，港外则是不安全的、征税的。

有学者①认为，该方法的优点在于，其对企业的融资安排提供了明确性的指导；缺点在于它的非弹性，机械僵化地否定了某些在经济上可行的

① 安然、罗艳：《对资本弱化进行规制的思考》，《法学论坛》2006年第2期。

贷款。美国、德国、法国、澳大利亚、加拿大等多数国家都采用了这一方法，但具体比率存在差异，美国、德国、法国规定的比率为1.5∶1；澳大利亚除金融机构外的企业为2∶1，金融机构为6∶1；加拿大和日本为3∶1。

2. 正常交易原则

正常交易原则，是采用“实质重于形式”的标准，对个案进行分析的方法。关联企业之间的交易也应当按照独立企业之间的交易原则，也就是要按照公开公平的市场交易原则进行关联企业之间的交易。其定价应当与非关联企业之间在相同情况下交易定价一致，不受关联关系影响而导致价格的人为确定。如果关联企业间贷款的利率高于市场利率，超出的部分就应当属于超额利息，将接受资本弱化规则的制裁。因此，公平交易旨在按照独立企业和公平交易的原则，对子公司的借款数额进行调整。

有学者①认为，充分的灵活性是正常交易原则的优点，而其缺点在于不确定性。因为，特殊情况下的非关联可比价格很难确定，这为实际运用带来了困难。采用该方法的国家比较少。即使采用了正常交易原则的国家，一般也会和安全港规则相结合。如在德国，允许纳税人用正常交易原则来证明其超越了安全港范围的债务/股权比例是合理的；在英国，虽然没有规定固定的安全港比率，但在认定正常交易原则时，也会参考1∶1这个通常能够接受的标准。

二　资本弱化规则的发展趋势

一国采用何种规则和原则，主要基于该国对资本弱化避税方式及其规制的不同看法。有学者②认为，为了防止跨国公司进行国际避税，应当制定一套严格的资本弱化规则。

也有学者③认为，资本弱化规则过严，会有较大的副作用。为了防止跨国公司大规模避税，并保证东道国的税收收入，制定一套资本弱化规则

---

①　苏筱华：《资本弱化的负面影响、各国对策及启示》，《涉外税务》2005年第7期。

②　朱青：《国际税收》，中国人民大学出版社2004年版。

③　安然、罗艳：《对“资本弱化”进行规制的思考》，《法学论坛》2006年第2期。

是十分必要的。但是，对于该规则的严格程度，应当根据东道国整体经济环境和对待外资的政策等具体情况来确定。否则，将会出现一些东道国立法者不愿意看到的负面效应。因为资本弱化规则带来的后果有积极和消极两方面。首先，虽然资本弱化规则能限制跨国公司从东道国转移利润，从而有利于增加税收收入。但这可能会影响跨国公司对东道国企业注入信贷资金，因而会给国家的宏观经济利益造成一定的损害，同时还会限制资本的跨国自由流动。这与整个国际经济的大趋势是不相符合的。其次，资本弱化规则主要是限制东道国的企业从境外关联企业借入资金。但如果企业可以从国外关联企业以更加优惠的条件借入资金，那么在资本弱化法规的限制下，企业就可能被迫从非关联企业借入利率较高的资金，这样企业的经营效率将下降。

有学者①认为，在经济全球化的趋势下，资本弱化规则的国际趋同成为可能。当前，国际经济中出现的日渐密切的双边和多边税务合作，已对各国资本弱化规则的差异提出了挑战，其中一个重要体现，就是国家间日渐增多的税收争议。虽然税收是所有主权国家应行使的权力，但是在世界经济一体化进程中，客观上要求各国在税收政策上进行国际协调，资本弱化规则也不例外。

---

① ［英］桑福德：《成功税制改革的经验和问题》（第2卷），邓立平等译，中国人民大学出版社2001年版，第261页。

关键词索引

参 考 书 目

1. 曹建明、陈治东主编：《国际经济法专论第一卷》，法律出版社2002年版。

2. 曹建明、贺小勇：《世界贸易组织》，法律出版社2004年版。

3. 车丕照：《国际经济法概要》，清华大学出版社2003年版。

4. 陈安：《国际经济法学》，北京大学出版社2007年版。

5. 陈立虎：《当代国际贸易法》，法律出版社2007年版。

6. 陈泽宪主编：《当代中国国际法研究》，中国社会科学出版社2010年版。

7. 陈治东：《国际贸易法》，高等教育出版社2009年版。

8. 邓力平：《国际税收学》，清华大学出版社2005年版。

9. 丁茂中：《反垄断法实施中的相关市场界定研究》，复旦大学出版社2011年版。

10. 谷浩：《全球化背景下的国际海上保险立法：变革、协调和特点》，法律出版社2011年版。

11. 郭洪俊：《国际银团贷款中的法律问题研究》，法律出版社2001年版。

12. 郭雳：《美国证券私募发行法律问题研究》，北京大学出版社2004年版。

13. 郭寿康、韩立余：《国际贸易法（第三版）》，中国人民大学出版社2009年版。

14. 韩立余：《国际贸易法案例分析》，中国人民大学出版社2009年版。

15. 韩立余：《既往不咎——WTO 争端解决机制研究》，北京大学出版社 2009 年版。

16. 韩立余：《世界贸易组织法》，中国人民大学出版社 2005 年版。

17. 韩龙：《国际金融法前沿问题》，清华大学出版社 2010 年版。

18. 何丽新：《无单放货法律问题研究》，法律出版社 2006 年版。

19. 贺小勇：《WTO 法专题研究》，北京大学出版社 2010 年版。

20. 洪艳蓉：《资产证券化法律问题研究》，北京大学出版社 2004 年版。

21. 黄东黎：《WTO 规则运用中的法治》，人民出版社 2005 年版。

22. 黄东黎：《世界贸易组织补贴规则的条约解释》，法律出版社 2010 年版。

23. 黄东黎：《世界贸易组织法》，社会科学文献出版社 2009 年版。

24. 黄勇：《国际竞争法研究》，中国友谊出版公司 2003 年版。

25. 姜作利：《中国与 WTO 争端解决机制——案例分析与对策研究》，山东人民出版社 2006 年版。

26. 孔祥俊：《反垄断法原理》，中国法制出版社 2001 年版。

27. 赖尚斌：《倒签提单若干法律问题研究》，《海商法研究》（总第 11 辑），法律出版社 2004 年版。

28. 李国清：《美国证券法域外管辖权问题研究》，厦门大学出版社 2008 年版。

29. 李仁真：《国际金融法》，武汉大学出版社 2005 年版。

30. 李小明：《滥用市场支配地位法律规制研究》，知识产权出版社 2008 年版。

31. 栗丽：《国际货物运输与保险》，中国人民大学出版社 2011 年版。

32. 梁蓓、罗勇翔：《国际税收》，对外经济贸易大学出版社 2003 年版。

33. 廖凡：《证券客户资产风险法律问题研究》，北京大学出版社 2005 年版。

34. 廖益新主编：《国际税法学》，北京大学出版社 2001 年版。

35. 林燕萍：《贸易与国际竞争法》，上海人民出版社 2005 年版。

36. 刘和平：《欧盟并购控制法律制度研究》，北京大学出版社 2006 年版。

37. 刘剑文:《国际所得税法研究》，中国政法大学出版社 2000 年版。

38. 刘宁元、司平平、林燕萍:《国际反垄断法》，上海人民出版社 2009 年版。

39. 刘永伟:《转让定价法律问题研究》，北京大学出版社 2004 年版。

40. 陆爽:《国际商法》，重庆大学出版社 2002 年版。

41. 吕明瑜:《竞争法制度研究》，郑州大学出版社 2004 年版。

42. 吕岩峰:《国际投资法》，高等教育出版社 2005 年版。

43. 缪心毫:《跨境资产证券化私人治理法律问题研究》，厦门大学出版社 2010 年版。

44. 彭冰:《资产证券化的法律解释》，北京大学出版社 2001 年版。

45. 丘本:《市场竞争法论》，中国人民大学出版社 2004 年版。

46. 饶中享:《海事应用法学研究》，湖北人民出版社 2004 年版。

47. 阮赞林:《反垄断法教程》，上海人民出版社 2011 年版。

48. 尚明:《对企业滥用市场支配地位的反垄断法规制》，法律出版社 2007 年版。

49. 沈木珠:《国际贸易法研究》，法律出版社 2002 年版。

50. 沈四宝:《国际经济法》，中国对外经济贸易出版社 2000 年版。

51. 石广生:《中国加入世界贸易组织知识读本（一）世界贸易组织基本知识》，人民出版社 2001 年版。

52. 石静霞:《WTO 服务贸易法专论》，法律出版社 2006 年版。

53. 时建中:《反垄断法——法典释评与法理探源》，中国人民大学出版社 2008 年版。

54. 史晓丽、祈欢:《国际投资法》，中国政法大学出版社 2009 年第一版。

55. 司玉琢:《海商法》，法律出版社 2007 年版。

56. 宋槿篱:《财税法学》，湖南大学出版社 2003 年版。

57. 孙晋:《反垄断法——制度与原理》，武汉大学出版社 2010 年版。

58. 孙南申:《国际投资法》，中国人民大学出版社 2008 年版。

59. 陶林:《国际服务贸易紧急保障措施法律制度研究》，人民出版社 2009 年版。

60. 王传丽:《国际贸易法——政府管理贸易的法律与制度》，中国政法大学出版社 2002 年版。

61. 王贵国：《国际投资法》，法律出版社2008年第二版。

62. 王贵国：《世界贸易组织法》，法律出版社2003年版。

63. 王海英：《国际经济法案例教程》，北京大学出版社2005年版。

64. 王健、徐士英：《新世纪经济法的反思与挑战》，中国法制出版社2008年版。

65. 王萍：《保险利益研究》，机械工业出版社2004年版。

66. 王为农：《企业集中规制基本法理——美国、日本及欧盟的反垄断法比较研究》，法律出版社2001年版。

67. 王伟：《无正本提单交付货物的法律与实践——国际海上货物运输法若干问题的比较研究》，法律出版社2010年版。

68. 王文先：《WTO规则与案例》，清华大学出版社2007年版。

69. 王晓晔：《竞争法学》，社会科学文献出版社2007年版。

70. 王晓晔：《欧共体竞争法》中国法制出版社2001年版。

71. 王毅：《WTO国民待遇的法律规则及其在中国的适用》，中国社会科学出版社、人民法院出版社2005年版。

72. 王玉辉：《垄断协议规制制度》，法律出版社2010年版。

73. 王玉婷：《WTO宪政理论研究》，法律出版社2010年版。

74. 王远均：《网络银行监管法律制度研究》，法律出版社2008年版。

75. 王中美：《并购与反垄断》，上海人民出版社2008年版。

76. 吴焕宁：《海商法论丛》，中国商务出版社2007年版。

77. 郗伟明：《经济全球化下中国反垄断执法专题研究》，法律出版社2010年版。

78. 许军珂：《国际贸易法专题研究——WTO框架下国际贸易法的新发展》，中国法制出版社2007年版。

79. 薛荣久：《世界贸易组织概论》，清华大学出版社2007年版。

80. 杨斌：《国际税收》，复旦大学出版社2003年版。

81. 杨国华、李詠箑：《WTO争端解决程序详解》，中国方正出版社2004年版。

82. 杨良宜：《海上货物保险》，法律出版社2011年版。

83. 杨向东：《WTO体制下的国民待遇原则研究》，中国政法大学出版社2008年版。

84. 姚梅镇：《国际投资法》，武汉大学出版社1987年版。

85. 尹东年、郭瑜：《海上货物运输法》，人民法院出版社 2000 年版。

86. 余劲松：《国际投资法》，法律出版社 2007 年版。

87. 余敏友、左海聪、黄志雄：《WTO 争端解决机制概论》，上海人民出版社 2001 年版。

88. 余元洲：《国际货币基金组织法律制度改革研究》，武汉大学出版社 2001 年版。

89. 张丽英：《国际贸易法专题研究》，法律出版社 2004 年版。

90. 张乃根：《WTO 争端解决机制论——以 TRIPS 协定为例》，上海人民出版社 2008 年版。

91. 张庆麟：《国际投资法问题专论》，武汉大学出版社 2007 年第一版。

92. 张向晨：《发展中国家与 WTO 的政治经济关系》，法律出版社 2000 年版。

93. 张玉卿：《国际货物买卖统一法：联合国国际货物销售合同公约释义》，中国对外经贸出版社 1998 年版。

94. 张志勇：《国际税法》，人民法院出版社 2002 年版。

95. 赵维田：《世贸组织（WTO）的法律制度》，吉林人民出版社 2000 年版。

96. 朱崇实：《资产证券化的法律规制：金融危机背景下的思考与重构》，厦门大学出版社 2009 年版。

97. 朱榄叶：《国际经济法学》，北京大学出版社 2005 年版。

98. 朱青：《国际税收》，中国人民大学出版社 2009 年版。

99. 朱炎生：《国际税收协定中常设机构原则研究》，法律出版社 2006 年版。

100. 左海聪：《国际贸易法》，法律出版社 2004 年版。

参考期刊

1. 曹和平：《WTO保障措施协定中的“进口增加”问题评析》，《法学评论》2006年第4期。

2. 曹晴：《浅析间接征收与非补偿性政府管制措施的界限》，《环球法律评论》2008年第6期。

3. 曾丽洁：《企业的社会责任与中国的和平发展》，《法学评论》2006年第4期。

4. 曾令良、陈卫东：《论WTO一般例外条款（GATT第20条）与我国应有的对策》，《法学论坛》2001年第4期。

5. 陈刚：《税的法律思考与纳税者基本权的保障》，《现代法学》1995年第5期。

6. 陈立虎：《反倾销法上的最佳可获信息规则初探》，《时代法学》2009年4月第7卷第2期。

7. 陈明聪、陶立峰：《反倾销调查中证据提供的法律问题》，《法学》2004年第6期。

8. 陈治东、吴佳华：《论〈联合国国际货物销售合同公约〉在我国的适用问题——兼评〈中华人民共和国民法通则〉第142条》，《法学》2004年第10期。

9. 邓海珊：《国际投资法中的公正与公平待遇标准研究》，《国际经济法学刊》2006年第3期。

10. 杜涛：《论我国撤销对〈联合国国际货物销售合同公约〉第1条第1款第2项之保留的必要性》，《国际经济法学刊》2008年第15卷第1期。

11. 房东：《试析UCP600对信用证审单标准的新发展》，《国际贸易法论丛》2008年第3卷。

12. 谷浩：《〈跟单信用证统一惯例〉（UCP600）述评》，《中国海商法年刊》2007年第1期。

13. 郭雳：《美国私募基金规范的发展及其启示》，《环球法律评论》2009年第4期。

14. 郭萍、张文广：《〈鹿特丹规则〉述评》，《环球法律评论》2009年第3期。

15. 郭瑜：《论信用证欺诈及其处理》，《法学》2000年第10期。

16. 韩立余：《WTO争端解决程序中的举证责任》，《现代法学》2007年5月第29卷第3期。

17. 韩立余：《欧盟合并控制法的根本变革》，《当代法学》2005年3月第1卷第2期。

18. 韩龙：《论国际银团的性质与内部法律关系》，《法学评论》2002年第5期。

19. 贺小勇：《分歧与和谐：析WTO争端解决机制的法律适用》，《当代法学》2005年9月第27卷第5期。

20. 贺小勇：《自制与开拓：WTO上诉机构管辖权的法律边界》，《法学》2006年第1期。

21. 洪艳蓉：《美国证券交易委员会行政执法机制研究："独立"、"高效"与"负责"》，《比较法研究》2009年第1期。

22. 胡晓红：《金融监管国际合作的法制现状及其完善》，《法学》2009年第5期。

23. 胡正良：《论〈海商法〉修改的必要性》，《当代法学》2003年第12期。

24. 黄东黎：《WTO法治框架下中国纺织品特别保障措施研究》，《国际经济法学刊》2005年第12卷第4期。

25. 黄东黎：《WTO协定条款之间的相互适用——从"美国棉纱案"看中国纺织品特别保障措施实施纪律》，《国际贸易》2005年第64期。

26. 黄东黎：《从美国进口羊毛编织案看举证责任》，《国际法学》（人大报刊复印资料）2003年第1期。

27. 黄东黎：《国际法条约解释理论与研究》，《国际法学》（人大报刊复印资料）2005 年第 4 期。

28. 黄东黎：《从美国进口羊毛编织案看举证责任》，《国际法学》（人大报刊复印资料）2003 年第 1 期。

29. 蒋小红：《试论 WTO 反倾销协议的完善》，《环球法律评论》2004 年冬季号。

30. 黎四奇：《离岸银行业务对巴塞尔银行监管体系的挑战与反思》，《法学评论》2006 年第 5 期。

31. 李海：《〈鹿特丹规则〉：一个值得珍惜的统一法律的机会》，《中国海商法年刊》2010 年第 1 期。

32. 李健男：《论自然人流动制度的困境及出路》，《法学评论》2011 年第 3 期。

33. 李江石：《论跨国公司通过内部交易进行国际避税的行为》，《当代法学》2001 年第 2 期。

34. 李守芹：《海运提单焦点问题透视》，《海商法研究》2001 年第 4 期。

35. 李先波：《自然人流动规制的晚近发展及其对中国的启示》，《法学研究》2010 年第 1 期。

36. 李小年：《〈鹿特丹规则〉对不可流通运输单证的法律协调》，《中国海商法年刊》2010 年第 1 期。

37. 历咏：《跨国公司社会责任规范的自愿性困境》，《法学》2006 年第 6 期。

38. 廖凡：《国际货币体制的困境与出路》，《法学研究》2010 年第 4 期。

39. 廖凡：《间接持有证券的权益性质与法律适用初探》，《环球法律评论》2006 年第 6 期。

40. 凌慧明：《WTO 反倾销法的宏观分析——以国家利益为视角》，《法学评论》2003 年第 4 期。

41. 刘萍、屈广清：《国际商法与国际经济法关系的法理学思考》，《政法论丛》2005 年第 4 期。

42. 刘笋：《跨国投资国际法制的晚近发展》，《法学研究》2001 年第 5 期。

43. 刘瑛：《新巴塞尔资本协议与银行资本监管的法律完善》，《法学杂志》2001 年第 5 期。

44. 吕晓杰：《SCM 协议中补贴的专向性要件》，《法学》2008 年第 9 期。

45. 毛毅坚：《信用证欺诈及其司法救济》，《中国海商法年刊》2006 年。

46. 莫世健：《中国在“鹿特丹时代”国际海运秩序构建中角色的理性思考》，《中国海商法年刊》2011 年第 1 期。

47. 慕亚平、肖小月：《我国外资并购中的国家安全审查制度》，《法学研究》2009 年第 5 期。

48. 聂飞舟：《美国信用评级机构法律监管演变与发展动向——多德法案前后》，《比较法研究》2011 年第 4 期。

49. 邵景春：《并行不悖的两套买卖法——我国合同法与〈联合国国际货物销售合同公约〉比较研究》，《国际贸易》2000 年第 8 期。

50. 邵沙平、王小承：《美国外资并购国家安全审查制度探析——兼论中国外资并购国家安全审查制度的构建》，《法学家》2008 年第 3 期。

51. 沈慧骅：《国家和私人间投资争端解决机制的冲突和协调——兼比较 WTO 与 ICSID 争端解决机制的冲突和协调》，《当代法学》2003 年第 11 期。

52. 沈木珠：《区域贸易优惠与最惠国待遇关系的冲突与法律协调——兼论中国之应对措施》，《国际贸易问题》2005 年第 2 期。

53. 施正文：《论征纳权利——兼论税权问题》，《中国法学》2002 年第 6 期。

54. 石静霞、胡荣国：《试从 GATS 第 6 条与第 16 条的关系角度评“美国博彩案”》，《法学》2005 年第 8 期。

55. 司玉琢、初北平：《论无单放货引起提单物权性的争论》，《中国海商法年刊》2005 年。

56. 司玉琢：《〈鹿特丹规则〉的评价与展望》，《中国海商法年刊》2009 年第 Z1 期。

57. 孙晋：《反垄断法适用出外制度构建与政策性垄断的合理界定》，《法学评论》2003 年第 3 期。

58. 汤欣：《“经济安全”与外资并购审查》，《当代法学》2008 年 1 月。

59. 王贵国：《略论晚近国际投资法的几个特点》，《比较法研究》2010 年第 1 期。

60. 王贵国：《全球化以致中和——从阿根廷家禽反倾销案说起》，《法学家》2003 年第 4 期。

61. 王欢：《电子商务税收中的“常设机构”原则探析》，《法学评论》2001 年第 2 期。

62. 王献枢、王宏伟：《经济全球化时代的国家主权》，《法商研究》2002 年第 1 期。

63. 王晓晔：《效果原则——美国反垄断法的域外适用》，《国际贸易》2002 年第 1 期。

64. 王彦志：《国际投资争端解决的法律化：成就与挑战》，《当代法学》2011 年第 3 期。

65. 王旸：《场外衍生金融工具交易监管法律制度研究》，《环球法律评论》2008 年第 2 期。

66. 吴宏伟、金善明：《论反垄断法适用出外制度的价值目标》，《政治与法律》2008 年第 3 期。

67. 吴志攀：《证券间接持有跨境的法律问题》，《中国法学》2004 年第 1 期。

68. 肖北庚：《缔约国于〈WTO 政府采购协定〉之义务及我国因应》，《环球法律评论》2008 年第 4 期。

69. 萧凯：《间接持有制中跨国证券交易的冲突规则》，《法学》2007 年第 12 期。

70. 徐曾沧：《论 WTO 争端解决机制法律适用的司法经济原则(上)》，《世界贸易组织动态与研究》2007 年第 12 期。

71. 徐崇利：《公正与公平待遇：真义之解读》，《法商研究》2010 年第 3 期。

72. 徐崇利：《经济自由化、全球化、一体化与世贸组织体系的特征及其发展趋势》，《南京大学法律评论》2002 年秋季号。

73. 徐崇利：《利益平衡与对外资间接征收的认定及补偿》，《环球法律评论》2008 年第 6 期。

74. 徐冬根：《论英国判例法对浮动担保发展的贡献》，《法学》2003 年第 7 期。

75. 徐士英、唐茂军：《滥用相对支配地位行为的法律规制研究》，《东方法学》2008 年第 3 期。

76. 徐士英：《论企业合并反垄断法律控制的权衡》，《法学》2006 年第 1 期。

77. 许光耀：《合理原则及其立法模式比较》，《法学评论》2005 年第 2 期。

78. 杨国华：《WTO 第一个非违法之诉——日本消费胶卷和相纸案》，《法学杂志》2001 年第 5 期（总第 128 期）。

79. 杨国华：《WTO 争端解决机制中的磋商程序研究》，《法学评论》（双月刊）2003 年第 2 期（总第 118 期）。

80. 杨慧芳：《外资公正与公平待遇标准的要素评析》，《法学评论》（双月刊）2009 年第 3 期。

81. 杨松：《国际金融法研究应注意的几个问题》，《法学研究》2004 年第 2 期。

82. 于立、吴绪亮：《国际竞争政策的分歧、互动与展望》，《世界经济研究》2006 年第 9 期。

83. 余东华：《反垄断法实施中相关市场界定的 SSNIP 方法研究——局限性及其改进》，《经济评论》2010 年第 2 期。

84. 余劲松：《论“与投资有关的贸易措施”》，《中国法学》2001 年第 6 期。

85. 余劲松：《外资的公正与公平待遇问题研究——由 NAFTA 的实践产生的几点思考》，《法商研究》2005 年第 6 期。

86. 余敏友、廖丽：《简评 TRIPS-Plus 知识产权执法及其合法性》，《法学杂志》2011 年第 12 期。

87. 余敏友、席晶：《论 WTO 争端解决机制中的证据规则（下）》，《法学评论》（双月刊）2003 年第 6 期（总第 122 期）。

88. 袁文权、赵学刚：《跨国公司社会责任的国际法规制》，《法学评论》（双月刊）2007 年第 3 期。

89. 张乃根：《论 WTO 争端解决机制的几个主要国际法问题》，《法学评论》（双月刊）2001 年第 5 期（总第 109 期）。

90. 张乃根：《试析 TRIPS 协定第 31 条修正案及其重大意义》，《世界贸易组织动态与研究》2006 年第 5 期。

91. 张庆麟、张晓静：《国际投资习惯规则发展状况分析——以双边投资条约为考察对象》，《法学评论》2009 年第 5 期。

92. 张庆麟：《对欧洲中央银行体系的法律剖析》，《法学评论》2000 年第 6 期。

93. 张瑞萍：《反垄断国际合作中的积极礼让原则分析》，《环球法律评论》2006 年第 2 期。

94. 张守文：《税权的定位与分配》，《法商研究》2000 年第 1 期。

95. 张正怡：《晚近 ICSID 仲裁庭管辖权裁决的实证考察——兼谈我国首次被申诉案件的管辖权抗辩》，《时代法学》2011 年 12 月。

96. 赵维田：《先决事项——WTO 司法机制中的专家组职权范围》，《国际贸易》2003 年第 5 期。

97. 钟立国：《经济全球化背景下国际投资立法的新发展——兼论中国的应对之策》，《法学》2003 年第 7 期。

98. 朱榄叶：《WTO 争端解决程序中的证据问题》，《当代法学》2007 年 1 月第 21 卷第 1 期（总第 121 期）。

99. 左海聪：《GATT 环境保护例外条款判例法的发展》，《法学》2008 年第 3 期。

100. 左海聪：《国际经济法基本问题论纲》，《法学评论》2009 年第 1 期。

英 文 缩 写

ACTA	Anti-Counterfeiting Trade Agreement 反假冒贸易协定
ADR	Alternative Dispute Resolution 解决争议替代方式
APEC	Asia-Pacific Economic Cooperation 亚洲太平洋经济合作组织
BIA	Best Information Available 最佳可获信息
BIT	Bilateral Investment Treaty 双边投资协定
BOT	Build—Operate—Transfer 特许协议
C&F	Cost and Freight（... named port of destination）成本加运费（……指定目的港），即 CFR
CEPA	Closer Economic Partnership Arrangement 关于建立更紧密经贸关系的安排
CFIUS	The Committee on Foreign Investment in the United States 美国外国投资委员会
CFR	Cost and Freight（... named port of destination）成本加运费（……指定目的港）
CIC	China Insurance Clauses 中国保险条款
CIF	Cost, Insurance and Freight（... named port of destination）成本加保险加运费（……指定目的港）
CISG	United Nations Convention on Contracts for the International Sale of Goods 联合国国际货物销售合同公约
CLP	Committee on Competition Law and Policy 竞争政策法律委员会
CMI	Comité Maritime International 国际海事委员会
CVA	Customs Valuation Agreement 海关估价协定

DAF	Delivered at Frontier（... named place）边境交货（……指定地点）
DAP	Delivered at Place（... named place of destination）目的地交货（……指定目的地）
DAT	Delivered at Terminal（... named place of destination）运输终端交货（……指定目的地）
DCF	Discounted Cash Flow 现金流折现法
DDU	Delivered Duty Unpaid（... named place of destination）未完税交货（……指定目的地）
DEQ	Delivered EX Quay（... named port of destination）目的港码头交货（……指定目的港）
DES	Delivered EX Ship（... named port of destination）目的港船上交货（……指定目的港）
DOCDEX	ICC Rules for Documentary Instruments Dispute Resolution Expertise 国际商会跟单票据争议专家解决规则
DSB	Dispute Settlement Body 争端解决机构
DSU	Understanding on Rules and Procedures Governing the Settlement of Disputes 关于争端解决规则与程序的谅解
ECMR	Europe Communities Merger Regulations 欧共体并购条例
EDI	Electronic Data Interchange 电子数据交换
EH	Elzinga Hogarty Analysis 阿里兹格和赫伽惕测试法
FAS	Free Alongside Ship（... named port of shipment）船边交货（……指定装运港）
FINSA	The Foreign Investment and National Security Act 外国投资与国家安全法
FOB	Free on Board（... named port of shipment）装运港船上交货（……指定装运港）
FOR/ FOT	Free on Railway（... named departure point）/Free on Truck（... named departure point）铁路交货/火车上交货
Free Delivered	Free...（... named port of shipment）装运港港口交货
FTA	Free Trade Agreement 自由贸易协定
GATS	General Agreement on Trade in Services 服务贸易总协定

GATT	General Agreement on Tariffs and Trade 关税与贸易总协定
GPA	Agreement on Government Procurement 政府采购协定
HHI	Herfindahl-Hirschman Index 赫芬达尔－赫希曼指数
ICC	The International Chamber of Commerce 国际商会
ICN	International Competition Network 国际竞争网
ICSID	The International Center For The Settlement Of Investment DIsputes 国际投资争端解决中心
Incoterms	International Rules for the Interpretation of Trade Terms 国际贸易术语解释通则
ISBP	International Standard Banking Practice for the Examination of Documents under Documentary Credits 关于审核跟单信用证项下单据的国际标准银行实务
ISP	Internet Service Provider 互联网服务提供商
ITO	International Trade Organization 国际贸易组织
JGTC	Joint Group on Trade and Competition 贸易和竞争联合小组
MAI	Multilateral Agreement on Investment 多边投资协定
MIGA	Multinational Investment Guarantee Agency 多边投资担保机构公约
NAFTA	North American Free Trade Agreement 北美自由贸易协定
OECD	Organization for Economic Co-operation and Development 经济合作与发展组织
RBP-Code	The Set of Multilaterally Agreed Equitable Principles and Rules for the Control of Restrictive Business Practices 一套多边协议的控制限制性商业惯例的公平原则和规则
SCM	Agreement on Subsidies and Countervailing Measures 补贴与反补贴措施协定
SLC	Substantially Lessening of Competition 实质性减少竞争标准
SPS	Agreement on the Application of Sanitary and Phytosanitary Measures 实施卫生与植物卫生措施协定
SSNIP	Small but Significant and Non-transitory Increase in Price 虽小但却显著的非暂时性价格上升
TBT	Agreement on Technical Barriers to Trade 技术性贸易壁垒协定

THC Terminal Handling Charge 集装箱码头装卸作业费

TRIMs The Agreement on Trade-Related Investment Measures 与贸易有关的投资措施协定

TRIPS Agreement On Trade-related Aspects of Intellectual Property Right 与贸易有关的知识产权协定

TRIPS plus Agreement On Trade-related Aspects of Intellectual Property Right plus 与贸易有关的知识产权协定递增

UCP Uniform Customs and Practice for Documentary Credits 跟单信用证统一惯例

UNCITRAL United Nations Commission on International Trade Law 联合国国际贸易法委员会

UNCTAD United Nations Conference on Trade and Development 联合国贸易和发展会议

UPP Upward Pricing Pressure Analysis 向上定价压力测试法

URR525 the Uniform Rules for Bank-to-Bank Reimbursements under Documentary Credits 跟单信用证项下银行间偿付统一规则

WTO World Trade Organization 世界贸易组织

后　记

本书由中国社会科学院国际法研究所国际经济法研究室以下撰稿人通力协作共同完成。各章写作分工如下：

韩蕾：第一篇国际经济法导论，第四篇国际投资法第四章；

朱晓娜：第二篇国际商事交易法；

胡珊珊：第三篇国际贸易法：第一章、第二章、第三章、第四章；

杨琴：第三篇国际贸易法：第五章、第六章以及第三章第五节农产品贸易规则部分；

曹婷婷：第四篇国际投资法：第一章、第二章、第三章；

臧少虎：第五篇国际反垄断法；

冯晓蕾：第六篇国际税法。

本书主编黄东黎对上述写作内容承担学术责任，胡珊珊对本书通稿做了较大贡献。

不同于一般的学术著作，本书之目的，在于综述国际经济法学科从2000年至今的学术新发展。本书的编写，力求做到言之有史，以明制度；引其所评，以窥百家；论之方圆，以示拙见。为此，本书编著者所参考之书目可谓汗牛充栋，几乎涵盖12年间学界一切相关期刊、著作，工程浩大。然而，鉴于本书篇幅、内容要求及人力物力之所限，书中欠妥、舛误之处，谨请读者指正。

黄东黎

2013年10月